中華書局校刊

聚珍
仿宋版

十三經注疏

十八

孝經注疏
論語注疏

中華書局

孝經注疏

四部備要

經部

上海中華書局據阮刻本校刊

桐鄉陸費逵總勘
杭縣高時顯
吳汝霖輯校
杭縣丁輔之監造

欽定四庫全書總目孝經正義三卷

唐玄宗明皇帝御注宋邢昺疏案唐會要開元十年六月上注孝經頒天下及國子學天寶二年五月上重注亦頒天下舊唐書經籍志孝經一卷玄宗注唐書藝文志今上孝經制旨一卷注曰玄宗其稱制旨者猶梁武帝中庸義之稱制旨實一書也趙明誠金石錄載明皇注孝經四卷陳振孫書錄解題亦稱家有此刻爲四大軸蓋天寶四載九月以御注刻石於太學謂之石臺孝經今尚在西安府學中爲碑凡四故拓本稱四卷耳玄宗御製序末稱一章之中凡有數句一句之內義有兼明具載則文繁略之則義闕今存於疏用廣發揮唐書元行沖傳稱玄宗自注孝經詔行沖爲疏立於學官唐會要又載天寶五載詔孝經書疏雖麤發明未能該備今更敷暢以廣闕文令集賢院寫頒中外是注凡再修疏亦再修其疏唐志作二卷宋志則作三卷殆續增一卷歟宋咸平中邢昺所修之疏卽據行沖書爲藍本然孰爲舊文孰爲新說今已不可辨別矣孝經有今文古

文二本今文稱鄭玄注其說傳自荀昶而鄭志不載其名古文稱孔安國注其書出自劉炫而隋書已言其僞至唐開元七年三月詔令羣儒質定右庶子劉知幾主古文立十二驗以駁鄭國子祭酒司馬貞主今文摘閨門章文句凡鄙庶人章割裂舊文妄加子曰字及注中脫衣就功諸語以駁孔其文具載唐會要中厥後今文行而古文廢元熊禾作董鼎孝經大義序遂謂貞去閨門一章卒啓玄宗無禮無度之禍明孫本作孝經辨疑併謂唐宮闈不肅貞削閨門一章乃爲國諱夫削閨門一章遂啓幸蜀之衅使當時行用古文果無天寶之亂乎唐宮闈不肅誠有之至於閨門章二十四字則絕與武韋不相涉指爲避諱不知所避何諱也況知幾與貞兩議並上會要載當時之詔乃鄭依舊行用孔注傳習者稀亦存繼絕之典是未因知幾而廢鄭亦未因貞而廢孔迨時閱三年乃有御注太學刻石署名者三十六人貞不預列御注既行孔鄭兩家遂併廢亦未聞貞更建議廢孔也禾等徒以朱子刊誤偶用古文遂以不用古文爲大罪又不

能知唐時典故徒聞中興書目有議者排毁古文遂廢之語遂沿其誤說憒憒然歸罪於貞不知以注而論則孔佚鄭亦佚孔佚罪貞鄭佚又罪誰乎以經而論則鄭存孔亦存古文並未因貞一議亡也貞又何罪焉今詳考源流明今文之立自玄宗此注始玄宗此注之立自宋詔邢昺等修此疏始衆說喧呶皆揣摩影響之談置之不論不議可矣

孝經注疏序

孝經者百行之宗五教之要自昔孔子述作垂範將來奧旨微言已備解乎注疏尙以辭高旨遠後學難盡討論今特翦截元疏旁引諸書分義錯經會合歸趣一依講說次第解釋號之爲講義也

翰林侍講學士朝請大夫守國子祭酒上柱國賜紫金魚袋臣邢昺等奉勑校定注疏

成都府學主鄉貢傳注奉右撰

夫孝經者孔子之所述作也述作之旨者昔聖人蘊大聖德生不偶時適值周室衰微王綱失墜君臣僭亂禮樂崩頹居上位者賞罰不行居下位者褒貶無作孔子遂乃定禮樂刪詩書讚易道以明道德仁義之源修春秋以正君臣父子之法又慮雖知其法未知其行遂說孝經一十八章以明君臣父子之行所寄知其法者修其行知其行者謹其法故孝經緯曰孔子云欲觀我褒貶諸侯之志在春秋崇人倫之行在孝經是知孝經雖居六籍之外乃與春秋爲表矣

先儒或云夫子爲曾參所說此未盡其指歸也蓋曾子在七十弟子中孝行最著孔子乃假立曾子爲請益問荅之人以廣明孝道既說之後乃屬與曾子泊遭暴秦焚書並爲煨燼漢膺天命復闡微言孝經河間顏芝所藏因始傳之于世自西漢及魏歷晉宋齊梁注解之者迨及百家至有唐之初雖備存祕府而簡編多有殘缺傳行者唯孔安國鄭康成兩家之注并有梁博士皇侃義疏播於國序然辭多紕繆理昧精研至唐玄宗朝乃詔羣儒學官俾其集議是以劉子玄辨鄭注有十謬七惑司馬堅斥孔注多鄙俚不經其餘諸家注解皆榮華其言妄生穿鑿明皇遂於先儒注中採摭菁英芟去煩亂撮其義理允當者用爲注解至天寶二年注成頒行天下仍自八分

御札勒于石碑卽今京兆石臺孝經是也

孝經正義

翰林侍講學士朝請大夫守國子祭酒上柱國賜紫
金魚袋　臣邢昺等奉　勑校定。

御製序并注。

疏 正義曰孝經者孔子爲曾參陳孝道也漢初長孫氏。博士江翁少府后。倉諫大夫翼奉安昌侯張禹傳之各自名家經文皆同唯孔氏壁中古文爲異至劉炫遂以古孝經庶人章分爲二曾子敢問章分爲三又多閨門一章凡二十二章。桓。譚新論云古孝經千八百。七。十。二字今異者四百餘字孝者事親之名經者常行之典按漢書藝文志云夫孝天之經地之義民之行也舉大者言故曰孝經又按禮記祭統云孝者畜也畜養也釋名云孝好也周書。謚法。至。順。曰。孝。揔而言之道常在心盡其色養中情悅好承順無怠之義也爾雅曰善父母爲孝皇侃曰經者常也法也此經爲教任重道遠雖復時移代革金石可消而。爲。孝事親常行存世不滅是其常也爲百代規模人生所資是其法也言孝之爲教使可常而法之易有上經下經老子有道經德經孝爲百行之本故名曰孝經經之創制孔子所撰也前賢以爲曾參雖有至孝之性未達孝德之本偶於閒居因得侍坐參起問於夫子夫子。隨而。荅參是以集錄因名爲孝經尋繹再三將未爲得也何者夫子刊。緝前史而。修春秋猶云筆則筆削則削四科十哲莫敢措辭按鉤命。決云孔子曰吾志在春秋行在孝經斯則修春秋撰孝經孔子之志行也何爲重其志而自筆削輕其行而假他人者乎按劉炫述義其略曰炫謂孔子自作孝經。本非曾參請業而對也士有百行以孝爲本本立而後道行道行而後業就故曰明王之以孝治天下也然則治世之要孰能。非乎徒以教化之道因時立稱經典之目隨事表名至使威儀禮節之餘盛傳當代孝悌德行之本隱而不彰夫子運偶陵遲禮樂崩壞名教將。絕特感聖心因弟子有請問之道師儒有教誨之義故假曾子之言以為對揚之體乃非曾子實有問也若疑而始問荅以申辭則曾子應每章一問仲尼應每問一荅按經夫子先自言之非參請也諸章以次演之非待也且辭義血脈交連旨環而開宗題其端緒餘音廣而成之非一問一荅之勢也理有所極方始發問又非請業請荅之事首章言先王有至德要道則下章云此之謂要道也非至德其孰能順民皆遙結道本荅曾子也舉此為例凡有數科必其主為曾子言首章荅曾子已了何由不待曾子問更自述而脩之且三起曾參侍坐與之別二者是問也一者歎之也故假言乘間曾子坐也與之論孝開宗明義上陳天子下陳庶人語盡無更端於曾子未有請故假參歎孝之大又說以孝為理之功說之以終欲言其聖道莫大於孝又假參問乃說聖人之德不加於孝在前論敬順之道未有規諫之事殷勤在悅色不可頓說犯顏故須更借曾子言陳諫諍之義此皆孔子須參問非參須問孔子也莊周之斥鷃笑鵬罔兩問影屈原之漁父鼓枻大卜拂龜馬卿之烏有無是楊雄之翰林子墨寧非師祖製作以為楷模者乎若依鄭注實居講堂則廣延生徒侍坐非一夫子豈淩人侮衆獨與參言邪且云汝知之乎何必直汝曾子而參先避席乎必其偏告諸生又有對者當參不讓儕輩而獨荅乎假使獨與參言言畢參自集錄豈宜稱師字者乎由斯言之經教發極夫子所撰也而漢書藝文志云孝經者孔子為曾子陳孝道也謂其為曾子特說此經然則聖人之有述作豈為一人而已斯皆誤本其文致茲乖謬也所以先儒注解多所未行唯鄭玄之六藝論曰孔子以六藝題目不同指意殊別恐道離散後世莫知根源故作孝經以總會之其言雖則不然其意頗近之矣然入室之徒不獨假曾子為言以參偏得孝名也老子曰六親不和有孝慈然則孝慈之名固不和而有若萬行俱備稱為人聖則凡聖無不孝也而家有三惡舜稱大孝龍逢比干忠名獨彰君不明也孝以伯奇之名偏著母不慈也曾子性雖至孝蓋有由而發矣藜蒸不熟而出其妻家法嚴也耘瓜傷苗幾殞其命明父少恩也曾子孝名之大其或由茲固非參性遲朴躬行匹夫之孝也審攷經言詳稽炫釋貴藏理於古而獨得之於今者與元氏雖同炫說恐未盡善今以藝文志及鄭氏所說為得其作經

年先儒以爲魯哀公十四年西狩獲麟而作春秋至十六年夏四月己丑孔子卒爲證則作在魯哀公十四年後十六年前案鉤命決云孔子曰吾志在春秋行在孝經據先後言之明孝經之文同春秋作也又鉤命決云孔子曰春秋屬商孝經屬參則孝經之作在春秋後也○御者按大戴禮盛德篇云德法者御民之本也古之御政以治天下者冢宰之官以成道司徒之官以成德宗伯之官以成仁司馬之官以成聖司寇之官以成義司空之官以成禮故六官以爲轡司會均入以爲軜故曰御四馬者執六轡御天地與人與事者亦有六政是故善御者正身同轡均馬力齊馬心唯其所引而之以取長道遠行可以之急疾可以御天地與人事此四者聖人之所乘也是故天子御者內史太史左右手也六官亦六轡也天子三公合以執六官均五政齊五法以御四者故亦爲其所引而之以之道則國治以之德則國安以之仁則國和以之聖則國平以之義則國成以之禮則國定此御之政之體也然則御者治天下之名若柔轡之御剛馬也家語亦有此文是以秦漢以來以御爲至尊之稱又蔡邕獨斷曰御者進也凡衣服加於身飲食入於口妃妾接於寢皆曰御至於器物製作亦皆以御言之故此云御也○製者裁翦述作之謂也故左傳曰子有美錦不使人學製焉取此美名故人之文章述作皆謂之製以此序唐玄宗所撰故云御製也玄宗唐第六帝也諱隆著睿宗之子以延和元年即位時年三十三在位四十五年年七十八登遐謚曰明孝皇帝廟號玄宗開元十年製經序幷注序者按詩頌云繼序思不忘毛傳云序緒也又釋詁云敘緒也是序與敘音義同郭璞云又爲端緒然則此言序者舉一經之端緒耳○幷注者幷兼也注著也解釋經指使義理著明也言非但製序兼亦作注故云幷也案今俗所行孝經題曰鄭氏注近古皆謂康成而晉魏之朝無有此說晉穆帝永和十一年及孝武太元元年再聚羣臣共論經義有荀昶者撰集孝經諸說始以鄭氏爲宗晉末以來多有異論陸澄以爲非玄所注請不藏於秘省王儉不依其請遂得見傳至魏齊則立學官著作律令蓋由虜俗無識故致斯訛舛然則經非鄭玄所注其驗有十二焉據鄭自序云遭黨錮之事逃難至黨錮事解注古文尚書毛詩

論語爲袁譚所逼來至元誠乃注周易都無注孝經之文其驗一也鄭君卒後其弟子追論師所注述及應對時人謂之鄭志其言鄭所注者唯有毛詩三禮尚書周易都不言注孝經其驗二也又鄭志目錄記鄭之所注五經之外有中候大傳七政論乾象曆六藝論毛詩譜荅臨碩難禮許慎異議釋廢疾發墨守箴膏肓荅甄守然等書寸紙片言莫不悉載若有孝經之注無容匿而不言其驗三也鄭之弟子分授門徒各述所言更爲問荅編錄其語謂之鄭記唯載禮易論語其言不及孝經其驗四也趙商作鄭玄碑銘具載諸所注箋驗論亦不言注孝經晉中經薄周易尚書中候尚書大傳毛詩周禮儀禮禮記論語凡九書皆云鄭氏注名玄至於孝經則稱鄭氏解無名玄二字其驗五也春秋緯演孔圖注云康成注三禮詩易尚書論語其春秋孝經則有評論宋均詩譜序云我先師北海鄭司農則均是玄之傳業弟子師有注述無容不知而云春秋孝經唯有評論非玄所注時明其驗六也又宋均孝經緯注引鄭六藝論敘孝經云玄又爲之注司農論如是而均無聞焉有義無辭令予昏惑舉鄭之語而云無聞其驗七也宋均春秋緯注云爲春秋孝經略說則非注之謂所言又爲之注者汎辭耳非事實其敘春秋亦云玄又爲之注寧可復責以實注春秋乎其驗八也後漢史書存於代者有謝承薛瑩司馬彪袁山松等其所注皆無孝經唯范氏書有孝經其驗九也王肅孝經傳首有司馬宣王奉詔令諸儒注述孝經以肅說爲長若先有鄭注亦應言及而不言鄭其驗十也王肅注書好發鄭短凡有小失皆在聖證若孝經此注亦出鄭氏被肅攻擊最應煩多而肅無言其驗十一也魏晉朝賢辯論時事鄭氏諸注無不撮引未有一言孝經注者其驗十二也以此證驗易爲討覈而代之學者不覺其非乘後謬說競相推舉諸解不立學官此注獨行於世觀言語鄙陋義理乖謬固不可示彼後來傳諸不朽至古文孝經孔傳本出孔氏壁中語甚詳正無俟商榷而曠代亡逸不被流行隨開皇十四年祕書學生王逸於京市陳人處買得一本送與著作王劭以示河間劉炫仍令校定而此書更無兼本難可依憑炫輒以所見率意刊改因著古文孝經稽疑一篇故開元七年勑議之際劉子玄等議以爲孔鄭二家雲

泥致隔今綸旨煥發校其短長必謂行孔廢鄭於義爲允國子博士司馬貞議曰今文孝經是漢河間王所得顏芝本至劉向以此參校古文省除繁惑定此一十八章其注相承云是鄭玄所作而鄭志及目錄等不載故往賢共疑焉唯荀昶范曄以爲鄭注故昶集解孝經具載此注爲優且其注縱非鄭玄而義旨敷暢將爲得所雖數處小有非穩實亦未爽經言其古文二十二章無出孔壁先是安國作傳緣遭巫蠱未之行也昶集注之時尚未見孔傳中朝遂亡其本近儒欲崇古學妄作傳學假稱孔氏輒穿鑿改更又僞作閨門一章劉炫詭隨妄稱其善且閨門之義近俗之語必非宣尼正說案其文云閨門之內具禮矣嚴親嚴兄妻子臣妾繇百姓徒役也是比妻子於徒役文句凡鄙不合經典又分庶人章從故自天子已下別爲一章仍加子曰二字然故者建下之辭既是章首不合言故是古人既沒後人妄開此等數章以應二十二之數非但經久不真抑亦傳文淺僞又注用天之道分地之利其略曰脫之應功暴其肌體朝暮從事露髮徒足少而習之其心安焉此語雖旁出諸子而引之爲注何言之鄙俚乎與鄭氏所云分別五土視其高下高田宜黍稷下田宜稻麥優劣懸殊會何等級今議者欲取近儒詭說而廢鄭注理實未可請准令式孝經鄭注與孔傳依舊俱行詔鄭注仍舊行用孔傳亦存是時蘇宋文吏拘於流俗不能發明古義奏議排子玄令諸儒對定司馬貞與學生郗常等十人盡非子玄卒從諸儒之說至十年

上自注孝經頒于天下卒以十八年章爲定

孝經正義

孝經序。

朕聞上古其風朴略。疏 朕聞上古至德之本歟○正義曰自此以下至於序。末凡有五。段明義當段自解其指於此不復繁文今此初段序孝之所起及可以教人而爲德本也○朕者我也古者尊卑皆稱之故帝舜命禹曰朕志先定禹曰朕德罔克皐陶曰朕言惠可。底行又屈原亦云朕皇考曰伯庸是由古人質故君臣共稱至秦始皇二十六年始定爲天子之稱聞者目之不。覩耳之所傳曰聞上古者經典所說不同案禮運鄭玄注云中古。未有釜甑則謂神農爲中古若易歷三古則伏羲爲上古文王爲中古孔子爲下古若三王對五帝則五帝亦爲上古故士冠記云大古冠布下云三王共皮弁則大古五帝時也大古亦上古也以其文各有所對故上古中古不同也此云上古者亦謂五帝以上也知者以下云及乎仁義既有以禮運及老子言之仁義之盛在三王之世則此上古自然當五帝以上也云其風朴略者風教也朴質也略疏也言上古之君貴尚道德其於教化則質朴疏略也

雖因心之孝已萌而資敬之禮猶簡疏 正義曰因猶親也資猶取也言上古之人有自然親愛父母之心如此之孝雖已萌兆而取其恭敬之禮節猶尚簡少也周禮大司徒教六行云孝友睦姻任恤注云因親於外親是因得爲親也詩大雅皇矣云惟此王季因心則友士章云資於事父以事君而敬同此其所出之文也故引以爲序耳

及乎仁義既有親譽益著疏 正義曰及乎者語之發端連上逮下之辭也仁者兼愛之名義者裁非之謂仁義既有謂三王時也案曲禮云太上貴德鄭注云大古帝。皇之世又禮運云大道之行也鄭注云大道謂五帝時老子德經云失道而後德失德而後仁失仁而後義是道德當三皇五帝時則仁義當三王之時可知也慈愛之心曰親聲美之稱曰譽謂三王之世天下爲家各親其親各子其子親譽之道日益著見故曰親譽益著也

聖人知孝之可以教人也疏 正義曰聖人謂以孝治天下之明王也孝爲百行之

本至道之極故經文云聖人之德又何以加於孝乎故因嚴以教敬因親以教愛疏正義曰引下經文以證義也於是以順移忠之道昭矣立身揚名之義彰矣疏正義曰經云君子之事親孝故忠可移於君又曰立身行道揚名於後世言人事兄能悌以之事長則爲順事親能孝移之事君則爲忠然後立身揚名傳於後世也昭彰皆明也子曰吾志在春秋行在孝經疏正義曰此鉤命決文也言褒貶諸侯善惡志在於春秋人倫尊卑之行在於孝經也是知孝者德之本歟疏正義曰論語云孝弟也者其爲仁之本歟今言孝者德之本歟者歎美之辭舉其大者而言故但云孝德則行之總名故變仁言德也經曰昔者明王之以孝理天下也不敢遺小國之臣而況於公侯伯子男乎疏經曰至形於四海○正義曰此第二段序已仰慕先世明王欲以博愛廣敬之道被四海也○經曰至男乎○此孝治章文也故言經曰言小國之臣尚不敢遺棄何況於五等列爵之君乎公侯伯子男五等之爵也白虎通曰公者通也公正無私之意也春秋傳曰王者之後稱公侯者候也候順逆也伯者長也爲一國之長也子者字也常行字愛於人也男者任也常任王事也王制云公侯地方百里伯七十里子男五十里至於周公時增地益廣加賜諸侯之地公五百里侯四百里伯三百里子二百里男一百里公爲上等侯伯爲中等子男爲下等言小國之臣謂子男之臣也朕嘗三復斯言景行先哲疏正義曰復猶覆也斯此也景明也哲智也言每讀經至此科三度反覆重讀庶幾法則此有明行者先世聖智之明王也論語云南容三復白圭詩云高山仰止景行行止是其類也雖無德教加於百姓疏正義曰上遜辭也庶幾廣愛形于四海疏正義曰此上意思行教也庶幾猶幸望既謙言無德教加於百姓唯幸望以廣敬博愛之道著見於四夷也案經作刑刑法也今此作形則形猶見也義得兩通無繫改字四海卽四夷也又

經釋別

嗟乎夫子沒而微言絕。異端起。而大義乖 疏 嗟乎至樞要也○正義曰此第二段歎夫子沒後遭世陵遲典籍散亡傳注踳駁所以撮其樞要而自作注也嗟乎上歎辭也夫子孔子也以嘗爲魯大夫故云夫子案史記云孔子生魯國昌平陬邑魯襄公二十二年生年七十三以魯哀公十六年四月己丑卒葬魯城北泗上而微言絕者藝文志文李奇曰隱微不顯之言也顏師古曰情微要妙之言耳言夫子沒後妙言咸絕七十子既喪而異端並起大義悉乖 而

況泯。絕於秦得之者皆煨燼之末 疏 正義曰泯滅也秦者隴西谷名也在雍州鳥鼠山之東北昔皋陶之子伯翳佐禹治水有功舜命作虞賜姓曰嬴其末孫非子爲周孝王養馬於汧。渭之閒封爲附庸邑于秦谷及非子之曾孫。秦仲周宣王又命爲大夫仲之孫襄公討西戎救周周室東遷以岐豐之地賜之始列爲諸侯春秋時稱。秦伯至孝公子惠文君立是爲惠王及莊襄王爲秦質子於趙見呂不韋姬說而取之生始皇。按秦昭王四十八年正月生於邯鄲及生名爲政姓趙氏年十三莊襄王死政代立爲秦王至二十六年平定天下號曰始皇帝。三十四年置酒咸陽宮博士齊人淳。于。越進曰臣聞殷周之王千餘歲封子弟。功臣自爲枝輔今陛下有海內而子弟爲匹夫卒有四常六卿之臣無輔拂何以。輔。政哉丞相李斯曰五帝不相復三代不相襲非其相反時變異也今陛下創大業建萬世之。功固非愚儒之所知臣請史官非秦記皆燒之非博士官所職天下敢有藏詩書百家語者悉詣守尉雜燒之制曰可三十五年以爲諸生誹謗乃自除犯禁者四百六十餘人皆。阬之咸陽是經籍之道滅絕於秦說文云煨盆火也燼火餘也言遭秦焚阬之後典籍滅亡雖僅有存者皆火餘之微末耳若伏勝尚書顏貞孝經之類是也

濫觴於漢傳之者皆糟粕之餘 疏 正義曰案家語孔子謂子路曰夫江始於岷山其源可以濫觴及其至江津也不舫舟不避風。雨不可以涉王肅曰觴所以盛酒者言其微也又文選郭景純江賦曰惟岷山之導江初發源乎濫觴臣翰注云濫謂汎濫小流貌觴酒醆也謂發源小如一醆漢者巴蜀之閒地

名也二世元年諸侯叛秦沛人共立劉季以爲沛公二年八月入秦秦相趙高殺二世立二世兄子子嬰冬十月爲漢元年子嬰二年春正月項羽尊楚懷王爲義帝羽自立爲西楚霸王更立沛公爲漢王王巴蜀漢中四十一縣都南鄭五年破項羽斬之六年二月即皇帝位于氾水之陽遂取漢爲天下號若商周然也漢興改秦之政大收篇藉言從始皇焚燒之後至漢氏尊學初除挾書之律有河間人顔貞出其父芝所藏凡一十八章以相傳授言其至少故云濫觴於漢也其後復盛則如江矣釋名云酒滓曰糟浮米曰粕既以濫觴況其少因取糟粕比其微言醇粹既喪但餘此糟粕耳

故魯史春秋學開五傳

【疏】正義曰故者因上起下之語夫子約魯史春秋學開五傳者謂名專已學以相教授分經作傳凡有五家開則分也五傳者案漢書藝文志云左氏傳三十卷左丘明魯太史也公羊傳十一卷公羊子齊人名高受經於子夏穀梁傳十一卷名赤魯人糜信云與秦孝公同時十錄云名俶字元始風俗通云子夏門人鄒氏傳十一卷漢書云王吉善鄒氏春秋夾氏傳十一卷有錄無書其鄒夾二義鄒氏無師夾氏未有書故不顯于世蓋王莽時亡失耳

國風雅頌分爲四詩

【疏】正義曰詩有國風小雅大雅周頌魯頌商頌故曰國風雅頌四詩者毛詩韓詩齊詩魯詩也毛詩自夫子授卜商傳至大毛公名享大毛公授毛萇趙人爲河間獻王博士先有子夏詩傳一卷萇各置其篇端存其作者至後漢大司農鄭玄爲之箋是曰毛詩韓詩者漢文帝時博士燕人韓嬰所傳武帝時與董仲舒論於上前仲舒不能難至晉無人傳習是曰韓詩齊詩者漢景帝時博士清河太傅轅固生所傳號齊詩傳夏侯始昌昌授后蒼蒼門人尤盛後漢陳元方亦傳之至西晉亡是曰齊詩魯詩者漢武帝時魯人申公所述以經爲訓詁教之無傳疑者則闕號爲魯詩

去聖逾遠源流益別

【疏】正義曰逾越也百川之本曰源水行曰流增多曰益言秦漢而下上去孔子聖越遠孝經本是一源諸家增益別爲衆流謂其文不同也

近觀孝經舊注踳駁尤甚

【疏】正義曰孝經今文稱鄭玄注古文稱孔安國注先儒詳之皆非真實而學者互

相宗尚踳乖也駮錯也尤過也今言觀此二注乖錯過甚故言踳駮尤甚也

至於跡相祖述殆且百家【疏】正義曰至於者語更至端之辭也跡蹤跡也祖始也因而明之曰述言學者蹤跡相尋以在前者爲始後人從而述脩之若仲尼祖述堯舜之爲也殆近也言近且百家目其多也案其人今文則有魏王肅蘇林何晏劉邵吳韋昭謝萬徐整晉袁宏虞槃。佑東晉楊泓殷仲文車胤孫氏庾氏荀昶孔光何承天釋慧琳齊王玄載明僧紹及漢之長孫氏江翁翼奉后蒼張禹鄭衆鄭玄所說各擅爲一家也其梁皇侃撰義疏三卷梁武帝作講疏賀。瑒嚴植之劉貞簡明山賓咸有說隋有鉅鹿魏真克者亦爲之訓注其古文出自孔氏壞。壁本是孔安國作傳會巫蠱事其本亡失至隋王邵所得以送劉炫炫敘其得喪述其義疏議之劉綽亦作疏與鄭義俱行又馬融亦作古文孝經傳而世不傳此皆祖述名家者也

而業擅專門猶將十室【疏】正義曰上言百家者大略皆祖述而已其於傳守己業專門命氏者尚自將近十室室則家也爾雅釋宮云宮謂之室室謂之宮其內謂之家但與上百家變文耳故言十。室其十室之名序不指摘不可強言蓋后蒼張禹鄭玄王肅之徒也

希升堂者必自開戶牖【疏】正義曰希望也論語云子曰由也升堂矣未入於室夫子言仲由升我堂矣未入於室耳今祖述孝經之人望升夫子之堂者既不得其門而入必自擅開門戶。牖矣言其妄爲穿鑿也

攀逸駕者必騁殊軌。轍【疏】正義曰攀引也逸駕謂奔逸之車駕也案莊子顏淵問於仲尼曰夫子步亦步夫子趨亦趨夫子馳亦馳夫子奔逸絕塵而回。瞠若。乎後耳言夫子之道神速不可及也今祖述孝經之人欲仰慕攀引夫子奔逸之駕者既不得直道而行必馳騁於殊異之軌轍矣言不知道之無從也兩轍之間曰軌車輪所轢曰轍

是以道隱小成言隱浮僞【疏】正義曰道者聖人之大道也隱蔽也小。成謂小道而有成德者也言者夫子之至言也浮僞謂浮華詭辨也言此穿鑿馳騁之徒唯行小道華。辯致使大道至言皆爲隱蔽其實則不可隱故莊子內篇齊物論云道惡乎隱而有真僞言惡乎隱

而有是非道惡乎往而不存言惡乎。存而不可道隱於小成言隱於榮華此文與。彼同唯榮華。作僞耳大意不異也

且傳以通經爲義義以必當爲主【疏】正義曰且者語辭傳者注解之別名博釋經意傳示後人則謂之傳注者著也約文敷暢使經義著明則謂之注作得自題不謂爲義。例或曰前漢以前名傳後漢以來名注蓋亦不然。何則馬融亦謂之傳知或說非也此言傳注解釋則以通暢經指爲義義之裁斷則以必然當理爲主也

至當歸一精義無二【疏】正義曰至極之當必歸於一精妙之義焉有二三將言諸家不同宜會合之也

安得不翦其繁蕪而撮其樞要也【疏】正義曰安何也諸家之說既互有得失何得不翦截繁多蕪穢而撮取其樞機要道也

韋昭王肅先儒之領袖虞翻。劉邵抑又次焉【疏】正義曰自此至有補將來爲第四段序作注之意舉六家異同會五經旨趣敷暢經義望益將來也吳志曰韋曜字弘嗣吳郡雲陽人本名昭避晉文帝諱改名曜。事吳至中書僕射侍中領左國史封高陵亭侯魏志曰王肅字子雍王朗之子仕魏歷散騎黃門侍郎散騎常侍兼太常吳志虞翻字仲翔會稽餘姚人漢末舉茂才曹公辟不就仕吳以儒學聞爲老子。命語國語訓注傳於世魏志劉紹字孔才廣平邯鄲人仕魏歷散騎常侍賜爵關內侯著人物志百篇此指言韋王所學在先儒之中如衣之有領袖也虞劉二家亞次之抑語辭也

劉炫明安國之本陸澄譏康成之注【疏】正義曰隋書云劉炫字光伯河間景城人炫左畫方右畫圓口誦目數耳聽五事並舉無所遺失仕後周直門下省竟不得官縣司責其賦役炫自陳於內。史乞。送吏部吏部尚書韋世康問其所能炫自爲狀曰周禮禮記毛詩尚書公羊左傳孝經論語孔鄭王何服杜等注凡三十家雖義有精。麤並堪講授周易儀禮穀梁用功。頗少子史文集嘉言美事咸誦於心天文律曆窮覈微妙公私文翰未嘗。舉手吏部竟不詳試除殿內將軍仕隋歷太學博士罷歸河間賊中餓死諡宣德先生初炫既得王邵所送古文孔安國注本遂著古文稽疑以明之蕭子顯齊

書曰陸澄字彥淵吳郡吳人也少學。博覽無不知起家仕宋至齊歷國子祭酒光祿大夫初澄以晉荀昶所學爲非鄭玄所注請。文藏秘。書王儉違其議

在理或當何必求人【疏】正義曰言但在注釋之理允當不必譏非其人也求猶責也

今故特舉六家之異同會五經之旨趣【疏】正義曰六家卽韋昭王肅虞翻劉邵劉炫陸澄也言舉此六家而又會合諸經之旨趣耳

約文敷暢義則昭然【疏】正義曰約省也敷布也暢通也言作注之體直約省其文不假繁多能偏布通暢經義使之昭明也然辭也

分注錯經理亦條貫【疏】正義曰謂分其注解間錯經文也經注雖然分錯其理亦不相亂而有條有貫也書云若網在綱有條而不紊論語子曰參乎吾道一以貫之是條之理也

寫之琬琰庶有補於將來【疏】正義曰案考工記玉人職云琬圭九寸而繅以象德注云琬猶圜也王使之瑞節也諸侯有德王命賜之使者執琬圭以致命焉繅藉也又云琰圭九寸判規以除慝以易行注云凡圭琰上寸半琰圭琰半以上又半爲瑑飾諸侯有爲不義使者征之執以爲瑞節也除慝誅惡逆也易行。止。繁。苛今言以此所注孝經寫之琬圭琰圭之上若簡策之爲庶幾有所裨補於將來學者或曰謂刊石也而言寫之琬琰者取其美名耳

且夫子談經志取垂訓【疏】正義曰自此至序末爲第五段言夫子之經言約意深注繁文不能具載仍作疏義以廣其旨也且夫子所談之經其志但取垂訓後代而已

雖五孝之用則別而百行之源不殊【疏】正義曰五孝者天子。諸侯卿大夫士庶人五等所行之孝也言此五孝之用雖尊卑不同而孝爲百行之源則其致一也

是以一章之中凡有數句一句之內意有兼明【疏】正義曰積句以成章章者明也總義包體所以明情者也句必聯字而言句者局也聯字分。強所以局言者也言夫子所脩之經志在。殷。勤垂訓所以一章之中凡有數句一句之內意有兼明者也若移忠移順博愛廣敬之類皆是

具載則文繁略之又

義闕疏正義曰言作注之體意在約文敷暢復恐太略則大義或闕今存於疏用廣發揮疏正義曰此言必順作疏之義也發謂發越揮謂揮散若其注文未備者則具存於疏用此義疏以廣大發越揮散夫子之經旨也

孝經序

孝經注疏校勘記序

阮元撰盧宣旬敬錄

孝經有古文有今文有鄭注有孔注孔注今不傳近出於日本國者誕妄不可據要之孔注即存不過如尙書之僞傳決非真也鄭注之僞唐劉知幾辨之甚詳而其書久不存近日本國又撰一本流入中國此僞中之僞尤不可據者孝經注之列於學宮者係唐玄宗御注唐以前諸儒之說因藉捃摭以僅存而當時元行沖義疏經宋邢昺刪改亦尙未失其真學者舍是固無繇闚孝經之門徑也惟其譌字實繁元舊有校本因更屬錢塘監生嚴杰旁披各本並文苑英華唐會要諸書或讎或校務求其是元復親酌定之爲孝經校勘記三卷釋文校勘記一卷阮元記

引據各本目錄

唐石臺孝經四軸顧炎武金石文字記云石刻孝經今在西安府儒學前第二行題曰御製序幷注及書其下小字曰皇大子臣亨奉勅題額後有天寶四載九月一日銀青光祿大夫國子祭酒上柱國臣李齊古上表及玄宗御批大字草書三十八字其下有特進行尙書左僕射兼右相吏部尙書集賢院學士修國史上柱國晉國公臣林甫等四十五人惟林甫以左僕射不書姓經序注俱八分書其額曰大唐開元天寶聖文神武皇

帝注孝經臺中閒人名下攙入丁酉歲八月廿六日紀九字是後人所添是歲乙酉非丁酉也又末二行官銜不書臣亦可疑

唐石經孝經一卷

宋熙寧石刻孝經一卷是本張南軒所書不分章每行十一字末題熙寧壬子八月壬寅書付姪慥收時寓邑之廢寺居東齋南軒題

南宋相臺本孝經一卷宋岳珂刊每半葉八行行十七字注文雙行附音釋卷末有木刻亞形篆書相臺岳氏刻梓荊溪家塾印

正德本孝經注疏九卷是本刊于明正德六年每半葉十行行十七字注疏每格雙行行廿三字經文下載注不標注字正義冠大疏字於上每葉之末上題篇識皆元泰定間刊本舊式錯字甚多今校正義無別本可據記中所稱此本者即據是刻而言

閩本孝經注疏九卷明嘉靖閩中御史李元陽刻分卷同正德本每半葉九行每章首行廿一字餘低一格每行二十字注同正義雙行每行亦二十字詳春秋左傳注疏校勘記

重脩監本孝經注疏九卷明萬曆十四年刊分卷同正德本詳春秋左傳注疏校勘記

毛本孝經注疏九卷明崇禎己巳常熟汲古閣毛晉刊分卷同正德本詳春秋左傳注疏校勘記

孝經注疏序校勘記

阮元撰盧宣旬摘錄

孝經注疏序此五字頂格在第一行閩本監本毛本同案注原作註今訂正下同說詳唐玄宗序以下凡他本與此本同者不載○註今改作注

今特翦截元疏案翦原作剪俗字今訂正下同此本序低二字分作六行閩本監本低一字分作四行毛本頂格

翰林侍講學士朝請大夫守國子祭酒上柱國賜紫金魚袋臣邢昺等

奉　勑校定注疏是銜在第八行第九行魚字另提行並低一字半閩本監本在第六行第七行魚字另提行低一字毛本在第二行序前翰字上增宋字低一字臣字不側註校作較案當作挍唐張參五經文字手部云挍經典及釋文以爲比挍字案王溥唐會要云天寶五載詔孝經書疏雖蠲發明未能該備今更敷暢以廣闕文令集賢院寫頒中外又唐書元行沖傳稱元宗自注孝經詔行沖爲疏立於學宮邵序所謂今存於疏用廣發揮者也宋會要咸平三年三月命祭酒邢昺等取元行沖疏約而脩之四年九月以獻崇文總目孝經正義三卷邢昺撰咸平中奉詔據元氏本而增損焉然則是疏卽據行沖書爲藍本其所增損者今亦無從辨別矣

成都府學主鄉貢傳注　奉右撰此十二字在第十行低字半閩本監本在第九行低一字毛本改入序文卽今京兆石臺孝經是也之下案秀水朱彝尊經義考云按孫奭序或作成都府學主鄉貢傳注奉右撰

以明君臣父子之行所寄嘉善浦鏜正誤云寄當冀字誤案寄字不誤浦鏜所寄屬下讀因疑寄爲誤字浦鏜書不盡足

據此類是也

雖備存祕府閩本祕作秘案秘俗祕字後仿此

皇偘閩本監本毛本作皇侃案偘俗侃字

播於國序毛本於作于

辨鄭注有十謬閩本監本毛本辨作辯案張參五經文字云辯理也辨別也經典或通用之

乃自八分御扎閩本監本毛本扎作札是也此本御字提行是宋刻舊式閩本監本承之毛本改接分字下

即今京兆石臺孝經是也監本毛本臺作臺是也下仿此

孝經正義此四字頂格諸本及篇末同

翰林侍講學士朝請大夫守國子祭酒上柱國賜紫金魚袋臣邢昺等

奉　勑校定是銜在第二行第三行金字另提行此本以下不著閩本第二行但著宋邢昺註疏五字第三行墨釘與宋字並每卷同監本二三兩行刻校刊官銜首行孝經正義下著宋邢昺校四字毛本在第二行校作較後並同案較當作撰監本宋誤朱今改正

御製序并註此本御字頂格閩本監本毛本低一格跡同監本註字加圈毛本作陰文石臺本唐石經註作注是也又案唐會要云開元十年六月上注孝經頒天下及國子學天寶二年五月上重注亦頒天下云云是注凡再脩正義但云開元十年而不及天寶五載非也

傅士江翁毛本作博士是下仿此

少府后倉毛本倉作蒼案漢書藝文志作倉儒林傳作蒼

相譚新論云閩本監本毛本相作桓案作相避宋欽宗諱此翻宋十行本之證譚當作譚

古孝經千八百七十二字案宋本古文孝經後記數云經凡一千八百一十言日本信陽太宰純所挍僞古文孝經孔傳後記數云通計經一千八百六十一字

周書謚法毛本謚作諡盧文弨鍾山札記云今本說文謚行之迹也从言兮皿闕徐鍇曰兮聲也謚笑皃从言益聲玉篇於謚下增一謚字云同上餘並同今說文余向於累行之字皆从兮从皿又證以玉篇以爲真說文之舊矣段玉裁云五經文字謚謚二字音常利反上說文下字林字林以謚爲笑聲音呼益反今用上字據此說文作謚並不从兮从皿即字林以謚代謚亦未嘗增一从兮从皿之字此出近世所改从兮从皿實無義余以其言爲然從之案毛本作謚法非也下仿此

至順曰孝案浦鏜云謚法解無此文

揔而言之閩本揔作摠監本毛本作總案作總轉寫之異當作總顧野王玉篇張參五經文字皆作總唐元度九經字樣揔字下云說文作總經典相承通用李文仲字鑑云俗作總揔非是

而爲孝事親常行案正誤作孝爲是也

夫子隨而荅參閩本監本毛本隨作隨後同荅毛本作荅閩監本作答案作答非也五經文字荅荅字下云上說文下石經此荅本小豆之一名對荅之荅本作畣經典及人閒行此荅已久故不可改變下倣此

夫子刊緝前史毛本緝作輯

而修春秋監本修作脩案經典多作脩下倣此

按鉤命決云此本誤决監本毛本作決案玉篇云决俗決字張參亦云作决訛下倣此

本非曾參請業而對也此本作夲毛本作本下倣此

孰能非乎正誤非作外

名教將絕此本作絶毛本作絕是也下倣此

以爲對揚之躰閩本監本毛本躰作體案玉篇云躰俗體字

非待也正誤待下有問字是也

皆遙結道本荅曾子也正誤道本作首章

必其主爲曾子言此本主誤王今據閩本監本毛本改正

首章荅曾子已了此本了誤子今據閩本監本毛本改正

何由不待曾子問 毛本由作㕀避明熹宗諱後同

更自述而脩之 正誤脩作明

且三起曾參侍坐與之别 正誤三作首别作言

故假言乘閒曾子坐也 正誤故作蓋

說之以終 正誤以作已案已以古多通用

故須更借曾子言 此本更誤臾據閩本監本毛本改正

楊雄之翰林子墨 毛本楊作揚案廣韻揚字注不言姓楊字注云姓出宏農天水二望本自周宣王子尚父幽王邑諸楊號曰楊侯後并於晉因爲氏漢書楊雄本傳云其先食采於楊因氏焉又云楊在河汾之閒應劭曰左傳霍楊韓魏皆姬姓也楊今河東楊縣卽楊侯國正誤云監本誤楊非也

經教發極 正誤極作抒

孔子以六藝題目不同 此本誤作曰閩本監本毛本日改目是也

然入室之徒不 案不下脫一字

則凡聖無不孝也 毛本孝誤盡

龍逢 閩本監本逢作逄

孝以伯奇之名偏著 監本毛本以作已案當作已正誤云之當孝誤是也

德法者御民之本也 案大戴禮本作銜

內史太史 案今本大戴禮作大史內史

此御政之體也 閩本監本毛本體作禮此本作體與大戴禮合

諱隆著 閩本毛本著作基不誤

謚曰明孝皇帝 明字據毛本補

敘緒也 此本誤敘閩本毛本作敍是也下仿此

言非但製序 此本但誤旦今依閩本監本毛本改

案今俗所行孝經 文苑英華行作傳

而晉魏之朝 文苑英華唐會要作魏晉是也

有荀昶者 監本毛本作昺非

晉末以來 文苑英華唐會要作自齊梁已來

著作律令文苑英華唐會要作作在是也

遭黨錮之事逃難案此下當依文苑英華唐會要補注禮二字

鄭君卒後唐會要君作元

有中候此本誤侯依閩本監本毛本改作候

大傳文苑英華唐會要作書傳是也

毛詩譜閩本監本毛本譜作譜是也

許慎異議文苑英華唐會要許上有駁字議作義是也

箴膏盲監本毛本盲作肓是也

分授門徒閩本監本毛本作分撘誤也文苑英華唐會要並作分授

各述所言文苑英華唐會要所作師是也

更爲問荅文苑英華唐會要作更相是也

唯載禮易論語此本唯誤佳今依閩本監本毛本改文苑英華唐會要載下有詩書二字是也

趙商作鄭玄碑銘文苑英華唐會要玄作先生

具載諸所注箋驗論文苑英華唐會要載作稱諸作其驗作駁是也

晉中經簿文苑英華唐會要簿作薄

尙書守侯閩本監本毛本守作中不誤唐會要文苑英華尙書字並重是也

則有評論此本有誤者今改正

宋均詩譜序云文苑英華均下有於字譜作緯唐會要亦有於字

我先師北海鄭司農此本北誤比今改正

非玄所注時明監本毛本時作特文苑英華亦作特所上有之字唐會要惟注字作著

其所注皆無孝經文苑英華唐會要其下有爲鄭玄傳者載其七字

唯范氏書有孝經監本范誤鄭文苑英華唐會要並無此七字

有司馬宣王奉詔文苑英華唐會要王下有之奏云三字

而不言鄭文苑英華而下有都字

好發鄭短好發文苑英華唐會要作發揚

而肅無言按禮記郊特牲正義引王肅難鄭云月令命民社鄭注云社后土也孝經注云社后土也句龍爲后土鄭既云社后土則句龍

也是鄭自相違反然則王肅未嘗無言也六藝論序孝經云元又爲之注又孝經序云念昔先人餘暇述夫子之志而注孝經則鄭氏曾注此經或成於後人之手未可知也非之者始於陸澄而極於劉子元此固無關乎異同因讀子元議附訂於此

辯論時事 監本時誤將文苑英華作論辨時事

未有一言孝經注者 文苑英華唐會要無者字言下有引字注上有之字

以此證驗 文苑英華唐會要以作凡是也

乘後謬說 文苑英華唐會要後作彼是也

此注獨行於世 文苑英華世作代

觀言語鄙陋義理乖謬 文苑英華言上有夫字謬作踈唐會要脫下四字

語甚詳正 諸本甚誤其據浦鏜正誤改

不被流行 文苑英華唐會要被作復

祕書學生王逸士 文苑英華王下有孝字又注云一本生作士案唐會要作

送與著作王劭 唐會要文苑英華作字下有郎字

仍令校定 毛本校作挍避明熹宗諱全書皆然

至劉向以此參校古文文苑英華唐會要此下有本字

定此一十八章此本此誤比今改正文苑英華此下有爲字唐會要此爲二字倒誤

具載此注文苑英華此上有此注而其序以鄭爲主是先達博選以十五字唐會要同序下有云字

無出孔壁無唐會要文苑英華並作元

尚未見孔傳中朝遂亡其本文苑英華唐會要尚未作有字是也

妄作傳學文苑英華唐會要作妄作此傳是也

具禮矣唐會要文苑英華矣下有乎字

然故者建下之辭建下閩本監本毛本作逮下亦非文苑英華唐會要作連上是也

是古人既沒唐會要文苑英華並作是古文既亡

以應二十二之數文苑英華唐會要之上有章字

非但經久不真監本毛本久作文

又注用天之道分地之利文苑英華作至注用天之時因地之利唐會要用改因

脫之應功文苑英華唐會要及日本所刻僞孝經孔傳並作脫衣就功

暴其肌體僞孝經孔傳作暴其髮膚

朝暮從事僞孝經孔傳朝作旦

露髮徒足僞孝經孔傳作露體塗足文苑英華亦作塗唐會要作跣足

少而習之其心安焉僞孝經孔傳之作焉安作休

分別五土此本土誤士今改正

欲取近儒詭說文苑英華唐會要下有殘經缺傳四字

請准令式唐會要作望請准式

孝經正義終

孝經序唐石經此三字八分書

䟽此本䟽字陽文加圈於外監本方圈閩本毛本陰文閩本作䟽監毛本作疏案疎疏古今字唐人多作䟽

至於序末閩本監本毛本末作未是也

凡有五段此本作叚閩本作段毛本作叚案當作段今依訂正下仿此

朕言惠可底行案當作厎顧炎武云五經無底字皆是厎字今說文本厎字下有一畫誤字當從氏段玉裁云此說大誤厎訓柔石

經傳多借訓爲致凡字書韻書皆無作厎少下一畫者惟唐石經刻五經文字广部底誤底厂部厎致也不誤

目之不觀閩本監本毛本觀作覩

中古未有釜甑閩本監本毛本末作未是也

其風朴略者閩本監本毛本略作畧案古畂略字皆田在左

因親於外親浦鏜云因周禮作姻

大古帝皇之世閩本監本毛本皇作王案作皇與曲禮注合

昔者明王之以孝理天下也案經作治序作理避唐高宗諱

而況於公侯伯子男乎唐石經此處殘闕

至形於四海毛本於作于案經作于

公侯百子男閩本監本毛本百作伯是也下百七十里同

公侯地方百里案王制地作田

朕嘗三復斯言岳本嘗作甞石臺本作常案作嘗是也

刑于四海唐石經此處闕石臺本閩本監本毛本刑作形案正義曰案經作刑刑法也今此作形則形猶見也義得兩通無煩改字

無繁改字　監本毛本繁作煩

嗟乎夫子沒而微言絶　唐石經絶字殘闕石臺本岳本監本毛本作絶案作絶是也說文絶斷絲也从糸从刀从卩廣韻云絶斷也下仿此

異端起而大義乖　監本起作起案監本凡從走字多作赱

典籍散亡　閩本監本毛本籍作籍亡作亡是也

葬魯城北四上　閩本監本毛本四作泗是也

況泯絶於秦　石臺本泯作泯避所諱

爲周孝王養馬於汧謂之閒　閩本監本毛本謂作渭是也

及非子之曾孫秦仲　監本秦仲誤秦伯下稱秦爲秦監本作稱泰爲泰亦非

按秦昭王四十八年　案史記按作以

王十四年　閩本監本毛本王作三不誤

享干越進曰　閩本監本毛本享作淳干閩監本作于是也

封子弟立功臣　案史記無立字

何以輔政哉案史記輔政作相救

建萬世之所案史記所作功是也

皆阬之咸陽俗阬字閩本監本毛本阬作坑下焚坑此本作焚阬案史記作阬坑

不避風雨正誤雨作則屬下讀

大收篇藉閩本監本毛本藉作籍是也

出其交芝所藏閩本監本毛本交作父是也

沉其少閩本監本毛本沉作况案當作況

左氏傳三千卷閩本監本毛本千作十是

穀梁傳十一卷名赤魯人案卷下當作穀梁子魯人名赤

十錄云案十當作七

王吉善鄒氏春秋閩本監本毛本民作氏不誤

毛詩商詩監本毛本商作韓是也

傳至大毛公名享閩本監本享作亨案當作亨

萇名置其篇閩本監本毛本名作各是

傅夏侯始昌閩本監本毛本傅作傳是

昌授后蒼輩毛本輩作輩案輩俗輩字

以經爲訓話教之閩本監本毛本話作詁是

近觀孝經舊註石臺本唐石經註作注案漢唐宋人經注之字從無作註者賈公彥儀禮疏云言注者注義於經下若水之注物是也下仿此惟記注字從言不從氵如左傳敘諸所記註服虔通俗文記物曰註張揖廣雅云註識也是也

踳駁尤甚閩本踳作蹐亦非正義並同石臺本唐石經岳本監本毛本作踳是也駁石臺本唐石經本岳本作駮

虡槃佑正誤佑作佐從隋唐志挍

賀場案場當作瑒瑒字德璉南史有傳

其古文出自孔氏壞壁閩本監本毛本壁作壁是也

其上室之名閩本監本毛本上作十是也

必自擅開門戶牕牖矣毛本牕作牕監本作牕並非下仿此

必騁殊軌轍石臺本唐石經岳本閩本毛本軌作軌不誤下同

而回瞠若乎後耳　閩本監本毛本瞠作瞠是也正誤耳作矣

小道謂小道而有成德者也　案上道字當作成諸本並誤

唯行小道華辯　閩本監本毛本辯作辨

言惡乎有而不可　監本毛本有作存案莊子作存

此文與改同　閩本監本毛本改作彼是也

唯榮華作僞　閩本監本毛本作下有浮字案序文當有

不爲義列　監本毛本列作例是也

例則馬融亦謂之傳　浦鏜云例當何字誤下疑有脫文

虞飜　岳本作翻與今本三國志同下同

事吳　閩本監本毛本事作仕是也

爲老子命語國語　案命當作論

炫自陳於內史　閩本監本毛本作史此本誤臾今改正

乞送吏部　案隋書本傳送下有詣字

雖義有精麄閩本監本毛本麄作粗案當作麤
用功頗少案隋書作差少
未嘗舉手案隋書舉作假
傳覽無所不知閩本毛本傳作博是也
請文藏祕書案齊書本傳文作不書作省是也
易行上繫荷閩本監本毛本上作止荷作苛案周禮鄭注作去煩苛
鍺侯閩本監本毛本鍺作諸不誤
聯字分強正誤強作疆
志在殷勤垂訓毛本勤改懃案殷勤亦作慇懃
此言必順作疏之義也浦鏜云順當須字誤是也

孝經注疏序校勘記

孝經注疏卷第一

開宗明義章第一。

邢昺注疏

疏 正義曰：開，張也。宗，本也。明，顯也。義，理也。言此章開張一經之宗本，顯明五孝之義理，故曰開宗明義章也。第，次也。一，數之始也。以此章揔標諸章，以次結之，故爲第一，冠諸章之首焉。案孝經遭秦坑焚之後，爲河間顏芝所藏。初除挾書之律，芝子貞始出之。長孫氏及江翁、后倉、翼奉、張禹等所說皆十八章。及魯恭王壞孔子宅，得古文二十二章，孔安國作傳。劉向校經籍，比量二本，除其煩惑，以十八章爲定，而不列名。又有荀昶集其錄及諸家疏，並無章名，而援神契自天子至庶人五章，唯皇侃標其目而冠於章首。今鄭注見章名，豈先有改除近人追遠而爲之也。御注依古今集詳議，儒官連狀題其章名，重加商量，遂依所請。章者，明也，謂分析科段，使理章明。說文曰：「樂歌竟爲一章。」章字從音從十，謂從一至十，十，數之終。諸書言章者，蓋因風雅凡有科段皆謂之章焉。言天子庶人雖列貴賤，而立身行道無限高卑，故次首章先陳天子，等差其貴賤以至庶人。次及三才、孝治、聖治三章，並敘德教之所由生也。紀孝行章敘孝子事親爲先，與五刑相因，即夫孝始於事親也。廣要道章、廣揚名章，即先王有至德要道、揚名於後世也。揚名之上，因諫爭之臣，從諫之君，必有應感，三章相次不離於揚名。事君章即忠於事君也。喪親章繼於諸章之末，言孝子事親之道紀也。皇侃以開宗及紀孝行、喪親等三章通於貴賤。今案諫爭章大夫已上皆有爭臣，而士有爭友，父有爭子，亦該貴賤，則通於貴賤者有四焉。

仲尼居，仲尼，孔子字。居，謂閒居。曾子侍。曾子，孔子弟子。侍，謂侍坐。疏 仲尼居曾子侍。正義曰：夫子以六經設教，隨事表名，雖道由孝生，而孝綱未舉，將欲開明其道，垂之來裔。以曾參之孝先有重名，乃假因閒居，爲之陳說。自標己字，稱仲尼居；呼參爲子，稱曾子侍。建此兩句，以起師資問荅之體。

似若別有承受而記錄之〇注仲尼至閒居〇正義曰云仲尼孔子字者案家語云孔子父叔梁紇娶顏氏之女徵在徵在既往。廟見以夫年長懼不時有男而私禱尼丘山以祈焉孔子故名丘字仲尼夫伯仲者長幼之次也仲尼有兄字伯故曰仲其名則案桓六年左傳申繻曰名有五其三曰以類命爲象杜注云若孔子首象尼丘蓋以孔子生而。汙頂象尼丘山故名丘字仲尼而劉。瓛述張禹之義以爲仲者中也尼者和也言孔子有中和之德故曰仲尼殷仲文又云夫子深敬孝道故稱表德之字及梁武帝又以丘爲。聚以尼爲和今並不取仲尼之先殷之後也案史記殷本紀曰帝嚳之子契爲堯司徒有功堯封之於商賜姓子氏契後世孫湯滅夏而爲天子至湯裔孫有位無道周武王殺之封其庶兄微子啓於宋案家語又孔子世家皆云孔子其先宋人也宋。閔公有子弗父何長而當立讓其弟厲公何生宋父周周生世子勝勝生正考父正考父受命爲宋卿而生孔父嘉嘉別爲公族故其後以孔爲氏或以爲用乙配子或以滴溜穿石其言不經今不取也孔父嘉生木金父木金父生皋夷父皋夷父生防叔避華氏之禍而奔魯防叔生伯夏伯夏生叔梁紇紇生孔子也云居謂閒居者。古文孝經云仲尼閒居蓋爲乘閒居而坐與論語云居吾語汝義同而與下章居則致其敬不同〇注曾子至侍坐〇正義曰云曾子孔子弟子者案史記仲尼弟子傳稱曾參南武城人字子輿少孔子四十六歲孔子以爲能通孝道故授之業作孝經死於魯故知是仲尼弟子也云侍謂侍坐者言侍孔子而坐也案古文云曾子侍坐故知侍謂侍坐也卑者在尊側曰侍故經謂之侍凡侍有坐有立此曾子侍卽侍坐也曲禮有。侍坐於先生侍坐於所尊侍坐於君子據此而言明侍坐於夫子也

子曰先王有至德要道以順天下民用和睦上下無怨孝者德之至道之要也言先代聖德之。主能順天下人心。行此至要之化則上下臣人和睦無怨汝知之乎曾子避。席曰參不敏何足以知之。參曾子名也禮師有問避席起荅敏達也言參不達何足知此至要之義子曰夫孝德之本也。人之行莫大於孝故爲德

本教之所由生也言教從孝而生復坐吾語汝。曾參起對故使復坐

疏子曰至語汝○正義曰子者孔子自謂案公羊傳云子者男子通稱也古者謂師爲子故夫子以子自稱曰者辭也言先代聖帝明王皆行至美之德要約之道以順天下人心而教化之天下之人被服其教用此之故並自相和睦上下尊卑無相怨者參汝能知之乎又假言參聞夫子之說乃避所居之席起而對曰參性不。聰敏何足以知先王至德要道之言義既敘曾子不知夫子又爲釋之曰夫孝德行之根本也釋先王有至德要道謂至德要道元出於孝孝爲之本也云教之所。生也者此釋以順天下民用和睦上下無怨謂王教由孝而生也孝道深廣非立可終故使復坐吾語汝也○注孝者至無怨○正義曰云孝者德之至道之要也者依王肅義德以孝而至道以孝而要是道德不離於孝殷仲文曰窮理之至以一管衆爲要。劉炫曰性未達何足知。然性未達何足知至要之義者謂自云性不達何足知此先王至德要道之義也○注人之至德本○正義曰此依鄭注引其聖治章文也言孝行最大故爲德之本也德則至德也○注言教從孝而生○正義曰此依韋注案禮記祭義稱曾子云衆之本教曰孝尚書敬敷五教解者謂教父以義教母以慈教兄以友教弟以恭教子以孝舉此則其餘順人之教皆可知也○注曾參至復坐正義曰此義已見於上

身體髮膚受之父母不敢毀傷孝之始也父母全而生之。己當全而歸之故不敢毀傷

立身行道揚名於後世。以顯父母孝之終也言能立身行此孝道自然名揚後世光。顯其親故行孝以不毀爲先揚名爲後

疏身體至終也○正義曰身謂躬也體謂四支也髮謂毛髮膚謂皮膚禮運曰四體既正膚革充盈詩曰鬒髮如雲此則身體髮膚之謂也言爲人子者常須戒慎戰戰兢兢恐致毀傷此行孝之始也又言孝行非唯不毀而已須成立其身使善名揚於後代以光榮其父母此孝行之終也若行孝道不至揚名榮親則未得爲立身也○注父母至毀傷○正義曰云父母全而生之己當全而歸之者此依鄭注引祭義樂正子春之言也言子之初生受全

體於父母故當常自念慮至死全而歸之若曾子啓手啓足之類是也云故不敢毀傷者毀謂虧辱傷謂損傷故夫子云不虧其體不辱其身可謂全矣及鄭注周禮禁殺戮云見血爲傷是也○注言能至其後○正義曰云能言立身行此孝道者謂人將立其身先須行此孝道也其行孝道之事則下文始於事親中於事君是也云自然名揚後世光榮其親者皇侃云若生能行孝沒而揚名則身有德譽乃能光榮其父母也因引祭義曰孝也者國人稱願然曰幸哉有子如此又引哀公問稱孔子對曰君子也者人之成名也百姓歸之名謂之君子之子是使其親爲君子也此則揚名榮親也云故行孝以不毀爲先者全其身爲孝子之始也云揚名爲後者謂後行孝道爲孝之終也夫不敢毀傷闔棺乃止立身行道弱冠須明經雖言其始終此略示有先後非謂不敢毀傷唯在於始立身獨在於終也明不敢毀傷立身行道從始至末兩行無怠此於次有先後非於事理有終始也

夫孝始於事親中於事君終於立身言行孝以事親爲始事君爲中忠孝道著乃能揚名榮親故曰終於立身也

疏夫孝至立身○正義曰夫爲人子者先能全身而後能行其道也夫行道者謂先能事親而後能立其身前言立身末示其跡其跡始者在於內事其親也中者在於出事其主忠孝皆備揚名榮親是終於立身○注言行至身也○正義曰云言行孝以事親爲始事君爲中者此釋始於事親中於事君也云忠孝道著乃能揚名榮親故曰終於立身也者此釋終於立身也然能事親事君理兼士庶則終於立身此通貴賤焉鄭玄以爲父母生之是事親爲始四十強而仕是事君爲中七十致仕是立身爲終也者劉炫駮云若以始爲在家終爲致仕則兆庶皆能有始人君所以無終若以年七十者始爲孝終不致仕者皆爲不立則中壽之輩盡曰不終顏子之流亦無所立矣

大雅云無念爾祖聿脩厥德詩大雅也無念念也聿述也厥其也義取恆念先祖述脩其德

疏大雅至厥德○正義曰夫子敘述立身行道揚名之義既畢乃引大雅文王之詩以結之言凡爲人子孫者常念爾之先祖常述脩其功德也○注詩大至其德○正義曰云無念念也聿述

也此並毛傳文厥其也釋言文云義取常念先祖述脩其德者此依孔傳也謂述脩先祖之德而行之此經有十一章引詩及書劉炫云夫子敘經申述先王之道詩書之語事有當其義者則引而證之示言不虛發也七章不引者或事義相違或文勢自足則不引也五經唯傳引詩而禮則雜引詩書及易並意及則引若汎指則云詩曰詩云若指四始之名卽云國風大雅小雅魯頌商頌若指篇名卽言。句曰武曰皆隨所便而引之無定例也鄭注云雅者正也方始發章以正爲始亦無取焉

天子章第二

疏 正義曰前開宗明義章雖通貴賤其跡未著故此已下至於庶人凡有五章謂之五孝各說行孝奉親之事而立教焉天子至尊故。標居其首案禮記表記云惟天子受命於天故曰天子白虎通云王者父天母地。亦曰天子虞夏以上未有此名殷周以來始謂王者爲天子也

子曰愛親者不敢惡於人博愛也。敬親者不敢慢於人廣敬也愛敬盡於事親而德教加於百姓刑。于四海刑法也君行博愛廣敬之道使人皆不慢惡其親則德教加被天下當爲四夷之所法則也蓋天子之孝也蓋猶略也孝道廣大此略言之疏 子曰至孝也正義曰此陳天子之孝也所謂愛親者是天子身行愛敬也不敢惡於人不敢慢於人者是天子施化使天下之人皆行愛敬不敢慢惡於其親也親謂其父母也言天子豈唯因心內恕克己復禮自行愛敬而已亦當設教施令使天下之人不慢惡於其父母如此則至德要道之教加被天下亦當使四海蠻夷慕化而法則之此蓋是天子之行孝也孝經援神契云天子孝曰就言德被天下澤及萬物始終成就榮其祖考也五等之孝惟於天子章稱子曰者皇侃云上陳天子極尊下列庶人極卑尊卑既異恐嫌爲孝之理有別故以一子曰通冠五章明尊卑

貴賤有殊而奉親之道無二○注博愛也○正義曰此依魏注也博大也言君愛親又施德教於人使人皆愛其親不敢有惡其父母者是博愛也○注廣敬也○正義曰此依魏注也廣亦大也言君敬親又施德教於人使人皆敬其親不敢有慢其父母者是廣敬也孔傳以人爲天下衆人言君愛敬己親則能推己及物謂有天下者愛敬天下之人有一國者愛敬一國之人也不惡者爲君常思安人爲其興利除害則上下無怨是爲至德也不慢者則曲禮曰毋不敬書曰爲人上者奈何不敬君能不慢於人脩己以安百姓則千萬人悅是爲要道也上施德教人用和睦則分崩離析無由而生也案禮記祭義稱有虞氏貴德而尚齒夏后氏貴爵而尚齒殷人貴富而尚齒周人貴親而尚齒虞夏殷周天下之盛王也未有遺年者年之貴乎天下久矣次乎事親也斯亦不敢慢於人也所以於天子章明愛敬者王肅韋昭云天子居四海之上爲教訓之主爲教易行故寄易行者宣之然愛之與敬解者衆多沈宏云親至結心爲愛崇恪表迹爲敬劉炫云愛惡俱在於心敬慢並見於貌愛者隱惜而結於內敬者嚴肅而形於外皇侃云愛敬各有心迹烝烝至惜是爲愛心溫清搔摩是爲愛迹肅肅悚慄是爲敬心拜伏擎跪是爲敬迹舊說云愛生於真敬起自嚴孝是真性故先愛後敬也舊問曰天子以愛敬爲孝及庶人以躬耕爲孝五者並相通否梁王荅云天子既極愛敬必須五等行之然後乃成庶人雖在躬耕豈不愛敬及不驕不溢已下事邪以此言之五等之孝反相通也然諸侯言保社稷大夫言守宗廟士言保其祿位而守其祭祀以則言之天子當云保其天下庶人當言保其田農此略之不言何也左傳曰天子守在四夷故愛敬盡於事親之下而言德教加於百姓刑于四海保守之理已定不煩更言保也庶人用天之道分地之利謹身節用保守田農不離於此既無守任不假言保守也○注刑法至則也正義曰刑法也釋詁文云君行博愛廣敬之道使人皆不慢惡其親者是天子愛敬盡於事親又施德教使天下之人皆不敢慢惡其親也云則德教加被於天下者釋刑於四海也百姓謂天下之人皆有族姓言百舉其多也尚書云平章百姓則謂百姓爲百官爲下有黎民之文所以百姓非兆庶也此

經德教加於百姓則謂天下百姓爲與刑于四海相對四海既是四夷則此百姓自然是天下兆庶也經典通謂四夷爲四海案周禮。記爾雅皆言東夷西戎南蠻北狄謂之四夷或云四海故注以四夷釋四海也孫炎曰海者晦暗無知也○注蓋猶至略言之○正義曰此依魏注也案孔傳云蓋者辜較之辭劉炫云辜較猶梗概也孝道既廣此纔舉其大略也劉瓛云蓋者不終盡之辭明孝道之廣大此略言之也皇侃云略陳如此未能究竟是也鄭注云蓋者謙辭據此而言蓋非謙也劉炫駁云若以制作須謙則庶人亦當謙矣苟以名位須謙夫子曾爲大夫於士何謙而亦云蓋也斯則卿士以上之言蓋者並非謙辭可知也

甫刑云一人有慶兆民賴之甫刑即尚書呂刑也一人天子也慶善也十億曰兆義取天子行孝兆人皆賴其善

疏甫刑至賴之○正義曰夫子述天子之行孝既畢乃引尚書甫刑篇之言以結成其義慶善也言天子一人有善則天下兆庶皆倚賴之也善則愛敬是也一人有慶結愛敬盡於事親已上也兆民賴之結而德教加於百姓已下也○注甫刑至其善○正義曰云甫刑即尚書呂刑也者尚書有呂刑而無甫刑也案禮記緇衣篇孔子兩引甫刑辭與呂刑無別則孔子之代以甫刑命篇明矣今尚書爲呂刑者孔安國云後爲甫侯故稱甫刑知者以詩大雅嵩高之篇宣王之詩云生甫及申。揚之水爲平王之詩不與我戍甫明子孫改封爲甫侯不知因呂國改作甫名不知別封餘國而爲甫號然子孫封甫穆王時未有甫名而稱爲甫刑者後人以子孫之國號名之也猶若叔虞初封於唐子孫封晉而史記稱晉世家也劉炫以爲遭秦焚書各信其學後人不能改正兩存之也者非也諸章皆引詩此章獨引書者以孔子之言布在方策言必皆引詩書證事示不馮虛說義當詩意則引詩。義當易意則引易此章與書意義相契故引爲證也鄭注以書錄王事故證天子之章以爲引類得象然引大雅證大夫引曹風證聖治豈引類得象乎此不取也云一人天子也者依孔傳也舊說天子自稱則言予一人予我也言我雖身處上位猶是人中之一耳與人不異是謙也若臣人稱之則惟言一人言四海之內惟一人乃爲尊稱也天子者帝王之爵猶公

侯伯子男五等之稱云慶善也書傳通也云十億曰兆者古數爲然云義取天子行孝兆人皆賴其善者釋一人有慶兆民賴之也姓言百民稱兆皆舉其多也

孝經注疏卷第一

孝經注疏卷一校勘記　阮元撰盧宣旬摘録

孝經注疏卷第一

開宗明義章第一 熙寧石刻不載分章此本此行在第二行頂格疏另提行亦頂格閩本監本在第四行毛本在第三行並低一格疏文接第一字下提行處低二格後章並同鄭注本無第一第二等字釋文可證

以此章總摽 監本毛本作標案作標不誤下摽其同

樂歌竟爲一章 案今本說文作樂曲盡爲竟

郎夫孝始於事親也 閩本毛本作卽夫是也

揚名之上 正誤上作義

因諫爭之臣 閩本監本毛本爭作諍案玉篇云爭諫也或作諍

卽忠於事君也 案忠當作中

言孝子事親之道紀也 正誤紀作終

自摽已字 監本毛本摽作標是也案已當作己

徵在既往庿見 案庿乃廟之譌閩本監本毛本作廟

蓋以孔子生而汗頂監本毛本汗作汙案史記孔子世家作圩索隱謂圩音烏窊也白虎通姓名篇云孔子首類尼邱山蓋中低而四旁高如屋宇之反則作圩是也

而劉獻述張禹之義監本毛本獻作瓛案宋欽宗諱桓兼避九瓛洹等字此作獻承避宋諱故也

又以邱爲娶監本毛本娶作聚

宋閔公正誤閔作襄是也

右文孝經云閩本監本毛本右作古不誤

曲禮有侍坐於先生閩本監本毛本作先此本誤侍今改正

言先代聖德之生監本毛本生作王石臺本岳本作主

汝知之乎岳本汝作女鄭注本同此正義本則作汝字

曾子避席曰鄭注本避作辟用假借字與此本不同

敏達也石臺本岳本閩本毛本逹作達達從羍得聲羍音他葛反作逹非也下倣此

夫孝德之本也石臺本唐石經宋熙寧石刻本作本石臺本注同案說文作本五經文字云經典相承從隸省作本後同

人之行莫大於孝案正義云此依鄭注據釋文注人上有夫字是明皇所刪也

吾語汝岳本汝作女

參性不聰敏閩本聰字模糊監本毛本作聰俗字

云教之所生也者案正誤生上補由字是也

以一管衆爲要浦鏜云下當脫參曾至之義〇正義曰九字案下文劉炫疑正義二字之譌

性未達何足知盧文弨校本下補此依劉注也五字

然性未達案然當言字之譌

已當全而歸之石臺本岳本已作己是也

揚名於後世唐石經世作廿避唐太宗諱

光顯其親石臺本岳本顯作榮案正義亦作榮

言能至其後閩本監本毛本其作爲案注當作爲

末示其跡閩本監本毛本末作未是也

是終於立身正誤身下補也字是也

無念爾祖鄭注本作毋念左傳文二年趙成子引詩同此正義本則作無念

常述脩其功德也 正誤常作當

即言句曰武曰 閩本亦誤句監本毛本作勺是也

天子章第二

故摽居其首 監本毛本摽作標

亦曰天子 正誤亦作故是也

敬親者 宋熙寧石刻敬作𢿚追避宋翼祖諱

刑于四海 鄭注本刑作形此正義本則作刑于字監本毛本改於

柰何不敬 閩本監本毛本柰作奈案柰本果名假借爲柰何字俗作奈何非也

沈宏云 浦鏜云按陸氏注解傳述人當袁宏之誤

温清搔摩 閩本監本毛本清作凊是也

肅肅悚慄 閩本監本毛本慄改悚

王者並相通否 案王宜作五

反相通也 正誤反作互

而言德教加於百姓 毛本於作于下同案經作於

不假旨保守也 浦鏜云旨疑言字誤案當作言

云則德教加被於天下者 毛本於改于

案周禮記爾雅 正誤記上補禮字

楊之水 閩本監本毛本楊作揚案詩王風揚之水釋文云或作楊

義當易意則引易 毛本義作意非

孝經注疏卷一校勘記

孝經注疏卷第二

諸侯章第三

邢昺注疏

疏正義曰次天子之貴者諸侯也案釋詁云公侯君也不曰諸公者嫌涉天子三公也故以其次稱爲諸侯猶言諸國之君也皇侃云以侯是五等之第二下接伯子男故稱諸侯今不取也

在上不驕高而不危諸侯列國之君貴在人上可謂高矣而能不驕則免危也制節謹度滿而不溢費用約儉謂之制節愼行禮法謂之謹度無禮爲驕奢泰爲溢高而不危所以長守貴也滿而不溢所以長守富也富貴不離其身然後能保其社稷而和其民人列國皆有社稷其君主而祭之言富貴常在其身則長爲社稷之主而人自和平也蓋諸侯之孝也

疏在上至孝也○正義曰夫子前述天子行孝之事已畢次明諸侯行孝也言諸侯在一國臣人之上其位高矣高者危懼若能不以貴自驕則雖處高位終不至於傾危也積一國之賦稅其府庫充滿矣若能制立節限愼守法度則雖充滿而不至盈溢也滿謂充實溢謂奢侈書稱位不期驕祿不期侈是知貴不與驕期而驕自至富不與侈期而侈自來言諸侯貴爲一國人主富有一國之財故宜戒之也又覆述不危不溢之義言居高位而不傾危所以常守其貴財貨充滿而不盈溢所以長守其富使富貴長久不去離其身然後乃能安其國之社稷而協和所統之臣人謂社稷以此安臣人以此和也言此上所陳蓋是諸侯之行孝也皇侃云民是廣及無知人是稍識仁義卽府史之徒故言民人明遠近皆和悅也援神契云諸侯行孝曰度言奉天子之法度得不危溢是榮其先祖也○注諸侯至危也○正義曰云諸侯列國之君者經典皆謂天子之國爲王國諸侯之國爲列國詩

云思皇多士生此王國則天子之國也左傳魯叔孫豹云我列國也鄭子產云列國一同是諸侯之國也列國者言其國君皆以爵位尊卑及土地大小而敘列焉五等皆然云貴在人上可謂高矣者言諸侯貴在一國臣人之上其位高也云而能不驕則免危也者言其爲國以禮能不陵上慢下則免傾危也○注費用至爲溢○正義曰云費用約儉謂之制節者此依鄭注釋制節也謂費國之財以供己用每事儉約不爲華侈則論語道千乘之國云節用而愛人是也云愼行禮法謂之謹度者此釋謹度也言不可奢僭當須愼行禮法無所乖越動合典章皇侃云謂宮室車旗之類皆不奢僭也無禮爲驕奢泰爲溢者皆謂華侈放恣也前未解驕今於此注與溢相對而釋之言無禮謂陵上慢下也皇侃云在上不驕以戒貴應云居財不奢以戒富若云制節謹度以戒富亦應云制節謹身以戒貴此不例者互其文也但驕由居上故戒貴云在上溢由無節故戒富云制節也○注列國至平也○正義曰列國已具上釋云皆有社稷者韓詩外傳云天子大社東方青南方赤西方白北方黑中央黃土若封四方諸侯各割其方色土苴以白茅而與之諸侯以此土封之爲社明受於天子也社則土神也經典所論社稷皆連言之皇侃以爲稷五穀之長亦爲土神據此稷亦社之類也言諸侯有社稷乃有國無社稷則無國也云其君主而祭之者案左傳曰君人者社稷是主社稷因地故以列國言之祭必由君故以其君言之云言富貴常在其身者此依王注釋富貴以不離其身也則長爲社稷之主者釋保其社稷也云而人自和平也者釋而和其民人也然經上文先貴後富言因貴而富也下覆之富在貴先者此與易繫辭崇高莫大乎富貴老子云富貴而驕皆隨便而言之非富合先於貴也經傳之言社稷多矣案左傳曰共工氏之子曰勾龍爲后土后土爲社有烈山氏之子曰柱爲稷自夏以上祀之周棄亦爲稷自商以來祀之言勾龍柱棄配社稷而祭之卽勾龍柱棄非社稷也又條牒云稷壇在社西俱北鄉並列同營共門並如條之說

詩云戰戰兢兢如臨深淵如履薄冰 戰戰恐懼兢兢戒愼臨深恐墜履薄恐陷義取爲君恆須戒愼

疏詩云至薄冰○正義曰夫子述諸侯

行孝終畢乃引小雅小旻之詩以結之言諸侯富貴不可驕溢常須戒懼故戰戰兢兢常如臨深履薄也○注戰戰至戒懼○正義曰此依鄭注也案毛詩傳云戰戰恐也兢兢戒也此注恐下加懼戒下加慎足以圓文也云臨深恐墜履薄恐陷者亦毛詩傳文也恐墜謂墜入深淵不可復出恐陷謂沒在冰下不可拯濟也云義取爲君常須戒慎者引詩大意如此

卿大夫章第四

疏 正義曰次諸侯之貴者卽卿大夫焉說文云卿章也白虎通云卿之爲言章也章善明理也大夫之爲言大扶扶進人者也故傳云進賢達能謂之卿大夫王制云上大夫卿也又典命云王之卿六命其大夫四命則爲卿與大夫異也今連言者以其行同也

非先王之法服不敢服。服者身之表也先王制五服各有等差言卿大夫遵守禮。法不敢僭上偪下 非先王之法言不敢道非先王之德行不敢行法言謂禮法之言德行謂道德之行若言非法行非德則虧孝道故不敢也 是故非法不言非道不行言必守法行必遵道 口無擇言身無擇行言行皆遵法道所以無可擇也 言滿天下無口過行滿天下無怨惡禮法之言焉有口過道德之行自無怨惡 三者備矣然後能守其宗廟。三者服言行也禮卿大夫立三廟以奉先祖言能備此三者則能長守宗廟之祀 蓋卿大夫之孝也

疏 非先王至孝也○正義曰夫子述諸侯行孝之事終畢次明卿大夫之行孝也言大夫委質事君學以從政立朝則接對賓客出聘則將命他邦服飾言行須遵禮典非先王禮法之衣服則不敢服之於身若非先王禮法之言辭則不敢道之於口若非先王道德之景行亦不敢行之於身就此三事之中言行尤須重慎是故非禮法則不言非道德則不行

所以口無可擇之言身無可擇之行也使言滿天下無口過行滿天下無怨惡
服飾言行三者無虧然後乃能守其先祖之宗廟蓋是卿大夫之行孝也援神
契云卿大夫行孝曰譽蓋以聲譽爲義謂言行布滿天下能無怨惡遐邇稱譽
是榮親也舊說云天子諸侯各有卿大夫此章既云言行滿於天下又引詩云
夙夜匪懈以事一人是舉天子卿大夫也天子卿大夫尙爾則諸侯卿大夫可
知也○注服者至偪下○正義曰服者身之表也者此依孔傳也左傳曰衣身
之章也彼注云章貴賤言服飾所以章其貴賤章則表之義也云先王制五服
各有等差者案尙書臯陶篇曰天命有德五服五章哉孔傳云五服天子諸侯
卿大夫士之服也尊卑采章各異是有等差也云言卿大夫遵守禮法不敢僭
上偪下者僭上謂服飾過制僭擬於上也偪下謂服飾儉固偪迫於下也卿大
夫言必守法行必遵德服飾須合禮度無宜僭偪故劉炫引禮證之曰君子上
不僭上下不偪下是也又案尙書益稷篇稱帝曰予欲觀古人之象日月星
辰山龍華蟲作會宗彝藻火粉米黼黻絺繡以五采章施於五色作服汝明孔
傳曰天子服日月而下諸侯自龍衮而下至黼黻。七服藻火大夫加粉米上得
兼下下不得僭上此古之天子冕服十二章以日月星辰及山龍華蟲六章之畫
於衣衣法於天畫之爲陽也以藻火粉米黼黻六章繡之於裳裳法於地繡之
爲陰也日月星辰取照臨於下山取興雲致雨龍取變化無窮華蟲謂雉取耿
介藻取文章火取炎上以助其德粉取絜白米取能養黼取斷割黻取背惡鄉
善皆爲百王之明戒以益其德諸侯自龍衮而下八章也四章畫於衣四章繡
於裳皆大夫藻火粉米四章也二章畫於衣二章繡於裳孔安國蓋約夏殷章服
爲說周制則天子冕服九章象陽之數極也案鄭注周禮司服稱至周而以日
月星辰畫於旌旗所謂三辰。旂旗昭其明也又云登龍於山登火於宗彝尊其
神明也古文以山爲九章之首火在宗彝之下周制以龍爲九章之首火在宗
彝之上是登龍於山登火於宗彝也又案司服云王祀昊天上帝則服大裘而
冕祀五帝亦如之享先王則衮冕享先公饗射則鷩冕祀四望山川則毳冕祭
社稷五祀則。絺冕羣小祀則玄冕而冕服九章也又案鄭注九章初一曰龍次

二曰山次三曰華蟲次四曰火次五曰宗彝皆畫以爲。繢次六曰藻次七曰粉米次八曰黼次九曰黻皆絺以爲繡則衮之衣五章裳四章凡九也鷩畫以雉謂華蟲也其衣三章裳四章凡七。章毳畫虎。蜼謂宗彝也其衣三章裳二章凡五也絺刺粉米無畫也其衣一章裳二章凡三也玄者衣無。衣裳刺黻而已是以謂玄焉凡冕服皆玄衣纁裳又案司服公之服自衮冕而下如王之服侯伯之服自鷩冕而下子男之服自毳冕而下卿大夫之服自玄冕而下士之服自皮弁而下如大夫之服則周自公侯伯子男其服之章數又與古之象服差矣○注法言至敢也○正義曰法言謂禮法之言者此則論語云非禮勿言是也云德行謂道德之行者卽論語云志於道據於德是也若言非法行非德者卽王制云言僞而辯行僞而堅是也云則虧孝道故不敢也者釋所以不敢之意也○注言必至遵道○正義曰此依。正義釋非法不言非道不行也○注言行至擇也○正義曰言不守禮法行不遵道德皆已而不法之經言無擇謂令言行無可擇也○注禮法至怨惡○正義曰口有過惡者以言之非禮法行有怨惡者以所行也非道德也若言必守法行必遵道則口無過怨惡無從而生○注三者至之祀○正義曰云三者服言行者也此謂法服法言德行也然言之與行君子所最謹出己加人發邇見遠出言不善千里違之其行不善譴辱斯及故首章一敘不毀而再敘立身此章一舉法服而三復言行也則知表身者以言行不虧不毀猶易立身難備也皇侃云初陳教本故舉三事服在身外可見不言假多戒言行出於內府難明必須備言最於後結宜應總言謂人相見先觀容飾次交言辭後。謂德行故言三者以服爲先德行爲後也云禮卿大夫立三廟者義見末章云以奉先祖者謂奉事其祖考也云言能備此三者則能長守宗廟之祀者謂卿大夫若能備服飾言行故能守宗廟也

詩云夙夜匪懈以事一人

夙早也懈。惰也義取爲卿大夫能早夜不惰敬事其君也 疏 詩云至一人○正義曰夫子既述卿大夫行孝終畢乃引大雅烝民之詩以結之言卿大夫當早起夜寐以事天子不得懈惰匪猶不也○注夙早至君也○正義曰夙早也釋。古文懈惰。也釋言文云義取爲卿大夫能早

夜不惰者引詩大意如此云敬事其君也者釋以事一人不言天子而言君者欲通諸侯卿大夫也

士章第五

疏正義曰次卿大夫者即士也案說文曰數始於一終於十孔子曰推一合十爲士毛詩傳曰士者事也白虎通曰士者事也任事之稱也故禮辨名記曰士者任事之稱也傳曰通古今。辨然不然謂之士

資於事父以事母而愛同資於事父以事君而敬同資取也言愛父與母同敬父與君同故母取其愛而君取其敬兼之者父也言事父。兼愛與敬也故以孝事君則忠移事父孝以事於君則爲忠矣以敬事長則順移事兄敬以事於長則爲順矣忠順不失以事其上然後能保其祿位而守其祭祀能盡忠順以事君長則常安祿位永守祭祀蓋士之孝也疏資於至孝也正義曰夫子述卿大夫行孝之事終次明士之行孝也言士始升公朝離親入仕故此敘事父之愛敬宜均事母與事君以明割恩從義也資者取也取於事父之行以事母則愛父與愛母同取於事父之行以事君則敬父與敬君同母之於子先取其愛君之於臣先取其敬皆不奪其性也若兼取愛敬者其惟父乎既說愛敬取捨之理遂明出身入仕之行故者連上之辭也謂以事父之孝移事其君則爲忠矣以事兄之敬移事於長則爲順矣長謂公卿大夫言其位長於士也又言事。上之道在於忠順二者皆能不失則可事上矣上謂君與長也言以忠順事上然後乃能保其祿秩官位而長守先祖之祭祀蓋士之孝也援神契云士行孝曰究以明審爲義當須能明審資親事君之道是能榮親也白虎通云天子之士獨稱元士蓋士賤不得體君之尊故加元以別於諸侯之士也此直言士則諸侯之士前言大夫是戒天子之大夫諸

侯之大夫可知也此章戒諸侯之士則天子之士亦可知也〇注資取至君同〇正義曰云資取也此依孔傳也案鄭注表記考工記並同訓資取也云言愛父與母同敬父與君同者謂事母之愛事君之敬並同於父也然愛之與敬俱出於心君以尊高而敬深母以鞠育而愛厚劉炫曰夫親至則敬不極此情親而恭也尊至則愛不極此心敬而恩殺也故敬極於君愛極於母〇梁王云天子章陳愛敬以辨化也此章陳愛敬以辨情也〇注言事至敬也〇正義曰此依王注也劉炫曰母親至而尊不至豈則尊之不極也君尊至而親不至豈則親之不極也惟父既親且尊故曰兼也劉瓛曰父情天屬尊無所屈故愛敬雙極也〇注移事至忠矣〇正義曰此依鄭注也揚名章云君子之事親孝故忠可移於君是也舊說云入仕本欲安親非貪榮貴也若用安親之心則爲忠也若用貪榮之心則非忠也嚴植之曰上云君父敬同則忠孝不得有異言以至孝之心事君必忠也〇注移事至順矣〇正義曰此依鄭注也下章云事兄悌故順可移於長注不言悌而言敬者順經文也左傳曰兄愛弟敬又曰弟順而敬則知悌之與敬其義同焉尙書云邦伯師長安國曰衆長公卿也則知大夫已上皆是士之長〇注能盡至祭祀〇正義曰謂能盡忠順以事上君長則能保其祿位也祿謂廩食位謂爵位廣雅曰位涖也涖下爲位王制云上農夫食九人謂諸侯之下士視上農夫中士倍下士上士倍中士祭者際也人神相接故曰際也祀者似也謂祀者似將見先人也士亦有廟經不言耳大夫既言宗朝士可知也士言祭祀則大夫之祭祀亦可知也皆互以相明也諸侯言保其社稷大夫言守其宗廟士則保守並言者皇侃云稱保者安鎮也守者無逸也社稷祿位是公故言保宗廟祭祀是私故言守也士初得祿位故兩言之也

詩云夙興夜寐無忝爾所生

忝辱也所生謂父母也義取早起夜寐無辱其親也

疏詩云至所生正義曰夫子述士行孝畢乃引小雅小宛之詩以證之也言上行孝當早起夜寐無辱其父母也〇注忝辱至親也〇正義曰云忝辱也釋言文所生謂父母也下章云父母生之是也云義取早起夜寐無辱其親也者亦引詩之大意也

孝經注疏卷第二

孝經注疏卷二校勘記　阮元撰盧宣旬摘錄

孝經注疏卷第二

諸侯章第三

諸諸列國之君　石臺本岳本閩本監本毛本下諸字作侯是也

奢泰爲溢　監本泰作泰案張參五經文字云從小者訛

然後能保其社稷　案臧琳云儀禮鄉射禮挾弓矢而后下射注古文而后作後非也孝經說然后曰后者後也當從后釋曰孝經援神契說孝經然後能保其社稷之等皆作后世所行唐明皇注本稱爲今文而然後能保其社稷之等皆作後不作后蓋依古文改之也

而和其民人　石臺本民作𣱱避唐太宗諱

則長爲社稷之主　毛本長誤常

所以當守其貴　閩本監本毛本當作常案經作長

仁是稍識仁義　閩本監本毛本上仁字作人案當作人

皆謂華侈族恣也　閩本監本毛本族作放不誤毛本謂作爲非也

苴以白苴而與之　監本毛本下苴字作茅是也

共工氏之子曰勾龍案左傳之作有

如臨深淵石臺本唐石經淵作淵避唐高祖諱

臨深恐墜鄭注本作隊此正義本則作墜案隊墜古今字

履薄恐陷監本陷作陥亦非正義並同石臺本岳本毛本作陷是也

恆須戒懼石臺本岳本懼作慎案正義亦云義取爲君常須戒慎此注及疏標起止作戒懼非也

臨深恐薄墜履浮恐陷者閩本監本毛本薄墜履浮作墜履薄是也

卿大夫章第四

非先王之法服不敢服石臺本法作灋案灋法古今字

言卿大夫遵守禮法石臺本法作灋自此以下注文皆作法

然後能守其宗廟釋文云本或作庿此正義本則作廟案說文云庿古文廟字

七服藻火案七當作士

所謂三辰旌旗監本旌作旍是也

祭社稷五祀則絺冕案周禮絺作希注云讀爲黹或作絺字之誤也

皆畫以爲績閩本毛本績作繢是也

凡七章案上下文作凡幾也此處亦不應作章

毳畫虎雉閩本監本毛本雉作蜼是也

玄者衣無衣正誤下衣作文是也

此依正義浦鏜云正疑王字誤案浦說是也

後謂德行正誤謂作論

懈惰也石臺本作墯下同案華嚴音義上引作懈墯也與石臺本合

言卿大夫當早起夜寐監本毛本寐作寐是也

釋古文閩本監本毛本古作詁是也

懈惰也釋言文閩本監本毛本作惰也此本誤惰世今改正案今爾雅釋言惰作怠

士章第五

惟一苔十爲士毛本惟作推苔作合案毛本是也

故禮辨名記曰閩本監本毛本辨作辯下今辨同案禮記月令孟夏正義引作辯名記白虎通作別名記

言事父非愛與敬也石臺本岳本閩本監本毛本非作兼不誤

又言事士之道監本士作主亦誤閩本毛本作上

故愛敬双極也閩本監本双作雙毛本作雙案毛本是也

廣雅曰位涖也正誤云廣雅作涖䇐也案浦鏜所據乃俗本不知位涖同聲之字爲訓王念孫廣雅疏證云各本涖下脫去也字遂與下條合而爲一孝經正義可據也

孝經注疏卷二校勘記

庶人章第六

邢昺注疏

疏 正義曰庶者衆也謂天下衆人也皇侃云不言衆民者兼包府史之屬通謂之庶人也嚴植之以爲士有員位人無限極故士以下皆爲庶人

用天之道春生夏長秋斂冬藏舉事順時此用天道也分地之利分別五土視其高下各盡所宜此分地利也謹身節用以養父母身恭謹則遠恥辱用節省則免飢寒公賦既充則私養不闕此庶人之孝也庶人爲孝唯此而已

疏 用天至孝也○正義曰夫子上述士之行孝已畢次明庶人之行孝也言庶人服田力穡當須用天之四時生成之道也分地五土所宜之利謹慎其身節省其用以供養其父母此則庶人之孝也○援神契云庶人行孝曰畜以畜養爲義言能躬耕力農以畜其德而養其親也○注春生至道也○正義曰云春生夏長秋斂冬藏者此依鄭注也爾雅釋天云春爲發生夏爲長嬴秋爲收成冬爲安寧安寧即閉藏之義也云舉事順時此用天之道也者謂舉農畝之事順四時之氣春生則耕種夏長則耘苗秋收則穫刈冬藏則入廩也○注分別至利也○正義曰云分別五土視其高下者此依鄭注也案周禮大司徒云五土一曰山林二曰川澤三曰丘陵四曰墳衍五曰原隰謂庶人須能分別視此五土之高下隨所宜而播種之則職方氏所謂青州其穀宜稻麥雍州其穀宜黍稷之類是也云各因其所宜此分地利也者此依孔傳也劉炫云黍稷生於陸苽稻生於水○注身恭至不闕○正義曰云身恭謹則遠恥辱者論語曰恭近於禮遠恥辱也云用節省則免飢寒者用謂庶人衣服飲食喪祭之用當須節省禮記曰食節事時又曰庶人無故不食珍及三年之耕必有一年之食九年耕必有三年之食以三十年之通雖有凶旱水溢民無菜色是免飢寒也云公賦既充則私養不闕者賦者自上稅下之名也謂常省節財用公家賦稅充足而私養父母不闕乏也

孟子稱周人百畝而徹其實皆什一也劉熙注云家耕百畝徹取十畝以爲賦也又云公事畢然後敢治私事是也○注庶人至而已○正義曰此依魏注也案天子諸侯卿大夫士皆言蓋而庶人獨言此注釋言此之意也謂天子之士孝行廣大其章略述宏綱所以言蓋也庶人用天分地謹身節用其孝行已盡故曰此言惟此而已庶人不引詩者義盡於此無贊諸也

故自天子至於庶人孝無終始而患不及者未之有也

始自天子終於庶人尊卑雖殊孝道同致而患不能及者未之有也言無此理故曰未有

【疏】故自至有也○正義曰夫子述天子諸侯卿大夫士庶人行孝畢於此總結之則有五等尊卑雖殊至於奉親其道不別故從天子已下至於庶人其孝道則無終始貴賤之異也或有自患己身不能及於孝未之有也自古及今未有此理蓋是勉人行孝之辭也○注始自至未有○正義曰云始自天子終於庶人者謂五章以天子爲始庶人爲終也云尊卑雖殊孝道同致者謂天子庶人尊卑雖別至於行孝其道不殊天子須愛親敬親諸侯須不驕不溢卿大夫於言行無擇士須資親事君庶人謹身節用各因心而行之斯至豈藉創物之智扛鼎之力若率強之無不及也云而患不能及者未之有也者此謂人無貴賤尊卑行孝之道同致若各率其己分則皆能養親言患不及於孝者未有也說孝道包含之義廣大塞乎天地橫乎四海經言孝無終始謂難備終始但不致毀傷立身行道安其親忠於君一事可稱則行成名立不必終始皆備也此言行孝甚易無不及之理故非孝道不終始致必反之患也云言無此理故曰未有者此釋未之有之意也謝萬以爲無終始恆患不及未之有者少賤之辭也劉瓛云禮不下庶人若言我賤而患行孝不及己者未之有也此但得憂不及之理而失於歎少賤之義也鄭曰諸家皆以爲患及身今注以爲自患不及將有說乎荅曰案說文云患憂也廣雅曰患惡也又若案注說釋不及之義凡有四焉大意皆謂有患貴賤行孝無及之憂非以患爲禍也經傳之稱患者多矣論語不患人之不己知又曰不患無位又曰不患寡而患不均左傳曰宣子患之皆是憂惡之辭也惟蒼頡篇謂患爲禍孔鄭韋王之

學引之以釋此經故皇侃曰無始有終謂改悟之善惡禍何必及之則無始之言已成空設也禮祭義曾子說孝曰衆之本教曰孝其行曰養養可能也敬爲難敬可能也安爲難安可能也卒爲難父母既沒慎行其身不遺父母惡名可謂能終矣夫以曾參行孝親承聖人之意至於能終孝道尙以爲難則寡能無識固非所企也今爲行孝不終禍患必及此人偏執詛謂經通鄭曰書云天道福善禍淫又曰惠迪吉從逆凶惟影響斯則必有災禍何得稱無也荅曰來問指淫凶悖慝之倫經言戒不終善美之輩論語曰今之孝者是謂能養曾子曰參直養者也安能爲孝乎又此章云以養父母此庶人之孝也儻有能養而不能終只可未爲具美無宜即同淫慝也古今凡庸詛識孝道但使能養安知始終若今皆及於災便是比屋可貽禍矣而當朝通識者以爲鄭注非誤故謝萬云言爲人無終始者謂孝行有終始也患不及者謂用心憂不足也能行如此之善曾子所以稱難故鄭注云善未有也諦詳此義將謂不然何者孔聖垂文包於上下盡力隨分寧限高卑則因心而行無不及也如依謝萬之說此則常情所昧矣子夏曰有始有卒者其惟聖人乎若施化惟待聖人。千載方期一遇加於百姓刑於四海乃爲虛說者與制。有曰嗟乎孝之爲大若天之不可逃也地之不可遠也朕窮五孝之說人無貴賤行無終始未有不由此道而能立其身者然則聖人之德豈云遠乎我欲之而斯至何患不及於己者哉

三才章第七

疏 正義曰天地謂之二儀兼人謂之三才曾子見夫子陳說五等之孝既畢乃發歎曰甚哉孝之大也夫子因其歎美乃爲說天經地義人行之事可教化於人故以名章次五孝之後

曾子曰甚哉孝之大也參聞行孝無限高卑始知孝之爲大也子曰夫孝天之經也地之義也民

之行也經常也利物爲義孝爲百行之首人之。常德若三辰運天而有常五土分地而爲義也天地之經而民是則之天有
常明地有常利言人法則天地亦以孝爲常行也
則天之明因地之利以順天下是以其教不肅而成
其政不嚴而治。法天明以爲常因地利以行義順此以施政教則不待嚴肅而成理也【疏】曾子曰至而治○正義曰夫子述上從天子下
至庶人五等之孝後總以結之語勢將畢欲以更明孝道之大無以發端特假
曾子歎孝之大更以彌大之義告之也曰夫孝天之經地之義民之行經常也
人生天地之閒稟天地之氣節人之所法是天地之常義也聖人司牧黔庶故
須則天之常明因依地之義利以順行於天下是以其爲教也不待肅戒而成
也其爲政也不假威嚴而自理也○注參聞至大也○正義曰高謂天子卑謂
庶人言曾參既聞夫子陳說天子庶人皆當行孝始知孝之爲大也○注經常
至義也○正義曰云經常也利物爲義者經常卽書傳通訓也易文言曰利物
足以和義是利物爲義也云孝爲百行之首人之常德者鄭注論語云孝爲百
行之本言人之爲行莫先於孝案周易曰常其德貞孝是人。所常德也云若三
辰運天謂日月星以時運轉於天釋名云土者吐也言吐生萬物周禮五土十
地之利言孝爲百行之首是人生有常之德若日月星辰運行於天而有常山
川原隰分別土地而爲利則知貴賤雖別必資孝以立身皆貴法則於天地然
此經全與左傳鄭子大叔荅趙簡子問禮同其異一兩字而已明孝之與禮其
義同○注天有至行也○正義曰云天有常明者謂日月星辰。明臨於下紀於
四時人事則之以夙興夜寐無忝爾所生故下文云則天之明也云地有常利
者謂山川原隰動植物產人事因之以晨羞夕膳。也色養無違故下文云因地
之利也此皆人能法則天地以爲孝行者故云亦以孝爲常行也上云天之經
地之義此云天地之經而不言義者爲地有利物之義亦是天常也若分而言
之則爲義合而言之則爲常也○注法天至理也○正義曰云法天明以爲常
因地利以行義者上文云夫孝天之經地之義者故云法天明以爲常。釋天之

明也因地利以爲義釋地之利也云順此以施政教則不待嚴肅而成理也者經云其教不肅而成其政不嚴而治注則以政教相就而明之嚴肅相連而釋之從便宜省也制旨曰天無立極之統無以常其明地無立極之統無以常其○元○缺○十○一○字○○○○○利人無立身之本無以常其德然則三辰迭運而一以經之者天利之性也五土分植而一以宜之者大順之理也百行殊塗而一致之者大中之要也夫愛始於和而敬生於順是以因和以教愛則易知而有親因順以教敬則易從而有功愛敬之化行而禮樂之政備矣聖人則天之明以爲經因地之利以行義故能不待嚴肅而成可久可大之業焉先王見教之可以化民也見因天地教化人之易也是故先之以博愛而民莫遺其親君愛其親則人化之無有遺其親者陳之於德義而民與行陳說德義之美爲衆所慕則人起心而行之先之以敬讓而民不爭君行敬讓則人化而不爭導之以禮樂而民和睦禮以檢其跡樂以正其心則和睦矣示之以好惡而民知禁示好以引之示惡以止之則人知有禁令不敢犯也

疏先王至知禁○正義曰言先王見因天地之常不肅不嚴之政教○可以率先化下人也故須身行博愛之道以率先之則人漸其風教無有遺其親者於是陳說德義之美以順教誨人則人起心而行之也先王又以身行敬讓之道以率先之則人漸其德而不爭競也又導之以禮樂之教正其心迹則人被其教自和睦也又示之以好者必愛之惡者必討之則人見之而知國有禁也○注見因至易也○正義曰此依鄭注也言先王見天明地利有益於人因之以施化行之甚易也○注君愛至親者○正義曰此依王注也言君行博愛之道則人化之皆能行愛敬無有遺忘其親者即天子章之愛敬盡於事親而德教加於百姓是也○注陳說至行之○正義曰易稱君子進德脩業又論語云義以爲質又左傳說趙衰薦郤縠云說禮樂而敦詩書詩書義之府也禮樂德之則也德義利之本也且德義之利是爲政之本也言大臣陳說德義之美是天子所重爲羣情所慕則人

起發心志而效行之○注君行至不爭○正義曰此依魏注也案禮記鄉飲酒義云先禮而後財則民作敬讓而不爭矣言君身先行敬讓則天下之人自息貪競也○注禮以至睦矣○正義曰此依魏注也案禮記云樂由中出禮自外作中謂心在其中也外謂跡見於外也由心以出者宜聽樂以正之自跡以見者當用禮以檢之。元缺檢之謂檢束也言心跡不違於禮樂則人當自和睦也○注示好至犯也○正義曰云示好以引之示惡以止之者案樂記云先王之制禮樂也將以教民平好惡而反人道之正也故示有好必賞之令以引喻之使其慕而歸善也示有惡必罰之禁以懲止之使其懼而不爲也云令則人知有禁令不敢犯也者謂人知好惡而不犯禁令也

詩云赫赫師尹民具爾瞻

赫赫明盛貌也尹氏爲太師周之三公也義取大臣助君行化人皆瞻之也

疏詩云至爾瞻○正義曰夫子既述先王以身率下。先及大臣助君行化之義畢乃引小雅節南山詩以證成之赫赫明盛之貌也是太師尹氏也言助君行化爲人模範故人皆瞻之○注赫赫至之也○正義曰赫赫明盛貌也尹氏爲太師周之三公也者此毛傳文太師太傅太保是周之三公尹氏時爲太師故曰尹氏也云義取大臣助君行化人皆瞻之也者引詩大意如此孔安國曰具皆也爾女也。古語。或。謂人具爾瞻。則人皆瞻女也此章再言先之是吾身行率先於物也陳之。道之示之是大臣助君爲政也案大戴禮云昔者舜左禹而右皐陶不下席而天下大治夫政之不中君之過也政之既中令之不行職事者之罪也後引周禮稱三公無官屬與王同職坐而論道又案尚書益稷篇稱帝曰吁臣哉鄰哉。鄰哉。臣哉又曰臣作朕股肱耳目孔傳曰言君臣道近相須而成言。大體若身君任股肱臣戴元首之義也故禮緇衣稱上好是物下必有甚者矣故上之好惡不可不愼也是民之表也詩云赫赫師尹民具爾瞻甫刑曰一人有慶兆民賴之緇衣之引詩書是明下民從上之義師尹大臣也一人天子也謂人君爲政有身行之者有大臣助行之者人之從上非惟從君亦從論道之大臣故幷引以結之也此章上言先王下引師尹則知君臣同體相須而成者謂此也皇侃以爲無先王在上之詩故斷章引大

師之什今不取也

孝經注疏卷第三

孝經注疏卷三校勘記　　阮元撰盧宣旬摘錄

孝經注疏卷第三

庶人章第六

案卽府吏之屬　閩本監本毛本案卽作兼包吏作史是也

爵列之以爲士有員位　閩本監本毛本爵列作嚴植是也

人謂衆民　閩本監本毛本作人無限極

故士以下以爲庶人　閩本監本毛本下以字作皆是也

秋斂冬藏　石臺本作秋收鄭注本同案正義云此依鄭注也則當作秋收岳本改爲秋斂非此作歛斂歛乃正俗字

四事順時　石臺本岳本閩本監本毛本四作舉是也此本正義亦誤作四

原隰之宜　石臺本岳本閩本監本毛本作各盡所宜是也

用節省則兄飢寒　石臺本岳本閩本監本毛本兄作免不誤閩監毛本飢作饑案當作飢

公賦時充　石臺本岳本閩本監本毛本時作既不誤岳本充改足監本誤克

則篤養不闕矣　石臺本岳本閩本監本毛本篤作私矣是衍文

庶人之孝石臺本岳本閩本監本毛本之作爲是也
止此而已石臺本岳本閩本監本毛本止作唯案正義正作唯
用人至孝也閩本監本毛本人作天不誤
言庶人服田力釋閩本毛本釋作穡是也
謹身其道閩本毛本身作慎閩監毛本道作身是也
節省用而以供養其父母閩本監本毛本省下有其字無而字
以畜養爲事閩本監本毛本事作義
秋斂冬藏孝閩本監本毛本孝作者是案鄭注本作秋收此作秋斂非也
此四事順時天道也天云閩本監本毛本四事順時天道也作依鄭注也爾雅釋不誤
夏爲長統閩本監本毛本統作毓案爾雅作贏釋文云本亦作贏
秋爲收斂案爾雅斂作成
冬爲肅殺閩本監本毛本肅殺作安寧是也
安養閉藏地之義也閩本監本毛本養作寧即無地字是也

云四事順時　閩本監本毛本四作舉案當作舉
謂服百畝之事　閩本監本毛本服百作舉農是也
春三則爲種　閩本監本毛本三作生爲作耕不誤
夏長則耘苗　閩本監本毛本耘作芸案說文䅽字注云除苗閒穢也或从芸作䒗今字省艸作耘閩本以下作芸非也
秋收則獲刈　閩本獲作穫是也刈字閩監毛本改割
冬藏則入稾也　閩本監本毛本稾作廩
此依魏注也　閩本監本毛本魏作鄭案分别五土視其高下見太平御覽卷三十六初學記卷五唐司馬貞議及釋文所引皆云鄭注此本作魏注非是
其種宜稻粱　閩本監本毛本種作穀粱閩本毛本作粱案作粱亦非周禮作麥
此分地之利者也　閩本監本毛本作也者此本誤倒今改正
此依本傳也　閩本監本毛本作孔不誤
則免飢寒者　監本毛本飢改饑下同
庶人無故不食珍　閩本監本毛本作食珍是也此本誤合吻今改正

淡三年之排閩本監本毛本淡作及排作耕不誤

以三年繼之通閩本監本毛本三下有十字無繼字是也

民無采色閩本監本毛本采作菜案古多以采爲菜

二年賦用足閩本監本毛本二年作云公用作既毛本足作充是也閩本毛本誤克

則私養不闕者閩本監本毛本作養不闕此本誤力於田今改正

謂常省節財用閩本監本毛本作常省節財用此本誤黨有庠然後今改正

公家取稅亦足閩本監本毛本取作賦亦作充是也

而私養父母不闕之也監本毛本之作乏是也

孟子曰閩本監本毛本曰作稱非

劉熙注云正誤劉熙作趙岐是也

又云公事已案方敢迨私事是也閩本監本毛本已案方作畢然後迨作治不誤

此言惟此而已閩本監本毛本惟作唯與注文合

無贊諸也閩本監本毛本贊諸作賚詞不誤

故從天子已下閩本監本毛本已作以

杠鼎之力閩本監本毛本杠作扛是也

若率強之無不及也段玉裁云率當作牽

說孝道包含之義浦鏜云說上當脫禮記二字

劉瓛云閩本監本毛本瓛作瓛

諸家皆以爲惠及身閩本監本毛本惠作患不誤

惡禍可必及之閩本監本毛本可作何

是謂能食閩本監本毛本食作養是也

十載方期一遇閩本監本毛本十作千是也

制有曰案有當作旨唐玄宗孝經制旨一卷見唐書藝文志

三才章第七

人之常德石臺本常作恆岳本同案作常避宋諱正義引易恆其德貞作常其德貞皆仍宋刻之舊

其政不嚴而治石臺本治作治避唐高宗諱

孝是人所常德也正誤所作之
明臨於下正誤明作照是也
以晨羞夕膳也正誤也作而屬下讀
無以常其利此本其字下空十一字非也
天利之性也閩本監本天作夫亦誤毛本作大
人之易也鄭注本人作民正義云此依鄭注也則當作民案注作人避唐太宗諱
禮以檢其跡毛本檢作撿避所諱正義同下仿此
故須身行傳愛之道閩本監本毛本傳作博是也
又道之以禮樂之教閩本監本毛本道作導
又論語曰義以爲質按論語釋文出爲質云一本作君子義以爲質此與釋文合
當用禮以檢之此本之下空一字非也
先及大臣正誤先作次
古語或謂人具爾瞻浦鏜云古語或謂四字疑衍文下句則疑謂字之誤

陳之道之示之閩本監本毛本道作導是也

臣哉鄰哉臣哉鄰哉閩本監本毛本下臣鄰字作鄰臣是也

言大體若身正誤大作同是也

孝經注疏卷三校勘記

孝經注疏卷第四

孝治章第八　　邢昺注疏

疏 正義曰夫子述此明王以孝治天下也前章明先王因天地順人情以爲教此章言明王由孝而治故以名章次三才之後也

子曰昔者明王之以孝治天下也言先代聖明之。王以至德要道化人是爲孝理不敢遺小國之臣而況於公侯伯子男乎小國之臣至卑者耳。王尙接之以禮況於五等諸侯是廣敬也故得萬。國之懽。心以事其先王萬國舉其。多也言行孝道以理天下皆得。歡心則各以其職來助祭也

疏 子曰至先王○正義曰此章之首稱子曰者爲事訖更別起端首故也言昔者聖明之王能以孝道治於天下大教接物故不敢遺小國之臣而況於五等之君乎言必禮敬之明王能如此故得萬國之懽心謂各脩其德盡其懽心而來助祭以事其先王經先王有六焉一曰先王有至德二曰非先王之法服三曰非先王之法言四曰非先王之德行五曰先王見教之此皆指先代行孝之王此章云以事其先王則指行孝王之。考。祖○注言先至孝理○正義曰此釋孝治之義也國語云古曰在。昔昔曰先民尙書洪範云睿作聖左傳照臨四方曰明昔者非當時代之名明王則聖王之稱也是汎指前代聖王之有德者經言明王還。指首章之先王也以代言之謂之先王以聖明言之則爲明王事義相同故注以至德要道釋之○注小國至敬也○正義曰此依王注義也五等諸侯則公侯伯子男舊解云公者正也言正行其事侯者候也言斥候而服事伯者長也爲一國之長也子者字也言字愛於小人也男者任也言任王之職事也爵則上皆勝下若行事亦互相通舜典曰輯五瑞孔安國曰舜斂公侯伯子男之瑞圭璧斯則堯舜之代已有五等諸侯也論語云殷因於夏禮周因於殷禮案尙書武成篇云列爵惟五分土惟三鄭注王制云殷所因夏爵三

等之制也是有公侯伯而無子男武王增之總建五等時九州界狹故土惟三等則王制云公侯方百里伯七十里子男五十里至周公攝政斥大九州之界增諸侯之大者地方五百里侯四百里伯三百里子二百里男百里然據鄭玄夏殷不建子男武王復增之也案五等公爲上等侯伯爲次等子男爲下等則小國之臣謂子男卿大夫況此諸侯則至卑也曲禮云列國之大夫入天子之國曰某士諸侯言列國者兼小大是小國之卿大夫有見天子之禮也言雖至卑盡來朝聘則天子以禮接之案周禮掌客云。王公饔餼九牢。飧五牢侯伯饔餼七牢飧四牢子男饔。餼五牢飧三牢三等其五等之介行人宰史皆有飧饔餼唯。上介有禽。獻其卿大夫士有特來聘問者則待之如其爲介時也是待諸侯及其臣之禮是皆廣敬之道也〇注萬國至祭也〇正義曰云萬國舉其多也者此依魏注也詩書之言萬國者多矣亦猶言萬方是舉多而言之不必數滿於萬也皇侃云春秋稱禹會諸侯於塗山執玉帛者萬國言禹要服之內地方七千里而置九州九州之中有方百里七十里五十里之國計有萬國也因引王制殷之諸侯有千七。伯七十三國也孝經稱周諸侯有九千八百國所以證萬國爲夏法也信如此說則周頌云綏萬邦六月云萬邦爲憲豈周之代復有萬國乎今不取也云言行孝道以理天下皆得懽心則各以其職來助祭也者言明王能以孝道理於天下則得諸侯之懽心以事其先王也各以其職來祭者謂天下諸侯各以其所職貢來助天子之祭也。和者禮器云大饗其王事與注云盛其饌與貢謂祫祭先王又云三牲魚腊四海九州之美味也籩豆之薦四時之和氣也注云此饌諸侯所獻又云內金示和也注云此所貢也內之庭實先設之今從革性和荊。楊二州貢金三品又云束帛加璧尊德也注云貢享所執致命者君子於玉比德焉又云龜爲前列先知也注云龜知事情者陳於庭在前荊州納錫大龜又云金次之見情也注云金炤物金有兩義先入後設又云丹漆絲纊竹箭與衆共財也注云萬民皆有此物荊州貢丹兗州貢漆絲豫州貢纊楊州貢。篠。簜又云其餘無常貨各以國之所有則致遠物也注云其餘謂九州之外夷服鎮服蕃服之國周禮九州之外謂之蕃國世一見各以其所貴寶爲贄周穆王征犬戎得白狼白鹿近之大傳云遂率天下諸侯執豆籩駿奔走又周頌曰駿奔走在廟此皆助祭者也治國者不敢侮於鰥寡而況於士民乎理。國謂諸侯也鰥寡國之微者君尚不敢輕侮況知禮義之士乎故得百姓之懽心以事其先君諸侯能行孝理得所統之懽心則皆恭事助其祭。享也

疏治國者至先君○正義曰此說諸侯之孝治也言諸侯以孝道治其國者尚不敢輕侮於鰥夫寡婦而況於知禮義之士民乎亦言必不輕侮也以此故得其國內百姓懽悅以事其先君也○注理國至士乎○正義曰云理國謂諸侯也者此依魏注也案周禮云體國經野詩曰生此王國是其天子亦言國也易曰先王以建萬國親諸侯是諸侯之國上言明王理天下此言理國故知諸侯之國也云鰥寡國之微者君尚不敢輕侮者案王制云老而無妻者謂之鰥老而無夫者謂之寡此天民之窮而無告者也則知鰥夫寡婦是國之微賤者也言。微。賤。之者國君尚不輕侮況知禮義之士乎釋經之士民詩云彼都人士左傳曰多殺國士此皆。況。惜有知識之人不必居官授職之士舊解士知義理又曰士丈夫之美稱故注言知禮義之士乎謂民中知禮義者○注諸侯至享也○正義曰云諸侯能行孝理得所統之懽心者此言諸侯孝治其國得百姓之懽心也一國百姓皆是君之所統理故以所統言之孔安國曰亦以相統理是也云則皆恭事助其祭享也者祭享謂四時及禘祫也於此祭享之時所統之人則皆恭其職事獻其所有以助於君故云助其祭享也

治家者不敢失於臣妾而況於妻子乎理家謂卿大夫臣妾家之賤者妻子家之貴者故得人之懽心以事其親卿大夫位以材進受祿養親若能孝理其家則得小大之懽心助其奉養

疏治家者至其親○正義曰說卿大夫之孝治也言以孝道理治其家者不敢失於其家臣妾賤者而況於妻子之貴者乎言必不失也故得其家之懽心以承事其親也○注理家至貴者○正義曰云理家謂卿大夫者此依鄭注也案下章云大夫有爭臣三人雖無道不失其家禮記王制曰上大夫卿則

知治家謂卿大夫云臣妾家之賤者案尚書費誓曰竊馬牛誘臣妾孔安國云誘偷奴婢既以臣妾爲奴婢是家之賤者也云妻子家之貴者案禮記哀公問於孔子孔子對曰妻者。君之主也敢不敬與子者親之後也敢不敬與是妻子家之貴者也○注卿大夫至奉養○正義曰云卿大夫位以材進者案毛詩傳曰建邦能命龜田能施命作器能銘使能造命升高能賦師旅能誓山川能說喪紀能誄祭祀能語君子能此九者可謂有德音可以爲大夫是位以材進也云受祿養親者若能孝理其家則受其所稟之祿以養其親云若能孝理其家則得小大之懽心者謂小大皆得其懽心小謂臣妾大謂妻子也云助其奉養者案禮記內則稱子事父母婦事舅姑日以雞初鳴咸盥漱以適父母舅姑之所問衣燠寒饘酏酒醴芼羹菽麥。蕡稻黍。粱秫唯所欲棗栗飴蜜以甘之父母舅姑必嘗之而後退此皆奉養事親也天子諸侯繼父而立故言先王先君也大夫唯賢是授居位之時或有俸祿以逮於親故言其親也注順經文所以言助其奉養此謂事親生之義也若親。以終沒亦當言助其祭祀也明王言不敢遺小國之臣諸侯言不敢侮於鰥寡大夫言不敢失於臣妾者劉炫云遺謂意不存錄侮謂忽慢其人失謂不得其意小國之臣位卑或簡其禮故云不敢遺也鰥寡人中賤弱或被人輕侮欺陵故曰不敢侮也臣妾營事產業宜須得其心力故云不敢失也明王況公侯伯子男諸侯況士民卿大夫況妻子者以王者尊貴故況。列國之貴者諸侯差卑故況國中之卑者以五等皆貴故況其卑也大夫或事父母故況家人之貴者也

夫然故生則親安之祭則鬼享之。夫然。者上孝理皆得懽心則存安其榮沒享其祭是以天下和平災害不生禍亂不作上敬下懽存安沒享人用和睦以致太平則災害禍亂無因而起故明王之以孝治天下也如此言明王以孝爲理則諸侯以下化而行之故致如此福應

【疏】夫然至如此○正義曰此總結天子諸侯卿大夫之孝治也言明王孝治其下則諸侯以下各順其教皆治其國家也如此各得懽心親若存則安其孝養沒則享其祭祀故得和氣降生感動昭昧是

以普天之下和睦太平災害之萌不生禍亂之端不起此謂明王之以孝治天下也能致如此之美○注夫然者至其祭○正義曰云夫然者然上孝理皆得懽心者此謂明王諸侯大夫能行孝治皆得其懽心也云則存安其榮者釋生則親安之云沒享其祭者釋祭則鬼享之也○注上敬至而起○正義曰此釋天下和平以皆由明王孝治之所致也皇侃云天反時爲災謂風雨不節地反物爲妖妖即害物謂水旱傷禾稼也善則逢殃爲禍臣下反逆爲亂也○注言明至福應○正義曰云言明王以孝爲理則諸侯以下化而行之者案上文有明王諸侯大夫三等而經獨言明王孝治如此者言由明王之故也則諸侯以下奉而行之而功歸於明王也云故致如此福應者福謂天下和平應謂災害不生禍亂不作

詩云有覺德行四國順之覺大也義取天子有大德行則四方之國順而行之

【疏】詩云至順之○正義曰夫子述昔時明王孝治之義畢乃引大雅抑篇讚。美之也言天子身有至大德行。使四方之國皆順而行之○注覺大至行之○正義曰云覺大也此依鄭注也故詩箋云有大德行則天下順從其化是以覺爲大也云義取天子有大德行則四方之國順而行之者言引詩之大意如此也

孝經注疏卷第四

孝經注疏卷四校勘記

阮元撰盧宣旬摘錄

孝經注疏卷第四

孝治章第八

言先代聖明之王 石臺本王作主

主尙接之以禮 岳本閩本監本毛本主作王

故得萬國之懽心 鄭注本作歡此正義本則作懽萬石臺本作万注同按唐人千萬字多作万

萬國舉其多也 岳本多改作大數非是

皆得歡心 石臺本岳本毛本歡作懽是也

則指行孝王之考祖 正誤作祖考

古曰在昔曰先民 正誤重昔字依國語增也

還指首章之先王也 閩本監本毛本作指此本誤有今改正

王公饗餼九牢 案周禮掌客王作上

飧五牢 案當作飱从夕从食下同

子男饔五牢 案五上脫飧字當依周禮補

唯上介有禽獸 閩本監本毛本作上此本誤止今改正案周禮獸作獻

有千七伯七十三國也 閩本監本毛本伯作百案禮記作百

和者禮器云 正誤和作知

荆楊二州貢金三品 閩本監本毛本楊作揚段玉裁云今人多作揚从扌攷廣雅云楊揚也毛詩王風揚之水釋文云或作楊然則毛傳楊激揚也正廣雅之所本而郭忠恕佩觿曰楊柳也亦州名是郭所據書作楊後人因江南其氣燥勁厥性輕揚之云改爲揚州不知古今字多假借所重惟音則州名當依古從木也

楊州貢蓧簜 閩本毛本蓧簜作篠簜是也監本篠作篠不成字案說文作筱隸變篠陸德明釋文云簜或作簜

理國謂諸侯也 案經作治注作理避所諱

則皆恭事助其祭享也 石臺本享作亨

言微賤之者 正誤作言國之微者又云下國字衍

此皆況惜有知識之人 閩本監本毛本況惜作說指

妻者君之主也 正誤君作親是也

贇稻案禮記作蕡諸本從竹非也

黍粱毛本粱作粱不誤

若親以終沒浦鏜云以當已字之誤非也

故況列國之貴者閩本監本毛本作列此本誤則今改正

祭則鬼享之石臺本享作亨注同案亨通之亨烹飪之烹獻享之享古多作亨

上孝理皆得懽心閩本監本毛本同石臺本岳本作然上孝理正義同

讚或之也閩本監本毛本作贊美之也

使四方之國正誤使作則

孝經注疏卷四校勘記

孝經注疏卷第五

聖治章第九

邢昺注疏

疏 正義曰此言曾子聞明王孝治以致和平因問聖人之德更有大於孝否夫子因問而說聖人之治故以名章次孝治之後

曾子曰敢問聖人之德無以加於孝乎參聞明王孝理以致和平又問聖人德教更有大於孝不子曰天地之性人爲貴貴其異於萬物也人之行莫大於孝孝者德之本也孝莫大於嚴父萬物資始於乾人倫資父爲天故孝行之大莫過尊嚴其父也嚴父莫大於配天則周公其人也謂父爲天雖無貴賤然以父配天之禮始自周公故曰其人也 疏 曾子至其人也○正義曰夫子前說孝治天下能致災害不生禍亂不作是言德行之大也將言聖德之廣不過於孝無以發端故又假曾子之問曰聖人之德更有加於孝乎乎猶否也夫子承問而釋之曰天地之性人爲貴性生也言天地之所生唯人最貴也人之所行者莫有大於孝行也孝行之大者莫有大於尊嚴其父也嚴父之大者莫有大於以父配天而祭也言以父配天而祭之者則文王之子成王叔父周公是其人也○注貴其至物也○正義曰此依鄭注也夫稱貴者是殊異可重之名案禮運曰人者五行之秀氣也尚書曰惟天地萬物父母惟人萬物之靈是異於萬物也○注萬物至父也正義曰云萬物資始於乾者易云大哉乾元萬物資始是也云人倫資父爲天者曲禮曰父之讎弗與共戴天鄭玄曰父者子之天也殺己之天與共戴天非孝子也杜預左氏傳曰婦人在室則天父出則天夫是人倫資父爲天也云故孝行之大莫過尊嚴其父也者尊謂崇也嚴敬也父既同天故須尊嚴其父是孝行之大也○注謂父至人也○正義曰云謂父爲天雖無貴賤者此將釋配天之禮始自周公故先張此文言人無限貴賤皆得謂父爲天也云然以父配

天之禮始自周公故曰其人也者但以父配天徧檢羣經更無殊說案禮記有虞氏尚德不郊其祖夏殷始尊祖於郊無父配天之禮也周公大聖而首行之禮無二尊既以后稷配郊天不可又以文王配之五帝天之别名也因享明堂而以文王配之是周公嚴父配天之義也亦所以申文王有尊祖之禮也經稱周公其人注順經旨故曰始自周公也

昔者周公郊祀后稷以配天后稷周之始祖也郊謂圜丘祀天也周公攝政因行郊天之祭乃尊始祖以配之也

宗祀文王於明堂以配上帝明堂天子布政之宮也周公因祀五方上帝於明堂乃尊文王以配之也

是以四海之內各以其職來祭君行嚴配之禮則德教刑於四海海內諸侯各脩其職來助祭也

夫聖人之德又何以加於孝乎言無大於孝者

疏昔者至孝乎○正義曰前陳周公以父配天因言配天之事自昔武王既崩成王年幼卽位周公攝政因行郊天祭禮乃以始祖后稷配天而祀之因祀五方上帝於明堂之時乃尊其父文王以配而享之尊父祖以配天崇孝享以致敬是以四海之內有土之君各以其職貢來助祭也既明聖治之義乃總其意而荅之也周公聖人首爲尊父配天之禮以極於孝敬之心則夫聖人之德又何以加於孝乎是言無以加也○注后稷至配之○正義曰云后稷周之始祖也者案周本紀云后稷名棄其母有邰氏女曰姜嫄爲帝嚳元妃出野見巨人跡心忻然欲踐之踐之而身動如孕者居期而生子以爲不祥棄之隘巷馬牛過者皆辟不踐徙置之林中適會山林多人遷之而棄渠中冰上飛鳥以其翼覆薦之姜嫄以爲神遂收養長之初欲棄之因名曰棄棄爲兒好種樹麻菽及爲成人遂好耕農帝堯舉爲農師天下得其利有功帝舜曰棄黎民阻飢爾后稷播時百穀封棄於邰號曰后稷后稷曾孫公劉復脩其業自后稷至王季十五世而生文王受命作周案毛詩大雅生民之序曰生民尊祖也后稷生於姜嫄文武之功起於后稷故推以配天焉是也云郊謂圜丘祀天也者此孔傳文祀祭也祭天謂之郊周禮大司樂云凡樂圜鍾爲宮黃鍾爲角大蔟爲徵姑洗爲羽靁鼓靁鼗孤竹

之管雲和之琴瑟雲門之舞冬日至於地上之圜丘奏之若樂六變則天神皆降可得而禮矣郊特牲曰郊之祭也迎長日之至也大報天而主日也兆於南郊就陽位也又曰郊之祭也大報本反始也言以冬至之後日漸長郊祭而迎之是建子之月則與經俱郊祀於天明圜丘南郊也云周公攝政因行郊天之祭乃尊始祖以配之也者案文王世子稱仲尼曰昔者周公攝政踐阼而治抗世子法於伯禽所以善成王也則郊祀是周公攝政之時也公羊傳曰郊則曷爲必祭稷王者必以其祖配王者則曷爲必以其祖配自內出者無匹不行自外至者無主不止言祭天則天神爲客是外至也須人爲主天神乃至故尊始祖以配天神侑坐而食之案左氏傳曰凡祀啓蟄而郊又云郊祭后稷以祈農事也而鄭注禮郊特牲乃引易說曰三王之郊一用夏正建寅之月也此言迎長日者建卯而晝夜分分而日長也然則春分而長短分矣此則迎在未分之前至謂春分之日也夫至者是長短之極也明分者晝夜均也分是四時之中啓蟄在建寅之月過至而未及分必於夜短方爲日長則左氏傳不應言啓蟄也若以日長有漸郊可預迎則其初長宜在極短之日故知傳啓蟄之郊是祈農之祭也周禮冬至之郊是迎長日報本反始之祭也鄭玄以祭法有周人禘嚳之文遂變郊爲祀感生之帝謂東方青帝靈威仰周爲木德威仰木帝以駁之曰案爾雅曰祭天曰燔柴祭地曰瘞薶又曰禘大祭也謂五年一大祭之名又祭法祖有功宗有德皆在宗廟本非郊配若依鄭說以帝嚳配祭圜丘是天之最尊也周之尊帝嚳不若后稷今配青帝乃非最尊實乖嚴父之義也且徧窺經籍並無以帝嚳配天之文若帝嚳配天則經應云禘嚳於圜丘以配天不應云郊祀后稷也天一而已故以所在祭在郊則謂爲圜丘言於郊爲壇以象圜天圜丘卽郊也郊卽圜丘也其時中郎馬昭抗章固執當時敕博士張融質之融稱漢世英儒自董仲舒劉向馬融之倫皆斥周人之祀昊天於郊以后稷配無如玄說配蒼帝也然則周禮圜丘則孝經之郊聖人因尊事天因卑事地安能復得祀帝嚳於圜丘配后稷於蒼帝之禮乎且在周頌思文后稷克配彼天又昊天有成命郊祀天地也則郊非蒼帝通儒同辭肅說爲長伏以孝爲人

行之本祀爲國事之大孔聖垂文固非臆說前儒詮證各擅一家自頃脩撰三經斟覆究理則依王肅爲長從衆則鄭義已久王義其聖證之論鄭義其於禮義宗王鄭是非於禮記其義文多卒難詳縷說此略據機要且舉二端焉○注明堂至之也○正義曰云明堂天子布政之宮也者案禮記明其二端注明堂朝諸侯于明堂之位天子負斧依南鄉而立明堂也者明諸侯之尊卑也制禮作樂頒度量而天下大服知明堂是布政之宮也云周公因祀五方上帝於明堂乃尊文王以配之也者五方上帝即是上帝也謂以文王配五方上帝之神侑坐而食也案鄭注論語云皇皇后帝並謂太微五帝在天爲上帝分王五方爲五帝舊說明堂在國之南去王城七里以近爲媟南郊去王城五十里以遠爲嚴五帝卑於昊天所以於郊祀昊天於明堂祀上帝也其以后稷配郊以文王配明堂義見於上也五帝謂東方青帝靈威仰南方赤帝赤熛怒西方白帝白招拒北方黑帝汁光紀中央黃帝含樞紐鄭玄云明堂居國之南南是明陽之地故曰明堂案史記云黃帝接萬靈於明庭明庭即明堂也明堂起於黃帝周禮考工記曰夏后曰世室殷人重屋周人明堂先儒舊說其制不同案大戴禮云明堂凡九室一室而有四戶八牖三十六戶七十二牖以茅蓋屋上圓下方鄭玄據援神契云明堂上圓下方八牖四闥考工記曰明堂五室稱九室者或云取象陽數也八牖者陰數也取象八風也三十六戶取象六甲子之爻六六三十六也上圓象天下方法地八牖者即八節也四闥者象四方也稱五室者取象五行皆無明文也以意釋之耳此言宗祀於明堂謂九月大享靈威仰等五帝以文王配之即月令云季秋大享帝注云偏祭五帝以其上言舉五穀之要藏帝籍之收於神倉六月西方成事終而報功也○注君行至祭也○正義曰云君行嚴配之禮者此謂宗祀文王於明堂以配天是也云則德教刑於四海海內諸侯各脩其職來助祭也者謂四海之內六服諸侯各脩其職方物也案周禮大行人以九儀辨諸侯之命廟中將幣三享又曰侯服貢祀物鄭云犧牲之屬甸服貢嬪物注云絲枲也男服貢器物注云尊彝之屬也采服貢服物注云玄纁絺纊也衛服貢材物注云八材也要服貢貨物注云龜貝也

此是六服諸侯各脩其職來助祭又若尚書武成篇云丁未祀於周廟邦甸侯衛駿奔走執豆籩亦是助祭之義也故親生之膝下以養父母日嚴親猶愛也膝下謂孩幼之時也言親愛之心生於孩幼比及年長漸識義方則日加尊嚴能致敬於父母也聖人因嚴以教敬因親以教愛聖人因其親嚴之心敦以愛敬之教故出以就傅趨而過庭以教敬也抑搔癢痛懸衾篋枕以教愛也聖人之教不肅而成其政不嚴而治聖人順羣心以行愛敬制禮則以施政教亦不待嚴肅而成理也其所因者本也本謂孝也

疏故親至本也○正義曰此更廣陳嚴父之由言人倫正性必在蒙幼之年教之則明不教則昧言親愛之心生在其孩幼膝下之時於是父母則教示比及年長漸識義方則日加尊嚴能致敬於父母故云以養父母日嚴也是以聖人因其日嚴而教之以敬因其知親而教之以愛故聖人因之以施政教不待嚴肅自然成治也然其所因者在於孝也言本皆因於孝道也○注親猶至母也○正義曰云親猶愛也者嫌以親爲父母故云親猶愛也云膝下謂孩幼之時也者案內則云子生三月妻以子見於父父執子之右手孩而名之案說文云孩小兒笑也謂指其頤下令之笑而爲之名故知膝下謂孩幼之時也云親愛之心生於孩幼之時也者言孩幼之時已有親愛父母之心生也云比及年長漸識義方則日加尊嚴能致敬於父母也者春秋左氏傳石碏曰臣聞愛子教之以義方方猶道也謂教以仁義合宜之道也其教之者案禮記內則子能飲食教以右手能言男唯女俞男鞶革女鞶絲六年教之數與方名七年男女不同席不共食八年出入門戶及卽席飲食必後長者始教之讓九年教之數目又曲禮云幼子常視無誑立必正方不傾聽與之提攜則兩手奉長者之手負劍辟咡詔之則掩口而對注約彼文爲說故曰日加尊嚴言子幼而誨及長則能致敬其親也○注聖人至愛也○正義曰父子之道簡易則慈孝不接狎則怠慢生焉故聖人因其親嚴之心敦以愛敬之教也云出以外傅者案禮記內則云十年出就外傅居宿於外學書計鄭云外傅教學之師也謂

年十歲出就外傅居宿於外就師而學也案十年出就外傅指命士已上今此引之則尊卑皆然也云趨而過庭以教敬也者言父之與子於禮不得常同居處也案論語云陳亢問於伯魚曰子亦有異聞乎對曰未也嘗獨立鯉趨而過庭曰學禮乎對曰未也不學禮無以立鯉退而學禮聞斯二者陳亢退而喜曰問一得三聞詩聞禮又聞君子之遠其子也故注約彼文以爲說也云抑搔癢痛懸衾篋枕以教愛也者此並約內則文案彼云以適父母舅姑之所及所下氣怡聲問衣燠寒疾痛苛癢而敬抑搔之父母舅姑將坐奉席請何鄉將衽長者奉席請何趾少者執牀與坐御者舉几斂席與簟懸衾篋枕斂簟而襡之鄭注云須臥乃敷之也襡韜也是父母未寢故衾被則懸枕則置篋中言子有近父母之道所以教其愛也夫愛以敬生敬先於愛無宜待教而此言教敬愛者禮記樂記曰樂者爲同禮者爲異同則相親異則相敬樂勝則流是愛深而敬薄也禮勝則離是嚴多而愛殺也不教敬則不嚴不和親則忘愛所以先敬而後愛也舊注取士章之義而分愛敬父母之別此其失也○注聖人至理也○正義曰云聖人順羣心以行愛敬者聖人謂明王也聖者通也稱明王者言在位無不照也稱聖人者言用心無不通也順羣心者則首章以順天下是也以行愛敬者則天子能愛親敬親者是也云制禮則以施政教者則德教加於百姓是也云亦不待嚴肅而成理也者蓋言王化順此而行也言亦者三才章已有成理之言故云云亦也○注本謂孝也○正義曰此依鄭注也首章云夫孝德之本也制旨曰夫人倫正性在蒙幼之中導之斯通壅之斯蔽故先王慎其所養於是乎有胎中之教膝下之訓感之以惠和而日親焉期之以恭順而日嚴焉夫親也者緣乎正性而達人情者也故因其親嚴之心教以愛敬之範則不嚴而治不肅而成謂其本於先祖也

父子之道天性也

君臣之義也父子之道天性之常加以尊嚴又有君臣之義

父母生之續莫大焉父母生子傳體相續人倫之道莫大於斯

君親臨之厚莫重焉謂父爲君以臨於己恩義之厚莫重於斯

疏父子至重焉○正義曰此言父子恩親之情是天生自然之道父以

尊嚴臨子子以親愛事父尊卑既陳貴賤斯位則子之事父如臣之事君易稱乾元資始坤元資生又論語曰子生三年然後免於父母之懷是父母生己傳體相續此為大焉言有父之尊同。君。之敬恩義之厚此最為重也○注父子至之義○正義曰云父子之道天性之常者父子之道自然慈孝本乎天性則生愛敬之心是常道也云加以尊嚴又有君臣之義者言父子相親本於天性慈孝生於自然既能尊嚴於親又有君臣之義故易家人卦曰家人有嚴君焉父母之謂也是謂父母為嚴君也○注父母至於斯○正義曰案說文云續連也言子繼於父母相連不絕也易稱生生之謂易言後生次於前也此則傳續之義也○注謂父至於斯○正義曰上引家人之文言人子之道於父母有嚴君之義此章既陳聖治則事繫於人君也案禮記文王世子稱昔者周公攝政抗世子法於伯禽使之與成王居欲令成王之知父子君臣之義君之於。太子也親則父也尊則君也有父之親有君之尊然後兼天下而有之。者言既有天性之恩又有君臣之義厚重莫過於此也

故不愛其親而愛他人者謂之悖德不敬其親而敬他人者謂之悖禮言盡愛敬之道然後施教於人違此則於德禮為悖也以順則逆民無則焉行教以順人心今自逆之則下無所法則也不在於善而皆在於凶德善謂身行愛敬也凶謂悖其德禮也雖得之君子不貴也言悖其德禮雖得志於人上君子。之不貴也

疏故不至貴也○正義曰此說愛敬之失悖於德禮之事也所謂不愛敬其親者是君上不能身行愛敬也而愛他人敬他人者是教天下行愛敬也君自不行愛敬而使天下人行是謂悖德悖禮也唯人人君合行政教以順天下人心今則自逆不行翻使天下之人法行於逆道故人無所法則斯乃不在於善而皆在於凶德在謂心之所在也凶謂凶害於德也如此之君雖得志於人上則古先哲王聖人君子之所不貴也○注言盡至悖也○正義曰云言盡愛敬之道然後施教於人者此孔傳也則天子章言愛敬盡於事親而德教加於百姓是也云違此則於德禮為悖也者案禮記

大學云堯舜率天下以仁而民從之桀紂率天下以暴而民從之其所令反其所好而民不從是故君子有諸己而后求諸人無諸己而后非諸人所藏乎身不恕而能喻諸人者未之有也是知人君若違此盡愛敬之道而教天下人行愛敬是悖逆於德禮也○注善謂至禮也○正義曰云善謂身行愛敬也者謂身行愛敬乃爲善也云凶謂悖其德禮也者悖猶逆也言逆其德禮則爲凶也○注言悖至貴也○正義曰云悖其德禮者此依魏注也謂人君不行愛敬於其親鄭注云悖若桀紂是也云雖得志於人上者君子之不貴也者言君子如此是雖得志居臣人之上幸免篡逐之禍言聖人君子之所不貴言賤惡之也

君子則不然（不悖德禮也）言思可道行思可樂（思可道而後言人必信也思可樂而後行人必悅也）德義可尊作事可法（立德行義不違道正故可尊也制作事業動得物宜故可法也）容止可觀進退可度（容止威儀也必合規矩則可觀也進退動靜也不越禮法則可度也）以臨其民是以其民畏而愛之則而象之（君行六事臨撫其人則下畏其威愛其德皆放象於君也）故能成其德教而行其政令（上正身以率下下順上而法之則德教成政令行也）

疏君子至政令○正義曰前說爲君而爲悖德禮之事此言聖人君子則不然也君子者須慎其言行動止舉措思可道而後言思可樂而後行故德義可以尊崇作業可以爲法威容可以觀望進退皆脩禮法以此六事君臨其民則人畏威而親愛之法則而象效之故德教以此而成政令以此而行也○注不悖德禮也○正義曰此依魏注也言君子舉措皆合德禮無悖逆也○注思可至悅也○正義曰言者心之聲也思者心之慮也可者事之合也道者陳說也行謂施行也樂謂使人悅服也禮記中庸稱天下至聖言而民莫不信行而民莫不說也○注立德至可法也○正義曰此立德行義不違道正故可尊也者此依孔傳也劉炫云德者得於理也義者宜於事也得理在於身宜事見於外謂理得事宜行道守正故能爲人所尊也知制作事業動得物宜故可法也者作謂造立也事謂施爲也

易曰舉而措之天下之民謂之事業言能作衆物之端爲器用之式造立於己成式於物物物得其宜故能使人法象也○注容止至度也○正義曰容止威儀也必合規矩則可觀也者此依孔傳也容止謂禮容所止也漢書儒林傳云魯徐生善爲。容以容爲禮官大夫是也威儀卽儀禮也中庸云威儀三千是也春秋左氏傳曰有威而可畏謂之威有儀而可象謂之儀言君子有此容止威儀能合規矩案禮記玉藻云周還中規折還中矩鄭云反行也宜圜曲行也宜方是合規矩故可觀云進退動靜也者進則動也退則靜也案易乾文言曰進退無常非離羣也又艮卦彖曰時止則止時行則行動靜不失其時其道光明是進退則動靜也云不越禮法則可度也者動靜不乖越禮法故可度也○注君行至君也○正義曰云君行六事臨撫其人者言君施行六事以臨撫下人六事卽可度以上之事有六也云則下畏其威愛其德皆放象於君也者案左傳北宮文子對衛侯說威儀之事稱有威而可畏謂之威有儀而可象謂之儀君有君之威儀其臣畏而愛之則而象之又因引周書數文王之德曰大國畏其力小國懷其德言畏而愛之也詩云不識不知順帝之則言則而象之也又云君子在位可畏施舍可愛進退可度周旋可則容止可觀作事可法德行可象聲氣可樂動作有文言語有章以臨其下謂之有威儀也據此與經雖稍殊別大抵皆敘君之威儀也故經引詩云其儀不忒其義同也○注上正至行也○正義曰云上正身以率下者此依孔傳也論語孔子對季康子曰子率以正孰敢不正又曰其身正不令而行是正其身之義也云下順上而法之者言正其身以率下則下人皆從之無不法則德教成政令行也者言風化當如此也

詩云淑人君子其儀不忒淑善也忒差也義取君子威儀不差爲人法則【疏】子詩云至不忒○正義曰夫子述君子之德既畢乃引曹風鳲鳩之詩以贊美之言善人君子威儀不差。失也○注淑善至法則○正義曰云淑善也忒差也此依鄭注也淑善釋詁文釋言云爽差也爽忒也轉互相訓故忒得爲差也云義取君子威儀不差爲人法則者亦言引詩大意如此也

孝經注疏卷第五

孝經注疏卷五校勘記　阮元撰盧宣旬摘錄

孝經注疏卷第五

聖治章第九

參問明王孝理 岳本參改作曾子石臺本問作聞是也監本王誤至

更有大於孝不 岳本不作否

杜預左氏傳曰 案曰上當有注字

郊謂圜丘祀天也 監本祀誤配

各以其職來祭 毛本職作軄案軄俗職字石臺本唐石經宋熙寧石刻岳本閩本監本正義本來下有助字禮記禮器正義公羊僖十五年疏後漢書班彪傳下注引並作各以其職來助祭注云各脩其職來助祭也是經文本有助字石臺本脫諸本仍之

云后稷周公之始祖也者 案公字衍文

姜原 閩本監本毛本改姜嫄

冰上飛鳥以其翼覆廌之 監毛本廌作藉案史記周本紀廌作薦

黎民阻饑 案史記周本紀阻饑作始飢此作阻依古文尚書改非是段玉裁尚書撰異云今文尚書作祖飢其證有五五帝本紀曰黎民

始飢一也漢書食貨志曰舜命后稷以黎民祖饑二也孟康注漢書曰祖始也古文言阻三也徐廣史記音義曰今文尚書作祖飢祖始也四也毛詩釋文曰馬融注尚書作祖云始也五也

圜鍾爲宮 監本毛本鍾作鐘五經文字云鐘樂器鍾量名今經典或通用鍾爲樂器案開成石經凡樂器之鐘皆作鐘

周公攝政踐祚而治 監本毛本祚作阼是也

無主不行 案公羊傳主作四注云合也

威仰本帝 儀禮經傳通解續下有以后稷配蒼龍精也韋昭所著亦符此說惟魏太常王肅獨著論念五字

王義其聖證之論鄭義其於三禮義宗 案其並具字之誤

於禮記其義文多 盧文弨校本文作尤

按禮記明其二端注明堂 正誤其二端注明堂作堂位昔者周公是也

鄭炫云 案炫當作元下同

夏后曰世室 案曰當作氏

以茅葢屋 閩本監本毛本葢作蓋是也九經字樣云說文蓋从艸从盍張參五經文字又公害翻並見艸部艸音草明皇御注孝經石臺亦作蓋今或相承作葢者乃從行書訛俗不可施於經典今孝經作蓋

八牖者卽八節也正誤卽作象

藏帝藉之收於神倉閩本監本毛本藉作籍按月令作藉

六月西方成案六當作九

注云絲帛也案帛當作枲

故親生之膝下石臺本唐石經宋熙寧石刻岳本監本膝作膝是也下倣此

懸衾篋枕石臺本亦作懸篋作箧岳本作縣案當作縣隸書从竹字往往作卄如制節謹度之節石臺本作節此箧字亦隸體也

子能飲食案飲當作食讀如字下食音嗣或疑與下食字重遂改爲飲

九年教之數目監本毛本目作日不誤

云出以外傳者監本毛本外作就是也

鯉趨而過庭正誤云下脫曰學詩乎對曰未也不學詩無以言鯉退而學詩他日又獨立鯉趨而過庭廿九字

懸衾篋枕閩本監本毛本作衾此本誤食今改正案內則懸作縣懸俗縣字

以教愛者也者案注無上者字此衍文也

疾痛疴癢案禮記作苛癢

無宜待教浦鏜云無宜疑誤倒或宜爲容字之誤
是嚴多而愛殺也閩本監本毛本作愛此本誤成今改正
不和親則忘愛正誤和作教
聖人謂明王也閩本監本毛本作王此本誤正今改正
此言父子恩親之情正誤親作愛
同君之敬閩本監本毛本作君之此本二字誤倒今改正
君之於太子也案禮記太作世
然後兼天下而有之者案禮記無者字此誤衍
君子之不貴也岳本之下增所字案正義亦無浦鏜云脫所字非也
是知人君若違此盡愛敬之道閩本監本毛本違作違此下有不字是也
言君子如此浦鏜云君子當人君誤是也
言聖人君子之所不貴浦鏜云言當亦字誤是也
臨撫其人岳本撫作於案正義亦作撫岳本非也

道者陳悅也閩本監本毛本者作謂不誤悅作說

此立德行義正誤此作云是也

魯徐生善爲容漢書儒林傳容作頌案頌正字容假借字

威儀不差失也閩本監本毛本夫作失是也

孝經注疏卷五校勘記

紀孝行章第十

邢昺注疏

疏正義曰此章紀錄孝子事親之行也前章孝治天下所施政教不待嚴肅自然成理故君子皆由事親之心所以孝行有可紀也故以名章次聖人之後或於孝行之下又加犯法兩字今不取也

子曰孝子之事親也居則致其敬平居必盡其敬養則致其樂就養能致其懽病則致其憂色不滿容行不正履喪則致其哀擗踊哭泣盡其哀情祭則致其嚴齋戒沐浴明發不寐五者備矣然後能事親五者闕一則未爲能

疏子曰至事親○正義曰致猶盡也言爲人子能事其親而稱孝者謂平常居處家之時也當須盡於恭敬若進飲食之時怡顏悅色致親之孝若親之有疾則冠者不櫛怒不至詈盡其憂謹之心若親喪亡則攀號毀瘠終其哀情也若卒哀之後當盡其祥練及春秋祭祀又當盡其嚴肅此五者無限貴賤有盡能備者是其能事親○注平居必盡其敬○正義曰此依王注也平居謂平常在家孝子則須恭敬也案禮記內則云子事父母雞初鳴咸盥漱至於父母之所敬進甘脆而后退又祭義曰養可能也敬爲難皆是盡敬之義也○注就養能致其懽○正義曰此依魏注也案檀弓曰事親有隱而無犯左右就養無方言孝子冬溫夏清昏定晨省及進飲食以養父母皆須盡其敬安之心不然則難以致親之懽○注色不至正履○正義曰此依鄭注也案禮記文王世子云王季有不安節則內豎以告文王文王色憂行不能正履又下文此古之世子亦朝夕問於內豎其有不安止世子色憂不滿容此注減憂能二字者以此章通於貴賤雖儗人非其倫亦舉重以明輕之義也○注擗踊至哀情正義曰此依鄭注也並約喪親章文其義具於彼○注齋戒至不寐

○正義曰此皆說祭祀嚴敬之事也案祭義曰孝子將祭夫婦齊戒沐浴盛服奉承而進之言將祭必先齊戒沐浴也又云文王之祭也事死如事生詩云明發不寐有懷二人文王之詩也鄭注云明發不寐謂夜而至旦也二人謂父母也言文王之嚴敬祭祀如此也○注五者至爲能○正義曰此依魏注也凡爲孝子者須備此五等事也五事若闕於一則未爲能事親也

事親者居上不驕當莊敬以臨下也爲下不亂當恭謹以奉上也在醜不爭醜衆也爭競也當和順以從衆也居上而驕則亡爲下而亂則刑在醜而爭則兵謂以兵刃相加三者不除雖日用三牲之養猶爲不孝也三牲太牢也孝以不毀爲先言上三事皆可亡身而不除之雖日致太牢之養固非孝也

疏事親至孝也○正義曰此言居上位者不可爲驕溢之事爲臣下者不可爲撓亂之事在醜輩之中不可爲忿爭之事是以居上須去驕不去則危亡也爲下須去亂不去則致刑辟在醜輩須去爭不去則兵刃或加於身若三者不除雖復日日能用三牲之養終貽父母之憂猶爲不孝之子也○注醜衆也爭競也○正義曰此依魏注也醜衆釋詁文左傳曰師競已甚杜預云競猶爭也故注以競釋爭也○注謂以兵刃相加○正義曰此依常義案左傳云晉范鞅用劍以帥卒杜預曰用短兵接敵此則刃之屬謂之兵也必有刃堪害於人則左傳齊莊公請自刃於廟是也言此處儕衆之中而每事好爭競或有以刃相讎害也○注三牲至非孝也○正義曰云三牲太牢也者三牲牛羊豕也案尚書召誥稱越翼日戊午乃社於新邑牛一羊一豕一孔云用太牢也是謂三牲爲太牢也云孝以不毀爲先者則首章不敢毀傷也云言上三事皆可亡身者謂上居上而驕爲下而亂在醜而爭之三事皆可喪亡其身命也云而不除之雖日致太牢之養固非孝也者言奉養雖優不除驕亂及爭競之事使親常憂故非孝也

五刑章第十一

疏 正義曰此章五刑之屬三千案舜命皋陶云汝作士明于五刑又禮記問喪云喪多而服五罪多而刑五以其服有親疏罪有輕重也故以名章以前章有驕亂忿爭之事言此罪惡必及刑辟故此次之

子曰五刑之屬三千而罪莫大於不孝 五刑謂墨劓剕宮大辟也條有三千而罪之大者莫過不孝

要君者無上 君者臣之稟命也而敢要之是無上也

非聖人者無法 聖人制作禮樂而敢非之是無法也

非孝者無親 善事父母為孝而敢非之是無親也

此大亂之道也 言人有上三惡豈唯不孝乃是大亂之道

疏 子曰至道也○正義曰五刑者言刑名有五也三千者言所犯刑條有三千也所犯雖異其罪乃同故言之屬以包之就此三千條中其不孝之罪尤大故云而罪莫大於不孝也且為人子當須遵承聖教以孝事親以忠事君君命宜奉而行之敢要之是無心遵於上也聖人垂範當須法則今乃非之是無心法於聖人也孝者百行之本事親為先今乃非之是無心愛其親也卉木無識尚感君政禽獸無禮尚知戀親況在人靈而敢要君不孝也逆亂之道此為大焉故曰此大亂之道也○注五刑至不孝○正義曰云五刑謂墨劓剕宮大辟也者此依魏注也此五刑之名皆尚書呂刑文孔安國云刻其顙而涅之曰墨刑顙額也謂刻額為瘡以墨塞瘡孔令變色也墨一名黥又云截鼻曰劓刖足曰剕釋言云剕刖也李巡曰斷足曰刖是也又云宮淫刑也男子割勢婦人幽閉次死之刑以男子之陰名為勢割去其勢與椓去其陰事亦同也婦人幽閉閉於宮使不得出也又云大辟死刑也案此五刑之名見於經傳唐虞以來皆有之矣未知上古起自何時漢文帝始除肉刑除墨劓剕耳宮刑猶在隋開皇之初始除男子宮刑婦人猶閉於宮此五刑之名義鄭注周禮司刑引書傳曰決關梁踰城郭而略盜者其刑臏男女不以義交者其刑宮觸易君命革輿服制度姦軌盜攘傷人者其刑劓非事而事之出入不以道義而誦不詳之辭者其刑墨降畔寇賊劫略奪攘矯虔者其刑死案說文云臏

膝骨也。刖臏謂斷其膝骨此注不言臏而云剕者據呂刑之文也云條有三千而罪之大者莫過不孝者案周禮司刑掌五刑之法以麗萬民之罪墨罪五百劓罪五百宮罪五百剕罪五百殺罪五百合二千五百至周穆王乃命呂侯入爲司寇令其訓暢夏禹贖刑增輕削重依夏之法條有三千則周三千之條首自穆王始也呂刑云墨罰之屬千劓罰之屬千剕罰之屬五百宮罰之屬三百大辟之罰其屬二百五刑之屬三千言此三千條中罪之大者莫有過於不孝也案舊注說及謝安袁宏王獻之殷仲文等皆以不孝之罪聖人惡之云在三千條外此失經之意也案上章云三者不除雖日用三牲之養猶爲不孝此承上不孝之後而云三千之罪莫大於不孝是因其事而便言之本無在外之意案檀弓云子弒父凡在宫者殺無赦殺其人壞其室洿其宮而豬焉既云學斷斯獄則明有條可斷也何者易序卦稱有天地然後萬物生焉自屯蒙至需訟卽爭訟之始也故聖人法雷電以申威刑所興其來遠矣唐虞以上書傳靡詳舜命皋陶有五刑五刑斯著案風俗通曰皋陶謨是虞時造也及周穆王訓夏里悝師魏乃著法經六篇而以盜賊爲首賊之大者有惡逆焉決斷不違時凡赦不免又有不孝之罪並編十惡之條前世不忘後世爲式而安宏不孝之罪不列三千之條中今不取也〇注君者至無上也〇正義曰此依孔傳也案晉語云諸大夫迎悼公公曰孤始願不及此孤之及此天也抑人之有元君將稟命焉明凡爲臣下者皆稟君教命而敢要以從己是有無上之心故非孝子之行也若臧武仲以防求爲後於魯晉舅犯及河授璧請亡之類是也〇注聖人至法也〇正義曰此依孔傳也聖人規模天下法則兆民敢有非毀之者是無聖人之法也〇注善事至親也〇正義曰孝爲百行之本敢有非毀之者是無親愛之心也〇注言人至之道〇正義曰言人不忠於君不法於聖不愛於親此皆爲不孝乃是罪惡之極故經以大亂結之也

廣要道章第十二

疏正義曰前章明不孝之惡罪之大者及要君非聖人此乃禮教不容廣宣要道以教化之則能變而爲善也首章略云至德要道之事而未詳悉所以於此申而演之皆云廣也故以。右章次五刑之後要道先於至德者謂以要道施化化行而後。徧彰亦明道德相成所以互爲先後也

子曰教民親愛莫善於孝教民禮順莫善於悌。言教人親愛禮順無加於孝悌也移風易俗莫善於樂風俗移易先入樂聲變隨人心正由君德正之與變因樂而彰故曰莫善於樂安上治民莫善於禮禮所以正君臣父子之別明男女長幼之序故可以安上化下也

疏子曰至於禮○正義曰此夫子述廣。要之義言君欲教民親於君而愛之者莫善於身自行孝也君能行孝則民效之皆親愛其君欲教民禮於長而順之者莫善於身自行悌也人君行悌則人效之皆以禮順從其長也欲移易風俗之弊敗者莫善於聽樂而正君之欲身安於上民治於下者莫善於行禮以帥之○注言教○至悌也○正義曰言欲民親愛於君禮順於長者莫善於身自行孝悌之善也○注風俗○至於樂○正義曰云風俗移易先入樂聲者子夏詩序云風風也教也風以動之教以化之章昭曰人之性繫於大人大人風聲故謂之風隨其。越舍之情欲故謂之俗詩序又曰至于王道衰禮義廢政教失國異政家殊俗而變風變雅作矣是入樂聲之義也云變隨人心正由君德者詩序又曰國史明乎得失之迹傷人倫之廢哀刑政之苛吟詠情性以風其上故變風發乎情止乎禮義發乎情民之性也止乎禮義先王之澤也以斯言之則知樂者本於情性聲者因乎政教政教失則人情壞人情壞則樂聲移是變隨人心也國史明之遂吟以風上也受其風上而行其失乃行禮義以正之教化以美之上政既和人情自治是正由君德也云正之與變因樂而彰故曰莫善於樂者詩序又曰治世之音安以樂其政和亂世之音怨以怒其政乖亡國之音哀以思其民困又尚書益稷篇舜曰予欲聞六律五聲八音在治忽孔安國云在察天下理治及忽怠者皆是因樂而彰也案禮記云大樂與天地同和則自生人以來皆有樂性也世本曰

伏羲造琴瑟則其樂器漸於伏羲也史籍皆言黃帝樂曰雲門顓頊曰六英帝嚳曰五莖堯曰咸池舜曰大韶禹曰大夏湯曰大濩武曰大武。於樂之聲節起自黃帝也○注禮所至下也正義曰云禮所以正君臣父子之別明男女長幼之序者此依魏注也禮。云非禮無以辨君臣上下長幼之位非禮無以。辨男女父子兄弟之親是也云故可以安上化下也者釋安上治民也。制。百。口禮殊事而合敬樂異。人而。同愛敬愛之極是謂要道神而明之是謂至德故必由斯人以弘斯教而後禮樂興焉政令行焉以盛德之訓傳於樂聲則感人深而風俗移易以盛德之化措諸禮容則悅者衆而名教著明蘊乎其樂章乎其禮故相待而成矣然則韶樂存於齊而民不爲之易周禮備於魯而君不獲其安亦政教失其極耳夫豈禮樂之咎乎

禮者敬而已矣。敬者禮之本也

故敬其父則子悅敬其兄則弟悅敬其君則臣悅敬一人而千萬人悅。居上敬下盡得懽心故曰悅也

所敬者寡而悅者衆此之謂要道也

疏禮者至道也○正義曰此承上莫善於禮也言禮者敬而已矣謂禮主於敬也。入明敬功至廣是要道也其要正以謂天子敬人之父則其子皆悅敬人之兄則其弟皆悅敬人之君則其臣皆悅此皆敬父兄及君一人則其子弟及臣千萬人皆悅故其所敬者寡而悅者衆即前章所言先王有至德要道者皆此義之謂也○注敬者禮之本也○正義曰此依鄭注也案曲禮曰毋不敬是也○注居上至悅也○正義曰云居上敬下者案尚書五子之歌云爲人上者奈何不敬謂居上位須敬其下云盡得懽心故曰悅也者言得懽心則無所不悅也案孝治章云故得萬國百姓及人之懽心是也舊注云一人謂父兄君千萬人謂子弟臣也者此依孔傳也一人指受敬之人則知謂父兄君也千萬人指其喜悅者則知謂子弟臣也夫子弟及臣名何啻千萬言千萬人者舉其大數也

孝經注疏卷第六

孝經注疏卷六校勘記

阮元撰盧宣旬摘錄

孝經注疏卷第六

紀孝行章第十　正義云或於孝行之下又加犯法兩字今不取也

次聖人之後　案人當作治

擗踴哭泣　石臺本踊作踴監本泣誤立案說文有踊無踴

齊戒沐浴　石臺本岳本閩本監本毛本齊作齋

謂平常居處家之時也當須盡於恭敬　正誤處下有在字無也字於作其

致親之孝　正誤孝當作懽是也

敬進甘脆而后退　諸本作進此本誤道今改正毛本后改後

言孝子冬温夏清　閩本毛本清作凊是也

此古之世子　浦鏜云此當記字誤

其有不安止　閩本監本毛本止作節是也

雖儗人非其倫　閩本監本毛本儗改擬案作儗是也

以舉重以明輕之義也毛本上以字作亦是也

其義奧於彼正誤奧作具是也

謂以兵刃相加監本刃誤不

此則刃劍之屬正誤刃作刀依左傳注改

五刑章第十一

又禮記問喪云案問喪當作服問

喪多而服五罪多而刑五案此二句誤倒當乙轉

君者臣之稟命也石臺本之作所岳本監本毛本稟作禀與石臺本合

聖人制作禮樂石臺本岳本樂作法

尙感君政正誤政作仁

劓其額而湼之曰墨案劓當作刻

釋言云𦝕刖也案爾雅𦝕作𨄅說文亦作𨄅

與椓去其陰監本毛本椓作㧻案說文作𣪠云去陰之刑也玉篇作劅云刑也今書吕刑作椓尙書撰異作劅黥云今本劅作椓此唐

天寶三載衛包所改也孔訓劉爲椓陰衛妄謂劉古字椓今字以椓改劉而宋開寶五年又改釋文大書劉爲椓矣正義亦遭天寶後改從衛包而時有改之未盡者如卷二引鄭本尙書劓刵劉剠此篇云劉椓人陰是其證也

隋開皇之初始除男子宮刑 宋王應麟云按通鑑西魏大統十三年三月除宮刑非始於隋

案說文云臏膝骨也 說文臏作髕膝作厀案臏者髕之俗字

則臏謂斷其膝骨 閩本監本毛本則作刖是也

以厲萬民之罪 案厲當作麗

子弑父凡在官者殺無赦 監本官作宮是也

廣要道章第十二

故以右章 閩本監本毛本右作名是也

化行而後徧彰 正誤徧作德是也

莫善於悌 鄭注本作弟此正義本則作悌

此夫子述廣要之義 正誤要下補道字是也

隨其越舍之情欲 監本毛本越作趨是也

於樂之聲節 正誤於作則

禮云 正誤云上補記字

非禮無以辨男女父子兄弟之親是也 禮記辨作别

制百口 閩本監本毛本作樂記云

樂異人而同愛 案人當作文同禮記作合

敬一人而千萬人悅 毛本而誤則

入明敬功至廣 閩本監本毛本入作又是也

孝經注疏卷六校勘記

孝經注疏卷第七

廣至德章第十三

邢昺注疏

【疏】正義曰首章標至德之目此章明廣至德之義故以名章次廣要道之後

子曰君子之教以孝也非家至而日見之也言教不必家到戶至日見而語之但行孝於內其化自流於外教以孝所以敬天下之為人父者也教以悌所以敬天下之為人兄者也舉孝悌以為教則天下之為人子弟者無不敬其父兄也教以臣所以敬天下之為人君者也舉臣道以為教則天下之為人臣者無不敬其君也

【疏】子曰至君者也○正義曰此夫子述廣至德之義言聖人君子教人行孝事其親者非家家悉至而日見之但教之以孝則天下之為人父者皆得其子之敬也教之以悌則天下之為人兄者皆得其弟之敬也教之以臣則天下之為君者皆得其臣之敬○注言教至於外○正義曰此依鄭注也祭義所謂孝悌發諸朝廷行乎道路至乎閭巷是流於外○注舉孝至父兄也○正義曰云舉孝悌以為教者此依王注也案禮記祭義曰祀乎明堂所以教諸侯之孝也食三老五更於太學所以教諸侯之弟也此即謂發諸朝廷至乎州里是也云則天下之為人子弟者無不敬其父兄也者言皆敬也案舊注用應劭漢官儀云天子無父父事三老兄事五更乃以事父事兄為教孝悌之禮案禮教敬自有明文假令天子事三老蓋同庶人倍年以長之敬本非教孝子之事今所不取也○注舉臣至君也○正義曰此依王注也案祭義云朝覲所以教諸侯之臣也者諸侯列國之君也若朝覲於王則身行臣禮言聖人制此朝覲之法本以教諸侯之為臣也則諸侯之卿大夫亦各放象其君而行事君之禮也劉炫以為將教為臣之道固須天子身行者案禮運曰故先王患禮之不

達於下也故祭帝於郊謂郊祭之禮冊祝稱臣是亦以見天子以身率下之義也詩云愷悌君子民之父母愷樂也悌易也義取君以樂易之道化人則爲天下蒼生之父母也非至德其孰能順民如此其大者乎疏詩云至者乎○正義曰夫子既述至德之教已畢乃引大雅泂酌之詩以贊美之愷樂也悌易也言樂易之君子能順民心而行教化乃爲民之父母若非至德之君其誰能順民心如此其廣大者乎孰誰也案禮記表記稱子言之君子所謂仁者其難乎詩云凱弟君子民之父母凱以強教之弟以說安之使民有父之尊有母之親如此而后可以爲民父母矣非至德其孰能如此乎此章於孰能下加順民如此下加其大者與表記爲異其大意不殊而皇侃以爲并結要道至德兩章或失經旨也劉炫以爲詩美民之父母證君之行教未證至德之大故於詩下別起歎辭所以異於餘章頗近之矣○注愷樂至母也○正義曰愷樂悌易釋詁文云義取君以樂易之道化人則爲天下蒼生之父母也者亦言引詩大意如此蒼生尚書文謂天下黔首蒼蒼然衆多之貌也孔安國以爲蒼蒼然生草木之處今不取也

廣揚名章第十四

疏正義曰首章略言揚名之義而未審而於此廣之故以名章。次至德之後

子曰君子之事親孝故忠可移於君以孝事君則忠事兄悌故順可移於長以敬事長則順居家理故。治可移於官君子所居則化故可移於官也是以行成於內而名立於後世矣脩上三德於內名自傳於後代疏子曰至世矣○正義曰此夫子。廣。述揚名之義言君子之事親能孝者故資孝爲忠可移孝行以事君也事兄能悌者故資悌爲順可移

悌行以事長也居家能理者故資治爲政可移。於績以施於官也是以君子。居能以此善行成之於內則令名立於身沒之後也先儒以爲居家理下闕一故字御注加之○注以孝事君則忠○正義曰此。一章之文義已見於上○注以敬事長則順○正義曰此依鄭注也亦士章之。敬。悌義同已具上釋然人之行敬則有輕有重敬父敬君則重也敬兄敬長則輕也○注君子至官也○正義曰此依鄭注也論語云君子不器言無所不施○注脩上至後代○正義曰此依鄭注也三德則上章云移孝以事於君移悌以事於長移理以施於官也言此三德不失則其令名常自傳於後世經云立而注爲傳者立謂常有之名傳謂不絕之稱但能不絕即是常有之行故以傳釋立也

諫諍章第十五

疏正義曰此章言爲臣子之道若遇君父有失皆諫。爭也曾子。問聞揚名已上之義而問子從父之令夫子以令有善惡不可盡從乃爲述諫爭之事故以名章次揚名之後

曾子曰若夫慈愛恭敬安親揚名則聞命矣敢問子從父之令可謂孝乎事父有隱無犯又敬不違故疑而問。之○疏曾子至孝乎○正義曰前章以來唯論愛敬及安親之事未說規諫之道故又假曾子之問曰若夫慈愛恭敬安親揚名則已聞命矣敢問子從父之教令亦可謂之孝乎疑而問之故稱乎也尋上所陳唯言敬愛未及慈恭而曾子并言慈恭已聞命矣者皇侃以爲上陳愛敬則包於慈恭矣慈者孜孜愛者念惜恭者貌多心少敬者心多貌少如侃之說則慈恭愛敬之別何故云包慈恭也或曰慈者接下之別名愛者奉上之通稱劉炫引禮記內則說子事父母慈以旨甘喪服四制云高宗慈良於喪莊子曰事親則孝慈此並施於事上夫愛出於內慈爲愛體敬生於心恭爲敬貌此經悉

陳事親之跡寧有接下之文夫子據心而爲言所以唯稱愛敬曾參體貌而兼取所以幷舉慈恭如劉炫此言則知慈是愛親也恭是敬親也安親則上章云故生則親安之揚名卽上章云揚名於後世矣經稱夫有六焉蓋發言之端也一曰夫孝始於事親二曰夫孝德之本三曰夫孝。人之經四曰夫然故生則親安之五曰夫聖人之德此章云若夫慈愛並卻明前理而下有其趣故言夫以起之劉。獻曰夫猶凡也○注事父至問之○正義曰禮記檀弓云事親有隱而無犯以經云從父之令故注變親爲父案論語云事父母幾諫見志不從又敬不違引此二文以成疑疏證曾子有可問之端也

子曰是何言與。是何言與。有非而從成父不義理所不可故再言之昔者天子有爭臣七人雖無道不失其天下。諸侯有爭臣五人雖無道不失其國大夫有爭臣三人雖無道不失其家降殺以兩尊卑之差爭謂諫也言雖無道爲有爭臣則終不至失天下亡家國也士有爭友則身不。離於令名令善也益者三友言受忠告故不失其善名父有爭子則身不陷。於不義父失則諫故免陷於不義故當不義則子不可以不爭於父臣不可以不爭於君不爭則非忠孝故當不義則爭之從父之令又焉得爲孝乎

疏子曰至孝乎○正義曰夫子以曾參所問於理乖僻。陳諫爭之義因乃諍而荅之曰汝之此問是何言與再言之者明其深不可也既諍之後乃爲曾子說必須諫爭之事言臣之諫君子之諫父自古攸然故言昔者天子治天下有諫爭之臣七人雖復無道昧於政教不至失於天下言無道者謂無道德諸侯有諫爭之臣五人雖無道亦不失其國也大夫有諫爭之臣三人雖無道亦不失於其家士有諫爭之友則其身不離遠於善名也父有諫爭之子則身不陷於不義故君父有不義之事凡爲臣子者不可以不諫爭以此之故當不義則須諫之又結此以荅曾子曰今若每事從父之

令又焉得爲孝乎言不得也案曾子唯問從父之令不指當時而言昔者皇侃云夫子述孝經之時當周亂衰之代無此諫爭之臣故言昔者也不言先王而言天子者諸稱先王皆指聖德之主此言無道所以不稱先王也○注有非至不義○正義曰言父有非子從而行不諫是成父之不義云理所不可故再言之者義見於上○注降殺至國也○正義曰左傳云自上以下降殺以兩禮也謂天子尊故七人諸侯卑於天子降兩故有五人大夫卑於諸侯降兩故有三人論語云信而後諫左傳云伏死而爭此蓋謂極諫爲爭也若隨無道人各有心鬼神。之主季梁猶在楚不敢伐是有爭臣不亡其國舉中而率則大夫天子從可知也不言國家嫌如獨指一國也國則諸侯也家則大夫也注貴省文故曰家國也案孔鄭二注及先儒所傳並引禮記文王世子以解七人之義案文王世子記曰虞夏商周有師保有疑丞設四輔及三公不必備惟其人又尚書大傳曰古者天子必有四鄰前曰疑後曰丞左曰輔右曰弼天子有問無對責之疑可志而不志責之丞可正而不正責之輔可揚而不揚責之弼其爵視卿其祿視次國之君大傳四鄰則。見之四輔兼三公以充七人之數諸侯五者孔傳指天子所命之孤及三卿與上大夫王肅指三卿內史外史以充五人之數大夫三者孔傳指家相室老側室以充三人之數王肅無側室而謂邑宰斯並以意解說恐非經義劉炫云案下文云子不可以不爭於父臣不可以不爭於君則爲子爲臣皆當諫爭豈獨大臣當爭小臣不爭乎豈獨長子當爭其父衆子不爭者乎若父有十子皆得諫爭王之百辟惟許七人是天子之佐乃少於匹夫也又案洛誥云成王謂周公曰誕保文武受民亂爲四輔。冏命穆王命伯冏惟予一人無良實賴左右前後有位之士匡其不及據此而言則左右前後四輔之謂也疑丞輔弼當指於諸臣非是別立官也謹案周禮不列疑丞周官歷敘羣司顧命。總名卿。七左傳云龍師鳥紀曲禮云五官六大無言疑丞輔弼專掌諫爭者若使爵視於卿祿比次國周禮何以不載經傳何以無文且伏生大傳以四輔解爲四鄰孔注尚書以四鄰爲前後左右之臣而不爲疑丞輔弼安得又采其說也左傳稱周。主。申。父之爲太史也命百官官箴王闕師曠說匡諫之事史為書。瞽為詩工誦箴諫大夫規誨士傳言官師相規工執藝事以諫此則凡在人臣皆合諫也夫子言天子有天下之廣七人則足以見諫爭功之大故舉少以言之也然父有爭子士有爭友雖無定數要一人為率自下而上稍增二人則從上而下當如禮之降殺故舉七五三人也劉炫之讜義雜合通途何者傳載忠言比於藥石逆耳苦口隨要而施若指不備之員以匡無道之主欲求不失其可得乎先儒所論今不取也○注令善至善名○正義曰令善也釋詁文云益者三友論語文即友直友諒友多聞益矣是也云言受忠告故不失其善名者論語云子貢問友子曰忠告而善道之言善名為受忠告而後成也大夫以上皆云不失士獨云不離離即不失也○注父失至不義○正義曰此依鄭注也案內則云父母有過下氣怡色柔聲以諫諫若不入起敬起孝說則復諫曲禮曰子之事親也三諫而不聽則號泣而隨之言父有非故須諫之以正道庶免陷於不義也

孝經注疏卷第七

孝經注疏卷七校勘記

阮元撰盧宣旬摘錄

孝經注疏卷第七

廣至德章第十三

言教不必家到戶至 正義曰此依鄭注也案李善注文選庾元規讓中書令表引鄭注云非門到戶至而見之又注任彥昇齊竟陵文宣王行狀引鄭注云非門到戶至而日見也石臺本門改家諸本仍之

則天下之爲君者 正誤爲下補人字是也

至乎閭巷 案禮記作州巷下作州里亦非

案禮教敬 正誤敬作孝

若朝覲於王 閩本監本毛本若作君是也

詩云凱弟君子 閩本監本毛本凱弟作愷悌

皇侃以爲幷結要道至德兩章 閩本監本毛本結作結是也

廣揚名章第十四

次德之後 案次下脫廣至二字

居家理故治可移於官正義曰先儒以爲居家理下闕一故字御注加之案釋文注云讀居家理故治與上異讀似陸氏所據本亦無故字後人依石臺本增入非也

此夫子廣述揚名之義案當作述廣

可移於績正誤於作治是也

居能以此善行成之於內正誤居作若是也

此一章之文正誤一改士是也

亦士章之敬悌義同案敬悌當作孝順

諫諍章第十五石臺本唐石經岳本作爭案正義前後並作諫爭經爭臣爭友爭子今本白虎通引並作諍非

皆諫諍也案當作爭

曾子因聞揚名已上之義諸本因作問依正誤改

故疑而問之岳本之下有也字衍文

夫孝人之經案人當作天

劉獻曰閩本監本毛本獻作瓛案作獻避所諱

子曰是何言與 鄭注本作歟用正字此正義本作與則用假借字

不失其天下 石臺本無其字釋文同案正義本無其字漢書霍光傳云聞天子有爭臣七人雖無道不失天下陸德明云或作不失其天下其字衍耳

則身不離於令名 鄭注本無不字與此不同說詳釋文校勘記

則身不陷於不義 閩本陥作陷注及正義同石臺本唐石經案熙寧石刻岳本監本毛本作陷是也

陳諫爭之義 正誤陳作非是也

鬼神之主 正誤之作乏

則見之四輔 正誤見作記

商命 閩本監本毛本商作啇是也下同

揔名卿七 監本毛本揔作總七作士案作士是也

左傳稱周主申父之爲太史也 毛本父作甫案主申父當作辛甲

瞽爲詩 閩本監本毛本作瞽此本誤鼓今改正

以匡無道之主 閩本監本毛本作匡此本誤宔今改正

孝經注疏卷七校勘記

孝經注疏卷第八

感應章第十六

邢昺注疏

疏正義曰此章言天地明察神明彰矣又云孝悌之至通於神明皆是應感之事也前章論諫諍之事言人主若從諫諍之善必能脩身慎行致應感之福故以名章次於諫諍之後

子曰昔者明王事父孝故事天明事母孝故事地察。王者父事天母事地言能致事宗廟則事天地能明察也長幼順故上下治君能尊諸父先諸兄則長幼之道順君人之化理天地明察神明彰矣事天地能明察則神感至誠而降福佑故曰彰也

疏子曰昔者明王至神明彰矣○正義曰此章夫子述明王以孝事父母能致感應之事言昔者明聖之王事父能孝故事天能明言能明天之道故易說卦云乾爲天爲父此言事父孝故能事天明是事父之孝通天也事母能孝故事地能察言能察地之理故說卦云坤爲地爲母此言事母孝故事地察則是事母之道通於地也明王又於宗族長幼之中皆順於禮則凡在上下之人皆自化也又明王之事天地既能明察必致福應則神明之功彰見謂陰陽和風雨時人無疾厲天下安寧也經稱明王者二焉一曰昔者明王之以孝治天下也二卽此章言昔者明王事父孝俱是聖明之義與先王爲一也言先王示及遠也言明王示聰明也○注王者至察也○正義曰云王者父事天母事地者此依王注義也案白虎通云王者父天母地此言事者謂移事父母之孝以事天地也云言能敬事宗廟則事天地能明察也者謂蒸嘗以時疏數合禮是敬事宗廟也既能敬宗廟則不違犯天地之時若祭義曾子曰樹木以時伐焉禽獸以時殺焉夫子曰斷一樹殺一獸不以其時非孝也又王制曰獺祭魚然後虞人入澤梁豺祭獸然後田獵鳩化爲鷹然後

設罻羅草木零落然後入山林昆蟲未蟄不以火田此則令無大小皆順天地是事天地能明察也○注君能至化理○正義曰此言明王能順長幼之道則臣下化之而自理也謂放效於君書曰違上所命從厥攸好是效之也○注事天至彰也○正義曰誠和也言事天地若能明察則神祇感其至和不降福應以祐助之是神明之功彰見也書云至誠感神又瑞應圖曰聖人能順天地則天降膏露地出醴泉詩云降福穰穰易曰自天祐之吉無不利注約諸文以釋之也案此則神感至誠當爲至誠今定本作至誠字之誤也

至故雖天子必有尊也言有父也必有先也言有兄也

父謂諸父兄謂諸兄皆祖考之胤也禮君讌族人與父兄齒也

宗廟致敬不忘親也

言能敬事宗廟則不敢忘其親也

脩身慎行恐辱先也

天子雖無上於天下猶脩持其身謹慎其行恐辱先祖而毀盛業也

宗廟致敬鬼神著矣

事宗廟能盡敬則祖考來格享於克誠故曰著也

孝悌之至通於神明光于四海無所不通

能敬宗廟順長幼以極孝悌之心則至性通於神明光于四海故曰無所不通

疏故雖至不通○正義曰故者連上起下之辭以上文云事父孝又云事母孝又云長幼順所以於此述尊父先兄之義以及致敬與脩身之道兼言鬼神之著孝悌之至無所不通也言王者雖貴爲天子於天下宗族之中必有所尊之者謂天子有諸父也必有所先之者謂天子有諸兄也宗廟致敬是不忘其親脩身慎行是不辱其祖考故能致敬於宗廟則鬼神明著而歆享之是明王有孝悌之至性感通神明則能光于四海無所不通然諫諍兼有諸侯大夫此章唯稱王者言王能致應感則諸侯已下亦當自勉勵也○注父謂至齒也○正義曰云父謂諸父兄謂諸兄者父之昆弟曰伯父叔父己之昆曰兄其屬非一故言諸也詩曰以速諸父又曰復我諸兄是也云皆祖考之胤也者案曲禮曰父死曰考言父以上通謂之祖考胤嗣也謂其廟未毀其胤皆是王者之族親也云禮君讌族人與父兄齒也者此依孔傳也案詩序角弓父兄刺幽王蓋謂君之諸父諸兄也古者天子

祭畢同姓則留之謂與族人讌故。其詩曰諸父兄弟備言燕私鄭箋云祭畢歸賓客之俎同姓則留與之燕是天子讌族人也又禮記文王世子云若公與族燕則異姓爲賓膳宰爲主人公與父兄齒則知燕族人亦以尊卑爲列齒於父兄之下也○注言能至親也正義曰案禮記文王世子稱五廟之孫祖廟未毀雖爲庶人冠取妻必告死必赴是不忘親也禮記大傳稱其不可得變革者則有矣親親也尊尊也長長也親親故尊祖尊祖故敬宗敬宗故收族收族故宗廟嚴言君致敬宗廟則不敢忘其親也○注天子至業也○正義曰云天子雖無上於天下者此依正注也禮坊記云天無二日土無二王家無二主尊無二上謂普天之下天子至尊也云猶脩持其身謹慎其行恐辱先祖而毀盛業也者案禮記祭義云父母既沒沒慎行不辱先也盛業謂先祖積德累功而有天下之業上言必有先也先兄也此言恐辱先也是先祖也○注事宗至著也○正義曰云祖考來格者尚書益稷文格至也言事宗廟能恭敬則祖考之神來格詩曰神保是格報以景福亦是言神之至云享於克誠故曰著也者享於克誠尚書太甲篇文孔傳云言鬼神不保一人能誠信者則享其祀則祖考來格享於克誠皆招著之義上言宗廟致敬謂天子尊諸父先諸兄致敬祖考不敢忘其親也此言宗廟致敬述天子致敬宗廟能感鬼神雖同稱致敬而各有所屬也舊注以爲事生者易事死者難聖人慎之故重其文今不取也上言神明謂天地之神也此言鬼神謂祖考之神易曰陰陽不測之謂神先儒釋云若就三才相對則天曰神地曰祇人曰鬼言天道玄遠難可測故曰神也。祇者知也言地去人近長育可知故曰祇也鬼者歸也言人生於無還歸於無故曰鬼也亦謂之神案五帝德云黃帝死而民畏其神百年是也上言神明尊天地也此言鬼神尊祖考也○注能敬至不通○正義曰能敬宗廟順長幼以極孝悌之心者敬宗廟爲孝順長幼爲悌此極孝悌之心也云則至性通於神明光於四海。故曰至性如此則通於神明光於四海

詩云自西自東自南自北無思不服。義取德教流行莫不服義從化也

【疏】詩云至不服○正義曰夫子述孝悌之事應感之美既畢乃引大雅文王有聲

之詩以贊美之自從也言從近及遠至於四方皆感德化無有思而不服之者以明無所不通詩本文云鎬京辟雍自西自東自南自北無思不服此則雍東北服對句爲韻而皇侃云先言西者此是周詩謂化從西起所以文王爲西伯又爲西鄰自西而東滅紂恐非其義也○注義取至化也○正義曰此依鄭注也德化流行則無不通服義從化郎無思不服言服明王之義從明王之化也

事君章第十七

疏正義曰此章首言君子之事上又言進思盡忠退思補過皆是事君之道孔子曰天下有道則見無道則隱前章言明王之德應感之美天下從化無思不服此孝子升朝事君之時也故以名章次應感之後

子曰君子之事上也上謂君也進思盡忠進見於君則思盡忠節退思補過君有過失則思補益將順其美將行也君有美善則順而行之匡救其惡匡正也救止也君有過惡則正而止之故上下能相親也下以忠事上上以義接下君臣同德故能相親疏子曰至親也○正義曰此明賢人君子之事君也言入朝進見與謀慮國事則思盡其忠節若退朝而歸常念己之職事則思補君之過失其於政化則當順行君之美道止正君之過惡如此則能君臣上下情志通協能相親也經稱君子有七焉一曰君子不貴二曰君子則不然三曰淑人君子四曰君子之教以孝五曰愷悌君子已上皆斷章指於聖人君子謂居君位而子下人也六曰君子之事親孝故此章君子之事上則皆指於賢人君子也○注上謂君也○正義曰此對論語云孝悌而好犯上者鮮矣彼上謂凡在己上者此上惟指君故云上謂君也○注進見至忠節○正義曰此依韋注也說文云忠敬也盡心曰忠字詁曰忠直也論語曰臣事君以忠則忠者善事君之名也節操也言事君者敬其職事直其操行盡其忠誠也言臣常思

盡其節操能致身授命也○注君有至補益○正義曰案舊注韋昭云退歸私室則思補其身過以禮記少儀曰朝廷曰退燕遊曰歸左傳引詩曰退食自公杜預注臣自公門而退入私門無不順禮室猶家也謂退朝理公事畢而還家之時則當思慮以補身之過故國語曰士朝而受業晝而講貫夕而習復夜而計過無憾而後即安言若有憾則不能安是思自補也案左傳晉荀林父爲楚所敗歸請死於晉侯晉侯許之士渥濁諫曰林父之事君也進思盡忠退思補過晉侯赦之使復其位是其義也文意正與此同故注依此傳文而釋之今云君有過則思補益出制旨也義取詩大雅烝民云袞職有闕惟仲山甫補之毛傳云有袞冕者君之上服也仲山甫補之善補過也鄭箋云袞職者不敢斥王言也王之職有。缺輒能補之者仲山甫也此理爲勝故易舊也○注將行至行之○正義曰此依王注也案孔注尚書。太誓云肅將天威爲敬行天罰是將訓爲行也言君施政教有美則當順而行之○注匡正也救止也○正義曰此依王注也匡正釋。詁文也馬融注論語云救猶止也云君有過惡則正而止之者尚書云予違汝弼汝無。面從是也○注下以至相親○正義曰此依魏注也書曰居上克明爲下克忠是其義也左傳曰君義臣行如此則能相親也

詩云心乎愛矣遐不謂矣中心藏之何日忘之遐遠也義取臣心愛君雖離左右不謂爲遠愛君之志恆藏心中無日。暫忘也

疏詩云至忘之○正義曰夫子述事君之道既已乃引小雅隰桑之詩以結之言忠臣事君雖復有時離。遠不在君之左右然其心之愛君不謂爲遠中心常藏事君之道何日暫忘之○注遐遠至忘也○正義曰云遐遠也義取臣心愛君雖離左右不謂爲遠者遐遠也釋詁文此釋心乎愛矣遐不謂矣云愛君之志恆藏心中無日暫忘也者釋中心藏之何日忘之案檀弓說事君之禮云左右就養有方此則臣之事君有常在左右之義也若周公出征管叔蔡叔召公聽訟於甘棠是離左右也

孝經注疏卷第八

孝經注疏卷八校勘記　　阮元撰盧宣旬摘錄

孝經注疏卷第八

感應章第十六石臺本唐石經岳本作應感正義前後並同今本作感應依鄭注本改非正義本也

孝悌之事案事當作至

言能致事宗廟石臺本岳本閩本監本毛本致作敬不誤

神明彰矣鄭注本作章矣此正義本則作彰矣

則神感至誠而降福佑毛本誠作誠正義曰按此則神感至誠當為至誠今定本作至誠字之誤也案陸氏尚書音義亦作誠音

咸毛本作誠是也

能致感應之事案感應當作應感此處誤倒

是事父之孝通天也正誤通下補於字案下文作事母之道此作之孝二者必有一誤

此依玉注義也閩本監本毛本玉作王不誤

謂蒸嘗以時浦鏜云蒸當作烝

誠和也監本毛本誠作誠是也

則神祇感其至和 閩本監本祇作衹案衹訓敬與神祇字別

不降福應 閩本監本毛本不作而是也

書曰至誠感神 毛本誠作諴是也

自天祐之 毛本祐作佑案當作祐

當爲至誠 毛本誠作諴是也

享於克誠 石臺本享作亨

光于四海 大戴記曾子大孝云衡之而横於四海小戴記祭義溥之而横於四海庶人章正義横乎四海北史孝行論塞天地横四海則此古本亦必作横鄭氏注樂記號以立横孔子閒居以横於天下並云横充也即爾雅之恍充也書堯典僞孔傳光充孔沖遠正義光充釋言文案戴震云横轉爲桄誤脫爲光又云光被四表古本必有作横被四表者其說甚詳獨未及此經

光于四海 石臺本岳本于作於

是不忘其祖考 閩本監本毛本忘作辱是也

然諫議兼有諸侯大夫 毛本議作諍案諍當作爭

謂與族人讌 閩本監本毛本讌作燕下文並同按燕乃宴之假借字讌俗字

故其詩曰 浦鏜云其當作楚茨

祖廟未許 閩本監本毛本許作毀是也

此依正注也 閩本監本毛本正作王是也

禮防記云 閩本監本毛本防作坊案禮作坊坊乃防之別體廣韻坊下注云見禮卽指此

地曰祇 閩本監本祇誤祗下同

故曰祗也 毛本祗作祇是也

故曰至性如此 浦鏜云故曰當者言二字之誤

光於四海 毛本於作于

疏爲德教流行 石臺本閩本監本毛本疏爲作義取不誤

莫不敬義從化也 石臺本閩本監本毛本敬作服正義云此依鄭注也案鄭注本則作被自石臺本改爲服諸本仍之

以明無所不道 閩本監本毛本道作通是也

詩今文云 浦鏜云今文二字衍文

德教流行 諸本教作化依正誤改

事君章第十七

次應感之後正誤作感應非是

子曰君子之事上也石臺本唐石經宋熙寧石刻岳本閩本監本毛本作君此本誤孝今改正

故上下能相親也唐石經初刻作故上下能相親磨改增也字故此行十一字

而子人下也此本脫子字依閩本監本毛本補

六曰君子之事親孝此本六曰之閒空闕一格非是

不敢作王言也閩本監本毛本作作斥是也

王之職有缺監本毛本缺作闕是也

尚書太誓云閩本監本毛本太作泰案當作大王應麟困學紀聞云泰誓古文作大誓晁氏曰開元閒衞包定今文始作泰

匡正釋詁文也案詁當作言

汝無面從是也閩本監本毛本作面此本誤而今改正

無曰蹔忘也岳本蹔作暫案玉篇云蹔與暫同監本忘誤志

雖復有時離遠閩本監本毛本作遠此本誤違今改正

孝經注疏卷八校勘記

珍倣宋版印

孝經注疏卷第九

喪親章第十八　邢昺注疏

疏正義曰此章首云孝子之喪親也故章中皆論喪親之事喪亡也失也父母之亡沒謂之喪親言孝子亡失其親也故以名章結之於末矣

子曰孝子之喪親也生事已畢死事未見故發此事哭不偯。氣竭而息聲不委曲禮無容觸地無容言不文不爲文飾服美不安不安美飾故服。縗麻聞樂不樂悲哀在心故不樂也食旨不甘旨美也不甘美味故。疏食水飲此哀戚。之情也謂上六句三日而食教民無以死傷生毀不滅。性此聖人之政也不食三日哀毀過情滅性而死皆虧孝道故聖人制禮施教不令至於殞滅喪不過三年示民有終也三年之喪天下達禮使不肖企及賢者俯從夫孝子有終身之憂聖人以三年爲制者使人知有終竟之限也

疏子曰至終也○正義曰此夫子述喪親之義言孝子之喪親哭以氣竭而止不有餘偯之聲舉措進退之禮無趨翔之容有事應言則言不爲文飾服美不以爲安聞樂不以爲樂假食美味不以爲甘此上六事皆哀。感之情也三日而食者聖人設教無以親死多日不食傷及生人雖即毀瘠不令至於殞滅性命此聖人所制喪禮之政也又服喪不過三年示民有終畢之。終也○注生事至此事○正義曰此依鄭注也生事謂上十七章說生事之禮已畢其死事經則未見故又發此章以言也○注氣竭至委曲○正義曰此依鄭注也禮記間傳曰斬衰之哭若往而不反齊衰之哭若往而反大功之哭三曲而偯鄭注云三曲一舉聲而三折也偯聲餘從容也是偯爲聲此注據斬衰而言之是氣竭而後止息。又曰餘委曲也斬衰則不偯故云聲不委曲也○注觸地無容○正義曰此禮記問喪之文也以其悲哀在心故形變於外所以稽顙觸地無容哀之至也○注不

爲文飾○正義曰案喪服四制云三年之喪君不言又云不言而事行者扶而起言而后事行者杖而起鄭玄云扶而起謂天子諸侯也杖而起謂大夫士也今此經云言不文則是謂臣下也雖則有言志在哀感不爲文飾也○注不安至縗麻○正義曰案論語孔子責宰我云食夫稻衣夫錦於汝安乎美飾謂錦繡之類也故禮記問喪云身不安美是也孝子喪親心如斬截爲其不安美飾故聖人制禮令服縗麻當心麄布長六寸廣四寸麻爲首經首經俱以麻爲之縗之言摧也經之言實也孝子服之明其心實摧痛也韋昭引書云成王既崩康王冕服即位既事畢反喪服據此則天子諸侯但位定初喪是皆服美故宜不安也○注悲哀至樂也○正義曰此依鄭注也言至痛中發悲哀在心雖聞樂聲不爲樂也○注旨美至水飲○正義曰旨美經傳常訓也嚴植之曰美食人之所甘孝子不以爲甘故問喪云口不甘味是不甘美味也閒傳曰父母之喪既殯食粥既虞卒哭疏食水飲不食菜果是疏食水飲也韋昭引曲禮云有疾則飲酒食肉是爲食旨故宜不甘也○注不食至殞滅○正義曰經云三日而食毀不滅性注言不食三日即三日不食也云哀毀過情者是毀瘠過度也言三日不食及毀瘠過度因此二者有致危亡皆虧孝行之道禮記問喪云親始死傷腎乾肝焦肺水漿不入口三日又閒傳稱斬衰三日不食此云三日而食者何劉炫言三日之後乃食皆謂滿三日則食也云故聖人制禮施教不令至於殞滅者曲禮云居喪之禮毀瘠不形又曰不勝喪乃比於不慈不孝是也○注三年至限也○正義曰云三年之喪天下達禮者此依鄭注也禮記三年問云夫三年之喪天下之達喪也鄭玄云達謂自天子至於庶人注與彼同唯改喪爲禮耳云使不肖企及賢者俯從者案喪服四制曰此喪之所以三年賢者不得過不肖者不得不及檀弓曰先王制禮也過之者俯而就之不至焉者跂而及之也注引彼二文欲舉中爲節也起踵曰企俛首曰俯云夫孝子有終身之憂聖人以三年爲制者聖人雖以三年爲文其實二十五月而畢故三年問云將由夫脩飾之君子與則三年之喪二十五月而畢若駟之過隙然而遂之則是無窮也故先王焉爲之立中制節壹使足以成文理則釋之矣是也喪

服四制曰始死三日不怠三月不解期悲哀三年憂恩之殺也故孔子云子生三年然後免於父母之懷夫三年之喪天下之達喪也所以喪必三年爲制也

爲之棺椁。衣衾而舉之周尸爲棺周棺爲椁衣謂斂衣衾被也舉謂舉。屍內於棺也陳其簠簋而哀慼之。簠簋祭器也陳奠素器而不見親故哀。感也擗踊。哭泣哀以送之男踊女擗祖載送之卜其宅兆而安措之。宅墓穴也兆塋域也葬事大故卜之爲之宗廟以鬼享。之立廟祔祖之後則以鬼禮享之春秋祭祀以時思之寒暑變移益用增感以時祭祀展其孝思也

疏爲之至思之○正義曰此言送終之禮及三年之後宗廟祭祀之事也言孝子送終須爲棺椁衣衾也大斂之時則用衾而舉尸內於棺中也陳設簠簋之奠而加哀感葬則男踊女擗哭泣哀號以送之親既長依丘壟故卜選宅兆之地而安置之既葬之後則爲宗廟以鬼神之禮享之三年之後感念於親春秋祭祀以時思之也○注周尸至棺也○正義曰云周尸爲棺周棺爲椁者此依鄭注也檀弓稱葬也者藏也藏也者欲人之弗得見也是故衣足以飾身棺周於衣椁周於棺土周於椁注約彼文故言周尸爲棺周棺爲椁也白虎通云棺之言完宜完密也椁之言廓謂開廓不使土侵棺也易繫辭曰古之葬者厚衣之以薪葬之中野不封不樹喪期無數後世聖人易之以棺椁案禮記云有虞氏瓦棺夏后氏堲周殷人棺椁周人牆置翣則虞夏之時棺椁之初也云衣謂斂衣衾被也舉謂舉屍內於棺也者此依孔傳也衣謂襲與大小斂之衣也衾謂單被覆尸薦尸所用從初死至大斂凡三度加衣也一是襲也謂沐尸竟著衣也天子十二稱公九稱諸侯七稱大夫五稱士三稱襲皆有袍袍之上又有衣一通朝祭之服謂之一稱二是小斂之衣也天子至士皆十九稱不復用袍衣皆有絮也三是大斂也天子百二十稱公九十稱諸侯七十稱大夫五十稱士三十稱衣皆禪袷也喪大記云布。紟二衾君大夫士一也鄭玄云二衾者或覆之或薦之是舉屍所用也棺椁之數貴賤不同皇侃據檀弓以天子之棺四重謂水兕。革棺。杝棺一梓棺二最在內者水

牛皮次外兕。牛皮各厚三寸爲一重合厚六寸又有。杝棺厚四寸謂之椑棺言漆之。椑。椑然前三物爲二重合一尺外又有梓棺厚六寸謂之屬棺言連屬內外就前四物爲三重合厚一尺六寸外又有梓棺厚八寸謂之大棺言其最大在衆棺之外就前五物爲四重合厚二尺四寸也上公去水牛皮則三重合厚二尺一寸也侯伯子男又去兕牛皮則二重合厚一尺八寸上大夫又去椑棺一重合厚一尺四寸下大夫亦一重但屬四寸大棺六寸合厚一尺士不重無屬唯大棺六寸庶人即棺四寸案檀弓云。栢。槨以端長六尺又喪大記曰君松槨大夫。栢。槨士雜木槨是也○注簠簋至感也○正義曰簠簋祭器也者周禮舍人職云凡祭祀供簠簋實之陳之是簠簋。爲器也故鄭玄云方曰簠圓曰簋盛黍稷稻。粱器云陳奠素器而不見親故哀感也者下檀弓云奠以素器以生者有哀素之心也又案陳簠簋在衣衾之下哀以送之上舊說以爲大斂祭是不見親故哀感也○注男踊至送之○正義曰案問喪云在牀曰尸在棺曰柩勳尸舉柩哭踊無數惻。怛之心痛疾之意悲哀志懣氣盛故。祖而。踊之婦人不宜袒故發胷擊心爵踊殷殷田田如壞牆然則是女質不宜極踊故以擗言之據此女既有踊則男亦有擗是互文也云祖載送之者案既夕禮柩車遷祖質明設遷祖奠日側徹之乃載鄭注云乃舉柩卻下而載之又云商祝飾柩及陳器訖乃祖注云還柩鄉外爲行始又檀弓云曾子弔於負夏主人既祖鄭云祖謂移柩車去載處爲行始然則祖始也以生人將行而飲酒曰祖故柩車既載而設奠謂之祖奠是祖載送之之義也○注宅墓至卜之○正義曰云宅墓穴也兆塋域也者此依孔傳也案士喪禮筮宅鄭云宅葬居也詩云臨其穴惴惴其慄鄭云穴謂冢壙中也故云宅墓穴也案周禮。冢人掌公墓之地辨其兆域則兆是塋域也云葬事大故卜之者此依鄭注也孔安國云恐其下有伏石涌水泉復爲市朝之地故卜之是也○注立廟至享之○正義曰立廟者即禮記祭法天子至士皆有宗廟云王立七廟曰考廟曰王考廟曰皇考廟曰顯考廟曰祖考廟皆月祭之遠廟爲祧有二祧享嘗乃止諸侯。五廟曰考廟曰王考廟曰皇考廟皆月祭之顯考廟祖考廟享嘗乃止大夫立三廟曰考廟曰王考廟曰皇考廟享嘗乃止適士二廟曰考廟曰王考廟享嘗乃止官師一廟曰考廟庶人無廟斯則立宗廟者爲能終於事親也舊解云宗尊也廟貌也言祭宗廟見先祖之尊貌也故祭義曰祭之日入室僾然必有見乎其位周還出戶愾然必有聞乎其歎息之聲是也祔祖謂以亡者之神祔之於祖也檀弓曰卒哭曰成事是日也以吉祭易喪祭明日祔祖父則是卒哭之明日而祔未卒哭之前皆喪祭也既祔之後則以鬼禮享之然宗廟謂士以上則春秋祭祀兼於庶人也○注寒暑至思也○正義曰案祭義云霜露既降君子履之必有悽愴之心非其寒之謂也春雨露既濡君子履之必有怵惕之心如將見之是也

生事愛敬死事哀慼。生民之本盡矣死生之義備矣孝子之事親終矣愛敬哀慼。孝行之始終也備陳死生之義以盡孝子之情

疏 生事至終矣○正義曰此合結生死之義言親生則孝子事之盡於愛敬親死則孝子事之盡於哀感生民之宗本盡矣死之義理備矣孝子之事親終矣言十八章具載有此義○注愛敬至之情○正義曰云愛敬哀感孝行之終始也者愛敬是孝行之始也哀感是孝行之終也云備陳死生之義以盡孝子之情者言孝子之情無所不盡也

孝經注疏卷第九

孝經注疏卷九校勘記　阮元撰盧宣旬摘錄

孝經注疏卷第九

喪親章第十八

故發此事石臺本岳本事作章案正義曰說生事之禮已畢其死事經則未見故又發此章以言也此本作事非

哭不偯釋文云偯俗作哀非說文作悠云痛聲也音同案臧鏞堂云說文無偯字哀從口衣聲依從人衣聲依偯聲形皆相近故誤陸氏本作依故云說文作悠音同又云俗作偯非以偯爲依之俗寫也今依既誤偯因改偯爲哀然必不當有作哭不哀者是可證哀爲偯之改偯爲依之譌矣

故服縗麻釋文云縗字或作衰岳本同此正義本則作縗按縗正字衰假借字

故蔬食水飲石臺本岳本閩本監本蔬作疏

此哀戚之情也石臺本宋熙寧石刻岳本鄭注本戚作慼唐石經此處刓闕證以下文而哀慼之死事哀慼皆作慼則此可知矣案說文作慽从心戚聲戚假借字慼俗字

毀不滅性石臺本唐石經宋熙寧石刻岳本閩本監本毛本作滅此本誤減今改正注同

皆哀慼之情也監本毛本慼改戚

示民有終畢之終也閩本監本毛本下終作限不誤

又曰大功之哭 閩本監本毛本作又此本誤文今改正

又云不言而事行者 閩本監本毛本事行誤倒

當心麤布長六寸 監本毛本心作以麄作麤是也正義當上補縗字是也

麻爲腰絰首絰 閩本絰誤經下同正誤云爲當謂字誤是也

但位定初喪 閩本監本毛本作定位是也

傷腎乾肝焦肺 閩本監本毛本賢作腎是也

將申天脩飾之君子與 閩本監本毛本申天作由夫是也

天下之達喪也 案今本論語作通

爲之棺椁衣衾而舉之 鄭注本作槨此正義本則作椁按椁正字槨俗字

舉謂舉屍內於棺也 岳本屍作尸按屍正字經傳多作尸同音假借也

而哀感之 岳本感作戚注同

擗踊哭泣 石臺本踊作踴注同李善注文選宋孝武宣貴妃誄引孝經曰擗踴哭泣

卜其宅兆而安措之 鄭注本作厝按儀禮士喪禮注孝經曰卜其宅兆而安厝之此正義本則作措字厝措義別而古多通用

爲之宗廟以鬼享之釋文云享又作饗之石臺本作亯注同

布給二衾監本毛本給作紟是也

謂水兕革棺閩本監本毛本作革此本誤黃今改正

杝棺一閩本監本毛本作杝此本誤地今改正下同

次外兕生皮正誤生作牛是也

言漆之椑椑然監本毛本作甓甓

栢槨以端長六尺毛本作柏椁與檀弓合下同

是簠簋爲器也正誤爲下補祭字

盛黍稷稻粱監本毛本粱作粱是也

惻怛之心閩本監本毛本作怛此本誤怚今改正

故祖而誦之閩本監本毛本祖作袓誦作踊是也

周禮家人閩本監本毛本家作冢是也

諸侯五廟正誤五上補立字是也

周還出戶 正誤云下脫肅然必有聞乎其容聲出戶而聽十三字

明日祔祖父 正誤祔下補於字

如將見之是之 閩本監本毛本下之作也

死事哀慼 岳毛慼作戚注同

死之義理備矣 正誤之上補生字是也

孝行之終始也者 案當作始終

孝經注疏卷九校勘記

論語注疏

四部備要

經部

上海中華書局據阮刻本

校刊

桐鄉 陸費逵 總勘

杭縣 高時顯 吳汝霖 輯校

杭縣 丁輔之 監造

欽定四庫全書總目論語正義二十卷

魏何晏注宋邢昺疏昺字叔明曹州濟陰人太平興國中擢九經及第官至禮部尚書事蹟具宋史本傳是書蓋咸平二年詔昺改定舊疏頒列學官至今承用而傳刻頗譌集解所引十三家今本各題曰某氏皇侃義疏則均題其名案奏進序中稱集諸家之善記其姓名侃疏亦曰何集注皆呼人名惟包獨言氏者包名咸何家諱咸故不言也與序文合知今本爲後來刊版之省文然周氏與周生烈遂不可分殊不如皇本之有別考邢昺疏中亦載皇侃何氏諱咸之語其疏記其姓名句則云注但記其姓而此連言名者以著其姓所以名其人非謂名字之名也是昺所見之本已惟題姓故有是曲說七經孟子考文稱其國皇侃義疏本爲唐代所傳是亦一證矣其文與皇侃所載亦異同不一大抵互有短長如學而篇不患人之不己知章皇疏有王肅注一條里仁篇君子之於天下也章皇疏有何晏注一條今本皆無觀顧炎武石經考以石經儀禮校監版或併經文

全節漏落則今本集解傳刻佚脱蓋所不免然蔡邕石經論語於而在蕭牆之内句兩本並存見於隸釋陸德明經典釋文於諸本同異亦皆並存蓋唐以前經師授受各守專門雖經文亦不能畫一無論注文固不必以此改彼亦不必以彼改此今仍從今本錄之所以各存其舊也⿱曰勿疏宋志作十卷今本二十卷蓋後人依論語篇第析之晁公武讀書志稱其亦因皇侃所採諸儒之説刊定而成今觀其書大抵翦皇氏之枝蔓而稍傳以義理漢學宋學茲其轉關是疏出而皇疏微迨伊洛之説出而是疏又微故中興書目曰其書於章句訓詁名物之際詳矣蓋微言其未造精微也然先有是疏而後講學諸儒得沿溯以窺其奧祭先河而後海亦何可以後來居上遂盡廢其功乎

論語注疏校勘記序

春秋易大傳聖人自作之文也論語門弟子所以記載聖言之文也凡記言之書未有不宗之者也魯齊古本異同今不可詳今所習者則何晏本也臣元於論語注疏舊有校本且有箋識又屬仁和生員孫同元推而廣之於經注疏釋文皆據善本雖其同異暇輒親訂成書以詒學者云爾阮元記

引據各本目錄

漢石經十卷據洪适隸釋所載石刻殘字

唐石經十卷唐開成時石刻本

宋石經宋紹興時石刻本

皇侃義疏十卷日本寬延庚午根伯脩遜志校刻每葉十八行每行二十字前有彼國人平安服元喬敘

高麗本據海寧陳鱣論語古訓本所引

十行本二十卷每葉二十行每行二十三字上邊書字數下邊書刻工姓名中有一葉下邊書泰定四年年號知其書雖爲宋刻元明遞有脩補又元徵宏桓慎殷樹匡敦讓貞徵崩完恆等字字外並加一墨圈書中誤字雖多然其勝於各本之處亦復不少

閩本二十卷明嘉靖間閩中御史李元陽校刊每葉十八行每行二十一字下邊書刻工姓名間有書字數者當出於脩補之手雖有訂正十行本之處然亦有不及十行本之善

北監本明神廟間北國子監所刊行數字數與閩本同上邊書萬曆十四年刊六字字體惡劣誤字亦多

毛本明崇禎間汲古閣毛子晉校刊行數字數亦與閩本同下邊大書汲古閣三字雖校正付刊誤字少於北監本然較之十行本其善處遠不可及矣

論語注疏解經序

翰林侍講學士朝請大夫守國子祭酒上柱國賜紫金魚袋臣邢昺等奉勅校定

序解

疏正義曰案漢書藝文志云論語者孔子應荅弟子時人及弟子相與言而接聞於夫子之語也當時弟子各有所記夫子既卒門人相與輯而論纂故謂之論語然則夫子既終微言已絕弟子恐離居已後各生異見而聖言永滅故相與論撰因采時賢及古明王之語合成一法謂之論語也鄭玄云仲弓子游子夏等撰定論者綸也輪也理也次也撰也以此書可以經綸世務故曰綸也圓轉無窮故曰輪也蘊含萬理故曰理也篇章有序故曰次也羣賢集定故曰撰也鄭玄周禮注云荅述曰語以此書所載皆仲尼應荅弟子及時人之辭故曰語而在論下者必經論撰然後載之以示非妄謬也以其口相傳授故經焚書而獨存也漢興傳者則有三家魯論語者魯人所傳即今所行篇次是也常山都尉龔奮長信少府夏侯勝丞相韋賢及子玄成魯扶卿太子太傅夏侯建前將軍蕭望之並傳之各自名家齊論者齊人所傳別有問王知道二篇凡二十一篇其二十篇中章句頗多於魯論昌邑中尉王吉少府朱畸琅邪王卿御史大夫貢禹尚書令五鹿充宗膠東庸生並傳之唯王吉名家古論語者出自孔氏壁中凡二十一篇有兩子張篇次不與齊魯論同孔安國爲傳後漢馬融亦注之安昌侯張禹受魯論于夏侯建又從庸生王吉受齊論擇善而從號曰張侯論最後而行於漢世禹以論授成帝後漢包咸周氏並爲章句列於學官鄭玄就魯論張包周之篇章考之齊古爲之注焉魏吏部尚書何晏集孔安國包咸周氏馬融鄭玄陳羣王肅周生烈之説并下己意爲集解正始中上之盛

行於世今以為主焉序者何晏次序傳授訓說之人乃己集解之意序為論語而作故曰論語序

敘曰漢中壘校尉劉向言魯論語二十篇皆孔子弟子記諸善言也大子大傅夏侯勝前將軍蕭望之丞相韋賢及子玄成等傳之

疏敘曰至傳之○正義曰此敘魯論之作及傳授之人也敘與序音義同曰者發語辭也案漢書百官公卿表云中壘校尉掌北軍壘門內外掌西域顏師古曰掌北軍壘門之內而又外掌西域劉向者高祖少弟楚元王之後辟彊之孫德之子字子政本名更生成帝即位更名向數上疏言得失以向為中壘校尉向為人簡易專精思於經術成帝詔校經傳諸子詩賦每一書已尚輒條其篇目撮其指意錄而奏之著別錄新序此言魯論語二十篇皆孔子弟子記諸善言也蓋出於彼故何晏引之對文則直言曰言荅述曰語散則言語可通故此論夫子之語而謂之善言也表又云太子太傅古官秩二千石傳云夏侯勝字長公東平人少好學為學精熟善說禮服徵為博士宣帝立太后省政勝以尚書授太后遷長信少府坐議廟樂事下獄繫再更冬會赦出為諫大夫上知勝素直復為長信少府遷太子太傅受詔撰尚書論語說賜黃金百斤年九十卒官賜冢塋葬平陵太后賜錢三百萬為勝素服五日以報師傅之恩儒者以為榮始勝每講授常謂諸生曰士病不明經術經術苟明其取青紫如俛拾地芥耳學經不明不如歸耕表又云前後左右將軍皆周末官秦因之位上卿金印紫綬漢不常置或有前後或有左右皆掌兵及四夷傳云蕭望之字長倩東海蘭陵人也好學齊詩事同縣后倉又從夏侯勝問論語禮服以射策甲科為郎累遷諫大夫後代丙吉為御史大夫左遷為太子太傅及宣帝寢疾選大臣可屬者引至禁中拜望之為前將軍元帝即位為弘恭石顯等所害飲鴆自殺天子聞之驚拊手為之卻食涕泣哀慟左右長子伋嗣為關內侯表又云相國丞相皆秦官金印紫綬掌丞天子助理萬機應劭曰丞承也相助也秦有左右高帝即位置一丞相十一年更名相國綠綬孝惠高

后置左右丞相文帝。二年。一丞相哀帝元壽二年更名大司徒傳曰韋賢字長孺魯國鄒人也賢爲人質朴少欲篤志於學兼通禮尚書以詩教授號稱鄒魯大儒徵爲博士給事中進授昭帝。詩稍遷光祿大夫及宣帝卽位以先帝師甚見尊重本始三年代蔡義爲丞相封扶陽侯年七十餘爲相五歲地節三年以老病乞骸骨賜黄金百斤罷歸加賜第一區丞相致仕自賢始年八十二薨謚曰節侯少子玄成字少翁復以明經歷位至丞相鄒魯諺曰遺子黄金滿籯不如一經玄成爲相七年建昭三年薨謚曰共侯此四人皆傳魯論語

齊論語二十二篇其二十篇中章句頗多於魯論瑯。邪。王卿及膠東庸生昌邑中尉王吉皆以教授。

【疏】齊論至教授○正義曰此敘齊論語之與及傳授之人也齊論語凡二十二篇其二十篇篇名與魯論正同其篇中章句則頗多於魯論篇者積章而成篇。偏也言出情鋪事明而偏者也積句以成章章者明也總義包體所以明情者也句必聯字而言句者。扃也聯字分疆所以扃言者也瑯邪膠東郡國名王卿天漢元年由濟南太守爲御史大夫庸生名譚生蓋古謂有德者也昌邑中尉者表云諸侯王高帝初置金璽盭綬掌治其國有太傅輔王內史治國民中尉掌武職丞相統衆官景帝中五年改丞相曰相成帝。綏和元年省內史更。名相治民如郡太守中尉如郡都尉傳云王吉字子陽瑯邪皋虞人也少好學明經以郡吏舉孝廉爲郎補若盧右丞遷。熒陽令舉賢良爲昌邑中尉此三人皆以齊論語教授於人也

故有魯論有齊論

【疏】故有魯論有齊論○正義曰既敘魯論齊論之作及傳述之人乃以此言結之也

魯共。王時嘗欲以孔子宅爲宮壞得古文論語

【疏】魯共至論語○正義曰此敘得古論之所由也嘗曾也壞毀也言魯共王時曾欲以孔子宅爲宮乃毀之於壁中故得此古文論語也傳曰魯共王餘景帝子程姬所生以孝景前二年立爲淮陽王前三年徙王魯二十八年薨謚曰共王初好治宮室壞孔子舊宅以廣其宮聞。鍾磬琴瑟之。音遂不敢復壞於其壁中得古文經傳卽謂此論語及孝

經爲傳也故漢武帝謂東方朔云傳曰時然後言人不厭其言又成帝賜翟方進策書云傳曰高而不危所以長守貴也是漢世通謂論語孝經爲傳以論語孝經非先王之書是孔子所傳說故謂之傳所以異於先王之書也言古文者科斗書也所謂倉頡本體周所用之以今所不識是古人所爲故名古文形多頭。麤尾細狀復團圓似水蟲之科斗故曰科斗也

齊論有問王知道多於魯論二篇古論亦無此二篇分堯曰下章子張問以爲一篇有兩子張凡二十一篇篇次不與齊魯論同【疏】齊論至魯論同○正義曰此辨三論篇章之異也齊論有問王知道多於魯論二篇所謂齊論語二十二篇也古論亦無此問王知道二篇非但魯論無之古論亦無也古論亦無此二篇而分堯曰下章子張問以爲一篇有兩子張凡二十一篇如淳曰分堯曰篇後子張問何如可以從政以下爲一篇名曰從政其篇次又不與齊魯論同新論云文異者四百餘字

安昌侯張禹本受魯論兼講齊說善者從之號曰張侯論爲世所貴。包。氏周氏章句出焉【疏】安昌侯至出焉○正義曰此言張禹擇齊魯論之善者從之爲世所重包周二氏爲章句訓說此張侯論語也傳曰張禹字子文河內軹人也從沛郡施讎受易王陽庸生問論語既皆明習舉爲郡文學久之試爲博士初元中立皇太子令禹授太子論語由是遷光祿大夫數歲出爲東平內史成帝即位徵禹以師賜爵關內侯給事中領尚書事河平四年代王商爲丞相封安昌侯爲相六歲乞骸就第建平二年薨謚曰節侯禹本受魯論於夏侯建又從庸生王吉受齊論故兼講齊說也傳又云始魯扶卿及夏侯勝王陽蕭望之韋玄成皆說論語篇第或異禹先事王陽後從庸生采獲所安最後出而尊貴諸儒爲之語曰欲不爲論念張文由是學者多從張氏餘家寖微是其善者從之號曰張侯論爲世所貴之事後漢儒林傳云包咸字子良會稽曲阿人也少爲諸生昌魯詩論語舉孝廉除郎中建武中入授皇太子論語又爲其章句拜諫議大夫永平五年遷

大鴻臚周氏不詳何人章句者訓解科段之名包氏周氏就張侯論爲之章句訓解以出其義理焉不言名而言氏者蓋爲章句之時義在謙退不欲顯題其名但欲傳之私族故直云氏而已若杜元凱集解春秋謂之杜氏也或曰以何氏諱咸故沒其名但言包氏連言周氏耳

古論唯博士孔安國爲之訓解。而世不傳至順帝時。南郡太守馬融亦爲之。訓説

疏 古論至訓説○正義曰此敍訓説古文論語之人也史記世家安國孔子十一世孫爲武帝博士時魯共王壞孔子舊宅壁中得古文虞夏商周之書及傳論語孝經悉還孔氏故安國承詔作書傳又作古文孝經傳亦作論語訓解釋詁云訓道也然則道其義釋其理謂之訓解以傳述言之曰傳以釋理言之曰訓解其實一也以武帝末年遭巫蠱事經籍道息故世不傳自此安國之後至後漢順帝時有南郡太守馬融亦爲古文論語訓説案後漢紀孝順皇帝諱保安帝之子也地理志云南郡秦置高帝元年更爲臨江郡五年復故景帝二年復爲臨江郡中二年復故屬荆州表云郡守秦官掌治其郡秩二千石景帝中二年更名太守傳云馬融字季長扶風茂陵人也爲人美辭貌有俊才博通經籍永初中爲校書郎陽嘉二年拜議郎梁商表爲從事中郎轉武都太守三遷爲南郡太守注孝經論語詩易尚書三禮年八十八。延壽九年卒於家

漢末大司農鄭玄就魯論篇章考之齊古爲之註。

疏 漢末至之註○正義曰言鄭玄亦爲論語之注也鄭玄字康成北海高密縣人師事馬融大司農徵不起居家教授當後漢桓靈時故云漢末注易尚書三禮論語尚書大傳五經緯候箋毛詩作毛詩譜。破許慎五經異義針何休左氏膏肓發公羊墨守起穀梁廢疾可謂大儒作注之時就魯論篇章謂二十篇也復考校之以齊論古論擇其善者而爲之註註與注音義同

近故司空陳羣太常王肅博士周生烈皆爲。義説

疏 近故至義説○正義曰此敍魏時注説論語之人也年。世未遠人已歿故是近故也司空古官三公也表云奉常秦官掌宗廟禮儀景帝中六年更名太常博士秦

官掌通古今魏志云陳羣字長文潁川許昌人也太祖辟羣爲司空西。曹屬文帝卽位遷尚書僕射明帝卽位進封潁陰侯頃之爲司空青龍四年薨王肅字子邕東海蘭陵人魏衛將軍太常蘭陵景侯甘露元年薨注尚書禮喪服論語孔子家語述毛詩注作聖證論難鄭玄周生烈燉煌人七錄云字文。逸本姓唐魏博士侍中此二人皆爲論語義說謂作注而說其義故云義說

前世傳授。師說雖有異同不爲。訓解中間爲之訓解至于今多矣所見不同互有得失【疏】前世至得失〇正義曰將作論語集解故須言先儒有得失不同之說也據今而道往古謂之前世上教下曰傳下承上曰受謂張禹以上至夏侯勝以來但師資誦說而已雖說有異者同者皆不著篇簡以爲傳注訓解中間爲之訓解謂自古至今中間包氏周氏等爲此論語訓解有二十餘家故云至于今多矣以其趣舍各異故得失互有也

今集諸家之善。記其姓名有不安者頗爲改易名曰論語集解【疏】今集至集解〇正義曰此敘集解之體例也今謂何晏時諸家謂孔安國包咸周氏馬融鄭玄陳羣王肅周生烈也集此諸家所說善者而存之示無勦說故各記其姓名注言包曰馬曰之類是也注但記其姓而此連言名者以著其姓所以名其人非謂名字之名也有不安者謂諸家之說於義有不安者也頗爲改易者言諸家之善則存而不改其不善者頗多爲改易之注首不言包曰馬曰及諸家說下言一曰者皆是何氏自下已言改易先儒者也名曰論語集解者何氏注解既畢乃自題之也杜氏注春秋左氏傳謂之集解者謂聚集經傳爲之作解也此乃聚集諸家義理以解論語言同而意異也

光祿大夫關內侯臣孫邕光祿大夫臣鄭沖散騎常侍中領軍安鄉亭侯臣曹羲侍中臣荀顗尚書駙馬都尉關內侯臣何晏等上【疏】光祿至等上〇正義曰此敘同集解之人也表云大夫掌論議有太中大夫中大夫諫大夫皆無員多至數十人太初元年更

名中大夫爲光祿大夫秩比二千石無印綬爵級十九曰關内侯顔師古曰言有侯號而居京畿無國邑孫邕字宗儒樂安青州人也晉書鄭冲字文和。滎陽開封人也起自寒微卓爾立操魏文帝爲太子命爲文學累遷尚書郎出補陳留太守曹爽引爲從事中郎轉散騎常侍光祿勳表又云侍中散騎中常侍皆加官應劭曰入侍天子故曰侍中晉灼曰魏文帝合散騎中常侍爲散騎常侍也又曰所加或列侯將軍卿大夫將都尉尚書太醫太宫令至郎中。亡員多至數十人如淳曰將謂。都郎將以下也自列侯下至郎中皆得有散騎及中常侍也又曰侍中中常侍得入禁中散。騎並乘輿車顔師古曰並音步浪反騎而散從無常職也此言中領軍者表無文安鄉亭侯者不在爵級二十之數蓋漢末及魏置亭侯列侯之倫也曹羲沛國譙人魏宗室曹爽之弟荀顗字景倩荀。或之子詵之弟也咸熙中爲司空表又云少府秦官屬官有尚書成帝建始四年初置尚書員五人駙馬都尉掌駙馬武帝初置秩比二千石顔師古曰駙副也非正駕車皆爲副馬一曰駙近也疾也何晏字平叔南陽宛人也何進之孫咸之子曹爽秉政以晏爲尚書又尚公主著述凡數十篇正始中此五人共上此論語集解也

論語注疏解經序

論語注疏解經卷第一。

學而第一　何晏集解　邢昺疏

【疏】正義曰自此至堯曰是魯論語二十篇之名及第次也當弟子論撰之時以論語爲此書之大名學而以下爲當篇之小目其篇中所載各記舊聞意及則言不爲義例或亦以類相從此篇論君子孝弟仁人忠信道國之法主友之規聞政在乎行德。由禮貴於用和無求安飽以好學能自切磋而樂道皆人行之大者故爲諸篇之先既以學爲章首遂以名篇言人必須學也爲政以下諸篇所次先儒不無意焉當篇各言其指此不煩說第。順次也一數之始也言此篇於次當一也

子曰學而時習之不亦說乎。馬。曰子者男子之通稱。謂孔子也王。曰時者學者以時誦習。誦習以時學無廢業所以爲說懌。

有朋自遠方來不亦樂乎。包。曰同門曰朋

人不知而不慍不亦君子乎慍怒也凡人有所不知君子不慍。

【疏】子曰學而至君子乎○正義曰此章勸人學爲君子也子者古人稱師曰子子男子之通稱此言子者謂孔子也曰者說文云詞也從口乙聲亦象口氣出也然則曰者發語詞也以此下是孔子之語故以子曰冠之或言孔子曰者以記非一人各以意載無義例也白虎通云學者覺也覺悟所未知也孔子曰學者而能以時誦習其經業使無廢落不亦說懌乎學業稍成能招朋友有同門之朋從遠方而來與己講習不亦樂乎既有成德凡人不知而不怒之不亦君子乎言誠君子也君子之行非一此其一行耳故云亦也○注馬曰子者至說懌○正義曰云子者男子之通稱者經傳凡敵者相謂皆言吾子或直言子稱師亦曰子是子者男子有德之通稱也云謂孔子者嫌爲他師故辨之公羊傳曰子沈子曰何休云沈子稱子冠氏上者著其爲師也不但言子曰者

辟孔子也其不冠子者他師也然則書傳直言子曰者皆指孔子以其聖德著聞師範來世不須言其氏人盡知之故也若其他傳受師說後人稱其先師之言則以子冠氏上所以明其爲師也子公羊子子沈子子之類是也若非己師而稱他有德者則不以子冠氏上直言某子若高子孟子之類是也云時者學者以時誦習之者皇氏以爲凡學有三時一身中時學記云發然後禁則扞格而不勝時過然後學則勤苦而難成故內則云十年出就外傳居宿於外學書計十有三年學樂誦詩舞勺十五成童舞象是也二年中時王制云春秋教以禮樂冬夏教以詩書鄭玄云春夏陽也詩樂者聲聲亦陽也秋冬陰也書禮者事事亦陰也互言之者皆以其術相成又文王世子云春誦夏弦秋學禮冬讀書鄭玄云誦謂歌樂也弦謂以絲播時陽用事則學之以聲陰用事則學之以事因時順氣於功易也三日中時學記云故君子之於學也藏焉脩焉息焉遊焉是日日所習也言學者以此時誦習所學篇簡之文及禮樂之容日知其所亡月無忘其所能所以爲說懌也譙周云悅深而樂淺也一曰在內曰說在外曰樂言亦者凡外境適心則人心說樂可說可樂之事其類一非一此學而時習有朋自遠方來亦說樂之事耳故云亦猶易云亦可醜也亦可喜也○注包曰同門曰朋○正義曰鄭玄注大司徒云同師曰朋同志曰友然則同門者同在師門以授學者也朋朋即羣黨之謂故子夏曰吾離羣而索居鄭玄注云羣謂同門朋友也此言有朋自遠方來者即學記云三年視敬業樂羣也同志謂同其心意所趣鄉也朋疏而友親朋來既樂友即可知故略不言也○注愠怒至不怒○正義曰云凡人有所不知君子不怒者其說有二一云古之學者爲己已得先王之道含章內映而他人不見不知而我不怒也一云君子易事不求備於一人故爲教誨之道若有人鈍根不能知解者君子恕之而不愠怒也

有子曰孔子弟子有若其爲人也孝弟而好犯上者鮮矣鮮少也上謂凡在己上者言孝弟之人必恭順好欲犯其上者少也不好犯上而好作亂者未之有也君子務本本立而道生本基也基立而後可大成孝弟

也者其爲仁之本與。先能事父兄然後仁道可大成。疏有子曰至本與○正義曰此章言孝弟之行也弟子有若曰其爲人也孝於父母順於兄長而好陵犯凡在己上者少矣言孝弟之人性必恭順故好欲犯其上者少也既不好犯上而好欲作亂爲悖逆之行者必無故云未之有也是故君子務脩孝弟以爲道之基本基本既立而後道德生焉恐人未知其本何謂故又言孝弟也者其爲仁之本歟禮尚謙退不敢質言故云與也○注孔子弟子有若○正義曰史記弟子傳云有若少孔子四十三歲鄭玄曰魯人○注鮮少也○正義曰釋詁云鮮罕也故得爲少皇氏熊氏以爲上謂君親犯謂犯顏諫爭今案注云上謂凡在己上者則皇氏熊氏違背注意其義恐非也

子曰巧言令色鮮矣。仁包曰巧言好其言語令色善其顏色皆欲令人說之少能有仁也疏子曰巧言令色鮮矣仁○正義曰此章論仁者必直言正色其若巧好其言語令善其顏色欲令人說愛之者少能有仁也

曾子曰馬曰弟子曾參吾日三省吾身爲人謀而不忠乎與朋友交。而不信乎傳。不習乎言凡所傳之事得無素不講習而傳之。疏曾子曰至習乎○正義曰此章論曾子省身慎行之事。弟子曾參嘗曰吾每日三自省察己身爲人謀事而得無不盡忠心乎與朋友結交而得無不誠信乎凡所傳授之事得無素不講習而妄傳乎以。謀貴盡忠朋友主信傳惡穿鑿故曾子省慎之○注馬曰弟子曾參○正義曰史記弟子傳云曾參南武城人字子輿少孔子四十六歲孔子以爲能通孝道故授之業作孝經死於魯

子曰道。千乘之國馬曰道謂爲之政教司馬法。六尺爲步步百爲畝畝百爲夫夫三爲屋屋三爲井井十爲通通十爲。成。成出革車一乘然則千乘之賦其地千成居地方三百一十六里有。畸唯公侯之封乃能容之雖大。國。之賦亦不是過焉○包曰道治也千乘之國者百里之國也古者井田方里爲井。十。井爲乘百里之國適千乘也。融依周禮包。依王制孟子義疑故兩存焉敬。事而信包曰爲國者舉事必敬慎與民必誠信節用而愛人包曰節用

不奢侈國以民爲本故愛養之使民以時包曰作。使民必以其時不妨奪農務

疏子曰道至以時○正義曰此章論治大國之法也馬融以爲道謂爲之政教千乘之國謂公侯之國方五百里四百里者也言爲政教以治公侯之國者舉事必敬愼與民必誠信省節財用不奢侈而愛養人民以爲國本作事使民必以其時不妨奪農務此其爲政治國之要也包氏以爲道治也千乘之國百里之國也夏即公侯殷周惟上公也餘同○注馬曰道至存焉○正義曰以下篇子曰道之以政故云道謂爲之政教史記齊景公時有司馬田穰苴善用兵周禮司馬掌征伐六國時齊威王使大夫追論古者兵法附穰苴於其中凡一百五十篇號曰司馬法此六尺曰步至成出革車一乘皆彼文也引之者以證千乘之國爲公侯之大國也云然則千乘之賦其地千成者以成出一乘千乘故千成云居地方三百一十六里有畸者以方百里者一爲方十里者百方三百里者三三而九則爲方百里者九合成方十里者九百得九百乘也計千乘猶少百乘方百里者一也。又以此方百里者一六分破之每分得廣十六里長百里引而接之則長六百里廣十六里也半折之各長三百里將埤前三百里南西兩邊是方三百里一十六里也然西南角猶缺方十六里者一也方十六里者一爲方一里者二百五十六然𨚗割方百里者爲六分餘方一里者四百今以方一里者二百五十六埤西南角猶餘方一里者一百四十四又復破而埤三百一十六里兩邊則每邊不復得半里故云三百一十六里有畸也云唯公侯之封乃能容之者案周禮大司徒云諸公之地封疆方五百里諸侯之地封疆方四百里諸伯之地封疆方三百里諸子之地封疆方二百里諸男之地封疆方百里此千乘之國居地方三百。一十六里有畸伯子男自方三百而下則莫能容之故云唯公侯之封乃能容之云雖大國之賦亦不是過焉者坊記云制國不過千乘然則地雖廣大以千乘爲限故云雖大國之賦亦不是過焉司馬法兵車一乘甲士三人步卒七十二人計千乘有七萬五千人則是六軍矣周禮大司馬序官凡制軍萬有二千五百人爲軍王六軍大國三軍次國二軍小國一軍魯頌閟宮云公車千乘明堂位云封周公於曲阜地方七

百里革車千乘及坊記與此文皆與周禮不合者禮天子六軍出自六鄉萬二千五百家爲鄉萬二千五百人爲軍地官小司徒云凡起徒役無過家一人是家出一人鄉爲一軍此則出軍之常也天子六軍既出六鄉則諸侯三軍出自三鄉閟宫云公徒三萬者謂鄉之所出非千乘之衆也千乘者自謂計地出兵非彼三軍之車也二者不同故數不相合所以必有二法者聖王治國安不忘危故今所在皆有出軍之制若從王伯之命則依國之大小出三軍二軍一軍也若其前敵不服用兵未已則盡其境內皆使從軍故復有此計地出軍之法但鄉之出軍是正故家出一人計地所出則非常故成出一車以其非常故優之也包曰道治也者以治國之法不惟政教而已下。云道之以德謂道德故易之但云道治也云千乘之國百里之國也者謂夏之公侯殷之周上公之國也云古者井田方里爲井者孟子云方里而井井九百畝是也云十井爲乘百里之國適千乘也者此包以古之大國不過百里以百里賦千乘故計之每十井爲一乘是方一里者十爲一乘則方一里者百爲十乘開方之法方百里者一爲方十里者百每方十里者一乘爲方一里者百其賦十乘方十里者百則其賦千乘地與乘數適相當故曰適千乘也云融依周禮包依王制孟子者馬融依周禮大司徒文以爲諸公之地方五百里侯四百里以下也包氏依王制云凡四海之內九州州方千里州建百里之國三十七十里之國六十五十里。國百有二十凡二百一十國也又孟子云天子之制地方千里公侯之制皆方百里伯七十里子男五十里包氏據此以爲大國不過百里不信周禮有方五百里四百里之封也馬氏言名包氏不言名者包氏避其父名也云義疑故兩存焉者以周禮者周公致太平之書爲一代大典王制者漢文帝令博士所作孟子者鄒人也名軻師孔子之孫子思治儒術之道著書七篇亦命世亞聖之大才也今馬氏包氏各以爲據難以質其是非莫敢去取於義有疑故兩存其說也○包曰作使至農務○正義曰云作使民必以其時者謂築都邑城郭也以都邑者人之聚也國家之藩衞百姓之保。障不固則敗不脩則壞故雖不臨寇必於農隙備其守禦無妨農務春秋莊二十九年左氏傳曰凡土功龍見而畢務戒事也注云謂今九月周十一月龍星角亢晨見東方三務始畢戒民以土功事火見而致用注云大火心星次角亢見者致築作之物水昏正而栽注云謂今十月定星昏而中於是樹板。幹而興作日至而畢注云日南至微陽始動故土功息若其門戶道橋城郭牆。塹有所損壞則特隨壞時脩之故僖二十年左傳曰凡啓塞從時是也王制云用民之力歲不過三日周禮均人職云凡均力政以歲上下豐年則公旬用三日中年則公旬用二日無年則公旬用一日焉是皆重民之力而不妨奪農務也

子曰弟子入則孝出則悌。謹而信汎愛衆而親仁行有餘力則以學文馬曰文者古之遺文。

【疏】子曰弟子至學文○正義曰此章明人以德爲本學爲末男子後生爲弟言爲人弟與子者入事父兄則當孝與弟也出事公卿則當忠與順也弟順也入不言弟出不言忠者互文可知也下孔子云出則事公卿入則事父兄孝經云事父孝故忠可移於君事兄弟故順可移於長是也謹而信者理兼出入言恭謹而誠信也汎愛衆者汎者寬博之語君子尊賢而容衆。或博愛衆人也而親仁者有仁德者則親而友之能行已上諸事仍有閑暇餘力則可以學先王之遺文若徒學其文而不能行上事則爲言非行僞也注言古之遺文者則詩書禮樂易春秋六經是也

子夏曰賢賢易色孔曰子夏弟子卜商也言以好色之心好賢則善事父母能竭其力事君能致其身孔曰盡忠節不愛其身與朋友交言而有信雖曰未學吾必謂之學矣

【疏】子夏曰至學矣○正義曰此章論生知美行之事賢賢易色者上賢謂好尚之也下賢謂有德之人易改也色女人也女有姿色男子悅之故經傳之文通謂女人爲色人多好色不好賢者能改易好色之心以好賢則善矣故曰賢賢易色也事父母能竭其力者謂小孝也言爲子事父雖未能不匱但竭盡其力服其勤勞也事君能致其身者言爲臣事君雖未能將順其美匡救其惡但致盡忠節不愛其身若童。汪。踦也與朋友交言而有信者謂與朋友結交雖不能切磋琢磨但言約而每有信也雖曰未學吾

必謂之學矣者言人生知行此四事雖曰未嘗從師伏膺學問然此爲人行之美矣雖學亦不是過故吾必謂之學矣○注孔曰子夏弟子卜商○正義曰案史記仲尼弟子傳云卜商字子夏衞人也少孔子四十四歲孔子既沒居西河教授爲魏文侯師

子曰君子不重則不威學則不固孔曰固蔽也一曰言人不能敦重既無威嚴學又不能堅固識其義理主忠信無友不如己者過則勿憚改鄭曰主親也憚難也

疏子曰至憚改○正義曰此章勉人爲君子也君子不重則不威學則不固者其說有二孔安國曰固蔽也言君子當須敦重若不敦重則無威嚴又當學先王之道以致博聞強識則不固蔽也一曰固謂堅固言人不能敦重既無威嚴學又不能堅固識其道理也明須敦重也主忠信者主猶親也言凡所親狎皆須有忠信者也無友不如己者言無得以忠信不如己者爲友也過則勿憚改者勿無也憚猶難也言人誰無過過而不改是謂過矣過而能改善莫大焉故苟有過無得難於改也

曾子曰愼終追遠民德歸厚矣孔曰愼終者喪盡其哀追遠者祭盡其敬君能行此二者民化其德皆歸於厚也

疏曾子曰至厚矣○正義曰此章言民化君德也愼終者終謂父母之喪也以死者人之終故謂之終執親之喪禮須謹愼盡其哀也追遠者遠謂親終既葬日月已遠也孝子感時念親追而祭之盡其敬也民德歸厚矣者言君能行此愼終追遠二者民化其德皆歸厚矣言不偸薄也

子禽問於子貢曰夫子至於是邦也必聞其政求之與抑與之與鄭曰子禽弟子陳亢也子貢弟子姓端木名賜亢怪孔子所至之邦必與聞其國政求而得之邪抑人君自願與之爲治子貢曰夫子温良恭儉讓以得之夫子之求之也其諸異乎人之求之與鄭曰言夫子行此五德而得之與人求之異明人君自與之

疏子禽至求之○正義曰此章明夫子由其有德與聞國政之事子禽問於子貢曰夫子至於是邦也必聞其政求之與抑與之與者子禽疑怪孔子所至

之邦必與聞其國之政事故問子貢曰此是孔子求於時君而得之與抑人君自願與夫子爲治與抑與皆語辭子貢曰夫子溫良恭儉讓以得之夫子之求之也其諸異乎人之求之與者此子貢荅辭也敦柔潤澤謂之溫行不犯物謂之良和從不逆謂之恭去奢從約謂之儉先人後己謂之讓言夫子行此五德而得與聞國政他人則就君求之夫子則脩德人君自願與之爲治故曰夫子之求之也其諸異乎人之求之與諸與皆語辭○注鄭曰至爲治○正義曰云子禽弟子陳亢子貢弟子姓端木名賜者家語七十二弟子篇云陳亢陳人字子禽少孔子四十歲史記弟子傳云端木賜字子貢少孔子三十一歲云求而得之邪者邪未定之辭

子曰父在觀其志父沒觀其行孔曰父在子不得自專故觀其志而已父沒乃觀其行三年無改於父之道可謂孝矣孔曰孝子在喪哀慕猶若父。存無所改於父之道

疏子曰至孝矣○正義曰此章論孝子之行父在觀其志者在心爲志父在子不得自專故觀其志而已父沒觀其行者父沒可以自專乃觀其行也三年無改於父之道可謂孝矣者言孝子在喪三年哀慕猶若父存無所改於父之道可謂爲孝也

有子曰禮之用和爲貴先王之道斯爲美小大由之有所不行知和而和不以禮節之亦不可。行也馬曰人知禮貴和而每事從和不以禮爲節亦不可行

疏有子曰至行也○正義曰此章言禮樂爲用相須乃美禮之用和爲貴者和謂樂也樂主和同故謂樂爲和夫禮勝則離謂所居不和也故禮貴用和使不至於離也先王之道斯爲美者斯此也言先王治民之道以此禮貴和美禮節民心樂和民聲樂至則無怨禮至則不爭揖讓而治天下者禮樂之謂也是先王之美道也小大由之有所不行者由用也言每事小大皆用禮而不以樂和之則其政有所不行也知和而和不以禮節之亦不可行也者言人知禮貴和而每事從和不以禮爲節亦不可行也

有子曰信近於義言可復也復猶覆也義不必信信。非義也以其言可反覆故曰近義恭近於

禮遠恥辱也恭不合禮非禮也以其能遠恥辱故曰近禮也因不失其親亦可宗也。孔曰因親也言所親不失其親亦可宗敬

【疏】有子曰至宗也○正義曰此章明信與義恭與禮不同及人行可宗之事信近於義言可復也者復猶覆也人言不欺為信於事合宜為義若為義事不必守信而信亦有非義者也言雖非義以其言可反復不欺故曰近義恭近於禮遠恥辱也者恭惟卑巽禮貴會時若巽在牀下是恭不合禮則非禮也恭雖非禮以其能遠恥辱故曰近禮因不失其親亦可宗也者因親也所親不失其親言義之與比也既能親仁比義不有所失則有知人之鑒故可宗敬也言亦者人之善行可宗敬者非一於其善行可宗之中此為一行耳故云亦也○注義不必信信非義也○正義曰云義不必信信者若春秋晉士匄帥師侵齊聞齊侯卒乃還春秋善之是合宜不必守信也云信非義也者史記尾生與女子期於梁下女子不來水至不去抱柱而死是雖守信而非義也

子曰君子食無求飽居無求安鄭曰學者之志有所不暇敏於事而慎於言就有道而正焉可謂好學也。已。孔曰敏疾也有道有道德者。正謂問。事是非

【疏】子曰君子至也已○正義曰此章述好學之事君子食無求飽居無求安者言學者之志樂道忘。飢故不暇求其安飽也敏於事而慎於言者敏疾也言當敏疾於所學事業則有成功說命曰。敬。遜務時敏厥脩乃來是也學有所得又當慎言說之就有道而正焉者有道謂有道德者正謂問其是非言學業有所未曉當就有道德之人正定其是之與非易文言曰問以辨之是也可謂好學也已者總結之也言能行在上諸事則可謂之為好學也

子貢曰貧而無諂。富而無驕何如子曰可也孔曰未足多未若貧而樂。富而好禮者也鄭曰樂謂志於道不以貧。為憂苦。子貢曰詩云如切如磋如琢如磨。其斯之謂與孔曰能貧而樂道富而好禮者能自切磋琢磨子曰賜也始可與言詩已矣告諸往而

知來者。孔曰諸之也子貢知引詩以成孔子義善取類故然之往告之以貧而樂道來荅以切磋琢磨疏子曰至來者○正義曰此章言貧之與富皆當樂道自脩也貧而無諂富而無驕何如者乏財曰貧佞說為諂多財曰富傲逸為驕言人貧多佞說富多傲逸若能貧無諂佞富不驕逸子貢以為善故問夫子曰其德行何如子曰可也者此夫子荅子貢也時子貢富志怠於學故發此問意謂不驕而為美德故孔子抑之云可也言未足多未若貧而樂富而好禮者也者樂謂志於善道不以貧為憂苦好。謂閑習禮容不以富而倦略此則勝於無諂無驕故云未若言不如也子貢曰詩云如切如磋如琢如磨其斯之謂與者子貢知師勵己故引詩以成之此衞風淇。奧之篇美武公之德也治骨曰切象曰。瑳玉曰琢石曰磨道其學而成也聽其規諫以自脩如玉石之見琢磨子貢言貧而樂道富而好禮其此能切磋琢磨之謂與子曰賜也始可與言詩已矣者子貢知引詩以成孔子義善取類故呼其名而然之告諸往而知來者。者此言可與言詩之意諸之也謂告之往以貧而樂道富而好禮則知來者切磋琢磨所以可與言詩也

子曰不患人之不己知。患不知人也。疏子曰不患人之不己知患不知人也○正義曰此章言人當責己而不責人凡人之情多輕易於知人而患人不知己故孔子抑之云我則不耳不患人之不己知但患己不能知人也

論語注疏解經卷第一

論語注疏卷一校勘記

阮元撰盧宣旬摘錄

論語注疏解經序

翰林侍講學士朝請大夫守國子祭酒上柱國賜紫金魚袋　臣邢昺　等奉

勑校定　毛本無此卅一字北監本此二行題明校刊重修等姓名閩本併一行書刪去等字又改定字爲刊字案宋史邢昺傳咸平二年昺受詔與杜鎬舒雅孫奭李慕清崔偓佺等校定周禮儀禮公羊穀梁春秋傳孝經論語爾雅義疏據此則等字定字俱當依此本爲是

序解　唐石經及經典釋文並作論語序

疏　閩本北監本毛本序解疏併一行寫又此十行本經序注疏文並頂格寫閩本北監本毛本注疏文並低一格寫序文經文唯第一節頂格寫其餘亦低一格寫

門人相與輯而論纂　閩本闕論字此本與字論字並闕今補正又纂字閩本與此本同毛本改作纂案釋文序錄作撰漢書藝文志作纂纂與撰通又與饌通

齊論者　浦鏜十三經注疏正誤云論下脫語字案古書引用或稱論語或止稱論語趙岐孟子注凡稱論語者皆指論語浦鏜疑有脫字非也

別有問王知道二篇　北監本作問玉案朱彝尊經義考曰今逸論語見於說文初學記文選注太平御覽等書其詮玉之屬特詳疑齊論中所逸二篇其一乃問玉非問王也考之篆法三畫正均者爲王中畫近上者爲玉初無大異因僞玉爲王耳王應麟亦云問王疑即問

玉亶其然乎

少府朱暐 漢書藝文志釋文序錄並作宋暐

考之齊右爲之註焉 毛本右作古註作注案所改是也○今訂正

敘曰漢中壘校尉劉向 明監本挍作校不誤毛本作挍與此本同案毛本作挍者避明熹宗諱也後以能閒於不能章放此考周禮校人釋文云校戶教反字從木若從手旁作是比挍之字耳今人多亂之據此則校尉字亦當從木從手作挍者非○今正

言魯論語二十篇也 唐石經二十作廿後二十三十字並放此案說文廿二十并卅三十并也並古文省漢石經如此唐石經沿其例

太子太傅 唐石經太作大案釋文出大子大傅云並音泰則字當作大○今正

敘曰至傳之○正義曰 毛本至下有等字正義曰上不加○後放此

案漢魯百官公卿表云 閩本同明監本毛本魯作書案魯字誤也○今正

專精思於經術 漢書劉向傳精作積

荅述曰語 北監本述誤述不成字

賜冢塋 北監本冢誤家

太后賜錢三百萬 按漢書夏侯勝傳三作二

不如親耕漢書親作歸

蕭望之字長情案情當作倩○今正

好學齊詩漢書學下有治字

天子聞之北監本天作大

哀慟左右北監本毛本慟作動案漢書蕭望之傳本作慟師古曰慟動也

文帝三年一丞相漢書百官公卿表三作二年下有復置二字

進授昭帝時閩本同北監本毛本時作詩案時字誤也今訂正

琅邪王卿皇侃義疏本琅邪作瑯琊釋文出琅字云音郎本或作瑯案瑯琊乃琅邪之俗字琅本作郎唐元度九經字樣云郎邪郡名郎良也邪道也以地居鄒魯人有善道故爲郡名今經典相承郎字玉旁作良邪字或作耶者訛

皆以教授皇本授下有之字七經孟子考文足利本作教之

積章而成篇徧也毛本徧上增篇者二字

局也毛本局作局案張參五經文字云局从尺下口作局與局皆訛

成帝緩和元年北監本毛本緩作綏是也今依訂正

更名相 漢書百官公卿表名作令

遷縈陽令 閩本同北監本縈作滎令誤今案漢書王吉傳作雲陽○按滎陽字古皆从火不从水作滎亦誤也今訂正

魯共王時 皇本共作恭案共恭古字通

聞鍾磬琴瑟之音 閩本北監本毛本鍾作鐘案五經文字云鐘樂器鍾量名又聚也今經典或通用鍾爲樂器○按漢書魯恭王餘傳音作聲

形多頭麄尾細 北監本毛本麄作麤後鄉黨篇君子不以紺緅飾節疏麤曰綌同○按麄乃麤之俗字今改正

爲世所貴 唐石經避太宗諱世作廿後放此

包氏周氏 皇本包作苞後包氏並放此○按廣韻包下云包裹亦姓楚大夫申包胥之後後漢有大鴻臚包咸皇本作苞非也

乞骸就第 漢書張禹傳骸下有骨字

篇第或異 閩本北監本毛本篇第誤篇篇

欲不爲論念張文 漢書張禹傳無不字○按宋板漢書有不字

餘家浸微 漢書張禹傳浸作寖案五經文字云寖經典及釋文或作浸據此則寖浸古通用浦鏜以爲字誤非也

包咸字子良 釋文序錄作子長

昌魯詩論語閩本北監本毛本昌作倡案古倡字或省作昌周禮樂師遂倡之注故書倡爲昌廣雅釋詁一昌始也疏中古文罕見當以作倡爲是○按後漢書儒林傳昌作習

爲之訓解皇本解作說○按下文作亦爲之訓說皇本是也

至順帝時皇本時上有之字

南郡大守唐石經太作大案釋文出大守云音泰下大常同

亦爲之訓說攷文足利本無之字

廷壽九年閩本同北監本毛本廷改延是也○今訂正

考之齊古爲之註皇本爲上有以字註作注釋文出爲之註云本又作注○按注是

破許慎五經異義浦鏜云破疑作駮是也

皆爲義說皇本爲下有之字

年出未遠北監本毛本出作世出字誤也○今正

太祖辟羣爲司空西曹屬魏志陳羣傳曹下有掾字○按掾字不當刪

七錄云字文逸釋文序錄作文逢

前世傳授師說皇本授作受

不爲訓解皇本爲下有之字

今集諸家之善皇本善下有說字

滎陽開封人也閩本滎誤榮○案滎字亦非滎澤滎陽字古多从火作熒詳左傳校勘記

亡員閩本北監本毛本亡作無案作亡與漢書百官公卿表合

將謂都郎將以下也漢書百官公卿表注無都字

散騎並乘輿車漢書百官公卿表重騎字

荀或之子案或當作彧○今正

駙副也漢書百官公卿表注副下有馬字

論語注疏解經卷第一閩本北監本毛本並分二十卷與此本同唐石經分十卷與皇本同攷宋史藝文志卷數正合今校勘記分卷從之

學而第一　何晏集解　邢昺疏

疏十行本標題如此後卷放此閩本毛本第一行與十行本同第二行下書魏何晏集解第三行下書宋邢昺疏第四行低一格書學而第一與疏接寫後

卷放此北監本第一行下書魏何晏集解宋邢昺疏第二三行書明校刊重修等姓名第四行與閩本毛本同後卷放此

曰禮貴於用和 閩本同北監本毛本曰作由是也○今訂正

第順次也 浦鏜云順當訓字誤非也

學而時習之章

不亦說乎 皇本說作悅後並放此釋文出亦說云音悅注同案說文說說懌也从言兌聲一曰談說蓋古人喜悅字多假借作說唯皇本俱作悅而先進篇無所不說子路篇君子易事而難說也又仍作說

馬曰 皇本作馬融曰後放此

男子之通稱 皇本作男子通稱也北監本通誤道

王曰 皇本作王肅曰後放此

學者以時誦習之 皇本之作也

所以爲說懌 皇本懌下有也字○案皇本注文有也字者甚多此本十去八九今不悉出

有朋自遠方來 釋文出有朋云有或作友非案白虎通辟雍篇引朋友自遠方來又鄭氏康成注此云同門曰朋同志曰友是舊本皆作友字

包曰 皇本作苞氏曰後放此

君子不怒皇本作君子不慍之也攷文引足利本作君子不慍

學業稍成本學誤覺今訂正

則扞格而不勝本扞誤杆今訂正

又文王世子云北監本子誤于

弦謂以絲播時禮記文王世子注時作詩是也

於功易也北監本毛本於誤初案禮記文王世子注作於功易成也

三曰中時閩本同北監本毛本曰作日曰字誤也〇今訂正

其爲人也孝弟章

有子曰皇本閩本北監本毛本提行寫唯此本與上章疏文接寫後每章首放此

孔子弟子有若皇本作孔安國曰弟子有若也案孔子疑孔曰之譌皇本凡孔曰皆稱孔安國曰

其爲人也孝弟皇本弟作悌注及下並同案釋文出孝弟云本或作悌下同

謂凡在已上者皇本者下有也字北監本上字空闕

必恭順皇本必下有有字

其爲仁之本與　攷文引足利本無爲字

先能事父兄然後仁道可大成　皇本此注作苞氏曰又作然後仁道可成也

巧言令色章

鮮矣仁　皇本作鮮矣有仁案包注及疏文當作有仁

吾日三省吾身

與朋友交而不信乎　皇本高麗本交下有言字

傳不習乎　釋文出傳不云鄭注云魯讀傳爲專今從古

得無素不講習而傳之　皇本之下有乎字

弟子曾參　閩本北監本毛本弟子作曾子案以前其爲人也章疏文例之當作弟子馬季長注亦作弟子曾參

以謀貴盡忠　本謀誤講今訂正

道千乘之國章

道千乘之國　皇本高麗本道作導案釋文出道字云音導本或作導

司馬法　攷文引足利本法下有曰字

通十爲成成出革車一乘皇本成作城

居地方三百一十六里有畸皇本畸作奇案釋文出有畸云田之殘也則字當作畸

雖大國之賦釋文出雖大賦云一本或云雖大國之賦

十井爲乘攷文引足利本十井作井十

融依周禮包依王制孟子皇本融上有馬字包作苞氏

敬事而信宋石經避廟諱敬作欽後放此唯子路篇以下則闕筆爲敬

使民以時唐石經避太宗諱民作𪛗後放此

作使民皇本同閩本北監本毛本作下有事字案作作事使民文義較明疏中亦有事字

不以此方百里者一毛本作不乃又字之誤

居地方三百一十六里有畸各本一並誤二今訂正

下云道之以德閩本北監本毛本云作文

五十里國禮記王制里下有之字

百姓之保鄣案說文鄣紀邑也障隔也保障字亦當作障

水昏正而裁閩本同毛本裁作栽案裁字誤○今正

於是樹板幹而興作本幹誤榦今訂正

城郭牆壍北監本毛本壍作塹案依說文當作塹

弟子入則孝章

出則悌皇本同毛本悌作弟案釋文出則弟云本亦作悌

古之遺文皇本文下有也字案釋文引馬注亦有也字

或博愛衆人也浦鏜云或疑故字誤

賢賢易色章

若童汪踦也汪踦誤注錡今訂正

君子不重章

言人不能敦重皇本作言人不敢重案敢當作敦字形相近而訛

既無威嚴皇本無嚴字

無友不如己者釋文出毋友云本亦作無下同案古書無毋多通用後子罕篇各本又並作毋友唯皇本仍作無釋文出毋友云音無

鄭曰 皇本作鄭元曰後放此

慎終追遠章

君能行此二者 皇本君上有人字

皆歸於厚也 皇本皆上有而字

夫子至於是邦也章

子禽問於子貢曰 釋文出子貢云本亦作贛案隸釋載漢石經凡子貢字皆作子贛蓋贛贛並當作贛臧琳經義雜記云說文貝部貢獻功也贛賜也是貢贛不同依說文當爲贛贛即贛之譌體子貢名賜故字子贛作貢者字之省借耳今禮記樂記子贛見師乙而問焉祭義子贛問曰子之言祭尙存古本餘則多爲後人改易矣

抑與之與 漢石經抑作意

弟子陳亢也 皇本此句下有字子禽也四字下名賜下有字子貢也四字

抑人君自願與之爲治 皇本作抑人君自願與爲治耶

夫子温良恭儉讓以得之 宋石經避諱讓作遜後放此唯先進篇其言不讓但闕末筆

夫子之求之也其諸異乎人之求之與 皇本與下有也字攷文引足利本作夫子之求也其諸異乎人求之與

明人君自與之皇本作明人君自願求與爲治也

父在觀其志章

猶若父存皇本存作在北監本存誤母

禮之用章

亦不可行也漢石經無可字

信近於義章

信非義也皇本作信不必義也

故曰近禮也皇本近下有於字又此節注作苞氏曰○按僞昌黎論語筆解此節及上節注並作馬曰

亦可宗也皇本宗下有敬字

君子食無求飽章

可謂好學也已漢石經作可謂好學已矣皇本作可謂好學也已矣筆解作可謂好學也矣

有道有道德者皇本作有道者謂有道德者也案太平御覽四百三引亦有謂字

正謂問事是非閩本北監本毛本事作其案皇本筆解俱作事字太平御覽四百三亦引作事則作其者非

樂道志飢　閩本北監本飢作饑案說文穀不孰爲饑飢餓也則字當作飢

敬遜務時敏　閩本同毛本敬遜作遜志案後述而篇志於道章疏閩本北監本並與此本同亦作敬遜唯毛本作孫志

貧而無謟章

子貢曰　皇本作子貢問曰案皇疏云子貢問言若有貧者能不橫求何如故云貧而無謟也邢疏云若能貧無謟佞富不驕逸子貢以爲善故問夫子曰其德行何如據此則古本當有問字

貧而無謟　北監本毛本謟作諂是也此與閩本凡諂字並誤作謟案五經文字云謟諂上音滔從爪從臼凡字聲近謟者皆從舀下笞冉反從刀從臼凡字聲從諂者皆從臽

未若貧而樂　皇本高麗本樂下有道字唐石經道字旁添案唐石經旁添字多不足據此道字獨與古合攷史記仲尼弟子列傳文選幽憤詩注引此文並有道字又下二節孔注及皇邢兩疏亦有道字俱足爲古本有道字之證

不以貧爲憂苦　皇本作不以貧賤爲憂苦也

如琢如磨　釋文出摩字云一本作磨案磨摩正俗字

告諸往而知來者　皇本者下有也字

好謂閑習禮容　閩本北監本毛本好下有禮字案疏云樂謂志於善道不以貧爲憂苦好謂閑習禮容不以富而倦略樂道好禮相

對成文足證經文本有道字不知者妄加禮字誤甚

此衛風淇奧之篇閩本北監本毛本奧作澳○按澳正字毛詩作奧用古文假借字

象曰瑳閩本北監本毛本瑳作磋案古書瑳磋二字多通用

告諸往而知來者者閩本北監本毛本脫下者字

不患人之不己知章

不患人之不己知患不知人也皇本作不患人之不己知也患己不知人也釋文出患不知也云本或作患己不知人也俗本妄加字案經義雜記云據釋文知古本作患不知也蓋與里仁不患莫己知求為可知也先進居則曰不吾知也如或知爾則何以哉語意同今邢疏及集注本皆作患不知人也人字亦淺人所加○此節皇本有王肅曰但患己之無能知也十一字注各本皆脫

論語注疏卷一校勘記

論語注疏解經卷第二

爲政第二

何晏集解　邢昺疏

【疏】正義曰左傳曰學而後入政故次前篇也此篇所論孝敬信勇爲政之德也聖賢君子爲政之人也故以爲政冠於章首遂以名篇

子曰爲政以德譬如北辰居其所而衆星共之。包曰德者無爲。猶北辰之不移而衆星共之。【疏】子曰至共之〇正義曰此章言爲政之要爲政以德者言爲政之善莫若以德德者得也物得以生謂之德淳德不散無爲化淸則政善矣譬如北辰居其所而衆星共之者譬況也北極謂之北辰北辰常居其所而不移故衆星共尊之以況人君爲政以德無爲淸靜亦衆人共尊之也〇注包曰至共之正義曰案爾雅釋天云北極謂之北辰郭璞曰北極天之中以正四時然則極中也辰時也以其居天之中故曰北極以正四時故曰北辰漢書天文志曰中宮。太極星其一明者泰一之常居也旁三星三公環之匡衛十二星藩臣皆曰紫宮北斗七星所謂旋璣玉衡以齊七政斗爲帝車運於中央臨制四海分陰陽建四時均五行移節度定諸紀皆繫於斗是衆星共之也

子曰詩三百孔曰篇之大數。一言以蔽之包曰蔽猶當也曰思無邪包曰歸於正。【疏】子曰至無邪〇正義曰此章言爲政之道在於去邪歸正故擧詩要當一句以言之詩三百者言詩篇之大數也一言以蔽之者蔽猶當也古者謂一句爲一言詩雖有三百篇之多可擧一句當盡其理也曰思無邪者此詩之一言魯頌駉篇文也詩之爲體論功頌德止僻防邪大抵皆歸於正故此一句可以當之也〇注孔曰篇之大數〇正義曰案今毛詩序凡三百一十一篇內六篇亡今其存者有三百五篇今但言三百篇故曰篇之大數

子曰道之以政孔曰政謂法教。齊之以刑馬曰齊整之以刑罰。民免而無恥。孔曰免苟免。道之以德包曰德謂道德。齊

之以禮有恥且格格正也【疏】子曰至且格○正義曰此章言爲政以德之效也道之以政者政謂法教道謂化誘言化誘於民以法制教命也齊之以刑者齊謂齊整刑謂刑罰言道之以政而民不服者則齊整之以刑罰也民免而無恥者免苟免也言君上化民不以德而以法制刑罰則民皆巧詐苟免而心無愧恥也道之以德齊之以禮有恥且格者德謂道德格正也言君上化民必以道德民或未從化則制禮以齊整使民知有禮則安失禮則恥如此則民有愧恥而不犯禮且能自脩而歸正也

子曰吾十有五而志于學。三十而立有所成也。四十而不惑孔曰不疑惑。五十而知天命孔曰知天命之終始。六十而耳順鄭曰耳聞其言而知其微旨。七十而從心所欲不踰矩馬曰矩法也從心所欲無非法。【疏】子曰至踰矩○正義曰此章明夫子隱聖同凡所以勸人也吾十有五而志于學者言成童之歲識慮方明於是乃志於學也三十而立者有所成立也四十而不惑者志強學廣不疑惑也五十而知天命者命天之所稟受者也孔子四十七學易至五十窮理盡性知天命之終始也六十而耳順者順不逆也耳聞其言則知其微旨而不逆也七十而從心所欲不踰矩者矩法也言雖從心所欲而不踰越法度也孔子輒言此者欲以勉人志學而善始令終也

孟懿子問孝孔曰魯大夫仲孫何忌懿謚也子曰無違。樊遲御子告之曰孟孫問孝於我我對曰無違。鄭曰恐孟孫不曉無違之意將問於樊遲故告之樊遲弟子樊須。樊遲曰何謂也子曰生事之以禮死葬之以禮祭之以禮【疏】孟懿至以禮○正義曰此章明孝必以禮○孟懿子問孝者魯大夫仲孫何忌問孝道於孔子也子曰無違者此夫子荅辭也言行孝之道無得違禮也樊遲御者弟子樊須爲夫子御車也子告之曰孟孫問孝於我我對曰無違者孟孫即懿子也孔子恐孟孫不曉無違之意而懿子與樊遲友善必將問於樊遲故夫子告之樊遲曰何謂也者樊遲亦未達無違之旨故

復問曰何謂也子曰生事之以禮死葬之以禮祭之以禮者此夫子爲言無違之事也生事之以禮謂冬溫夏清昏定晨省之屬也死葬之以禮謂爲之棺椁衣衾而舉之卜其宅兆而安措之之屬也祭之以禮謂春秋祭祀以時思之陳其簠簋而哀戚之之屬也不違此禮是無違之。理也不卽告孟孫者初時意在簡略欲使思而得之也必告樊遲者恐孟孫以爲從父之令是無違故既與別後告於樊遲將使復告孟孫也○注孔子曰至諡也○正義曰春秋定六年經書仲孫何忌如晉傳曰孟懿子往是知孟懿子卽仲孫何忌也諡法曰溫柔賢善曰懿○注鄭曰至樊須正義曰案史記弟子傳曰樊須字子遲齊人少孔子三十六歲也

孟武伯問孝子曰父母唯其疾之憂馬曰武伯懿子之子仲孫彘武諡也言孝子不妄爲非唯疾病然後使父母憂。

疏孟武伯問孝子曰父母唯其疾之憂○正義曰此章言孝子不妄爲非也武伯懿子之。仲孫彘也問於夫子爲孝之道夫子荅之曰子事父母唯其疾病然後可使父母憂之疾病之外不得妄爲非法貽憂於父母也○注馬曰至父母憂○正義曰案春秋懿子以哀十四年卒而武伯嗣哀公十七年左傳曰公會齊侯於蒙孟武伯相武伯問於高柴曰諸侯盟誰執牛耳季羔曰鄫衍之役吳公子姑曹發陽之役衛石魋武伯曰然則彘也是武伯爲懿子之子仲孫彘也諡法剛強直理曰武

子游問孝孔曰子游弟子姓言名偃子曰今之孝者是謂能養至於犬馬皆能有養不敬何以別乎。包曰犬以守禦馬以代勞皆養人者一曰人之所養乃至於犬馬不敬則無以別孟子曰。食而不愛豕畜之。愛而不敬獸畜之。

疏子游至別乎○正義曰此章言爲孝必敬子游問孝者弟子子游問行孝之道於孔子也子曰今之孝者是謂能養者此下孔子爲子游說須敬之事。今之人所謂孝者是唯謂能以飲食供養者也言皆無敬心至於犬馬皆能有養不敬何以別乎者此爲不敬之人作譬也其說有二一曰犬以守禦馬以代勞皆能有以養人者但畜獸無知不能生敬於人若人唯能供養於父母而不敬則何以別於犬馬乎一曰人之所養乃至於犬馬同其飢

渴飲之食之皆能有以養之也但人養犬馬資其爲人用耳而不敬此犬馬也人若養其父母而不敬則何以別於犬馬乎言無以別明孝必須敬也○注孔

曰子游弟子姓言名偃○正義曰史記弟子傳曰言偃吳人字子游少孔子四十五歲○注包曰至畜之○正義曰云孟子曰者案孟子盡心篇孟子曰食而

不愛豕交之也愛而不敬獸畜之也趙岐注云人之交接但食之而不愛若養豕也愛而不敬若人畜禽獸但愛而不能敬也引之以證孝必須敬彼言豕交

之此作豕畜之者所見本異或傳寫誤

子夏問孝子曰色難包曰色難者謂承順父母顏色乃爲難有事弟子服其勞有酒食先生饌。馬曰先生謂父兄饌飲食也曾是以爲孝乎馬曰孔子喻子夏服勞先食汝謂此爲孝乎未孝也承順父母顏色乃。爲孝。也。

疏子夏問至孝乎○正義曰此章言爲孝必須承順父母顏色也子夏問孝者弟子子夏問於孔子爲孝之道也子曰色難者荅之也言承順父母顏色乃爲難也有事弟子服其勞有酒食先生饌曾是以爲孝乎者孔子又喻子夏服勞先食不爲孝也先生謂父兄饌飲食也曾猶則也言若家有勞辱之事或弟或子服其勤勞有酒有食進與父兄飲食汝則謂是以爲孝乎言此未孝也必須承順父母顏色乃爲孝也

子曰吾與回言終日不違如愚孔曰回弟子姓顏名回字子淵魯人也不違者無所怪問於孔子之言默而識之如愚。退而省其私亦足以發回也不愚。孔曰察其退還與二三子說。釋道義發明大體知其不愚

疏子曰至愚○正義曰此章美顏淵之德子曰吾與回言終日不違如愚者回弟子顏淵也違猶怪問也愚無。智之稱孔子言我與回言終竟一日亦無所怪問於我之言默而識之如無知之愚人也退而省其私亦足以發回也不愚者言回既退還而省察其在私室與二三子說釋道義亦足以發明大體乃知其回也不愚○注孔曰至愚○正義曰史記弟子傳云顏回者魯人也字子淵少孔子三十歲年二十九髮盡白蚤死

子曰視其所以以用也言視其所行用觀其所由由經也言觀其所經

從

察其所安人焉廋哉人焉廋哉。孔曰廋匿也言觀人。終始安所匿其情【疏】子曰至廋哉○正義曰此章言知人之法

也視其所以者以用也言視其所以行用觀其所由者由經也言觀其所經從察其所安者言察其所安處也人焉廋哉人焉廋哉者廋匿也焉安也言知人

之法但觀察其終始則人安所隱匿其情哉再言之者深明情不可隱也子曰温故而知新可以爲師矣。温尋也尋繹故者又

知新者可以爲。人師矣【疏】子曰温故而知新可以爲師矣○正義曰此章言爲師之法温尋也言舊所學得者温尋使不忘是温故也素所未知學使知

之是知新也既温尋故者又知新者則可以爲人師矣○注温尋也○正義曰案中庸云温故而知新鄭注云温讀如燖温之温謂故學之熟矣後時習之謂

之温案左傳哀十二年公會吳于橐皐太宰嚭請尋盟子貢對曰盟可尋也亦可寒也賈逵注云尋温也又有司徹云乃。爇尸俎是。尋爲温也言人舊學已精

熟在後更習之猶若温燖故食也子曰君子不器包曰器者各周其用至於君子無所不施【疏】子曰君子不器○正義曰此章明君子之

德也器者物象之名形器既成各周其用若舟檝以濟川車輿以行陸反之則不能君子之德則不如器物各守一用用言見幾而作無所不施也子貢

問君子子曰先行其言而後從之孔曰疾小人多言而行之不周【疏】子貢問君子○子曰先行其言而後從之○正義曰此

章疾小人多言而行之不周也子貢問於夫子曰君子之德行何如夫子荅之曰君子先行其言而後以行從之言行相副是君子也子曰君子

周而不比孔曰忠信爲周阿黨爲比小人比而不周【疏】子曰君子周而不比小人比而不周○正義曰此章明君子小人德行不

同之事忠信爲周阿黨爲比言君子常行忠信而不私相阿黨小人則反是○注忠信爲周○正義曰魯語文也子曰學而不思則罔。

包曰學。不尋思其義則罔然無所得思而不學則殆不學而思終卒不得徒使人精神疲殆【疏】子曰至則殆○正義曰此章言教學法也

學而不思則罔者言爲學之法既從師學之自思其餘蘊若雖從師學而不尋思其義則罔然無所得也思而不學則殆者言但自尋思而不往從師學終卒不得其義則徒使人精神疲勞倦殆

子曰：攻乎異端，斯害也已。攻治也善道有統故殊塗而同歸異端不同歸也

疏 子曰攻乎異端斯害也已○正義曰此章禁人雜學攻治也異端謂諸子百家之書也言人若不學正經善道而治乎異端之書斯則爲害之深也以其善道有統故殊塗而同歸異端則不同歸也○注攻治至同歸○正義曰云善道有統故殊塗而同歸者正經是善道也皆以忠孝仁義爲本是有統也四術爲教是殊塗也皆以去邪歸正是同歸也異端之書則或粃糠堯舜戕毀仁義是不同歸也殊塗同歸是易下繫辭文也

子曰：由，誨女。知之乎孔曰弟子姓仲名由字子路知之爲知之，不知。爲不知，是知也

疏 子曰至知也○正義曰此章明知也由誨汝知之乎者孔子以子路性剛好以不知爲知故此抑之呼其名曰由我今教誨汝爲知之乎此皆語辭知之爲知之不知爲不知是知也者此誨辭也言汝實知之事則爲知之實不知之事則爲不知此是真知也若其知之反隱曰不知及不知妄言我知皆非知也○注孔曰至子路○正義曰史記弟子傳云仲由字子路卞人也少孔子九歲子路性鄙好勇力志抗直冠雄雞佩猳豚陵暴孔子孔子設禮稍誘子路子路後儒服委質因門人請爲弟子

子張學干祿鄭曰弟子姓顓孫名師字子張干求也祿祿位也

子曰：多聞闕疑，慎言其餘，則寡尤包曰尤過也疑則闕之其餘不疑猶慎言之則少過多見闕殆，慎行其餘，則寡悔包曰殆危也所見危者闕而不行則少悔言寡尤，行寡悔，祿在其中矣鄭曰言行如此雖不得祿亦同得祿之道

疏 子張至中矣○正義曰此章言求祿之法子張學干祿者干求也弟子子張師事孔子學求祿位之法子曰多聞闕疑慎言其餘則寡尤者此夫子教子張求祿之法也尤過也寡少也言雖博學多聞疑則闕之尤須慎言其餘不疑者則少過也多見闕殆慎行其

餘則寡悔者殆危也言雖廣覽多見所見危者闕而不行尤須少慎行其餘不危者則少悔恨也言寡尤行寡悔祿在其中矣者言若少過行又少悔必得祿位設若言行如此雖偶不得祿亦同得祿之道○注鄭曰至位也○正義曰史記弟子傳云顓孫師陳人字子張少孔子四十八歲

哀公問曰何爲則民服包曰哀公魯君謚孔子對曰舉直錯諸枉則民服包曰錯置也舉正直之人用之廢置邪枉之人則民服其上舉枉錯諸直則民不服

疏哀公至不服○正義曰此章言治國使民服之法也哀公問曰何爲則民服者哀公魯君也問於孔子曰何所云爲則萬民服從也時哀公失德民不服從哀公患之故有此問孔子對曰舉直錯諸枉則民服者此孔子對以民服之法也錯置也舉正直之人用之廢置諸邪枉之人則民服其上也舉枉錯諸直則民不服者舉邪枉之人用之廢置諸正直之人則民不服上也於時羣邪秉政民心厭棄故以此對之也○注包曰哀公魯君謚○正義曰魯世家云哀公名蔣定公之子周敬王二十六年即位謚法云恭仁短折曰哀

季康子問使民敬忠以勸如之何孔曰魯卿季孫肥康謚子曰臨之以莊則敬包曰莊嚴也君臨民以嚴則民敬其上孝慈則忠包曰君能上孝於親下慈於民則民忠矣舉善而教不能則勸包曰舉用善人而教不能者則民勸勉

疏季康至則勸○正義曰此章明使民敬忠勸善之法季康子問使民敬忠以勸如之何者季康子魯執政之上卿也時以僭濫故民不敬忠勸勉故問於孔子曰欲使民人敬上盡忠勸勉爲善其法如之何子曰臨之以莊則敬者此荅之也自上涖下曰臨莊嚴也言君臨民以嚴則民敬其上孝慈則忠者言君能上孝於親下慈於民則民作忠舉善而教不能則勸者言君能舉用善人置之祿位教誨不能之人使之材能如此則民相勸勉爲善也於時魯君蠶食深宮季氏專執國政則如君矣故此荅皆以人君之事言之也○注魯卿季孫肥康謚○正義曰知者據左傳及世家文也謚法云安樂撫民曰康

或謂孔子曰子奚不

爲政包曰或人以爲居位乃是爲政子曰書云孝乎惟孝友于兄弟施於有政是亦爲政奚其爲爲政包曰孝乎惟孝美大孝之辭友于兄弟善於兄弟施行也所行有政道與爲政同

【疏】或謂至爲政正義曰此章言孝友與爲政同或謂孔子曰子奚不爲政者奚何也或有一人亡其姓名謂孔子曰子旣多才多藝何不居官爲政或人以爲居位乃是爲政也子曰書云孝乎唯孝友于兄弟施於有政者此周書君陳篇文引之以荅或人爲政之事彼云王若曰君陳惟爾令德孝恭惟孝友于兄弟克施有政孔安國云言其有令德善事父母行己以恭言善事父母者必友于兄弟能施有政令其言與此小異此云孝乎唯孝者美大孝之辭也友于兄弟者言善於兄弟也施行也行於此二者卽有爲政之道也是亦爲政奚其爲爲政者此孔子語也是此也言此孝友亦爲政之道此外何事其爲爲政乎言所行有政道卽與爲政同不必居位乃是爲政

子曰人而無信不知其可也孔曰言人而無信其餘終無可大車無輗小車無軏其何以行之哉包曰大車牛車輗者轅端橫木以縛軛小車駟馬車軏者轅端上曲鉤衡

【疏】子曰至之哉○正義曰此章明信不可無也人而無信不知其可也者言人而無信其餘雖有他才終無可也大車無輗小車無軏其何以行之哉者此爲無信之人作譬也大車牛車輗轅端橫木以縛軛駕牛領者也小車駟馬車軏轅端上曲鉤衡以駕兩服馬領者也大車無輗則不能駕牛小車無軏則不能駕馬其車何以得行之哉言必不能行也以喻人而無信亦不可行也○注包曰至鉤衡○正義曰云大車牛車者冬官考工記車人爲車大車崇九尺鄭注云大車平地載任之車轂長半柯者也其駕牛故酒誥曰肇牽車牛遠服賈用故曰大車牛車也說文云輗大車轅端持衡者軛轅前也是輗者轅端橫木以縛軛者也云小車駟馬車者考工記兵車田車乘車也皆駕駟馬故曰駟馬車也說文云軏者車轅端持衡者考工記云國馬之輈深四尺有七寸注云馬高八尺兵車乘車軹崇三尺有三寸加軫與轐七寸又并此輈深則衡高八尺七寸也

除馬之高則餘七寸爲衡頸之間是軥在衡上也轅從軫以前稍曲而上至衡則居衡之上而轡下鉤之衡則横居軥下是轅端上曲鉤衡者名軏也

子張問十世可知也孔曰文質禮變子曰殷因於夏禮所損益可知也周因於殷禮所損益可知也馬曰所因謂三綱五常所損益謂文質三統其或繼周者雖百世可知也物類相召世數相生其變有常故可預知

疏子張至知也○正義曰此章明創制革命因沿損益之禮子張問十世可知也者弟子子張問於孔子夫國家文質禮變設若相承至於十世世數既遠可得知其禮乎子曰殷因於夏禮所損益可知也周因於殷禮所損益可知也者此夫子荅以可知之事言殷承夏后因用夏禮謂三綱五常不可損變革故因之也所損益者謂文質三統夏尚文殷則損文而益質夏以十三月爲正爲人統色尚黑殷則損益之以十二月爲正爲地統色尚白也其事易曉故曰可知也周因於殷禮所損益可知也者言周代殷立而因用殷禮及所損益事事亦可知也其或繼周者雖百世可知也者言非但順知既往兼亦預知將來時周尚存不敢斥言故曰其或言設或有繼周而王者雖多至百世以其物類相召世數相生其變有常故皆可預知也○注馬曰至三統○正義曰云三綱五常者白虎通云三綱者何謂謂君臣父子夫婦也君爲臣綱父爲子綱夫爲妻綱大者爲綱小者爲紀所以張理上下整齊人道也人皆懷五常之性有親愛之心是以綱紀爲化若羅網有紀綱之而百目張也所以稱三綱何一陰一陽之謂道陽得陰而成陰得陽而序剛柔相配故人爲三綱法天地人君臣法天取象日月屈信歸功也父子法地取法五行轉相生也夫婦取象人合陰陽有施君羣也羣下之所歸心臣牽也事君也象屈服之形也父者矩也以度教子子者孳也孳孳無已也夫者扶也以道扶接婦者服也以禮屈服也云五常者仁義禮智信也白虎通云五常者何謂仁義禮智信也仁者不忍好生愛人義者宜也斷決得中也禮者履也履道成文智者知也或於事見微知著信者誠也專一不移故人生而應八卦之體得五氣以爲常仁義禮智信是也

云損益謂文質三統者白虎通云王者必一質一文者何所以承天地順陰陽陽道極則陰道受陰道極則陽道受明一陽二陰不能繼也質法天文法地而已故天爲質地受而化之養而成之故爲文尚書大傳曰王者一質一文據天地之道禮三正記曰質法天文法地帝王始起先質後文者順天地之道本末之義先後之序也事莫不先其質性乃後有其文章也夏尚黑殷尚白周尚赤此之謂三統故書傳略說云天有三統物有三變故正色有三天有三生三死故士有三王王特一生死又春秋緯元命包及樂緯稽耀嘉云夏以十三月爲正息卦受泰注云物之始其色尚黑以寅爲朔殷以十二月爲正息卦受臨注云物之牙其色尚白以雞鳴爲朔周以十一月爲正息卦受復其色尚赤以夜半爲朔又三正記云正朔三而改文質再而復以此推之自夏以上皆正朔三而改也鄭注尚書三帛高陽氏之後用赤繒高辛氏之後用黑繒其餘諸侯用白繒如鄭此意卻而推之舜以十一月爲正尚赤堯以十二月爲正尚白故曰其餘諸侯用白繒高辛氏以十三月爲正尚黑故云高辛氏之後用黑繒高陽氏以十一月爲正尚赤故云高陽氏之後用赤繒有少皞以十二月爲正尚白黃帝以十三月爲正尚黑神農以十一月爲正尚赤女媧以十二月爲正尚白伏羲以上未有聞焉易說卦云帝出乎震則伏羲也建寅之月又木之始其三正當從伏羲以下文質再而復者文質法天地文法天質法地周文法地而爲天正殷質法天而爲地正正者正朔文質不相須正朔以三而改文質以二而復各自爲義不相須也建子之月爲正者謂之天統以天之陽氣始生爲百物得陽氣微稍動變故爲天統建丑之月爲統者以其物已吐牙不爲天氣始動物又未出不得爲人所施功唯在地中含養萌牙故爲地統建寅之月爲統者以人物出於地人功當須脩理故謂之人統統者本也謂天地人之本然王者必以此三月爲正者以其此月物生細微又是歲之始生王者繼天理物含養微細又取其歲初爲正朔之始既天地人之三者所繼不同故各改正朔不相襲也所尚既異符命亦隨所尚而來故禮緯稽命徵云其天命以黑故夏有玄圭天命以赤故周有赤雀銜書天命以白故殷有白狼銜鉤是天之所命亦各隨人

所尙符命雖逐所尙不必皆然故天命禹觀河見白面長人洛子命云湯觀於洛沈璧而黑龜與之書黃魚雙躍泰誓言武王伐紂而白魚入於王舟是符命不皆逐正色也鄭康成之義自古以來皆改正朔若孔安國則改正朔殷周二代故注尙書湯承堯舜禪代之後革命創制改正易服是從湯始改正朔也○注物類至預知○正義曰物類相召者謂三綱五常各以類相召因而不變也云世數相生者謂文質三統及五行相次周而復始而其世運有數相生變革也

子曰非其鬼而祭之諂也鄭曰人神曰鬼非其祖考而祭之者是諂求福見義不爲無勇也孔曰義所宜爲而不能爲是無勇。

疏子曰至勇也○正義曰此章言祭必已親勇必爲義也非其鬼而祭之諂也者人神曰鬼言若非己祖考而輒祭他鬼者是諂媚求福也見義不爲無勇也者義宜也言義所宜爲而不能爲者是無勇之人也○注鄭曰至求福○正義曰云人神曰鬼者周禮大宗伯之職掌建邦之天神人鬼地示之禮是人神曰鬼也左傳曰神不歆非類民不祀非族故非其祖考而祭之者是諂求福也○注孔子曰至無勇○正義曰若齊之田氏弑君夫子請討之是義所宜爲也而魯君不能爲討是無勇也

論語注疏解經卷第二

論語注疏卷二校勘記

阮元撰盧宣旬摘錄

爲政第二

爲政以德章

而衆星共之　釋文出衆星共云鄭作拱○按拱正字共假借字

包曰　皇本作鄭元曰

猶北辰之不移　皇本猶上有譬字釋文出猶北辰之不移云本或作譬猶北辰之不移與皇本合

而衆星共之　皇本之下有也字

案爾雅釋文云　閩本北監本同毛本文作天文字誤也今訂正

中宮太極皇　漢書天文志太作天

所謂琁璣玉衡　毛本琁作璇○按當作旋璇琁皆俗字

詩三百章

篇之大數　皇本數下有也字下歸於正下同

篇之大數　本大誤夫今正

道之以政章

道之以政 皇本高麗本道作導下節同漢石經作道釋文出道之云音導下同〇按後漢書朱景王杜馬劉傳堅馬傳論又杜林傳並引作導之以政漢石經作道用假借字

政謂法教 皇本教下有也字下刑罰下逆德下同

民免而無恥 閩本恥作耻乃恥之俗字

免苟免 皇本作苟免罪也

吾十有五而志于學章

吾十有五而志于學 漢石經高麗本于作乎皇本于作於案翟灝四書攷異曰此經自引詩書外例用於字今此獨變體爲于疑屬乎字傳寫誤漢石經論衡實知篇作乎而朱注亦云志乎此可思也

有所成也 皇本成下有立字

不疑惑 皇本惑下有也字下終始下微旨下同

知天命之終始 閩本北監本毛本作始終

耳聞其言 皇本耳下有順字

從心所欲無非法皇本法下有者字

孟懿子問孝章

仲孫何忌皇本忌下有也字下故告之下樊須下同

我對曰無違漢石經無作毋上無違無字闕

恐孟孫不曉無違之意皇本無恐字

卜其宅兆而安措之之屬也字閩本北監本毛本措作厝案措正字厝假借

是無違之理也毛本理誤禮

孟武伯問孝章

父母唯其疾之憂閩本毋誤毋注同

唯疾病然後使父母憂皇本作唯疾病然後使父母之憂耳

武伯懿子之仲孫彘也閩本同北監本毛本之下有子字

子游問孝章

不敬何以別乎漢石經無乎字

食而不愛豕畜之愛而不敬獸畜之　皇本食作養之下並有也字

今之人　本今誤令今訂正

字子游　本子誤少今訂正

子夏問孝章

謂承順父母顏色　皇本順作望

先生饌　釋文出先生饌云鄭作餕音俊食餘曰餕案馬注饌飲食也是馬本作饌饌蓋作饌者古論作餕者魯論也

孔子喻子夏　皇本夏下有曰字

未孝也　皇本作未足爲孝也

乃爲孝也　皇本作乃是爲孝耳

吾與回言終日章

默而識之如愚　皇本愚下有者也二字

回也不愚　皇本愚下有也字

說釋道義　皇本同北監本毛本釋作繹釋文出繹字云音亦則字當作繹○按說文說下云說釋也說釋卽悅懌說悅釋懌皆古今字作繹用

假借字

愚無知之稱本知誤智今訂正

視其所以章

人焉廋哉人焉廋哉漢石經脫下哉字

言觀人終始皇本人下有之字

温故而知新章

可以爲人師矣皇本作可以爲師也筆解此注首有孔曰二字又師上亦無人字

乃爇尸組閩本北監本同毛本爇作爇案爇字誤也今訂正

是歸爲温也閩本同北監本毛本歸作尋案所改是也今依訂正

學而不思章

學而不思則罔釋文出則罔云本又作罔案古罔字本省作网此作罔又古文之省

學不尋思其義皇本作學而不尋思其義理

攻乎異端章

斯害也已皇本高麗本已下有矣字是也

由誨汝知之乎章

誨女知之乎皇本高麗本毛本女作汝後並放此案釋文出誨女云音汝後可以意求之

不知爲不知皇本不知下有之字

子張學干祿章

雖愚不得祿閩本同北監本毛本愚作偶今依訂正

何爲則民服章

舉直錯諸枉釋文出錯字云鄭本作措投也○按措正字古經傳多假錯爲之

舉正直之人用之皇本正上有用字人下無用之二字

則民服其上皇本上下有矣字毛本作則民服其上也

哀公名蔣史記魯世家作名將世本作蔣

季康子問使民敬忠以勸章

臨之以莊則敬皇本臨下有民字又則敬則勸作則民敬則民勸案作臨民作臨之俱可若民之連用則不詞矣疑皇本誤

或謂孔子曰章

孝乎惟孝 皇本乎作于釋文出孝于云一本作孝乎案惠棟九經古義云蔡邕石經亦作于故包咸注云孝于惟孝美大孝之辭後世儒者據晉世所出君陳篇改孝于爲乎惟以孝屬下句以合之若非漢石經及包氏注亦安從而是正邪

是亦爲政 皇本政下有也字

奚其爲爲政 釋文出奚其爲爲政也云一本不重爲字

孝乎惟孝 皇本乎作于惟孝下有者字

美大孝之辭 皇本無大字辭下有也字

施行也 文選閑居賦注引此注下有政所施行也五字各本皆無

與爲政同 皇本作卽是與爲政同耳文選閑居賦注引與上有卽字同下有也字

今其言 本今誤令今正

美此孝之辭也 孫志祖云此當作大今正

人而無信章

小車無軏 案五經文字云軏軏音月轅端上說文下見論語及釋文相承隸省

輗端上曲鉤衡皇本鉤作拘衡下有者也二字案鉤拘古音同第四部故多通用周禮巾車金路鉤注故書鉤爲拘杜子春讀爲鉤

大車崇九尺考工記作三柯

如軫與轐案如當作加如字誤也閩本北監本毛本與又誤輿

爲衡頸之間閩本同北監本毛本間作閒是也今依訂正

子張問十世章

殷因於夏禮所損益宋石經避宣祖諱殷作商後放此漢石經損作揁

雖百世可知也皇本高麗本可上有亦字

物類相召世數相生皇本此注作馬融曰召作招世作勢

故可預知皇本作故可豫知也案豫預古今字

殷則損益之各本益之二字誤倒今正

勢數相生案注文及疏末段俱作世數則此不當作勢字今訂正

若羅網有紀綱之而百目張也今白虎通作若羅網之有紀綱而萬目張也

剛柔相配故人爲三綱今白虎通人上有六字

取象日月屈信歸功也今白虎通功下有天字

取法五行今白虎通法作象

夫婦取象人合陰陽有施今白虎通作夫婦法人取象人合陰陽有施化端也

以度教子今白虎通作以法度教子也

白虎通云本云誤示今正

五性者何今白虎通性作常是也

仁者不忍好生愛人今白虎通作仁者不忍也施生愛人也案白虎通本有作好字者古人所據之本不必盡同今本且引書

亦不盡用元文者不得援彼改此浦鏜遽以好爲誤字非也

或於事今白虎通作不惑於事○按惑正字古多假或爲之

明一陽二陰今白虎通一作二

事莫不先其質性乃後有其文章也今白虎通作事莫不先有質性乃後有文章也

天有三生三死故士有三王今白虎通士作土毛本三死誤二死

女媧以十二月爲正尚白本正誤王白誤曰今正

又木之始本木誤未今正

文法天質法地閩本同案此當作文法地質法天下周文法地殷質法天可證

殷質法而爲地正者閩本同北監本毛本而上有天字此誤脫也

建丑之月爲地統者各本脫地字浦鏜校補下建寅之月爲人統者同

以其物出於地各本其作人據浦鏜校改

物生細微閩本北監本毛本作微細

洛予命云湯觀於洛沈璧而黑龜與之書浦鏜云予誤子璧誤壁是也今依訂正

泰誓言武王伐紂本泰誤秦今訂正

而白魚入於王舟本入誤八今訂正

禪代之後本代誤伐今訂正

非其鬼而祭之章

是諂求福皇本作是諂以求福也

義所宜爲皇本作義者所宜爲也又下是無勇下亦有也字

見其義不爲孫志祖云其衍字

論語注疏卷二校勘記

論語注疏解經卷第三

八佾第三

何晏集解　邢昺疏

[疏]正義曰前篇論爲政爲政之善莫善禮樂禮以安上治民樂以移風易俗得之則安失之則危故此篇論禮樂得失也

孔子謂季氏八佾舞於庭是可忍也孰不可忍也馬曰孰誰也佾列也天子八佾諸侯六卿大夫四士二八人爲列八八六十四人魯以周公故受王者禮樂有八佾之舞季桓子僭於其家廟舞之故孔子譏之

[疏]孔子至忍也○正義曰此章論魯卿季氏僭用禮樂之事孔子謂季氏八佾舞於庭者謂者評論之稱季氏魯卿於時當桓子也佾列也舞者八人爲列八八六十四人桓子用此八佾舞於家廟之庭故孔子評論而譏之是可忍也孰不可忍也者此孔子所譏之語也孰誰也人之僭禮皆當罪責不可容忍季氏以陪臣而僭天子最難容忍故曰若是可容忍他人更誰不可忍也○注馬曰至譏之○正義曰孰誰釋詁文佾列書傳通訓也云天子八佾諸侯六大夫四士二者隱五年左傳文也云八人爲列八八六十四人者杜預何休說如此其諸侯用六者六六三十六人大夫四四十六人士二二二四人服虔以用六爲六八四十八人大夫四爲四八三十二人士二爲二八十六人今以舞勢宜方行列既減即每行人數亦宜減故同何杜之說天子所以八八佾者案隱五年左傳考仲子之宮將萬焉公問羽數於衆仲對曰天子用八諸侯用六大夫四士二夫舞所以節八音而行八風故自八以下杜預云唯天子得盡物數故以八爲列諸侯則不敢用八所謂八音者金石土革絲木匏竹也鄭玄云金鐘鎛也石磬也土塤也革鼓鼗也絲琴瑟也木柷敔也匏笙也竹管簫也所謂八風者服虔以爲八卦之風乾音石其風不周坎音革其風廣莫艮音匏其風融震音竹其風明庶巽音木其風清明離音絲其風景坤音土其風涼兌音金其風閶闔又易緯通卦驗云立春調風至春分明庶風

至立夏清明風至夏至景風至立秋涼風至秋分閶闔風至立冬不周風至冬
至廣莫風至是則天子之舞所以節八音而行八風故八佾也云魯以周公之
故受王者禮樂有八佾之舞者此釋季氏所以得僭之由由魯得用之也案禮
記祭統云昔者周公旦有勳勞於天下成王康王賜之以重祭朱干玉戚以舞
大武八佾以舞大夏此天子之樂也。重周公故以賜魯又明堂位曰命魯公世
世祀周公以天子之禮樂是受王者禮樂也然王者禮樂唯得於文王周公廟
用之若用之他廟亦爲僭也故昭二十五年公羊傳稱昭公謂子家駒曰吾何
僭。哉荅曰朱干玉戚以舞大夏八佾以舞大武此皆天子之禮也是昭公之時
僭者用他廟也云季桓子僭於家廟舞之故孔子譏之者案經但云季氏知是桓
子者以孔子與桓子同時親見其事而譏之故知桓子也何休云僭齊也下。效
上之辭季氏陪臣也而效君於上故云僭也大夫稱家祭法大夫三廟此經又
言於庭魯之用樂見於經傳者皆據廟中祭祀時知此亦僭於其家廟舞之故
孔子譏之也

三家者以雍徹。馬曰三家謂仲孫叔孫季孫雍周頌臣工篇名天子祭於宗廟歌之以徹祭今三家亦作此樂。**子曰相維辟公天子穆穆。奚取於三家之堂**包曰辟公謂諸侯及二王之後穆天子之容。貌雍篇歌此。者有諸侯及二王之後來助祭故也今三家但家臣而已何取此義而作之於堂邪

疏 三家至之堂○正義曰此章譏三家之僭也三家者以雍徹者此第子之言將論夫子所
譏之語故先設此文以爲首引三家謂仲孫叔孫季孫雍周頌臣工篇名天子
祭於宗廟歌之以徹祭今三家亦作此樂以徹祭故夫子譏之子曰相維辟公
天子穆穆奚取於三家之堂者此夫子所譏之語也先引詩文後言其不可取
之理也相維辟公天子穆穆者此雍詩之文也相助也維辭也辟公謂諸侯及
二王之後穆穆天子之容貌雍篇歌此者有諸侯及二王之後來助祭故也今
三家。但家臣而已何取此義而作之於堂乎○注馬曰至此樂○正義曰三孫
同是魯桓公之後桓公適子莊公爲君庶子公子慶父公子叔牙公子季友仲
孫是慶父之後叔孫是叔牙之後季孫是季友之後其後子孫皆以其仲叔季

爲氏故有此氏並是桓公子孫故俱稱孫也至仲孫氏後世改仲曰孟孟者庶長之稱也言已是庶不敢與莊公爲伯仲叔季之次故取庶長爲始也云雍周頌臣工篇名者卽周頌臣工之什第七篇也天子祭於宗廟歌之以徹祭者案周禮樂師云及徹帥學士而歌徹鄭玄云徹者歌雍又小師云徹歌鄭云於有司徹而歌雍是知天子祭於宗廟歌之以徹祭也今三家亦作此樂故夫子譏之也○注包曰至堂邪○正義曰云辟公謂諸侯及二王之後者此與毛傳同鄭玄以辟爲卿士公謂諸侯爲異餘亦同也云穆穆天子之容貌者曲禮云天子穆穆爾雅釋詁云穆穆美也是天子之容貌穆穆然美也云雍篇歌此者有諸侯及二王之後來助祭故也者將言無諸侯及二王之後助祭則不可歌也云今三家但家臣而已何取此義而作之於堂邪者卿大夫稱家家臣謂家相邑宰之屬來助祭耳何取此雍詩之義而奏作於堂邪語辭魯用天子禮樂以雍徹由是三家僭之也

子曰人而不仁如禮何人而不仁如樂何包曰言人而不仁必不能行禮樂疏子曰至樂何○正義曰此章言禮樂資仁而行也人而不仁如禮何人而不仁如樂何者如奈也言人而不仁奈此禮樂何謂必不能行禮樂也

林放問禮之本鄭曰林放魯人子曰大哉問禮與其奢也寧儉喪與其易也寧戚包曰易和易也言禮之本意失於奢不如儉喪失於和易不如哀戚疏林放至寧戚○正義曰此章明禮之本意也林放問禮之本者林放魯人也問於夫子禮之本意如何子曰大哉問者夫子將荅禮本先嘆美之也禮之末節人尚不知林放能問其本其意非小故曰大哉問也禮與其奢也寧儉喪與其易也寧戚者此夫子所荅禮本也奢汰侈也儉約省也易和易也戚哀戚也與猶等也奢與儉易與戚等俱不合禮但禮不欲失於奢寧失於儉喪不欲失於易寧失於戚言禮之本意禮失於奢不如儉喪失於和易不如哀戚

子曰夷狄之有君不如諸夏之亡也包曰諸夏中國亡無也疏子曰夷狄之有君不如諸夏之亡也○正義曰此章言中國禮義之盛而夷狄無也舉夷狄則

戎蠻可知諸夏中國也亡無也言夷狄雖有君長而無禮義中國雖偶無君若周召共和之年而禮義不廢故曰夷狄之有君不如諸夏之亡也○注包曰諸夏中國○正義曰此及閔元年左氏傳皆言諸夏襄四年左傳魏絳云諸夷必叛華夏皆謂中國而謂之華夏者夏大也言有禮儀之大有文章之華也季

氏旅。於泰山子謂冉有曰女弗。能救與 馬曰旅祭名也禮諸侯祭山川在其封內者今陪臣祭泰山非禮也冉有弟子冉求時仕於季氏救猶止也 對曰不能子曰嗚呼曾謂泰山不如林放乎 包曰神不享非禮林放尚知問禮泰山之神反不如林放邪欲誣而祭之

疏 季氏至放乎○正義曰此章譏季氏非禮祭泰山也季氏旅於泰山者旅祭名也禮諸侯祭山川在其封內者今陪臣祭泰山非禮也子謂冉有曰女弗能救與者冉有弟子冉求時仕於季氏救猶止也夫子見季氏非禮而祭泰山故以言謂弟子冉有曰汝既臣於季氏知其非禮卽合諫止女豈不能諫止與與語辭對曰不能者言季氏僭濫已不能諫止也子曰嗚呼曾謂泰山不如林放乎者孔子歎其失禮故曰嗚呼曾之言則也夫神不享非禮林放尚知問禮況泰山之神豈反不如林放乎而季氏欲誣罔而祭之也言泰山之神必不享季氏之祭若其享之則是不如林放也○注馬曰至止也○正義曰云旅祭名者周禮大宗伯職云國有大故則旅上帝及四望鄭注云故謂凶烖旅陳也陳其祭事以祈焉禮不如祀之備也故知旅祭名也云禮諸侯祭山川在其封內者王制云諸侯祭名山大川之在其地者是也云今陪臣祭泰山非禮也者陪重也諸侯旣爲天子之臣故謂諸侯之臣爲陪臣泰山在魯封內故魯得祭之今季氏亦祭故云非禮云冉有弟子冉求者史記弟子傳云冉求字子有少孔子二十九歲鄭玄曰魯人

子曰君子無所爭必也射乎 孔曰言於射而後有爭 揖讓而升下而飲 王曰射於堂升及下皆揖讓而相飲 其爭也君子。 馬曰多筭飲少筭君子之所爭

疏 子曰至君子○正義曰此章言射禮有君子之風也君子之人謙卑自牧無所競爭也必也

射乎者君子雖於他事無爭其或有爭必也於射禮乎言於射而後有爭也揖讓而升下而飲者射禮於堂將射升堂及射畢而下勝飲不勝其耦皆以禮相揖讓也其爭也君子者射者爭中正鵠而已不同小人厲色援臂故曰其爭也君子○注孔曰言於射而後有爭○正義曰鄭注射義云飲射爵者亦揖讓而升降勝者袒決遂執張弓不勝者襲說決拾卻左手右加弛弓於其上而升飲君子恥之是以射則爭中是於射而後有爭○注王曰至相飲○正義曰云射於堂升及下皆揖讓而相飲者儀禮大射云耦進上射在左並行當階北面揖及階揖升堂揖皆當其物北面揖及物揖射畢北面揖揖如升射是射時升降揖讓也大射又云飲射爵之時勝者皆袒決遂執張弓不勝者襲說決拾卻左手右加弛弓于其上遂以執弣揖如始升射及階勝者先升升堂少右不勝者進北面坐取豐上之觶立卒觶坐奠於豐下興揖不勝者先降是飲射爵之時揖讓升降也○注馬曰多至所爭○正義曰云多筭飲少筭者筭籌也鄉射記曰箭籌八十長尺有握握素是也多筭謂勝者少筭謂不勝者勝飲不勝而相揖讓故曰君子之所爭也

子夏問曰：巧笑倩兮，美目盼兮，素以爲絢兮，何謂也？馬曰倩笑貌盼動目貌絢文貌此上二句在衛風碩人之二章其下一句逸也 子曰：繪事後素。鄭曰繪畫文也凡繪畫先布衆色然後以素分布其間以成其文喻美女雖有倩盼美質亦須禮以成之 曰：禮後乎？孔曰孔子言繪事後素子夏聞而解知以素喻禮故曰禮後乎 子曰：起予者商也，始可與言詩已矣。包曰予我也孔子言子夏能發明我意可與共言詩

【疏】子夏至詩已矣○正義曰此章言成人須禮也子夏問曰巧笑倩兮美目盼兮素以爲絢兮何謂也者倩笑貌盼動目貌絢文貌此衛風碩人之篇閔莊姜美而不見荅之詩也言莊姜既有巧笑美目倩盼之容又能以禮成文絢然素喻禮也子夏讀詩至此三句不達其旨故問夫子何謂也子曰繪事後素者孔子舉喻以荅子夏也繪畫文也凡繪畫先布衆色然後以素分布其間以成其文喻美女雖有倩盼美質亦須禮以成之也曰禮後乎者此子夏

語子夏聞孔子言繪事後素即解其旨知以素喻禮故曰禮後乎子曰起予者商也始可與言詩已矣者起發也予我也商子夏名孔子言能發明我意者是子夏也始可與共言詩也○注馬曰至逸也○正義曰云此上二句在衛風碩人之二章者案今毛詩碩人四章章七句其二章曰手如柔荑膚如凝脂領如蝤蠐齒如瓠犀螓首蛾眉巧笑倩兮美目盼兮是也云其下一句逸者今毛詩無此一句故曰逸言亡逸也○注鄭曰至成之○正義曰案考工記云畫繪之事雜五色下云畫繢之事後素功是知凡繪畫先布衆色然後以素分布其間以成其文章也

子曰夏禮吾能言之杞不足徵也殷禮吾能言之宋不足徵也包曰徵成也杞宋二國名夏殷之後夏殷之禮吾能說之杞宋之君不足以成也文獻不足故也足則吾能徵之矣鄭曰獻猶賢也我不以禮成之者以此二國之君文章賢才不足故也

疏子曰至徵之矣○正義曰此章言夏商之後不能行先王之禮也夏禮吾能言之杞不足徵也殷禮。吾。能。言之宋不足徵也者徵成也杞宋二國言夏殷之後也孔子言夏殷之禮吾能說之但以杞宋之君闇弱不足以成之也文獻不足故也足則吾能徵之矣者此又言不足徵之意獻賢也孔子言我不以禮成之者以此二國之君文章賢才不足故也○注包曰至成也○正義曰徵成。釋。詁文云杞宋二國名夏殷之後者樂記云武王克殷下車而封夏后氏之後於杞。封殷之後於宋是也

子曰禘自既灌而往者吾不欲觀之矣孔曰禘祫之禮爲序昭穆故毀廟之主及羣廟之主皆合食於太祖灌者酌鬱鬯灌於太祖以降神也既灌之後。列尊卑序昭穆而魯。逆祀躋僖公亂昭穆故不欲觀之矣

疏子曰禘自既灌而往者吾不欲觀之矣○正義曰此章言魯禘祭非禮之事禘者。五年大祭之名灌者將祭酌鬱鬯於太祖以降神也既灌之後列尊卑序昭穆而魯逆祀躋僖公亂昭穆故孔子曰禘祭自既灌。已往吾則不欲觀之也○注孔曰至觀之○正義曰云禘祫之禮爲序昭穆故毀廟之主及羣廟之主皆合食於太祖者鄭玄曰魯禮三年喪畢而祫於太祖明年春禘

於羣廟自爾之後五年而再殷祭以遠主初始入祧新死之主又當與先君相接故禮因是而爲大祭以審序昭穆故謂之禘禘者諦也言使昭穆之次審諦而不亂也祫者合也文二年公羊傳曰大祫者何合祭也其合祭奈何毀廟之主陳于太祖未毀廟之主皆升合食於太祖是也云灌者酌鬱鬯灌於太祖以降神者郊特牲云周人尚臭灌用鬯臭鬱合鬯臭陰達於淵泉灌以圭璋用玉氣也既灌然後迎牲致陰氣也鄭注云灌謂以圭瓚酌鬯始獻神也鬱鬱金草釀秬爲酒煮鬱金草和之其氣芬芳調暢故曰鬱鬯言未殺牲先酌鬱鬯酒灌地以求神於太祖廟也云既灌之後列尊卑序昭穆者言既灌地降神之後始列木主以尊卑陳列太祖前太祖東鄉昭南鄉穆北鄉其餘孫從王父父曰昭子曰穆昭取其鄉明穆取其北面尚敬三年一祫五年一禘禘所以異於祫者毀廟之主陳於太祖與祫同未毀廟之主則各就其廟而祭也云而魯逆祀躋僖公亂昭穆故不欲觀之者春秋文二年秋八月丁卯大事于太廟躋僖公公羊傳曰躋者何升也何言乎升僖公譏何譏爾逆祀也何休云升謂西上禮昭穆指父子近取法春秋惠公與莊公當同南面西上隱桓與閔僖亦當同北面西上繼閔者在下文公緣僖公於閔公爲庶兄置僖公於閔公上失先後之義故譏之是知當閔在僖上今升僖先閔故云逆祀二公位次之逆非昭穆亂也此注云亂昭穆及魯語云將躋僖公宗有司曰非昭穆也弗忌曰我爲宗伯明者爲昭其次爲穆何常之有如彼所言又似閔僖異昭穆者位次之逆如昭穆之亂假昭穆以言之非謂異昭穆也若兄弟相代卽異昭穆設今兄弟四人皆立爲君則祖父之廟卽已從毀知其理必不然故先儒無作此說以此逆祀失禮故孔子不欲觀之也

或問禘之說子曰不知也孔曰答以不知者爲魯諱。知其說者之於天下也其如示諸斯乎指其掌包曰孔子謂或人言知禘禮之說者於天下之事如指示。掌中之物言其易了

【疏】或問至其掌○正義曰此章言諱國惡之禮也或問禘之說者或人問孔子禘祭之禮其說何如子曰不知也者孔子荅言不知禘禮之說荅以不知者爲魯諱諱國惡禮也若其說之當云

禘之禮序昭穆時魯躋僖公亂昭穆說之則彰國之惡故但言不知也知其說者之於天下也其如示諸斯乎。也者諸於也斯此也孔子既荅或人以不知禘禮之說若不更說恐或人以爲己實不知無以明其諱國惡且恐後世以爲禘祭之禮聖人不知而致廢絕更爲或人言此也言。我知禘禮之說者於天下之事中其如指示於此掌中之物言其易了也指其掌者此句弟子作論語時言也當時孔子舉一手伸掌以一手指之以示或人曰其如示諸斯乎弟子等恐人不知示諸斯謂指示何等物故著此一句言是時夫子指其掌也

祭如在孔曰言事死如事生祭神如神在孔曰謂祭百神子曰吾不與祭如不祭包曰孔子或出或病而不自親祭使攝者爲之。不致。肅敬。於心與不祭同

疏祭如在至不祭○正義曰此章言孔子重祭禮祭如在者謂祭宗廟必致其敬如其親存言事死如事生也祭神如神在者謂祭百神亦如神之存在而致敬也子曰吾不與祭如不祭者孔子言我若親行祭事則必致其恭敬我或出或病而不自親祭使人攝代己爲之不致肅敬於心與不祭同○注謂祭百神○正義曰百神謂宗廟之外皆是言百神舉成數

王孫賈問曰與其媚於奧寧媚於竈何謂也孔曰王孫賈衛大夫奧內也以喻近臣竈以喻執政賈。執政者。欲使孔子求。昵之微以世俗之言感動之也子曰不然獲罪於天無所禱也孔曰天以喻君孔子。拒之曰如獲罪於天無所禱於衆神

疏王孫至禱也○正義曰此章言夫子守禮不求媚於人也王孫賈者衛執政大夫也問曰與其媚於奧寧媚於竈何謂也者媚趣嚮也奧內也謂室內西南隅也以其隱奧故尊者居之其處雖尊而閒靜無事以喻近臣雖尊不執政柄無益於人也竈者飲食之所由雖處卑褻爲家之急用以喻國之執政位雖卑下而執賞罰之柄有益於人也此二句世俗之言也言與其趣於閒靜之處寧若趣於急用之竈以喻其求於無事之近臣寧若求於用權之執政王孫賈時執國政舉。於二句佯若不達其理問於孔子曰何謂也欲使孔子求媚親昵於己故微以世俗之言感動之也子曰不然獲罪於天無所禱也者

孔子拒賈之辭也然如此也言我則不如世俗之言也天以喻君獲猶得也我道之行否由於時君無求於衆臣如得罪於天無所禱於衆神子曰周監於二代。郁。郁。乎文哉吾從周孔曰監視也言周文章備於二代當從之。疏子曰至從周○正義曰此章言周之禮文。猶備也周監於二代郁郁乎文哉者監視也二代謂夏商郁郁文章貌言以今周代之禮法文章迴視夏商二代則周代郁郁乎有文章哉吾從周者言周之文章備於二代故從而行之也子入太。廟包曰太廟周公廟孔子仕魯魯祭周公而助祭也每事問或曰孰謂鄹人之子知禮乎入太。廟每事問孔曰鄹孔子父叔梁紇所治邑時人多言孔子知禮或人以爲知禮者不當復問子聞之曰是禮也孔曰雖知之當復問慎之至也疏子入至禮也○正義曰此章言夫子慎禮也子入太廟者子謂孔子太廟周公廟孔子仕魯魯祭周公而助祭故得入之也每事問者言太廟之中禮器之屬每事輒問於令長也或曰孰謂鄹人之子知禮乎入太廟每事問者孰誰也鄹人魯鄹邑大夫孔子父叔梁紇也或有人曰誰謂鄹大夫之子知禮者也時人多言孔子知禮或人以爲知禮者不當復問何爲入太廟而每事問乎意以爲孔子不知禮子聞之曰是禮也者孔子聞或人之譏乃言其問之意以宗廟之禮當須重慎不可輕言雖已知之當更復問慎之至也○注包曰至助祭也○正義曰云太廟周公廟者文十三年公羊傳曰周公稱太廟魯公稱世室羣公稱宮故知太廟周公廟也云孔子仕魯者史記孔子世家云孔子貧且賤及長嘗爲季氏。吏料量平嘗爲司職吏而畜蕃息由是爲司空其後定公以孔子爲中都宰一年四方皆則之由中都宰爲司空由司空爲大司寇攝相事是仕魯由是故得與助祭也○注孔曰至復問○正義曰云鄹孔子父叔梁紇所治邑者古謂大夫守邑者以邑冠之呼爲某人孔子父鄹邑大夫左傳稱鄹人紇故此謂孔子爲鄹人之子也左傳成二年云新築人仲叔于奚杜注云于奚守新築大夫卽此類也子曰射不主皮馬曰射有五善焉一曰和志體和二曰和容有容儀三曰

主皮能中質四曰和頌合雅頌五曰與武與舞同天子三侯以熊虎豹皮爲之言射者不但以中皮爲善亦兼取和容也

爲力不同科古之道也

馬曰爲力力役之事亦有上中下設三科焉故曰不同科

【疏】子曰至古之道也○正義曰此章明古禮也射不主皮者言古者射禮張布爲侯而棲熊虎豹之皮於中而射之射有五善焉不但以中皮爲善亦兼取禮樂容節也周衰禮廢射者無復禮容但以主皮爲善故孔子抑之云古之射者不主皮也爲力不同科者言古者爲力役之事亦有上中下設三科焉周衰政失力役之事貧富兼并強弱無別而同爲一科故孔子非之云古之爲力役不如今同科也古之道也者結上二事皆前古所行之道也○注馬曰至和容也○正義曰云射有五善焉者言射禮有五種之善下所引是也云一曰和至五曰興舞皆周禮鄉大夫職文也云志體和至。與舞同皆馬融解義語案彼云退而以鄉射之禮五物詢衆庶一曰和二曰容三曰主皮四曰和容五曰興舞注云以用也行。鄉射之禮而以五物詢於衆民鄭司農云詢謀也問於衆庶寧復有賢能者和謂閨門之內行也容謂容貌也主皮謂善射射所以觀士也故書舞爲無杜子春讀和容爲和頌謂能爲樂也無。讀爲舞謂能爲六舞玄謂和載六德容包六行也庶民無射禮因田獵分禽則有主皮主皮者張皮射之無侯也主皮和容興舞則六藝之射與禮。與樂是也今此注二曰和容衍和字五曰興武武當爲舞聲之誤也云天子三侯以熊虎豹皮爲之者周禮天官司裘職云王大射則共熊侯虎侯豹侯設其鵠諸侯則共熊侯豹侯卿大夫則共麋侯皆設其鵠注云大射者爲祭祀射。主將有郊廟之事以射擇諸侯及羣臣與邦國所貢之士可以與祭者射者可以觀德行其容體比於禮其節比於樂而中多者得與於祭諸侯謂三公及王子弟封於畿內者。卿大夫亦皆有采地。焉其將祀其。先祖亦與羣臣射以擇之凡大射各於其射宮侯者其所射也以虎熊豹麋之皮飾其側又方制之以爲。辜謂之鵠著於侯中所謂皮侯王之大射虎侯王所自射也熊侯諸侯所射豹侯卿大夫以下所射諸侯之大射熊侯諸侯所自射豹侯羣臣所射卿大夫之大射麋侯君臣共射焉凡此侯道虎九十弓熊七十弓豹麇五十弓列國之諸侯大射大侯亦九十參七十干五十遠尊得伸可同耳所射正謂之侯者天子中之則能服諸侯諸侯以下中之則得爲諸侯鄭司農云鵠鵠毛也方十尺曰侯四尺曰鵠二尺曰正四寸曰質玄謂侯中之大小取數於侯道鄉射。記曰弓二寸以爲侯中則九十弓者侯中廣丈八尺七十弓者侯中廣丈四尺五十弓者侯中一廣一丈尊卑異等此數明矣考工記曰梓人爲侯廣與崇方參分其廣而鵠居一焉然則侯中丈八尺者鵠方六尺侯中丈四尺者鵠方四尺六寸大半寸侯中一丈者鵠方三尺三寸少半寸謂之鵠者取名於鳱鵠鳱鵠小鳥而難中是以中之爲雋亦取鵠之言較較者直也射所以直已志用虎熊豹麋之皮示服猛討迷。士惑者射者大禮故取義衆也。不。大射士無臣祭無所擇也

子貢欲去告朔之餼羊 鄭曰牲生曰餼禮人君每月告朔於廟有祭謂之朝享魯自文公始不視朔子貢見其禮廢故欲去其羊

子曰賜也爾。愛其羊我愛其禮 包曰羊存猶以識其禮羊亡禮遂廢

【疏】子貢至其禮○正義曰此章言孔子不欲廢禮也子貢欲去告朔之餼羊○者牲生曰餼禮人君每月告朔於廟因有祭謂之朝享魯自文公怠於政禮始不視朔廢朝享之祭有司仍供備其羊子貢見其禮廢故欲并去其羊也子曰賜也爾愛其羊我愛其禮者此孔子不許子貢之欲去羊故呼其名而謂之曰賜也爾以爲既廢其禮虛費其羊故欲去之是愛其羊也我以爲羊存猶以識其禮羊亡禮遂廢所以不去其羊欲使後世見此告朔之羊知有告朔之禮庶或復行之是愛其禮也○注鄭曰至其羊○正義曰云牲生曰餼者僖三十三年左傳曰餼牽竭矣餼與牽相對牽是牲可牽行則餼是已殺殺又非熟故解者以爲腥曰餼謂生肉未煑者也其實餼亦是生哀二十四年左傳云晉師乃還餼臧石牛是以生牛賜之也此及聘禮注皆云牲生曰餼由不與牽相對故爲生也云禮。每月告朔於廟有祭謂之朝享者案周禮大史頒告朔于邦國鄭玄云天子頒朔于諸侯諸侯藏之祖廟至朔朝于廟告而受行之此云子貢欲去告朔之餼羊是用。生羊告於廟謂之告朔人君卽以此日聽視此朔之政謂之視朔文十六年公四不視朔僖五年傳

曰公既視朔是也視朔者聽治此月之政亦謂之聽朔玉藻云天子聽朔于南門之外是也其日又以禮祭於宗廟謂之朝廟周禮謂之朝享司尊彝云追享朝享是也其歲首爲之則謂之朝正襄二十九年正月公在楚傳曰釋不朝正於廟是也告朔視朔聽朔朝廟享朝正二禮各有三名同日而爲之也必於月朔爲此告朔聽朔之禮者杜預春秋釋例曰人君者設官分職以爲民極遠細事以全委任之責縱諸下以盡知力之用總成敗以效能否執八柄以明誅賞故自非機事皆委任焉誠信足以相感事實盡而不擁故受位居職者思効忠善日夜自進而無所顧忌也天下之細事無數一日二日萬端人君之明有所不照人君之力有所不堪則不得不借問近習有時而用之如此則六鄉六遂之長雖躬履此事躬造此官當皆移聽於內官回心於左右政之粃亂常必由此聖人知其不可故簡其節敬其事因月朔朝廟遷坐正位會羣吏而聽大政考其所行而決其煩疑非徒議將然也乃所以考已然又惡其審聽之亂公也故顯衆以斷之是以上下交泰官人以理萬民以察天下以治也每月之朔必朝於廟因聽政事事敬而禮成故告特羊然則朝廟朝正告朔視朔皆同日之事所從言異耳是言聽朔朝廟之義也玉藻說天子朝廟之禮云聽朔於南門之外諸侯皮弁聽朔於太廟鄭玄以爲明堂在國之陽南門之外謂明堂也諸侯告朔以特羊則天子以特牛與天子用特牛告其帝及其神配以文王武王諸侯用特羊告太祖而已杜預以明堂與祖廟爲一但明堂是祭天之處天子告朔雖杜之義亦應告人帝朝享即月祭是也祭法云王立七廟曰考廟王考廟皇考廟顯考廟皆月祭之二祧享嘗乃止諸侯立五廟曰考廟王考廟皇考廟皆月祭之顯考廟祖考廟享嘗乃止然則天子告朔於明堂朝享於五廟諸侯告朔於大廟朝享自皇考以下三廟耳皆先告朔後朝廟朝廟小於告朔文公廢其大而行其小故春秋文公六年經云閏月不告朔猶朝于廟公羊傳曰猶者可止之辭也天子玄冕以視朔皮弁以日視朝諸侯皮弁以聽朔朝服以日視朝其閏月則聽朔於明堂闔門左扉立於其中聽政於路寢門終月故於文王在門爲閏云魯自文公始不視朔者即文六年閏月不告朔是也

子曰事君盡禮人以爲諂也孔曰時事君者多無禮故以有禮者爲諂疏子曰至諂也○正義曰此章疾時臣事君多無禮也言若有人事君盡其臣禮謂將順其美及善則稱君之類而無禮之人反以爲諂佞也定公問君使臣臣事君如之何孔曰定公魯君謚時臣失禮定公患之故問之孔子對曰君使臣以禮臣事君以忠疏定公至以忠○正義曰此章明君臣之禮也定公問君使臣臣事君如之何者定公魯君也時臣失禮君不能使定公患之故問於孔子曰君之使臣及臣之事君當如之何也孔子對曰君使臣以禮臣事君以忠者言禮可以安國家定社稷止由君不用禮則臣不竭忠故對曰君之使臣以禮則臣必事君以忠也○注孔曰至問之○正義曰云定公魯君謚者魯世家云定公名宋襄公之子昭公之弟以敬王十一年卽位謚法安民大慮曰定子曰關雎樂而不淫哀而不傷。孔曰樂。不至淫哀不至傷言其和也疏子曰至不傷正義曰此章言正樂之和也關雎者詩國風周南首篇名興后妃之德也詩序云樂得淑女以配君子憂在進賢不淫其色是樂而不淫也哀窈窕思賢才而無傷善之心焉是哀而不傷也樂不至淫哀不至傷言其正樂之和也哀公問社。於宰我宰我對曰夏后氏以松殷人以柏周人以栗曰使民戰栗。孔曰凡建邦立社各以其土所宜之木宰我不本其意妄爲之說因周用栗便云使民戰栗子聞之曰成事不說包曰事已成不可復解說遂事不諫包曰事已遂不可復諫止既往不咎包曰事已往不可復追。咎孔子非宰我故歷言此三者欲使慎其後疏哀公至不咎○正義曰此章明立社所用木也哀公問社於宰我者哀公魯君也社五土之神也凡建邦立社各以其土所宜木哀公未知其禮故問於弟子宰我也宰我對曰夏后氏以松殷人以柏周人以栗曰使民戰栗者三代立社各以其土所宜木故宰我舉之以對哀公也但宰我不本其土宜之意因周用栗便妄爲之說曰周人以栗者欲使其民戰栗故也子聞之曰成事不說遂事不諫既往不咎者孔子聞宰我對哀公使民戰栗知其虛妄無如之何故曰遂事已成不可復解說也事已遂不可復諫止也事已往不可追咎也歷言此三者以非之欲使愼其後也注孔曰至戰栗○正義曰云凡建邦立社各以其土所宜之木者以社者五土之總神故凡建邦立國必立社也夏都安邑宜松殷都亳宜柏周都豐鎬宜栗是各以其土所宜木也謂用其木以爲社主張包周本以爲哀公問主於宰我先儒或以爲宗廟主者杜元凱何休用之以解春秋以爲宗廟主今所不取

子曰管仲之器小哉言其器量小也或曰管仲儉乎包曰或人見孔子小之以爲謂之大儉曰管氏有三歸官事不攝焉得儉包曰三歸娶三姓女婦人謂嫁曰歸攝猶兼也禮國君事大官各有人大夫兼幷今管仲家臣備職非爲儉然則管仲知禮乎包曰或人以儉問故荅以安得儉或人聞不儉便謂爲得禮曰邦君樹塞門管氏亦樹塞門邦君爲兩君之好有反坫管氏亦有反坫鄭曰反坫反爵之坫在兩楹之間人君別內外於門樹屏以蔽之若與鄰國爲好會其獻酢之禮更酌酌畢則各反爵於坫上今管仲皆僭爲之如是是不知禮管氏而知禮孰不知禮

疏子曰至知禮○正義曰此章言管仲僭禮也子曰管仲之器小哉者管仲齊大夫管夷吾也孔子言其器量小也或曰管仲儉乎者或人見孔子言管仲器小以爲謂其大儉故問曰管氏儉乎曰管氏有三歸官事不攝焉得儉者孔子荅或人以管仲不儉之事也婦人謂嫁曰歸攝猶兼也焉猶安也禮大夫雖有妾媵嫡妻唯娶一姓今管仲娶三姓之女故曰有三歸禮國君事大官各有人大夫雖得有家臣不得每事立官當使一官兼攝餘事今管仲家臣備職奢豪若此安得爲儉也然則管仲知禮乎者或人聞孔子言管仲不儉便謂爲得禮故又問曰然則管仲是知禮之人乎曰邦君樹塞門管氏亦樹塞門邦君爲兩君之好有反坫管氏亦有反坫者此孔子又爲或人說管仲不知禮之事也邦君諸侯也屏謂之樹人君別內外

於門樹屏以蔽塞之大夫當以簾蔽其位耳今管仲亦如人君樹屏以塞門也反坫反爵之坫在兩楹之間人君與鄰國爲好會其獻酢之禮更酌酌畢則各反爵於坫上大夫則無之今管仲亦有反爵之坫僭濫如此是不知禮也管氏而知禮孰不知禮者孔子舉其僭禮於上而以此言非之孰誰也言若謂管氏而爲知禮更誰爲不知禮言唯管氏不知禮也○注包曰至爲儉○正義曰云婦人謂嫁曰歸者隱二年公羊傳文何休曰婦人生以父母爲家嫁以夫爲家故謂嫁曰歸明有三歸之道也○注鄭曰至知禮○正義曰云反坫反爵之坫在兩楹之間者以鄉飲酒是鄉大夫之禮於房戶間燕禮是燕己之臣子故尊於東楹之西若兩君相敵則尊於兩楹間故其坫在兩楹間也云人君别内外於門樹屏以蔽之者釋宮云屏謂之樹郭璞曰小牆當門中郊特牲云臺門而旅樹鄭玄云此皆諸侯之禮也旅道也屏謂之樹樹所以蔽行道管氏樹塞門塞猶蔽也禮天子外屏諸侯内屏大夫以簾士以帷是也云若與鄰國爲好會其獻酢之禮更酌酌畢則各反爵於坫上者熊氏云主君獻賓賓筵前受爵飲畢反。坫虛爵於坫上於西階上拜主人於阼階上荅拜賓於坫取爵洗爵酌以酢主人主人受爵飲畢反此虛爵於坫上主人阼階上拜賓荅拜是賓主飲畢反爵於坫上也而云酌畢各反爵於坫上者文不具耳其實當飲畢

子語魯大師樂。曰樂其可知也。始作翕如也大師樂官名。五音始奏翕如盛從。之純。如也從讀曰縱言五音既發放縱盡其。音聲純。純。和諧也皦如也言其音節。明也繹如也以成縱之以純如皦如繹如言樂始。作翕如而成於三。

疏子語至以成○正義曰此章明樂子語魯大師樂者大師樂官名猶周禮之大司樂也於時魯國禮樂崩壞故孔子以正樂之法語之使知也曰樂其可知也者言五音翕然盛也翕盛貌如皆語辭從之純如也者從讀曰縱謂放縱也純和也言五音既發放縱盡其音聲純純和諧也皦如也者皦明也言其音節分明也繹如也者言其音。落繹然相續不絕也以成者言樂始作翕如又縱之以純如皦如繹如則正樂以之而成也

儀封人請見鄭曰儀蓋衛邑封人官名

曰君子之至於斯也吾未嘗不得見也從者見之包曰從者弟子隨孔子行者通使得見出曰二三子何患於喪乎天下之無道也久矣孔曰語諸弟子言何患於夫子聖德之將喪亡邪天下之無道已久矣極衰必盛天將以夫子爲木鐸孔曰木鐸施政教時所振也言天將命孔子制作法度以號令於天下

疏儀封至木鐸○正義曰此章明夫子之德天將命之使其定禮樂也儀封人請見衛國儀邑典封疆之人請告於孔子從者欲見孔子也曰君子之至於斯也吾未嘗不得見也者此所請辭也嘗曾也言往者有德之君子至於我斯地也吾嘗得見之未曾有不得見者也從者見之者從者謂弟子隨孔子行者既見其請故爲之紹介通使得見也出曰二三子何患於喪乎者儀封人請見夫子出門乃語諸弟子曰二三子何須憂患於夫子聖德之將喪亡乎天下之無道也久矣者此封人又說孔子聖德不喪之由也言事不常一盛必有衰衰極必盛今天下之衰亂無道亦已久矣言拯弱興衰屬在夫子天將以夫子爲木鐸者木鐸金鈴木舌施政教時所振也言天將命孔子制作法度以號令於天下如木鐸以振文教也○注鄭曰儀蓋至官名○正義曰云儀蓋衛邑者以左傳衛侯入於夷儀疑與此是一故云蓋衛邑也云封人官名者周禮封人掌爲畿封而樹之鄭玄云畿上有封若今時界也天子封人職典封疆則知諸侯封人亦然也左傳言潁谷封人祭仲足爲祭封人宋高哀爲蕭封人此云儀封人皆以地名封人蓋職典封疆居在邊邑潁谷祭皆是國之邊邑也○注包曰至得見○正義曰云通使得見者見謂爲之紹介使之見也若左傳云乃見鱄設諸焉齊豹見宗魯於公孟亦然○注孔曰至天下○正義曰云木鐸施政教時所振也者禮有金鐸木鐸鐸是鈴也其體以金爲之明舌有金木之異知木鐸是木舌也周禮教鼓人以金鐸通鼓大司馬教振旅兩司馬執鐸明堂位云振木鐸於朝是武事振金鐸文事振木鐸此云木鐸施政教時所振者所以振文教是也

子謂韶盡美矣又盡善也。孔曰韶舜樂名謂以聖德受禪故盡善。謂武盡美矣未盡善也孔曰武武王樂也以征伐取天下故。未盡善。疏子謂至善也○正義曰此章論韶武之樂子謂韶盡美矣又盡善也者韶舜樂名韶紹也德能紹堯故樂名韶言韶樂其聲及舞極盡其美揖讓受禪其聖德又盡善也謂武盡美矣未盡善也者武周武王樂以武得民心故名樂曰武言武樂音曲及舞容則盡極美矣然以征伐取天下不若揖讓而得故其德未盡善也○注孔曰至盡善○正義曰云韶舜樂名者樂記云韶繼也注云韶紹也言舜之道德繼紹於堯也元命包曰舜之時民樂紹堯業其書益稷云簫韶九成鳳皇來儀是韶爲舜樂名也云謂以聖德受禪故盡善者書序云昔在帝堯聰明文思光宅天下將遜于位讓于虞舜孔安國云云若使攝遂禪之禪即讓也是以聖德受禪也○注孔曰至未盡善○正義曰云武武王樂也者禮器云樂也者樂其所自成注云作樂者緣民所樂於己之功然則以武王用武除暴爲天下所樂故謂其樂爲武樂。武樂爲一代大事故歷代皆稱大武也云以征伐取天下故未盡善者以臣伐君雖曰應天順人不若揖讓而受故未盡善也

子曰居上不寬爲禮不敬臨喪不哀吾何以觀之哉疏子曰居上不寬爲禮不敬臨喪不哀吾何以觀之哉○正義曰此章總言禮意居上位者寬則得衆不寬則失於苛刻凡爲禮事在於莊敬不敬則失於傲惰親臨死喪當致其哀不哀則失於和易凡此三失皆非禮意人或若此不足可觀故曰吾何以觀之哉

論語注疏解經卷第三

論語注疏卷三校勘記　　阮元撰盧宣旬摘錄

八佾第三

孔子謂季氏章

金鍾鑮也　毛本鍾作鐘閩本鑮誤鏄北監本鍾亦作鐘鑮亦誤鏄

重周公故以賜魯　禮記祭統重作康

吾何僭哉　公羊傳哉上有矣字

下効上之辭　閩本同北監本毛本効作效案効乃效之俗字今正

三家者以雍徹　釋文出撤字云本或作徹案五經文字云撤去也案字書無此字見論語

今三家亦作此樂　皇本樂下有者也二字○按者是衍文

天子穆穆　皇本穆穆下有矣字

天子之容貌　皇本貌作也

雍篇歌此者　皇本此下有曲字

但家臣而已　本但誤但今改正

季氏旅於泰山章

季氏旅於泰山 玉篇云祣祭名論語作旅廣韻云祣祭山川名論語只作旅○按說文有旅無祣鄭氏注大司徒云旅陳也陳其祭事以祈焉

女弗能救與 皇本高麗本弗作不

君子無所爭章

多筭飲少筭 毛本筭作算釋文出多笇云本今作筭案五經文字云筭相亂反作笇訛算先卯反從昇見禮經說文筭計曆數者从竹弄算數也从竹具據此則字當作筭

右加弛弓 毛本作弛○按禮注射儀注作弛是正字

揖如始升射 儀禮大射儀無始字

坐奠於豐下興揖 本興誤與今訂正

鄉射記曰 北監本毛本記作禮後射不主皮章疏同○按作記是也

巧笑倩兮章

巧笑倩兮 皇本北監本毛本笑作笑後陽貨篇子之武城章夫子莞爾而笑皇本閩本北監本毛本亦並作笑五經文字云笑喜也從竹下犬○按釋文注中多作笑竹下犬非古也

美目盼兮唐石經閩本北監本同毛本盼作眄下並同○案說文盼詩曰美目盼兮从目分聲眄恨視也从目兮聲音義迥別毛本改从分是今依訂正

繪事後素釋文出繪事云本又作繢同畫文也案繪繢古通用周禮考工記凡畫繢之事後素功注及文選夏侯常侍誄注並引作繢

凡繪畫先布衆色皇本作畫繪又色作采

然後以素分布其閒皇本無布字

起予者商也漢石經無者字

可與共言詩皇本詩下有已矣二字

夏禮吾能言之章

殷禮言之浦鏜云禮下脫吾能二字

徵成釋詁文孫志祖云今爾雅釋詁無此文

封殷之後於宋是也禮記樂記封作投

禘自既灌而往章

列尊卑皇本列作別

而魯逆祀皇本魯下有爲字

禘者二年大祭之名浦鏜云五誤二今正

禘祭自既灌已往閩本北監本毛本已作以○按已以古字通

五年一禘本五誤王今正

是知當閔在僖上本上誤土今正

或問禘之說章

爲魯諱皇本作爲魯君諱也

如指示掌中之物皇本掌上有以字

其如示諸斯乎也者浦鏜云也字衍

言我知禘禮之說者於天下之事中浦鏜云我疑若字誤中字疑衍

祭如在章

不致肅敬於心皇本不上有故字無肅字毛本於誤作其疏文可證也

與其媚於奧章

賈執政者皇本賈下有者字者下有也字

欲使孔子求昵之釋文出求昵云亦作暱案昵暱古字通五經文字云暱昵同尼一反近也

孔子拒之曰皇本拒作距北監本誤作柜五經文字云拒與距同○按距雖距字說文有歫無拒歫即拒也

舉於二句浦鏜云於疑此字誤

周監於二代章

郁郁乎文哉汗簡云古論語郁作戫案說文𢧵有文章也戫即𢧵字之省

當從之皇本作當從周也

此章言周之禮文猶備也浦鏜云猶當獨字誤

子入太廟章

子入太廟唐石經皇本太作大下文及注並同後並放此唯本篇管仲之器小哉章注以為謂之太儉皇本亦作太案釋文出大字云音泰則此當作大為是

嘗爲季氏史閩本北監本同毛本史作吏今依訂正

射不主皮章

云志體和至與舞同 北監本閩本與誤與

行鄉射之禮 本鄉誤卿今正

無讀爲舞 本讀誤不今正

與禮與樂是也 按周禮注無下與字

主將有祭祀之射 北監本毛本作主將育郊廟之事浦鏜云主當作王是也

卿大夫亦皆有采地焉 本卿誤鄉焉誤馬今並正○案閩本北監本卿亦誤鄉

其將祀其先祖 本先誤無閩本同案此無作无形近之譌今正

又方制之以爲臯 本臯誤睾閩本同北監本毛本作臯亦誤○今正

鄉射記曰 毛本記作禮周禮注作記不誤

討迷士惑者 閩本同北監本毛本無士字○補案此士字因下士不大射誤衍

不大射 本大誤犬今改正○補毛本不上有士字案此誤脫

子貢欲去告朔之餼羊章

爾愛其羊 唐石經爾作女皇本高麗本作汝

云禮每月告朔於廟 浦鏜云據注文每上脫人君二字

是用牲羊告於廟 閩本同案牲當作生今訂正

則謂之朝政 閩本同毛本政作正是也今依訂正

朝廟享朝正 毛本享上有朝字此誤脫也閩本北監本毛本作朝廟享廟正正尤誤

皆委立焉 閩本同毛本立作任是也今依正

雖則履此事 浦鏜云躬誤則今依正

每月之朝 閩本同毛本朝作朔案朝字誤今正

以故告特羊 本特誤時今正

王立七廟祖廟 禮記祭法無祖廟二字按下脫祖考廟三字此蓋因下文誤衍

廟享自皇考以下 閩本北監本同毛本廟作朝是也今依正

關雎樂而不淫章

樂不至淫哀不至傷 皇本不上並有而字

哀窈窕 北監本窈作窈窈字非也毛本窈誤窕

哀公問社於宰我章

哀公問社於宰我釋文出問社云鄭本作主云主田主謂社案左氏文二年經丁丑作僖公主正義云論語哀公問主於宰我古論語及孔鄭皆以爲社主以張包周等並爲廟主故杜所依用

使民戰栗皇本高麗本栗下有也字

不可復追咎皇本追下有非字

杜元凱本元誤無今正

管仲之器小哉章

以爲謂之大儉皇本大作太儉下有乎字按釋文出大儉云音泰

焉得儉皇本高麗本儉下有乎字

三歸娶三姓女皇本作三歸者娶三姓女也釋文出取三云本今作娶○按娶正字古多假取字

婦人謂嫁曰歸皇本曰作爲釋文出謂嫁爲歸云一本無爲字本今作曰歸

便謂爲得禮皇本作更謂爲得知禮也

邦君爲兩君之好漢石經避高帝諱邦作國後放此

有反坫管氏亦有反坫毛本坫並誤玷

人君别內外皇本作人君有别外內

若與鄰國爲好會皇本國下有君字

孰不知禮皇本禮下有也字

隱二年公羊傳文各本二誤三今正

反此虛爵於坫上各本此誤坫今正

子語魯大師樂章

子語魯大師樂曰閩本毛本作太師按釋文出大師云音泰注同

樂其可知也皇本高麗本也下有已字

五音始奏皇本五上有言字

從之純如也唐石經避憲宗諱純作紌後放此按史記孔子世家從作縱後漢書班固傳注亦引作縱當是古論

放縱盡其音聲皇本無音字

純純和諧也皇本和上有如字按史記孔子世家集解引此注不重純字

言其音節明也皇本明上有分字

言樂始作翕如而成於三皇本作作於史記孔子世家集解引同皇本三下有者也二字

落繹然相續不絕也補北監本毛本落作絡

儀封人請見章

儀蓋衛邑皇本衛下有下字

君子之至於斯也皇本高麗本也作者

天下之無道也久矣高麗本無也字

儀封人既請見夫子各本並誤作請既今訂正

子謂韶章

又盡善也嘉定錢大昕養新錄云漢書董仲舒傳本引又盡善矣上矣下也語意不同當是論語古本今漢書亦改作也唯宋景祐本是矣字西漢策要與景祐本同

故盡善皇本作故曰盡善也下作故曰未盡善也

鳳皇來儀閩本北監本皇作凰○按皇凰正俗字

武樂爲一代大事盧文弨校本改武爲夫

論語注疏卷三校勘記

論語注疏解經卷第四

里仁第四

何晏集解　邢昺疏

疏正義曰此篇明仁仁者善行之大名也君子體仁必能行禮樂故以次前也

子曰里仁爲美。鄭曰里者仁之所居居於仁者之里是爲美擇不處仁焉得知。鄭曰求居而不處仁者之里不得爲有知者

疏子曰至得知○正義曰此章言居必擇仁也里仁爲美者里居也仁者之所居處謂之里仁凡人之擇居居於仁者之里是爲美也擇不處仁焉得知者焉猶安也擇求居處而不處仁者之里安得爲有知也

子曰不仁者不可以久處約孔曰久困則爲非不可以長處樂孔曰必驕佚仁者安仁包曰惟性仁者自然體之故謂安仁知者利仁王曰知仁爲美故利而行之

疏子曰至利仁○正義曰此章明仁性也不仁者不可以久處約者言不仁之人不可令久長處貧約若久困則爲非也不可以長處樂者言亦不可令久長處於富貴逸樂若久長處樂則必驕佚仁者安仁者謂天性仁者自然安而行之也知者利仁者知能照識前事知仁爲美故利而行之也○注包曰至安仁○正義曰此經仁者安仁知者利仁與表記正同理亦不異云唯性仁者自然體之者言天性仁者非關利害自然汎愛施生體包仁道易文言曰君子體仁足以長人是也○注王曰至行之○正義曰云知仁爲美故利而行之者言有知謀者貪利而行仁有利則行無利則止非本情也

子曰唯仁者能好人能惡人孔曰唯仁者能審人之所好惡

疏子曰唯仁者能好人能惡人○正義曰此章言唯有仁德者無私於物故能審人之好惡也

子曰苟志於仁矣無惡也。孔曰苟誠也言誠能志於仁則其餘終無惡

疏子曰苟志於仁矣無惡也○正義曰苟誠也此章言誠能志在

於仁則其餘行終無惡也

子曰富與貴是人之所欲也。不以其道得之不處也孔曰不以其道得富貴則仁者不處貧與賤是人之所惡也。不以其道得之不去也時有否泰故君子履道而反貧賤此則不以其道得之雖是人之所惡不可違而去之君子去仁惡乎成名孔曰惡乎成名者不得成名爲君子君子無終食之間違仁造次必於是顛沛必於是馬曰造次急遽顛沛。偃仆雖急遽偃仆不違仁

疏子曰至於是○正義曰此章廣明仁行也富與貴是人之所欲也不以其道得之不處也者富者財多貴者位高此二者是人之所貪欲也若不以其道而得之雖是人之所欲而仁者不處也貧與賤是人之所惡也不以其道得之不去也者乏財曰貧無位曰賤此二者是人之所嫌惡也時有否泰故君子履道而反貧賤此則不以其道而得之雖是人之所惡而仁者不違而去之也君子去仁惡乎成名者惡乎猶於何也言人欲爲君子唯行仁道乃得君子之名若違去仁道則於何得成名爲君子乎言去仁則不得成名爲君子也君子無終食之間違仁者言仁不可斯須。去身故君子無食頃違去仁道也造次必於是顛沛必於是者造次急遽也顛沛偃仆也言君子之人雖身有急遽偃仆之時而必守於是仁道而不違去也○注馬曰至違仁○正義曰云造次急遽者造次猶言草次鄭玄云倉卒也皆迫。從不暇之意故云急遽云顛沛偃仆者說文云偃僵也仆頓也則偃是仰倒也仆是踣倒也雖遇此顛躓之時亦不違仁也

子曰我未見好仁者。惡不仁者好仁者無以尚之孔曰難復加也惡不仁者其爲仁矣不使不仁者加乎其身孔曰言惡不仁者能使不仁者不加非義於己不如好仁者無以。尚之爲優。有能一日用其力於仁。矣乎我未見力不足者。孔曰言人無能一日用其力脩仁者耳我未見欲爲仁而力不足者蓋有之矣。我未之見也孔曰謙不欲盡誣時人言

不能爲仁故云爲。能有。爾。我未。之見也疏子曰至見也○正義曰此章疾時無仁也我未見好仁者惡不仁者孔子言我未見性好仁者亦未見能疾惡不仁者也好仁者無以尚之者此覆說上好仁者也尚上也言性好仁者爲德之最上他行無以更上之言難復加也惡不仁者其爲仁矣不使不仁者加乎其身此覆說上惡不仁者也言能疾惡不仁者亦得爲仁但其行少劣故曰其所爲仁矣也唯能不使不仁者加乎非義於己身也不如好仁者無以尚之爲優也有能一日用其力於仁矣乎者言世不脩仁也故曰有人能一日之間用其力於仁道矣乎言人誠能一日用其力脩仁者。耳我未見力不足者言德輶如毛行仁甚易我欲仁斯仁至矣何須用力故曰我未見欲爲仁而力不足者也蓋有之矣我未之見也者此孔子謙不欲盡誣時人言不能爲仁故曰蓋有能爲之者矣但我未之見也

子曰人。之過也各於其黨觀過斯知仁矣孔曰黨黨類小人不能爲君子之行非小人之過當恕而勿責之觀過使賢愚各當其所則爲仁矣疏子曰至仁矣○正義曰此章言仁恕也人之過也各於其黨者黨黨類也言人之爲過也君子小人各於其類也觀過斯知仁矣者言觀人之過使賢愚各當其所若小人不能爲君子之行非小人之過當恕而勿責之斯知仁者之用心矣

子曰朝聞道夕死可矣。言將至死不聞世之有道疏子曰朝聞道夕死可矣○正義曰此章疾世無道也設若早朝聞世有道暮夕而死可無恨矣言將至死不聞世之有道也

子曰士志於道而恥惡衣惡食者未足與議也疏子曰至議也○正義曰此章言人當樂道固窮也士者人之有士行者也言士雖志在善道而衣服飲食好其華美恥其麤惡者則是志道不篤故未足與言議於道也

子曰君子之於天下也無適。也無莫也義之與比。疏子曰至與比○正義曰此章貴義也適厚也莫薄也比親也言君子於天下之人無擇於富厚與窮薄者但有義者則與相親也

子曰君子懷德孔曰懷安也小人懷土孔曰重遷君子

懷刑。孔曰安於法小人懷惠包曰惠恩惠疏子曰至懷惠○正義曰此章言君子小人所安不同也君子懷德小人懷土者懷安也君子執德不移是安於德也小人安安而不能遷者難於遷徙是安於土也君子懷刑小人懷惠者刑法制惠恩惠也君子樂於法制齊民是懷刑也小人唯利是親安於恩惠是懷惠也子曰放於利而行孔曰放依也每事依利而行多怨孔曰取怨之道疏子曰放於利而行多怨○正義曰此章惡利也放依也言人每事依於財利而行則是取怨之道也故多爲人所怨恨也

子曰能以禮讓爲國乎何有何有者言不難不能以禮讓爲國如禮何包曰如禮何者言不能用禮疏子曰至禮何○正義曰此章言治國者必須禮讓也能以禮讓爲國乎者爲猶治也禮節民心讓則不爭言人君能以禮讓爲教治其國乎云何有者謂以禮讓治國何有其難言不難也不能以禮讓爲國者言人君不能明禮讓以治民也如禮何者言有禮而不能用如此禮何

子曰不患無位患所以立不患莫己知求爲可知也包曰求善道而學行之則人知己疏子曰至知也○正義曰此章勸學也不患無位者言不憂爵位也患所以立者言但憂其無立身之才學耳不患莫己知者言不憂無人見知於己也求爲可知也者言求善道而學行之使己才學有可知重則人知己也

子曰參。乎吾道一以貫之。曾子曰唯孔曰直曉不問故荅曰唯子出門人問曰何謂也曾子曰夫子之道忠恕而已矣疏子曰至已矣○正義曰此章明忠恕也子曰參乎者呼曾子名欲語之也吾道一以貫之者貫統也孔子語曾子言我所行之道唯用一理以統天下萬事之理也曾子曰唯者曾子直曉其理更不須問故荅曰唯子出者孔子出去也門人問曰何謂也者門人曾子弟子也不曉夫子之言故問於曾子也曾子曰夫子之道忠恕而已矣者荅門人也忠謂盡中心也恕謂忖己度物也言夫子之道唯以忠恕一理以統天下萬事之理更無他法故云而已矣子

曰君子喻於義小人喻於利孔曰喻猶曉也【疏】子曰君子喻於義小人喻於利○正義曰此章明君子小人所曉不同也喻曉

也君子則曉於仁義小人則曉於財利子曰見賢思齊焉包曰思與賢者等見不賢而內自省也【疏】子曰至省

也○正義曰此章勉人爲高行也見彼賢則思與之齊等見彼不賢則內自省察得無如彼人乎子曰事父母幾諫包曰幾者微也當微

諫納善言於父母見志不從又敬。不違勞而。不怨包曰見志見父母志有不從己諫之色則又當恭敬不敢違父母意而遂

己之諫【疏】子曰至不怨○正義曰此弁下四章皆明孝事父母幾諫者幾微也父母有過當微納善言以諫於父母也。見志不從又敬不違者見父母志

有不從己諫之色則又當恭敬不敢違父母意而遂己之諫也勞而不怨者父母使己以勞辱之事己當盡力服其勤不得怨父母也子曰父母

在不遠遊遊必有方鄭曰方猶常也【疏】子曰父母在不遠遊遊必有方○正義曰方猶常也父母既存或時思欲見己故不遠遊遊必

有常所欲使父母呼己得即知其處也設若告云詣甲則不得更詣乙恐父母呼己於甲處不見則使父母憂也子曰三年無改於父

之道可謂孝矣鄭曰孝子在喪哀戚思慕無所改於父之道非心所忍爲【疏】子曰三年無改於父之道可謂孝矣○正義曰言孝子在父母

喪三年之中哀戚思慕無所改。爲父之道非心所忍爲故也此章與學而篇同當是重出學而篇是孔注此是鄭注本或二處皆有子曰父母之

年不可不知也一則以喜一則以懼。孔。曰見其壽考則喜見其衰老則懼【疏】子曰父母之年不可不知也一則以喜一

則以懼○正義曰言孝子當知父母之年也其意有二一則以父母年多見其壽考則喜也一則以父母年老形必衰弱見其衰老則憂懼也子曰古。

者言之不出恥躬之不逮也包曰古人之言不妄出口。爲。身行之將不及。【疏】子曰古者言之不出恥躬之不逮也○正義曰

此章明慎言躬身也逮及也言古人之言不妄出口爲身行之將不及故也

子曰以約失之者鮮矣孔曰俱不得中奢則驕佚招禍儉約。無憂患。

疏子曰至鮮矣○正義曰此章貴儉鮮少也得中合禮爲事乃善設若奢儉俱不得中奢則驕佚招禍儉約無憂患是以約致失者少也

子曰君子欲訥於言而敏於行包曰訥遲鈍也言欲遲。而行欲疾。

疏子曰君子欲訥於言而敏於行○正義曰此章慎言貴行也訥遲鈍也敏疾也言君子但欲遲鈍於言敏疾於行惡時人行不副言也

子曰德不孤必有鄰方以類聚同志相求故必有鄰是以不孤

疏子曰德不孤必有鄰○正義曰此章勉人脩德也有德則人所慕仰居不孤特必有同志相求與之爲鄰也○注方以至不孤○正義曰云方以類聚者周易上繫辭文也方謂法術性行各以類相聚也云同志相求者周易乾卦文言也言志同者相求爲朋友也故必有鄰是以不孤者案坤卦文言曰君子敬以直內義以方外敬義立而德不孤言身有敬義以接於人則人亦敬義以應之是亦德不孤也

子游曰事君數斯辱矣朋友數斯疏矣。數謂速數之數。

疏子游曰事君數斯辱矣朋友數斯疏矣○正義曰此章明爲臣結交當以禮。漸進也數謂速數數則瀆而不敬故事君數斯致罪辱矣朋友數斯見疏薄矣○注數謂速數之數○正義曰嫌讀爲上聲去聲故辨之

論語注疏卷四校勘記

阮元撰盧宣旬摘錄

里仁第四

里仁爲美章

里仁爲美　高麗本美作善

里者仁之所居　皇本作里者民之所居也案此當依皇本作民文選潘岳閑居賦注引作人之所居也當是避唐諱耳

是爲美　皇本作是爲善也案義疏云文云美而注云善者夫美未必善故鄭深明居仁者里必是善也疑邪疏作美誤觀閑居賦注亦引作善可證

擇不處仁　案困學紀聞載張衡思元賦注引論語宅不處仁謂古文本作宅字九經古義云按釋名曰宅擇也擇吉處而營之是宅有擇義或古文作宅訓爲擇亦通

焉得知　皇本高麗本知作智後並放此案釋文出知字云音智注及下同

不仁者不可以久處約章

知仁爲美故利而行之　皇本作智者知仁爲美故利而行之也

苟志於仁矣章

無惡也漢石經高麗本無也字

富與貴章

是人之所欲也此句也字及下是人之所惡也兩也字疑俱屬後人所加攷初學記十八文選幽通賦注引此二段皆無也字又晉書皇甫謐王沈二傳並云富貴人之所欲貧賤人之所惡亦無也字又後漢書李通傳論陳蕃傳注晉書夏侯湛傳文選鮑照擬古詩注太平御覽四百七十一單引此句亦無也字四書攷異云案此也字唐以前人引述悉略去未必不謀盡同也恐是當時傳本如此○按考異非也古人引書每多節省況有皇侃義疏可證也

偃仆皇本偃作僵下同案釋文出僵字云本今作偃

言仁不可斯須去身本去誤立今正

皆迫從不暇之意十行本促誤從

我未見好仁者章

我未見好仁者惡不仁者漢石經好仁下無者字

無以尚之爲優皇本以下有加字優下有也字

有能一日用其力於仁矣乎我未見力不足者皇本仁下有者字不足者下有也字

蓋有之矣皇本高麗本矣作乎

故云爲能有爾我未之見也皇本能下有仁字爾作耳我上有其字無之字

言人誠能一日用其力脩仁者耳浦鏜云耳當乎字誤

人之過也章

人之過也皇本高麗本人作民

朝聞道章

夕死可矣漢石經矣作也

君子之於天下也章

無適也釋文出適字云鄭本作敵九經古義云古敵字皆作適禮記雜記云赴於適者鄭注云適讀爲匹敵之敵史記范雎傳攻適伐國田單傳適人開戶李斯傳羣臣百官皆畔不適徐廣皆音征敵之敵荀卿子君子篇云天子四海之內無客禮告無適也注讀爲敵

義之與比皇本比下有也字有注二十二字言君子之於天下無適無莫無所貪慕也唯義之所在也各本並脫

君子懷德章

君子懷刑漢石經刑作荆案說文井部荆罰辠也从井从刀易曰井法也井亦聲今經典相承作刑

參乎章

參乎釋文云參所金反九經字樣云曑曑上說文下隸省與參字不同參音驂從厽今經典相承通作參孝經參不敏釋文本作曑音所林反

吾道一以貫之皇本高麗本之下有哉字

事父母幾諫章

又敬不違皇本敬下有而字

勞而不怨高麗本無而字

且志不從補且當作見北監本毛本並是見字

三年無改於父之道章

無所改爲父之道浦鏜云於誤爲

父母之年章

孔曰釋文云此章注或云孔注或云包氏又作鄭元語辭未知孰是

古者言之不出章

古者言之不出皇本作古之者言之不妄出也高麗本出下有也字四書攷異云包氏注云古人之言不妄出口據其文或舊本經原有妄字

未可知若上一之字則斷知其流傳訛衍○按皇本妄字必因注文而誤衍也

不妄出口爲身行之將不及皇本作不妄出口者爲恥其身行之將不及也

以約失之者章

奢則驕佚招禍皇本佚作溢

儉約無憂患皇本作儉約則無憂患也

君子欲訥於言章

言欲遲而行欲疾皇本作言欲遲鈍而行欲敏也

事君數章

數謂速數之數皇本此注作孔安國曰數下有也字案筆解作包曰

當以禮斬進也案斬當漸字之譌閩本北監本毛本並脫此字

論語注疏卷四校勘記

論語注疏解經卷第五

公冶長第五

何晏集解　邢昺疏

疏正義曰此篇大指明賢人君子仁知剛直以前篇擇仁者之里而居故得學爲君子卽下云魯無君子斯焉取斯是也故次里仁

子謂公冶長可妻也雖在縲絏之中非其罪也以其子妻之孔曰冶長弟子魯人也姓公冶名長縲黑索絏攣也所以拘罪人疏子謂至妻之○正義曰此章明弟子公冶長之賢也子謂公冶長可妻也者納女於人曰妻孔子評論弟子公冶長德行純備可納女與之爲妻也雖在縲絏之中非其罪也者縲黑索絏攣也古獄以黑索拘攣罪人於時冶長以枉濫被繫縲絏之中故孔子論之曰雖在縲絏之中實非其冶長之罪也以其子妻之者論竟遂以其女子妻之也○注孔曰至罪人○正義曰云冶長弟子魯人也者案家語弟子篇云公冶長魯人字子長爲人能忍恥孔子以女妻之又案史記弟子傳云公冶長齊人而此云魯人用家語爲說也張華云公冶長墓在陽城姑幕城東南五里所基極高舊說冶長解禽語故繫之縲絏以其不經今不取也

子謂南容邦有道不廢邦無道免於刑戮以其兄之子妻之王曰南容弟子南宮縚魯人也字子容不廢言見用疏子謂南容至妻之○正義曰此章孔子評論弟子南容之賢行也邦有道不廢邦無道免於刑戮者此南容之德也若遇邦國有道則常得見用在官不被廢弃若遇邦國無道則必危行言遜以脫免於刑罰戮辱也以其兄之子妻之者言德行如此故以其兄之女與之爲妻也○注王曰至見用○正義曰云南容弟子南宮縚魯人也字子容者此家語弟子篇文也案史記弟子傳云南宮括字子容鄭注檀弓云南宮縚孟僖子之子南宮閱以昭七年左氏傳云孟僖子將卒召其大夫云屬說與何忌於夫子以事仲尼以南宮爲氏故世本云中孫獲生南宮縚是也然則名

縚名括又名閱字子容氏南宮本孟氏之後也子謂子賤孔曰子賤魯人弟子宓不齊君子哉若人魯無君子者斯焉取斯包曰若人者若此人也如魯無君子子賤安。得此行而學行之

疏子謂子賤至取斯○正義曰此章論子賤之德也君子哉若人魯無君子者斯焉取斯者此評論之辭也因美魯多君子故曰有君子之德哉若此人也魯國若更無君子者斯子賤安得取斯君子之德行而學行之乎明魯多君子故子賤得學為君子也○注孔曰至不齊○正義曰案家語弟子篇云宓不齊魯人字子賤少孔子四十九歲為單父宰有才知仁愛百姓不忍欺之故孔子大之也

子貢問曰賜也何。如。子曰女器也孔曰言女器用之人曰何器也曰瑚。璉。也包曰瑚璉黍稷之器夏曰瑚殷曰璉周曰簠簋宗廟之器貴者

疏子貢至瑚璉也○正義曰此章明弟子子貢之德也子貢曰賜也何如者子貢見夫子歷說諸弟子不及於己故問之曰賜也己自不知其行何如也子曰女器也夫子荅之言女器用之人也曰何器也者子貢雖得夫子言己為器用之人但器有善惡猶未知己器云何故復問之也曰瑚璉也者此。夫子又為指其定分瑚璉黍稷之器宗廟之器貴者也言女是貴器也○注包曰至貴者○正義曰云瑚璉黍稷之器夏曰瑚殷曰璉周曰簠簋者案明堂位說四代之器云有虞氏之兩敦夏后氏之四璉殷之六瑚周之八簋注云皆黍稷器制之異同未聞鄭注周禮舍人云方曰簠圓曰簋如記文則夏器名璉殷器名瑚而包咸鄭玄等。注此論語賈服杜等注左傳皆云夏曰瑚或。引有所據或相從而誤也

或曰雍也仁而不佞馬曰雍弟子仲弓名姓冉子曰焉用佞。禦人以口給屢憎。於。人不知其仁。焉用佞。孔曰屢數也佞人口辭捷給數為人所憎。惡

疏或曰至用佞○正義曰此章明仁不須佞也或曰雍也仁而不佞者佞口才也或有一人言於夫子曰弟子冉雍雖身有仁德而口無才辯或人嫌其德未備也子曰焉用佞者夫子語或人言仁人安用其佞也禦人以口給屢憎於人者夫子更為或人說佞人之短屢

數也言佞人禦當於人以口才捷給屢致憎惡於人謂數爲人所憎惡也不知其仁焉用佞者言佞人既數爲人所憎惡則不知其有仁德之人復安用其佞邪○注馬曰雍弟子仲弓名姓冉○正義曰案史記弟子傳冉雍字仲弓鄭玄曰魯人也○注孔曰至憎惡○正義曰屢數也者釋言云屢亟也郭璞云亟亦數也云佞人口辭捷給數。謂人所憎惡者案左傳云寡人不佞服虔云佞才也不才者自謙之辭也而此云焉用佞禦人以口給屢憎於人則佞非善事而以不佞爲。謙者佞是口才捷利之名本非善惡之稱但爲佞有善惡耳爲善捷敏是善佞祝鮀是也爲惡捷敏是惡佞即遠佞人是也但君子欲訥於言而敏於行言之雖多情或不信故云焉用佞耳

子使漆彫。開仕對曰吾斯之未能信孔曰開弟子漆彫姓開名仕進之道未能信者未能究習子說鄭曰。善其志道。深

疏子使至子說○正義曰此章明弟子漆彫開之行子使漆彫開。仕者弟子姓漆彫名開孔子使之仕進也對曰吾斯之未能信者開意志於學道不欲仕進故對曰吾於斯仕進之道未能信言未能究習也子說者孔子見其不汲汲於榮祿知其志道深故喜說也○注孔曰至究習○正義曰案史記弟子傳漆彫開字子開鄭玄曰魯人也

子曰道不行乘桴浮于。海從我者其由。與馬曰桴編竹木大者曰。栰小者曰桴子路聞之喜孔曰喜與己俱行子曰由也好勇過我無所取材鄭曰子路信夫子欲行故言好勇過我無所取材者無所取於桴材以子路不解微言故戲之耳一曰。子路聞孔子欲。浮海便喜不復顧望故孔子歎其勇曰過我無所取哉言唯取於己古字材哉。同

疏子曰至取材○正義曰此章仲尼患中國不能行己之道也道不行乘桴浮于海者桴竹木所編小栰也言我之善道中國既不能行即欲乘其桴栰浮渡于海而居九夷庶幾能行己道也從我者其由與者由子路名以子路果敢有勇故孔子欲令從己意未決定故云與以疑之子路聞之喜者喜夫子欲與己俱行也子曰由也好勇過我無所取材者孔子以子路不解微言故以此戲之耳其說有二鄭以爲材桴材也子路信

夫子欲行故言好勇過我無所取材者無所取於桴材也示子路令知己但歎世無道耳非實卽欲浮海也一曰材讀曰哉子路聞孔子欲浮海便喜不復顧望孔子之微意故孔子歎其勇曰過我無所取哉者言唯取於己無所取於他人哉〇注馬曰至曰桴〇正義曰云桴編竹木大者曰栰小者曰桴者爾雅云舫泭也郭璞云水中。簰筏孫炎云舫水中爲泭筏也方言云泭謂之簰簰謂之筏筏秦晉之通語也方舫泭。桴音義同也

孟武伯問子路仁乎子曰不知也孔曰仁道至大不可全名也又問子曰由也千乘之國可使治其賦也孔曰賦兵賦。不知其仁也求也何如子曰求也千室之邑百乘之家可使爲之宰也孔曰千室之邑卿大夫之邑卿大夫稱家諸侯千乘。大夫。百乘。宰家臣不知其仁也赤也何如子曰赤也束帶立於朝可使與賓客言也馬曰赤弟子公西華。有容儀可使爲行。人不知其仁也

疏孟武至仁也〇正義曰此章明仁之難也孟武伯問子路仁乎子曰不知也者魯大夫孟武伯問於夫子曰弟子子路有仁德否乎夫子以爲仁道至大不可全名故荅曰不知也又問者武伯意其子路有仁故夫子雖荅以不知又復問之也子曰由也千乘之國可使治其賦也不知其仁也者此夫子更爲武伯說子路之能言由也有勇千乘之大國可使治其兵賦也不知其仁也言仁道則不全也求也何如者此句又武伯問辭言弟子冉求仁道何如子曰求也千室之邑百乘之家可使爲之宰也不知其仁也者此孔子又荅武伯以冉求之能也言求也若卿大夫千室之邑百乘卿大夫之家可使爲之邑宰也仁則不知也赤也何如者此句又武伯問辭言弟子公西赤仁道何如子曰赤也束帶立於朝可使與賓客言也不知其仁也者此孔子又荅以公西赤之才也言赤也有容儀可使爲行人之官威服束帶立於朝廷可使與鄰國之大賓小客言語應對也仁則不知〇注孔曰賦兵賦〇正義曰案襄四年左傳云敝邑以賦與陳蔡從服虔云賦兵也以田賦出兵故謂之兵

賦正謂以兵從也其賦法依周禮九夫爲井四井爲邑四邑爲丘丘十六井出戎馬一匹牛三頭四丘爲甸甸六十四井出長轂一乘戎馬四匹牛十三頭甲士三人步卒七十二人是也○注孔曰至家臣○正義曰云千室之邑卿大夫之邑者大學云百乘之家不畜聚斂之臣鄭注云百乘之家有采地者也又鄭注云采地一同之廣輪也然則此云千室之邑百乘之家者謂卿大夫采邑地有一同民有千家者也左傳曰唯卿備百邑司馬法成方十里出革車一乘故知百乘之家地一同也○注馬曰至行人○正義曰云赤弟子公西華者案史記弟子傳云公西赤字子華鄭玄曰魯人少孔子四十二歲云有容儀可使爲行人者按周禮有大行人小行人之職掌賓客之禮儀及朝覲聘問之事言公西華任此官也

子謂子貢曰女與回也孰愈。孔曰愈猶勝也 對曰賜也何敢望回回也聞一以知十賜也聞一以知二子曰弗如也吾與女弗如也。包曰既然子貢不如復云吾與女俱不如者蓋欲以慰子貢也 疏子謂至如也○正義曰此章美顏回之德子謂子貢曰女與回也孰愈者愈猶勝也孔子乘閒問弟子子貢曰女之才能與顏回誰勝對曰賜也何敢望回者望謂比視子貢稱名言賜也才劣何敢比視顏回也回也聞一以知十賜也聞一以知二者子貢更言不敢望回之事假設數名以明優劣一者數之始十者數之終顏回亞聖故聞始知終子貢識淺故聞一纔知二以明己與回十分及二是其懸殊也子曰弗如也吾與女弗如也者夫子見子貢之答識有懸殊故云不如也弗者不之深也既然答子貢不如又恐子貢慚愧故復云吾與女俱不如欲以安慰子貢之心使無慚也

宰予晝寢。孔曰宰予弟子宰我 子曰朽木不可雕也包曰朽腐也彫彫琢刻畫 糞土之牆不可杇也。王曰杇鏝也此二者以喻雖施功猶不成 於予與何誅孔曰誅責也今我當何責於女乎深責之

子曰始吾於人也聽其言而信其行今吾於人也聽其言而觀其行於予與改

是孔曰改是聽言信行更察言觀行發於宰我之晝寢【疏】宰予至汝是○正義曰此章勉人學也宰予晝寢者弟子宰我晝日寢寐也子曰朽木不可彫也糞土之牆不可杇也者此孔子責宰我之辭也朽腐也彫彫琢刻畫也杇鏝也言腐爛之木不可彫琢刻畫以成器物糞土之牆易爲垝壞不可杇鏝塗塓以成華美此二者以喻人之學道當輕尺璧而重寸陰今乃廢惰晝寢雖欲施功教之亦終無成也於予與何誅者誅責也與語辭言於宰我何足責乎謂不足可責乃是責之深也然宰我處四科而孔子深責者託之以設教卑宰我非實惰學之人也子曰始吾於人也聽其言而信其行今吾於人也聽其言而觀其行於予與改是者與亦語辭以宰予嘗謂夫子言己勤學今乃晝寢是言與行違故孔子責之曰始前吾於人也聽其所言即信其行以爲人皆言行相副今後吾於人也雖聽其言更觀其行待其相副然後信之因發於宰予晝寢言行相違改是聽言信行更察言觀行也○注包曰宰予弟子宰我○正義曰案史記弟子傳云宰予字子我鄭玄曰魯人也○注王曰杇鏝也○正義曰釋宮云鏝謂之杇郭璞云泥塗也李巡曰塗一名杇塗土之作具也然則杇是塗之所用因謂泥塗爲杇

子曰吾未見剛者或對曰申棖包曰申棖魯人子曰棖也慾焉得剛孔曰慾多情慾

【疏】子曰至得剛○正義曰此章明剛子曰吾未見剛者剛謂質直而理者也夫子以時皆柔佞故云吾未見剛者或對曰申棖者或人聞孔子之言乃對曰申棖性剛子曰棖也慾焉得剛者夫子謂或人言剛者質直寡欲今棖也多情慾情慾既多或私佞媚安得剛乎○注包曰申棖魯人○正義曰鄭云蓋孔子弟子申續史記云申棠字周家語云申續字周

子貢曰我不欲人之加諸我也吾亦欲無加諸人馬曰加陵也子曰賜也非爾所及也孔曰言不能止人使不加非義於己

【疏】子貢至及也○正義曰此章明子貢之志子貢曰我不欲人之加諸我也吾亦欲無加諸人者加陵也諸於也子貢言我不欲他人以非義子陵於己吾亦欲無以非義加陵於人也子曰賜也非爾所及也者爾女也夫加

言使人不加非義於己亦爲難事故曰賜也此事非女所能及言不能止人使不加非義於己也子貢曰夫子之文章可得而聞也。章明也文彩形質著見可以耳目循夫子之言性與天道不可得而聞也。性者人之所受以生也天道者元亨日新之道深微故不可得而聞也

疏子貢至聞也○正義曰此章言夫子之道深微難知也子貢曰夫子之文章可得而聞也者章明也子貢言夫子之述作威儀禮法有文彩形質著明可以耳聽目視依循學習故可得而聞也夫子之言性與天道不可得而聞也者天之所命人所受以生是性也自然化育元亨日新是天道也與及也子貢言若夫子言天命之性及元亨日新之道其理深微故不可得而聞也○注性者至聞也○正義曰云性者人之所受以生也者中庸云天命之謂性注云天命謂天所命生人者也是謂性命木神則仁金神則義火神則禮水神則信土神則知孝經說曰性者天之質命人所稟受度也言人感自然而生有賢愚吉凶或仁或義若天之付命遺使之然其實自然天性故云性者人之所受以生也云天道者元亨日新之道者案易乾卦云乾元亨利貞文言曰元者善之長也亨者嘉之會也利者義之和也貞者事之幹也謂天之體性生養萬物善之大者莫善施生元爲施生之宗故言元者善之長也嘉美也言天能通暢萬物使物嘉美而會聚故云嘉之會也利者義之和也者言天能利益庶物使物各得其宜而和同也貞者事之幹者言天能以中正之氣成就萬物使物皆得幹濟此明天之德也天本無心豈造元亨利貞之德也天本無心豈造元亨利貞之名也但聖人以人事託之謂此自然之功爲天之四德也此但言元亨者略言之也天之爲道生生相續新新不停故曰日新也以其自然而然故謂之道云深微故不可得而聞也者言人稟自然之性及天之自然之道皆不知所以然而然是其理深微故不可得而聞也

子路有聞未之能行唯恐有聞。孔曰前所聞未及行故恐後有聞不得並行也

疏子路有聞未之能行唯恐有聞○正義曰此章言子路之志也子路於夫子之道前有所聞未能及行唯恐後有聞不得並行

也子貢問曰孔文子何以謂之文也孔曰孔文子衛大夫孔圉文謚也子曰敏而好學不恥下問是以謂之文也孔曰敏者識之疾也下問謂凡在己下者疏子貢至文也○正義曰此章言文爲美謚也子貢問曰孔文子何以謂之文也者言文是謚之美者故問衛大夫孔圉有何善行而得謂之文也子曰敏而好學不恥下問是以謂之文也者此夫子爲子貢說文子得之美行也敏者疾也下問問凡在己下者言文子知識敏疾而又好學有所未。辨不羞恥於問己下之人有此美行是以謚謂之文也○注孔曰至謚也○正義曰云孔文子衛大夫孔圉者左傳文也云文謚也者案謚法云勤學好問曰文子謂子產有君子之道四焉孔曰子產鄭大夫公孫僑其行己也恭其事上也敬其養民也惠其使民也義疏子謂至也義○正義曰此章美子產之德子謂子產有君子之道四焉者孔子評論鄭大夫子產事上使下有君子之道四焉下文是也其行己也恭者一也言己之所行常能恭順不違忤於物也其事上也敬者二也言承事在己上之人及君親則忠心復加謹敬也其養民也惠者三也言愛養於民振乏賙無以恩惠也其使民也義者四也義宜也言役使下民皆於禮法得宜不妨農也○注孔曰至孫僑○正義曰案左傳子產穆公之孫公子發之子名僑公子之子稱公孫襄三十年執鄭國之政故云鄭大夫公孫僑也公子發字子國公孫之子以王父字爲氏據後而言故後或謂之國僑子曰晏平仲善與人交久而。敬之周曰齊大夫晏姓平仲謚名嬰疏子曰晏平仲善與人交久而敬之○正義曰此章言齊大夫晏平仲之德凡人輕交易絕平仲則久而愈敬所以爲善○注周曰至名嬰○正義曰云齊大夫晏姓平謚名嬰者案左傳文知之是晏桓子之子也謚法治而。清。省曰平子曰臧文仲居蔡包曰臧文仲魯大夫臧孫辰文謚也蔡國君之守龜出蔡地因以爲名焉長尺有二。寸居蔡僭也山節藻梲。包曰節者栭也刻鏤爲山梲者梁上楹畫爲藻文言其奢侈何如其知也孔曰非時人謂之爲知**疏**子曰至知也○正義曰此章明臧文仲不知也子曰臧文仲居守之言其僭也山節者節栭也刻鏤爲山形故云山節也藻棁者藻水草有文者也棁梁上短柱也畫爲藻文故云藻棁此言其奢侈也何如其知也者言僭奢若此是不知也所以非時人謂之爲知○注包曰至僭也○正義曰云臧文仲魯大夫臧孫辰者案世本孝公生僖伯彄彄生哀伯達達生伯氏瓶瓶生文仲辰則辰是公子彄曾孫也彄字子臧公孫之子以王父字爲氏故姓臧也云文謚也者謚法云道德博厚曰文云蔡國君之守龜出蔡地因以爲名焉長尺有二寸居蔡僭也者漢書食貨志云元龜爲蔡家語稱漆彫平對孔子云臧氏有守龜其名曰蔡文仲三年而爲一兆武仲三年而爲二兆是大蔡爲大龜蔡是龜之名耳鄭玄包咸皆云出蔡地因以爲名未知孰是食貨志云龜不盈尺不得爲寶故知此龜長尺二寸此國君之守龜臧氏爲大夫而居之故云僭也○注包曰至奢侈○正義曰云節者栭也者釋宮文云刻鏤爲山棁者梁上楹畫爲藻文者釋宮云杗廇謂之梁其上楹謂之棁栭謂之楶郭璞曰棁侏儒柱也楶即櫨也此言山節者謂刻鏤柱頭爲斗拱形如山也藻棁者謂畫梁上短柱爲藻文也此是天子廟飾而文仲僭爲之故言其奢侈文二年左傳仲尼謂之作虛器言有其器而無其位故曰虛也

子張問曰令尹子文孔曰令尹子文楚大夫姓鬭名穀字於菟三仕爲令尹無喜色三已之無慍色舊令尹之政必以告新令尹何如子曰忠矣曰仁矣乎曰未知焉得仁但聞其忠事未知其仁也崔子弑齊君陳文子有馬十乘棄而違之孔曰皆齊大夫崔杼作亂陳文子惡之捐其四十匹馬違而去之至於他邦則曰猶吾大夫崔子也違之之一邦則又曰猶吾大夫崔子也違之何如子曰清矣曰仁矣乎曰未知焉得仁孔曰文子辟惡

逆去無道求有道當春秋時臣陵其君皆如崔。子無有可。止者

【疏】子張至得仁○正義曰此章明仁之難成也子張問曰令尹子文三仕為令尹無喜色三已之無慍色舊令尹之政必以告新令尹何如者弟子子張問於孔子曰楚大夫令尹子文三被任用仕為令尹之官而無喜見於顏色三被已退無慍懟之色舊令尹之政令規矩必以告新令尹慮其未曉也子文有此美行子張疑可謂仁故問曰何如子曰忠矣者孔子荅之為行如此是忠臣也曰仁矣乎者子張復問子文此德可謂仁矣乎曰未知焉得仁者孔子荅言如其所說但聞其忠事未知其仁也崔子弒齊君陳文子有馬十乘棄而違之至於他邦則曰猶吾大夫崔子也違之之一邦則又曰猶吾大夫崔子也違之何如者此子張又舉齊大夫陳文子之行而問孔子也崔子崔杼也為齊大夫作亂弒其君光陳文子惡之故家雖富有馬十乘謂四十匹也而輒捐棄違去之至於他國亦遇其亂陳文子則曰猶吾齊大夫崔子也而違去之復往一他邦則又曰猶吾齊大夫崔子也而違去之為行若此其人何如子曰清矣者孔子荅言文子辟惡逆去無道求有道當春秋時臣陵其君皆如崔子無可止者可謂清潔矣曰仁矣乎者子張意其為仁故復問之曰可以為仁矣乎曰未知焉得仁者孔子荅言據其所聞但是清耳未知他行安得仁乎○注孔曰至於菟○正義曰案宣四年左傳云初若敖娶於䢵生鬬伯比若敖卒從其。母畜於䢵淫於䢵子之女生子文焉䢵夫人使棄諸夢中虎乳之䢵子。母見之懼而歸夫人以告遂使收之楚人謂乳穀謂虎於菟故命之曰鬬穀於菟實為令尹子文是也令尹宰也周禮六卿太宰為長遂以宰為上卿之號楚臣令尹為長從他國之言或亦謂之宰宣十二年左傳云蒍敖為宰是也令善也尹正也言用善人正此官也楚官多以尹為名皆取其正直也○注孔曰至去之○正義曰云皆齊大夫者並見春秋故知之云崔杼作亂者左襄二十五年云四十匹馬者古以四馬共駕一車因謂四匹為乘經言十乘故知四十匹也

季文子三思而後行子聞之曰再斯。可矣

鄭曰季文子魯大夫季孫行父文謚也文子忠而有賢行其舉事寡過不必。乃三思。

【疏】季文子三思而

後行子聞之曰再斯可矣○正義曰此章美魯大夫季文子之德文子忠而有賢行其舉事皆三思之然後乃行常寡過咎孔子聞之曰不必乃三思但再思之斯亦可矣○注鄭曰至三思○正義曰案春秋文六年經書秋季孫行父如晉左傳曰季文子將聘於晉使求遭喪之禮以行其人曰將焉用之文子曰備豫不虞古之善教也求而無之實難過求何害杜預云所謂文子三思故知文子魯大夫季孫行父也謚法云道德博厚曰文

子曰甯武子馬曰衛大夫甯兪武謚也邦有道則知邦無道則愚其知可及也其愚不可及也孔曰佯愚似實故曰不可及也

【疏】子曰至及也○正義曰此章美衛大夫甯武子之德也邦有道則知邦無道則愚者此其德也若遇邦國有道則顯其知謀若遇無道則韜藏其知而佯愚其知可及也其愚不可及也者言有道則知人或可及佯愚似實不可及也○注馬曰衛大夫甯兪武謚也○正義曰案春秋文四年衛侯使甯兪來聘左傳曰衛甯武子來聘公與之燕爲賦湛露及彤弓不辭又不荅賦使行人私焉對曰臣以爲肄業及之也杜元凱注云此其愚不可及也是甯武子卽甯兪也謚法云剛彊直理曰武

子在陳曰歸與歸與吾黨之小子狂簡斐然成章不知所以裁之孔曰簡大也孔子在陳思歸欲去故曰吾黨之小子狂簡者進取於大道妄作穿鑿以成文章不知所以裁制我當歸以裁之耳遂歸

【疏】子在陳曰歸與歸與吾黨之小子狂簡斐然成章不知所以裁之○正義曰此章孔子在陳既久言其欲歸之意也與與語辭再言歸與者思歸之深也狂者進取也簡大也斐斐然文章貌言我所以歸者以吾鄉黨之中末學之小子等進取大道妄作穿鑿斐然而成文章不知所以裁制故我當歸以裁之耳遂歸也不卽歸而言此者恐人怪己故託此爲辭耳

子曰伯夷叔齊不念舊惡怨是用希孔曰伯夷叔齊孤竹君之二子孤竹國名

【疏】子曰伯夷叔齊不念舊惡怨是用希○正義曰此章美伯夷叔齊二人之行不念舊時之惡而欲報復故希爲人所怨恨也○注伯夷叔齊孤竹君之二子孤竹國

名○正義曰案春秋少陽篇伯夷姓墨名允字公信伯長也夷謚叔齊名智字公達伯夷之弟齊亦謚也太史公曰伯夷叔齊孤竹君之二子也父欲立叔齊及父卒叔齊讓伯夷伯夷曰父命也遂逃去叔齊亦不肯立而逃之國人立其中子於是伯夷叔齊聞西伯昌善養老盍往歸焉及至西伯卒武王載木主號爲文王東伐紂伯夷叔齊叩馬而諫曰父死不葬爰及干戈可謂孝乎以臣弒君可謂仁乎左右欲兵之太公曰此義人也扶而去之武王已平殷亂天下宗周而伯夷叔齊恥之義不食周粟隱於首陽山采薇而食之及餓且死者是也孤竹北方之遠國名地里志遼西令支有孤竹城應劭曰故伯夷國

子曰孰謂微生高直孔曰微生姓名高魯人也或乞醯焉乞諸其鄰而與之孔曰乞之四鄰以應求者用意委曲非爲直人

【疏】子曰至與之○正義曰此章明直者不應委曲也孰謂微生高直者孰誰也孔子曰誰言魯人微生高性行正直或乞醯焉乞諸其鄰而與之者此孔子言其不直之事醯醋也諸之也或有一人就微生高乞醯時自無之卽可荅云無高乃乞之其四鄰以應求者用意委曲非爲直人也

子曰巧言令色足恭孔曰足恭便僻貌左丘明恥之丘亦恥之孔曰左丘明魯太史匿怨而友其人孔曰心內相怨而外詐親左丘明恥之丘亦恥之

【疏】子曰至恥之○正義曰此章言魯太史左丘明與聖同恥之事巧言令色足恭者孔以爲巧好言語令善顏色便僻其足以爲恭謂前却俯仰以足爲恭也一曰足將樹切足成也謂巧言令色以成其恭取媚於人也左丘明恥之丘亦恥之者左丘明魯太史受春秋經於仲尼者也恥此諸事不爲適合孔子之意故云丘亦恥之匿怨而友其人者友親也匿隱也言心內隱其相怨而外貌詐相親友也左丘明恥之丘亦恥之者亦俱恥而不爲也○注孔曰足恭便僻貌○正義曰此讀足如字便僻謂便習盤僻其足以爲恭也○注左丘明魯太史○正義曰漢書藝文志文者也

顏淵季路侍子曰盍各言爾志子路曰願車馬衣輕裘與朋友共敝

之而無憾孔曰憾恨也顏淵曰願無伐善孔曰不自稱己之善無施勞孔曰不以勞事置施於人子路曰願聞子之志子曰老者安之朋友信之少者懷之孔曰懷歸也

疏顏淵至懷之○正義曰此章仲尼顏淵季路各言其志也顏淵季路侍者二弟子侍孔子也卑在尊旁曰侍子曰盍各言爾志者爾女也盍何不也夫子謂二弟子曰何不各言女心中之所志也子路曰願車馬衣輕裘與朋友共敝之而無憾者憾恨也衣裘以輕者爲美言願以己之車馬衣裘與朋友共乘服而被敝之而無恨也此重義輕財之志也顏淵曰願無伐善無施勞者誇功曰伐言願不自稱伐己之善不置施勞役之事於人也此仁人之志也子路曰願聞子之志者二子各言其志畢子路復問夫子曰願聞子之志古者稱師曰子子曰老者安之朋友信之少者懷之者此夫子之志也懷歸也言己願老者安己事之以孝敬也朋友信己待之以不欺也少者歸己施之以恩惠也

子曰已矣乎吾未見能見其過而內自訟者也包曰訟猶責也言人有過莫能自責

疏子曰已矣乎吾未見能見其過而內自訟者也○正義曰此章疾時人有過莫能自責也訟猶責也已終也吾未見有人能自見其己過而內自責者也言將終不復見故云已矣乎

子曰十室之邑必有忠信如丘者焉不如丘之好學也

疏子曰十室之邑必有忠信如丘者焉不如丘之好學也○正義曰此章夫子言己勤學也十室之邑邑之小者也其邑雖小亦不誣之必有忠信如我者焉但不如我之好學不厭也衞瓘讀焉於虔切爲下句首焉猶安也言十室之邑雖小必有忠信如我者也安不如我之好學也言亦不如我之好學也義並得通故具存焉

論語注疏解經卷第五

論語注疏卷五校勘記

阮元撰盧宣旬摘錄

公冶長第五

子謂公冶長章

雖在縲絏之中 皇本高麗本絏作紲宋石經亦作紲案字本作紲唐人避太宗諱改作絏釋文出紲字云本今作絏五經文字云絏本文从世緣廟諱偏旁今經典竝準式例變

冶長 皇本作公冶長案孔注下云姓公冶名長則不當單稱冶長

在官不被廢弃 閩本北監本毛本弃作棄後放此案說文棄捐也弃古文棄籀文弃棄蓋古今字

南宮括 閩本北監本毛本括作适案史記弟子列傳作括

中孫玃生南宮縚是也 浦鏜云獲誤玃按禮記檀弓上疏引世本作獲故浦以為玃之誤然攷南宮縚之父為孟僖子僖子即左氏昭公九年經所書仲孫玃如楚者也據此不得以玃字為誤

子謂子賤章

安得此行而學行之 皇本得下有取字

賜也何如章

賜也何如高麗本作如何

瑚連也案說文槤胡槤也大徐云今俗作連非九經古義云瑚連二字从玉旁俗所作也當爲胡連春秋傳曰胡簋之事明堂位曰夏后氏之四連皆不从玉旁據此則槤爲本字連爲假借从玉者俗字耳○按韓勑禮器碑胡輦器用卽胡連也

此夫子又爲指其定分本夫誤未今訂正

注此論語閩本北監本毛本注作說

或引有所據浦鏜云别誤引是也今訂正

雍也仁而不佞章

子曰焉用佞高麗本佞下有也字

屢憎於人高麗本作屢憎民

不知其仁焉用佞皇本高麗本仁下佞下有也字

數爲人所憎惡皇本無惡字有也字

數謂人所憎惡者閩本北監本同毛本謂作爲案所改是也

而以不佞爲嫌者本嫌誤謙

子使漆彫開仕章

子使漆彫開仕 閩本北監本毛本彫作雕注疏同案釋文出彫字云本或作凋同四書攷異云舊經漆雕與後章朽木不可雕雕俱爲彫松柏後彫之彫爲凋體義自合不知何時皆傳寫差此本此處作彫不誤後朽木不可彫經文已作雕唯注疏尚作彫歲寒章亦作彫與閩本北監本毛本同○按依說文當作琱凡琱琢之成文則曰彫今彫行而琱廢雕凋皆假借字

善其志道深 皇本善作喜深下有也字

子使漆彫開仕者 本仕誤化今改正

道不行章

乘桴浮于海從我者其由與 皇本于作於由下有也字高麗本也字同案此經例用於字唯爲政篇吾十有五而志于學及此兩於字變體作于爲政篇于字乃乎字之譌此亦疑本作於傳寫者偶亂耳觀文選嘯賦注尚引作於可證又由下也字亦與顏師古漢書地理志注大平御覽四百六十七所引合

大者曰桄 皇本桄作筏

子路聞孔子欲浮海 皇本浮上有乘桴二字毛本子路誤孔路

古字材哉同 皇本同下有耳字

水中簰筏閩本同北監本毛本簰作箄是也

方舫泭浮音義同也閩本同北監本毛本浮作桴是也

孟武伯問子路仁乎章

可使治其賦也釋文出賦字云孔云兵賦也鄭云軍賦梁武云魯論作傅

兵賦皇本賦下有也字下之邑下公西華下行人下同

大夫百乘皇本作卿大夫故曰百乘也

出戎馬一匹本戎誤戍今改正下同

女與回也孰愈章

回也聞一以知十釋文出聞一云本或作問字非

吾與女釋文出吾與爾云爾本或作女音汝案三國志夏侯淵傳曰仲尼有言吾與爾不如也正作爾字蓋與陸氏所據本合

蓋欲以慰子貢也皇本貢下有心字案筆解也作爾

故云不如也浦鏜云不當作弗

宰予晝寢章

弟子宰我皇本我下有也字下刻晝下同又此注作苞氏曰案疏述注亦作包曰今本作孔曰疑誤

朽木不可雕也閩本北監本毛本彫經注疏俱作雕此本唯經文作雕餘仍作彫案唐石經宋石經俱作彫漢書董仲舒傳論衡問孔篇詩大雅棫樸正義亦俱引作彫是作雕者用假借字釋文亦作雕

不可杇也皇本杇作圬釋文出圬字云本或作杇鏝也案史記弟子列傳漢書董仲舒傳俱作圬蓋論語古本作圬說文杇所以塗也杇當是正字圬乃杇之假借耳

杇鏝也皇本作圬墁也此本杇竝誤朽今正案釋文出槾字云或作鏝五經文字云槾莫干反見論語經文槾字當即此注

此二者以喻雖施功猶不成皇本無此以二字成下有也字

深責之皇本之下有辭也二字

改是聽言信行皇本是下有者始二字

更察言觀行發於宰我之晝寢皇本更上有今字無之字寢下有也字

此孔子責宰我之辭也此本辭皆作辞案說文詞意內而言外也辭訟也辤不受也籀文作辝據此則此處不當作辝五經文字云辭辤辞上說文中古文下籀文經典相承通用上字

託之以設教耳本耳誤卑

今乃晝寢晝寢二字闕今補正下故孔子責之責字聽其所言聽字雖聽其言更觀其行聽觀二字杇鏝也鏝字釋宮釋字鏝謂之杇鏝字泥塗也李巡曰塗因謂泥塗三塗字並同

釋宮云鏝謂之杇郭璞云泥塗也李巡曰塗一名杇浦鏜云泥塗也鏝誤塗下鏝一名杇因謂泥鏝爲杇二鏝字誤同

塗土之作具也北監本土誤上浦鏜云工誤土

吾未見剛者章

申棖魯人棖魯二字闕今補

夫子以時皆柔佞本佞誤倿今正下同

質直寡欲閩本北監本毛本欲作慾〇按欲正字慾俗字

申棠字周浦鏜云周上脫子字案史記弟子列傳本無子字浦鏜疑有脫字者據家語也然釋文引家語亦無子字則今本家語有子字者恐不足據

夫子之文章章

可以耳目循皇本作可得以耳目自修也又筆解此注作孔曰

夫子之言性與天道　史記孔子世家作夫子之言天道與性命

不可得而聞也　皇本高麗本也下有已矣二字是也按漢書眭兩夏侯京翼李傳贊及匡謬正俗並作已矣

故不可得而聞也　本聞誤問今正

孝經說曰性者天之質　按禮記中庸注天作生此誤

嘉之會也　本嘉誤加下嘉字同今正

成就万物　閩本北監本毛本作濟物○按唐人千萬字多作万今改

豈迨元亨利貞之德也　閩本同毛本迨作造是也亨作享誤

子路有聞章

子路有聞未之能行　皇本高麗本無之字

孔文子何以謂之文也章

有所未辯　此本辯皆作辨案五經文字云辯辨上理也下別也經典或通用之

晏平仲章

久而敬之　皇本高麗本而下有人字

治而清省曰平北監本毛本清省改無眚案二本所改蓋據今本周書謚法解攷周書舊本本作清省以今本改古本非也

臧文仲居蔡章

長尺有二寸本寸誤十今正

山節藻梲釋文出梲字云本又作棳○按梲說文訓木杖經典多借用為梁上短柱之棳

非時人謂之為知皇本之作以知下有也字

彄生哀伯達本生誤注今正

故姓曰臧也本姓誤謚今正

道德博厚曰文北監本毛本厚改閎後季文子章疏同案周書舊本亦作厚此亦據今本誤改

龜不盈尺漢書食貨志作盈五寸

桼瘤謂之梁閩本同毛本桼瘤作杗廇是也北監本杗亦誤桼

令尹子文章

姓鬭名穀字於菟皇本穀作穀釋文出名穀云本又作穀○按說文㝅乳也从子㱿聲釋文穀字即㝅字之訛又作穀用假借字說詳

必以告新令尹何如皇本高麗本如下有也字又此注作孔安國曰

崔子弒齊君釋文出崔子云鄭注云魯讀崔爲高今從古又出弒字云本又作殺同案九經古義云王充論衡曰猶吾大夫高子也蓋用魯論語之言

棄而違之唐石經避太宗諱棄作弃後放此

則曰猶吾大夫崔子也高麗本則下有又字

違之之一邦皇本作違之之至他邦高麗本作違之之至一邦案攷文載足利本作違之至一邦疑皇本高麗本竝衍一之字

文子辟惡逆去無道皇本辟作避後竝放此案釋文出辟字云音避本亦作避○按避正字辟假借字

皆如崔子皇本子作杼案釋文出杼字云直呂反則陸氏所據本亦作崔杼

無有可止者本止誤且今正

三仕爲令尹本三誤二今正

從其母畜於䢵閩本北監本同毛本毋作母是也今依正

䢵子母案母當作田各本竝誤

季文子三思而後行章

再斯可矣唐石經作再思可矣皇本高麗本作再思斯可矣

不必乃三思皇本作不必及三思也案及字是也

甯武子章

佯愚似實皇本佯作詳案佯詳古字通史記蘇秦傳詳僵而棄酒吳太伯世家公子光詳爲足疾皆以詳爲佯

爲賦湛露及彤弓不辟閩本北監本毛本辟作辭閩本彤誤彫

子在陳章

不知所以裁之皇本高麗本之下有也字史記孔子世家不知上有吾字

狂簡者進取於大道妄作穿鑿以成文章皇本無簡字取作趣妄下無作字案史記孔子世家集解引亦無簡字

我當歸以裁之耳皇本裁下有制字案文選王簡栖頭陁寺碑文注引不知所以裁製

孰謂微生高直章

或乞醯焉高麗本或下有人字釋文出乞醯云亦作醓案五經文字云醯作醓俗

巧言令色足恭章

巧言令色足恭 釋文出色足云一本此章有子曰字恐非

漢書藝文志文者也 各本也上並誤衍者字

願車馬衣輕裘 唐石經輕字旁注案石經初刻本無輕字車馬衣裘見管子小匡及外傳齊語是子路本用成語後人因雍也篇衣輕裘誤加輕字甚誤錢大昕金石文跋尾云石經輕字宋人誤加攷北齊書唐邕傳顯祖嘗解服青鼠皮裘賜邕云朕意在車馬衣裘與卿共敝蓋用子路故事是古本無輕字一證也釋文於赤之適齊節音衣爲于既反而此衣字無音是陸本無輕字二證也邢疏云願以己之車馬衣裘與朋友共乘服是邢本亦無輕字三證也皇疏云車馬衣裘共乘服而無所憾恨也是皇本亦無輕字四證也今注疏與皇本正文有輕字則後人依通行本增入非其舊矣

敝之而無憾 皇本敝作弊○按敝正字弊俗字

不以勞事置施於人 皇本不作無人下有也字

懷歸也 皇本歸作安

十室之邑章

不如丘之好學也 高麗本學下有者字

論語注疏卷五校勘記

論語注疏解經卷第六

雍也第六

何晏集解　邢昺疏

疏正義曰此篇亦論賢人君子及仁知中庸之德大抵與前相類故以次之

子曰雍也可使南面。包曰可使南面者言任諸侯治。疏子曰雍也可使南面正義曰此章稱弟子冉雍之德行南面謂諸侯也言冉雍有德行堪任爲諸侯治理一國者也

仲弓問子桑伯子王曰伯子書傳無見焉子曰可也簡。孔曰以其能簡故曰可也仲弓曰居敬而行簡以臨其民不亦可乎孔曰居身敬肅臨下寬略則可居簡而行簡無乃大簡。包曰伯子之簡太簡子曰雍之言然疏仲弓至言然○正義曰此章明行簡之法仲弓問子桑伯子者仲弓冉雍字也問子桑伯子其人德行何如子曰可也簡者孔子爲仲弓述子桑伯子之德行也簡略也言其人可也以其行能寬略故也仲弓曰居敬而行簡以臨其民不亦可乎者仲弓因辨簡之可否言若居身敬肅而行寬略以臨其下民不亦可乎言其可也居簡而行簡無乃太簡乎者言居身寬略而行又寬略乃大簡也則子桑伯子之簡是太簡也子曰雍之言然者然猶是也夫子許仲弓之言是故曰然○注王曰伯子書傳無見焉○正義曰書傳無見不知何人也子桑伯子當是一人故此注及下包氏皆唯言伯子而已鄭以左傳秦有公孫枝字子桑。則以此爲秦大夫恐非

哀公問。弟子孰爲好學孔子對曰有顏回者好學不遷怒不貳過不幸短命死矣今也則亡未聞好學者也凡人任情喜怒違理顏回任道怒不過分遷者移也怒當其理不移易也不貳過者有不善未嘗復行疏哀公至者也○正義曰此章稱顏回之德哀公問弟子孰

爲好學者魯君哀公問於孔子曰弟子之中誰爲樂於好學者孔子對曰有顏回者好學。不幸短命死矣今也則亡未聞好學者也者孔子對哀公曰有弟子顏回者其人好學遷移也凡人任情喜怒違理顏回任道怒不過分而當其理不移易不遷怒也人皆有過憚改顏回有不善未嘗不知知之未嘗復行不貳過也凡事應失而得曰幸應得而失曰不幸惡人橫夭則惟其常顏回以德行著名應得壽考而反二十九髮盡白三十二而卒故曰不幸短命死矣亡無也言今則無好學者矣未。聞更有好學者也○注凡人至復行○正義曰云凡人任情喜怒違理者言凡常之人信任邪情恣其喜怒違於分理也云顏回任道怒不過分者言顏回好學既深信用至道故怒不過其分理也云有不善未嘗復行者周易下繫辭文彼云子曰顏氏之子其殆庶幾乎有不善未嘗不知知之未嘗復行也韓康伯注云在理則昧造形而悟顏子之分也失之於幾故有不善得之於貳不遠而復故知之未嘗復行也引之以證不貳過也此稱其好學而言不遷怒貳過者以不遷怒貳過由於學問既篤任道而行故舉以言焉以明好學之深也一曰以哀公遷怒貳過而孔子因以諷諫

子華使於齊冉子爲其母請粟子曰與之釜馬曰子華弟子公西華赤之字六斗四升曰釜請益曰與之庾。包曰十六斗曰庾。冉子與之粟五秉馬曰十六斛曰秉五秉合爲八十斛子曰赤之適齊也乘肥馬衣輕裘吾聞之也君子周急不繼富鄭曰非冉有與之太多

疏子華至繼富○正義曰此章論君子當。賑窮周急子華使於齊者弟子公西赤字子華時仕魯爲魯使適於齊也冉子爲其母請粟者冉子卽冉有也爲其子華之母請粟於夫子言其子出使而家貧也子曰與之釜者夫子令與粟六斗四升也請益者冉有嫌其粟少故更請益之曰與之庾者夫子令益與十六斗也冉子與之粟五秉者冉有終以爲少故自與粟八十斛也子曰赤之適齊也乘肥馬衣輕裘吾聞之也君子周急不繼富者此孔子非冉有與之太多也赤子華名適往也言子華使往齊國乘駕肥馬衣著輕裘則是富也富

則毋不闕粟吾嘗聞之君子當周救人之窮急不繼接於富有今子華家富而多與之粟則是繼富故非之也○注馬曰至曰釜○正義曰史記弟子傳云公西赤字子華鄭玄曰魯人少孔子四十二歲云六斗四升曰釜者昭三年左傳晏子曰齊舊四量豆區釜鍾四升爲豆各自其四以登于釜杜注云四豆爲區區。十六升四區爲釜釜六斗四升是也○注包曰十六斗曰庾馬曰十六斛曰秉○正義曰案聘禮記云十斗曰斛十六斗曰籔十籔曰秉鄭注云秉十六斛今江淮之間量名。以爲籔者今文籔爲逾是庾逾籔其數同故知然也

原思爲之宰包曰弟子原憲思字也孔子爲魯司寇以原憲爲家邑宰與之粟九百辭孔曰九百九百斗辭。辭讓不受。子曰毋。孔曰祿法所得當受無讓以與爾鄰里鄉黨乎鄭曰五家爲鄰五鄰爲里萬二千五百家爲鄉五百家爲黨

疏原思至黨乎○正義曰此章明爲。受祿之法原思弟子原憲也孔子爲魯司寇以原憲爲家邑宰也與之粟九百辭者孔子與之粟九百斗原思辭讓不受子曰毋者毋禁辭也孔子禁止其讓言祿法所得當受無讓也以與爾鄰里鄉黨乎者言於己有餘可分與爾鄰里鄉黨之人亦不可辭也○注包曰至邑宰○正義曰史記弟子傳曰原憲字子思鄭玄曰魯人云孔子爲。司寇以原憲爲家邑宰者世家云孔子由中都宰爲司空由司空爲。司寇魯司寇大夫也必有采邑大夫稱家故以原憲爲家采邑之宰也○注鄭曰至爲黨○正義曰云五家爲鄰五鄰爲里者地官遂人職文案大司徒職云五家爲比五比爲閭四閭爲族五族爲黨五黨爲州五州爲鄉故知萬二千五百家爲鄉五百家爲黨也

子謂仲弓曰犂牛之子騂且角雖欲勿用山川其舍諸犂雜文騂赤。也角者角周正中犧牲雖欲以其所生犂而不用山川寧肯舍之乎言父雖不善不害於。子之美。

疏子謂至舍諸○正義曰此章復謂冉雍之德也子謂仲弓曰犂牛之子騂且角雖欲勿用山川其舍諸者雜文曰犂騂純赤色也角者角周正也舍棄也諸之也仲弓父賤人而行不善故孔子稱謂仲弓曰譬若雜文之犂牛生純赤且角周正之子中祭祀之。犧牲雖欲

以其所生犂而不用山川寧肯舍棄之乎言仲弓父雖不善不害於子之美也子曰回也其心三月不違仁其餘則日月至焉而已矣。餘人暫有至仁時唯回移時而不變疏子曰回也其心三月不違仁其餘則日月至焉而已矣○正義曰此章稱顏回之仁三月為一時天氣一變人心行善亦多隨時移變唯回也其心雖經一時復一時而不。變。移違去仁道也其餘則。蹔有至仁時或一日或一月而已矣季康子問仲由可使從政也與子曰由也果包曰果謂果敢決斷於從政乎何有曰賜也可使從政也與曰。賜也達孔曰達謂通於物理於從政乎何有曰求也可使從政也與曰求也藝孔曰藝謂多才。藝於從政乎何有疏季康至何有○正義曰此章明子路子貢冉有之才也季康子問仲由可使從政也歟者季康子魯卿季孫肥也問於孔子曰仲由之才可使從一官而為政治也歟子曰由也果於從政乎何有者果謂果敢決斷何有言不難也孔子言仲由之才果敢決斷其於從政何有難乎言仲由可使從政也曰賜也可使從政也歟者季康子又問子貢也曰賜也達於從政乎何有者達謂通於物理孔子荅言子貢之才通達物理亦言可從政也曰求也可使從政也歟者康子又問冉有也曰求也藝於從政乎何有者藝謂多才藝孔子荅言冉求多才藝亦可從政也

季氏使閔子騫為費宰孔曰費季氏邑季氏不臣而其邑宰數。畔。聞。子騫賢故欲用。之閔子騫曰善為我辭焉孔曰不欲為季氏宰。託使者。善為。我辭。焉說令不復召我。如有復我者孔曰復我者重來召我。則。吾。必在汶上矣孔曰去之汶水上欲北如齊。疏季氏至上矣○正義曰此章明閔損之賢也季氏使閔子騫為費宰者費季氏邑季氏不臣而其邑宰數畔聞子騫賢故欲使之也閔子騫曰善為我辭焉者子騫不欲為季氏宰故語使者曰善為我作辭說令不復召我也如有復我者則吾必在汶上矣者復重也言如有重來召我者則

吾必去之在汶水上欲北如齊也○注孔曰至用之○正義曰云費季氏邑者左傳文也云季氏不臣而其邑宰數畔者僭禮樂逐昭公是不臣也昭十二年南蒯以費畔又公山弗擾以費畔是數畔也○注去之汶水上欲北如齊○正義曰地理志云汶水出泰山萊蕪西南入濟在齊南魯北故曰欲北如齊

伯牛有疾馬曰伯牛弟子冉耕子問之自牖執其手包曰牛有惡疾不欲見人故孔子從牖執其手也曰亡之孔曰亡喪也疾甚故持其手曰喪之命矣夫斯人也而有斯疾也斯人也而有斯疾也包曰再言之者痛惜之甚

疏伯牛至疾也○正義曰此章孔子痛惜弟子冉耕有德行而遇惡疾也伯牛冉耕字也有惡疾也子問之自牖執其手者自從也伯牛惡疾不欲見人故孔子問之從牖執其手也曰亡之者亡喪也疾甚故持其手曰喪之命矣夫斯人也而有斯疾也斯人也而有斯疾也者行善遇凶非人所召故歸之於命言天命矣夫斯此也此善人也而有此惡疾也是孔子痛惜之也再言之者痛惜之甚○注馬曰伯牛弟子冉耕○正義曰史記弟子傳曰冉耕字伯牛鄭玄曰魯人○注包曰伯牛有惡疾○正義曰惡疾疾之惡者也淮南子云伯牛癩

子曰賢哉回也一簞食一瓢飲孔曰簞笥也在陋巷人不堪其憂回也不改其樂賢哉回也孔曰顏淵樂道雖簞食在陋巷不改其所樂

疏子曰至回也○正義曰此章歎顏回之賢故曰賢哉回也云一簞食一瓢飲者簞竹器食飯也瓢瓠也言回家貧唯有一簞飯一瓠瓢飲也在陋巷人不堪其憂回也不改其樂者言回居處又在隘陋之巷他人見之不任其憂唯回也不改其樂道之志不以貧爲憂苦也歎美之甚故又曰賢哉回也○注孔曰簞笥也○正義曰案鄭注曲禮云圓曰簞方曰笥然則簞與笥方圓異而此云簞笥者以其俱用竹爲之舉類以曉人也

冉求曰非不說子之道力不足也子曰力不足者中道而廢今女畫孔曰畫止也力不足者當中道而廢今女自止耳非力極

疏冉求曰至

女畫○正義曰此章勉人學也冉求曰非不說子之道力不足也者弟子冉求言己非不說樂子之道而勤學之但以力不足故也子曰力不足者中道而廢今女畫者畫止也此孔子責冉求之不說學也言力不足者當中道而廢今女自止耳非力極也

子謂子夏曰女爲君子儒無。爲小人儒。孔曰君子爲儒將以明道小人爲儒則矜其名。疏子謂子夏曰女爲君子儒無爲小人儒○正義曰此章戒子夏爲君子儒也言人博學先王之道以潤其身者皆謂之儒但君子則將以明道小人則矜其才名言女當明道無得矜名也

子游爲武城宰包曰武城魯下邑

子曰女得人焉耳。乎。孔曰焉耳乎皆辭

曰有澹臺滅明者行不由徑非公事未嘗至於偃之室也包曰澹臺姓滅明名字子羽言其公且方疏子游至室也○正義曰此章明子羽公方也子游爲武城宰者武城魯下邑子游時爲之宰也子曰女得人焉耳乎者孔子問子游言女在武城得其有德之人乎焉耳乎皆語助辭曰有澹臺滅明者此子游對孔子言己所得之人也姓澹臺名滅明行不由徑非公事未嘗至於偃之室也者此言其人之德也行遵大道不由小徑是方也若非公事未嘗至於偃之室是公也既公且方故以爲得人○注包曰至且方○正義曰史記弟子傳云澹臺滅明武城人字子羽少孔子三十九歲狀貌甚惡欲事孔子孔子以爲材薄既已受業退而脩行名施乎諸侯孔子聞之曰吾以貌取人失之子羽是亦弟子也故注不言弟子者從可知也云言其公且方者公無私也方正直也

子曰孟之反不伐孔曰魯大夫孟之側與齊戰軍大敗不伐者不自伐其功奔而殿將入門策其馬曰非敢後也馬不進也馬曰殿在軍後前曰啓後曰殿孟之反賢而有勇軍大奔獨在後爲殿人迎。功之不欲獨有其名。曰我非敢在後。拒敵。馬不能前進。疏子曰至進也○正義曰此章言功以不伐爲善也孟之反不伐者誇功曰伐孟之反魯大夫孟之側也有軍功而不誇伐也奔而殿將入門策其馬曰非敢後也馬不進也者此其不伐之事也在

軍後曰殿策。捶也魯與齊戰魯師敗而奔孟之反賢而有勇獨在後爲殿人迎功之不欲獨有其名故將入國門乃捶其馬欲先奔者入城也且曰我非敢在後爲殿以拒敵馬不能前進故也○注孔曰魯大夫孟之側○正義曰杜預曰之側孟氏族字反是也○注馬曰至前進○正義曰云殿在軍後前曰啓後曰殿者案司馬法謀帥篇曰夫前驅啓乘車大震倅車屬焉大震卽大殿也音相似襄二十三年左傳曰齊侯伐衞大殿商子游御夏之御寇。詩曰元戎十乘以先啓行是殿在軍後前曰啓也案哀十一年左傳說此事云齊師伐我及清孟孺子洩。帥右師冉求帥左師師及齊師戰于郊右師奔齊人從之孟之側後入以爲殿抽矢策其馬曰馬不進也文不同者各據所聞而記之也

子曰不有祝鮀之佞而有宋朝之美難乎免於今之世矣孔曰佞口才也祝鮀衞大夫。子魚也時世貴之宋朝宋之美人而善淫言當如祝鮀之佞而。反如宋朝之美難。乎免於今。之。世害也

疏子曰不有祝鮀之佞而有宋朝之美難乎免於今之世矣○正義曰此章言世尚口才也佞口才也祝鮀衞大夫子魚也有口才時世貴之宋朝宋之美人善淫時世疾之言人當如祝鮀之有口才則見貴重若無祝鮀之佞而反有宋朝之美難乎免於今之世害也○注孔曰至害也○正義曰云祝鮀衞大夫子魚也時世貴之者春秋定四年會于召陵盟于臯鼬左傳曰將會衞子行敬子言於靈公曰會同難嘖有煩言莫之治也其使祝鮀從公曰善乃使子魚是祝鮀卽子魚也傳又曰及臯鼬將盟將長蔡於衞衞侯使祝鮀私於萇弘文多不載萇弘說告劉子與范獻子謀之乃長衞侯於盟是時世貴之也云宋朝宋之美人而善淫者案定十四年左傳曰衞侯爲夫人南子召宋朝杜注云南子宋女也朝宋公子舊通于南子在宋呼之是朝爲宋之美人而善淫也

子曰誰能出不由戶。何莫由斯道也孔曰言人立身成功當由道譬猶出入要當從戶

疏子曰誰能出不由戶何莫由斯道也○正義曰此章言道爲立身之要也故曰誰人能出入不由門戶以譬何人立身不由於此道也言人立身成功當由道譬猶出入要當從戶

子曰

質勝文則野包曰野如野人言鄙略也文勝質則史包曰史者文多而質少文質彬彬然後君子包曰彬彬
文質相半之貌疏子曰至君子○正義曰此章明君子也質勝文則野者謂人若質多勝於文則如野人言鄙略也文勝質則史者言文多勝於質則如史
官也文質彬彬然後君子者彬彬文質相半之貌言文華質朴相半彬彬然然後可爲君子也子曰人之生也直馬曰言人所生於世而自
終者以其正直也罔之生也幸而免包曰誣罔正直之道而亦生者是幸而免疏子曰人之生也直罔之生也幸而免○正義曰此章
明人以正直爲德言人之所以生於世而自壽終不橫夭者以其正直故也罔誣罔也言人有誣罔正直之道而亦生者是幸而獲免也子曰知之
者不如好之者好之者不如樂之者包曰學問知之者不如好之者篤好之者不如樂之者深疏子曰知之者不如好
之者好之者不如樂之者○正義曰此章言人之學道用心深淺之異也言學問知之者不如好之者篤厚也好之者又不如悅樂之者深也子曰中
人以上可以語上也中人以下不可以語上也王曰上謂上知之所知也兩舉中人以其可上可下疏子曰
中人以上可以語上也中人以下不可以語上也○正義曰此章言授學之法當稱其才識也語謂告語上謂上知之所知也人之才識凡有九等謂上上
中上下中上中中中下下上下中下下也上上則聖人也下下則愚人也皆不可移也其上中以下下中以上是可教之人也中人謂第五中中之人也以上
謂上中上下中上之人也以其才識優長故可以告語上知之所知也中人以下謂中下下上下中之人也以其才識暗劣故不可以告語上知之所知也此
應云中人以上可以語上以下不可以語上而繁文兩舉中人者以其中人可上可下故也言此中人若才性稍優則可以語上才性稍劣則不可以語上是
其可上可下也樊遲問知子曰務民之義王曰務所以化道民之義敬鬼神而遠之可謂知矣包曰敬鬼

神而不黷。問仁。曰仁者先難而後獲可謂仁矣孔曰先勞苦。而後得功此所以爲仁。【疏】樊遲至仁矣○正義曰此章明仁知之用也樊遲問知者弟子樊須問於孔子何爲可謂之知子曰務民之義敬鬼神而遠之可謂知矣者孔子荅其爲知也言當務所以化道民之義恭敬鬼神而疏遠之不褻黷能行如此可謂爲知矣問仁者樊遲又問何爲可謂之仁子曰仁者先難而後獲可謂仁矣者此荅其爲仁也獲猶得也言爲仁者先受勞苦之難而後乃得功此所以爲仁也已

子曰知者樂水包曰知者樂運其才知以治世如水流而不知已仁者樂山仁者樂如山之安固自然不動而萬物生焉知者動包曰。日進故。動仁者靜孔曰無欲故。靜知者樂鄭曰知者自役得其志故。樂。仁者壽包曰性靜者。多壽考。【疏】子曰至仁者壽○正義曰此章初明知仁之性次明知仁之用三明知仁之功也知者樂水者樂謂愛好言知者性好運其才知以治世如水流而不知已止也仁者樂山者言仁者之性好樂如山之安固自然不動而萬物生焉知者動者言知者常務進故動仁者靜者言仁者本無貪欲故靜知者樂者言知者役用才知成功得志故歡樂也仁者壽者言仁者少思寡欲性常安靜故多壽。考也

子曰齊一變至於魯魯一變至於道包曰言齊魯有太公周公之餘化太公大賢周公聖人今其政教雖衰若有明君興之齊可使如魯魯可使如大道行之時【疏】子曰齊一變至於魯魯一變至於道○正義曰此章言齊魯有太公周公之餘化太公大賢周公聖人今其政教雖衰若有明君興之齊可一變使如於魯魯可一變使如於大道行之時也

子曰觚不觚馬曰觚禮器一升曰爵。二升曰。觚觚哉觚哉觚哉觚哉言非觚也以喻爲政不得其道則不成【疏】子曰觚不觚觚哉觚哉○正義曰此章言爲政須遵禮道也觚者禮器所以盛酒二升曰觚言觚者用之當以禮若用之失禮則不成爲觚也故孔子歎之觚哉觚哉言非觚也以喻人君爲政當以道若不得其道則不成爲政也○注馬曰觚禮器一升曰爵二升曰觚○正義曰案特牲禮

刑三爵三觚四觶一角三散是觚爲禮器也異義韓詩爲一升曰爵爵盡也足也二升曰觚觚寡也飲當寡少三升曰觶觶適也飲當自適也四升曰角角觸也不能自適觸罪過也五升曰散散訕也飲不省節爲人謗訕總名曰爵其實曰觴觴者餉也觥亦五升所以罰不敬觥廓也所以著明之貌君子有過廓然著明非所以餉不得名觴此唯言爵觚者略言之也

宰我問曰仁者雖告之曰井有仁焉其從之也孔曰宰我以仁者必濟人於患難故問有仁人墮井將自投下從而出之不乎欲極觀仁者憂樂之所至

子曰何爲其然也君子可逝也不可陷也孔曰逝往也言君子可使往視之耳不肯自投從之可欺也不可罔也馬曰可欺者可使往也不可罔者不可得誣罔令自投下

疏宰我至罔也○正義曰此章明仁者之心也宰我問曰仁者雖告之曰井有仁焉其從之也者宰我以仁者必濟人於患難故問曰仁者之人設有來告曰井中有仁人焉言仁人墮井也此承告之仁人將自投下從而出之不乎意欲極觀仁者憂人樂生之所至也子曰何爲其然也君子可逝也不可陷也者此孔子怪拒之辭逝往也然如是也言何爲能使仁者如是自投井乎夫仁人君子但可使往視之耳不可陷入於井言不可自投從之也可欺也不可罔也者唯可欺之使往視不可得誣罔令自投下也

子曰君子博學於文約之以禮亦可以弗畔矣夫鄭曰弗畔不違道

疏子曰君子博學於文約之以禮亦可以弗畔矣乎○正義曰畔違也此章言君子若博學於先王之遺文復用禮以自檢約則不違道也

子見南子子路不說夫子矢之曰予所否者天厭之天厭之孔曰舊以南子者衞靈公夫人淫亂而靈公惑之孔子見之者欲因以說靈公使行治道矢誓也子路不說故夫子誓之行道既非婦人之事而弟子不說與之呪誓義可疑焉

疏子見至厭之○正義曰此章孔子屈己求行治道也子見南子者南子衞靈公夫人淫亂而靈公惑之孔子至衞見此南子意欲因以說靈公使行治道故也子路

不說者子路性剛直未達孔子之意以爲君子當義之與比而孔子乃見淫亂婦人故不說樂夫子矢之者矢誓也以子路不說故夫子告誓之曰予所否者天厭之天厭之者此誓辭也予我也否不也厭棄也言我見南子所不爲求行治道者願天厭棄我再言之者重其誓欲使信之也○注孔曰至疑焉○正義曰云孔曰舊以南子者衛靈公夫人淫亂而靈公惑之孔子見之者欲因以說靈公使行治道矢誓也子路不說故夫子誓之者先儒舊有此解也云行道既非婦人之事而弟子不說與之呪誓義可疑焉者安國以爲先儒舊說不近人情故疑其義也史記世家孔子至衛靈公夫人有南子者使人謂孔子曰四方之君子不辱欲與寡君爲兄弟者必見寡小君寡小君願見孔子辭謝不得已而見之夫人在絺帷中孔子入門北面稽首夫人自帷中再拜環珮玉聲璆然孔子曰吾鄉爲弗見見之禮荅焉子路不說孔子矢之曰天厭之天厭之是子見南子之事也欒肇曰見南子者時不獲已猶文王之拘羑里也天厭之者言我之否屈乃天命所厭也蔡謨云矢陳也夫子爲子路陳天命也

子曰中庸之爲德也其至矣乎民鮮久矣庸常也中和可常行之德世亂先王之道廢民鮮能行此道久矣非適今。疏子曰中庸之爲德也其至矣乎民鮮久矣○正義曰此章言世亂人不能行中庸之德也中謂中和庸常也鮮罕也言中和可常行之德也其至極矣乎以世亂先王之道廢故民罕能行此道久多時矣非適而今也

子貢曰如有。博施於民而能濟衆。何如可謂仁乎子曰何事於仁必也聖乎堯舜其猶病諸孔曰。君能廣施恩惠濟民於患難堯舜至聖猶病其難夫仁者己欲立而立人己欲達而達人能近取譬可謂仁之方也已孔曰更爲子貢說仁者之行方道也但能近取譬於己皆恕己所。欲而。施。之。於。人。疏子貢至也已○正義曰此章明仁道也子貢曰如有博施於民而能濟衆何如可謂仁乎者子貢問夫子曰設如人君能廣施恩惠於民而能振濟衆民於患難者此德行何如可以謂之仁

人之君乎子曰何事於仁必也聖乎堯舜其猶病諸者此孔子荅子貢之語也言君能博施濟衆何止事於仁謂不啻於仁必也爲聖人乎然行此事甚難堯舜至聖猶病之以爲難也夫仁者己欲立而立人己欲達而達人能近取譬可謂仁之方也已者此孔子更爲子貢說仁者之行也方猶道也言夫仁者己欲立身進達而先立達他人又能近取譬於己皆恕己所欲而施之於人己所不欲弗施於人可謂仁道也

論語注疏解經卷第六

論語注疏卷六校勘記

阮元撰盧宣旬摘錄

雍也第六　十行本閩本毛本此下並有疏文與各第下同北監本脫此疏

雍也可使南面章

雍也可使南面　高麗本面下有也字

言任諸侯治　皇本作言任諸侯可使治國政也釋文出諸侯治云一本無治字本作言任諸侯治國也

孔曰以其能簡故曰可也　皇本無孔曰字

無乃大簡乎　北監本毛本大作太案釋文出大簡云音泰下同

則以此爲秦大夫恐非　孫志祖云則字衍

哀公問弟子章

哀公問弟子孰爲好學　皇本高麗本問下有曰字

有顏回者好學　浦鏜云下脫不遷怒不貳過六字

未聞更有好學者也　案此聞字與下顏回任道顏字互易而誤今訂正

子華使於齊章

包曰十六斗曰庚本包誤句皇本作十六斗爲庚也

此章論君子當賑窮周急閩本北監本賑作振案作振是也顏師古匡謬正俗云振給振貸字皆作振振舉救也俗作賑非

區十六升浦鏜云斗誤十

量名以爲藪者浦鏜云有誤以是也

原思爲之宰章

辭辭讓不受皇本辭字不重受下有也字

子曰毋閩本北監本同毛本毋作毋是也今正

此章明爲受祿之法各本爲下並有仕字此誤脫也

云孔子爲司寇浦鏜云爲下脫魯字

由司空爲司寇浦鏜云爲下脫大字

子謂仲弓章

騂赤也皇本赤下有色字

不害於子之美皇本子上有其字美下有也字

中祭祀之犧牲本犧誤儀今正

回也其心三月不違仁章

餘人暫有至仁時皇本餘上有言字

復一時而不變移毛本作移變

其餘蹔有至仁時北監本毛本蹔作暫案暫蹔正俗字

季康子問仲由章

曰賜也達皇本高麗本曰上有子字下曰求也藝下同

藝謂多才藝皇本作藝謂多才能也

季氏使閔子騫爲費宰章

而其邑宰數畔皇本畔作叛是正字古多假畔字爲之

聞子騫賢故欲用之皇本子上有閔字之作也

託使者皇本作語使者曰案釋文出語字云魚據反是陸氏所據本亦作語

善爲我辭焉說令不復召我皇本作善爲作辭說令不復召我也下重來召我下如齊下有也字

則吾必在汶上矣釋文出則吾必在云一本無吾字鄭本無則吾二字案史記弟子列傳亦無則吾字

昭十二年各本二誤三今訂正

汶水出泰山萊蕪西南入濟閩本北監本毛本濟誤齊

伯牛有疾章

命矣夫斯人也而有斯疾也斯人也而有斯疾也史記弟子列傳作命也夫斯人也而有斯疾命也夫

賢哉回也章

簞笥也皇本此下有瓢瓠也三字又下所樂下有也字案正義亦有三字注脫

子謂子夏章

無爲小人儒高麗本無作毋

將以明道皇本明下有其字下其名下有也字又此注作馬融曰

女得人焉耳乎皇本高麗本乎下有哉字案焉耳乎三字連文已屬不詞下又增哉字更不成文疑耳當爾字之訛攷太平御覽一百七十四二百六十六俱引作爾又張栻論語解呂祖謙論語說真德秀論語集編暨論語纂疏四書通四書纂箋諸本並作爾又今坊本亦作爾蓋焉爾者猶於此也

言女得人於此乎哉此者此武城也如書作耳則義不可通矣

孟之反不伐章

人迎功之皇本功上有爲字

曰我非敢在後拒敵皇本曰作故云二字拒作距敵下有也字○按距別一字說見前

馬不能前進皇本進下有耳字

策捶也本埵誤捶今正

商子游御夏之御寇北監本毛本此下有崔如爲右燭庸之越駟乘十字閩本亦無

帥右師本帥誤師今正

不有祝鮀之佞章

衞大夫子魚也皇本子上有名字

而反如宋朝之美皇本反作及案釋文出及如云一本及字作反義亦通

難乎免於今之世害也皇本乎作矣之世作世之

誰能出不由戶章

誰能出不由戶皇本戶下有者字

質勝文則野章

文質彬彬說文引作份份○按彬份古今字

人之生也直章

人之生也直皇本作人生之直

言人所生於世而自終者以其正直也皇本作言人之所以生於世而自終者以其正直之道也

誣罔正直之道而亦生者是幸而免皇本無者字免下有也字

知之者章

好之者不如樂之者深皇本不上有又字深下有也字

中人以上章

上謂上知之所知也皇本上知字作智之下有人字

樊遲問知章

敬鬼神而不黷皇本黷作瀆下有也字下爲仁下同釋文出瀆字云本今作黷○按瀆黷古今字

問仁曰皇本仁下有子字

而後得功皇本而作乃

不褻黷本褻誤藝今正

知者樂水章

日進故動皇本作自進故動也下故靜下故樂下亦有也字

性靜者多壽考皇本作性靜故壽考也

故多壽考也本考誤耆今正

觚不觚章

二升曰觚正義同皇本二作三觚下有也字案異義引韓詩說及儀禮特牲饋食禮記注周禮梓人疏俱云二升爲觚又廣雅釋器亦云二升曰觚皇本作三者字之譌也

刑三爵三觚四觶一角三散案刑當作用上兩三字當作二下三字當作一閩本北監本毛本二爵誤三爵一散亦誤三散○今並訂正

韓詩說本說誤爲

飲不省節閩本北監本毛本省作自

仁者雖告之曰章

井有仁焉其從之也皇本仁下有者字也作與案孔注云有仁人墮井則仁下當有者字

宰我以仁者皇本以下有爲字

將自投下本將誤得今正

不肯自投從之皇本從作救之下有也字又此節作苞氏曰

不可得誣罔令自投下本罔誤固投誤役今正

君子博學於文章

君子博學於文釋文云一本無君子字兩得案無君子者是經義雜記云集解載鄭注云弗畔不違道既言君子不嫌其違畔於道後顏淵篇此見再見正本皆無君子字據釋文知此處古本亦無有者衍文顏淵篇釋文云博學於文一本作君子博學於文正義曰或本亦有作君子博學於文蓋皆後人所加後篇朱子皆無

子見南子章

予所否者史記孔子世家否作不釋文引鄭康成繆播訓爲不與史記合○按不者事之不然者也否者說事之不然者也此當作否

舊以南子者皇本舊作等以下有爲字案釋文出等以爲男子者云集解本皆爾或不達其義妄去等字非也今注云舊以南子者

故夫子誓之皇本之下有曰字釋文出故孔子云一本作夫子

與之呪誓釋文出之祝云本今作呪○按祝呪正俗字

意欲因以說靈公本因誤曰今正

如有博施於民章

如有博施於民而能濟衆皇本有作能衆下有也字

君能廣施恩惠皇本君作若

己所欲而施之於人皇本作己所不欲而勿施人也

此孔子荅子貢之語也本之語誤諸之今正

論語注疏卷六校勘記

述而第七　何晏集解　邢昺疏

疏正義曰此篇皆明孔子之志行也以前篇論賢人君子及仁者之德行成德有漸故以聖人次之

子曰述而不作信而好古竊比於我老彭包曰老彭殷賢大夫好述古事我若老彭但述之耳疏子曰述而不作信而好古竊比於我老彭○正義曰此章記仲尼著述之謙也作者之謂聖述者之謂明老彭殷賢大夫也老彭於時但述脩先王之道而不自制作篤信而好古事孔子言今我亦爾故云比老彭猶不敢顯言故云竊○注包曰至之耳○正義曰云老彭殷賢大夫者老彭卽莊子所謂彭祖也李云名鏗堯臣封於彭城歷虞夏至商年七百歲故以久壽見聞世本云姓籛名鏗在商爲守藏史在周爲柱下史年八百歲籛音翦一云卽老子也崔云堯臣仕殷世其人甫壽七百年王弼云老是老聃彭是彭祖老子者楚。苦縣厲鄉曲仁里人也姓李氏名耳字伯陽謚曰聃周守藏室之史也云好述古事我若老彭。但述之耳者言老彭不自制作好述古事仲尼言我亦若老彭但述之耳

子曰默。而識之學而不厭誨人不倦何有於我哉鄭曰。無。是行於我我獨有之。疏子曰默而識之學而不厭誨人不倦何有於我哉○正義曰此章仲尼言已不言而記識之學古而心不厭教誨於人不倦息他人無是行於我獨有之故曰何有於我哉

子曰德之不脩。學之不講。聞義不能徙。不。善不能改。是吾憂也孔曰夫子常以此四者爲憂。疏子曰德之不脩學之不講聞義不能徙不善不能改是吾憂也○正義曰此章言孔子憂在脩身也德在脩行學須講習聞義事當從意從之有不善當追悔改之夫子常以此四者爲憂憂已恐有不脩不講不徙不改之事故云是吾憂也

子之

燕。居申申如也夭夭如也馬曰申申夭夭和舒之貌。疏子之燕居申申如也夭夭如也○正義曰此章言孔子燕居之時體貌也申申夭夭和舒之貌如者如此義也謂體貌和舒如似申申夭夭也故玉藻云受一爵而色洒如也及鄉黨每云如也者皆謂容色如此子曰甚矣吾衰也久矣吾不復。夢見周公。孔曰孔子衰老不復夢見周公明盛時夢見周公欲行其道。也疏子曰甚矣吾衰也久矣吾不復夢見周公○正義曰此章孔子歎其衰老言我盛時嘗夢見周公欲行其道今則久多時矣吾更不復夢見周公知是吾衰老甚矣子曰志於道志慕也道不可體故志之而已據於德據杖也德有成形故可據依於仁依倚也仁者功施於人故可倚遊。於藝藝六藝也不足據依故曰遊疏子曰志於道據於德依於仁遊於藝○正義曰此章孔子言已志慕據杖依倚遊習者道德仁藝也○注志慕也道不可體故志之而已○正義曰道者虛通無擁自然之謂也王弼曰道者無之稱也無不通也無不由也況之曰道寂然。無。體。不可爲象是道不可體故但志慕而已○注據杖也德有成形故可據○正義曰德者得也物得其所謂之德寂然至無則謂之道離無入有而成形器是謂德業少儀云士依於德遊於藝文與此類鄭注云德三德也一曰至德二曰敏德三曰孝德周禮師氏掌以三德教國子一曰至德以。道。爲本二曰敏德以。行。爲本三曰孝德以知逆惡注云德行內外之稱在心爲德施之爲仁至德中和之德覆。幬持載含容者也孔子曰中庸之爲德也其至矣乎敏德行義順時者也說命曰敬孫務時敏厥修乃來孝德尊祖愛親守其所以生者也孔子曰武王周公其達孝矣乎夫孝者善繼人之志善述人之事者也是德有成形者也夫立身行道唯杖於德故可據也○注依倚也仁者功施於人故可倚○正義曰博施於民而能濟衆乃謂之仁恩被於物物亦應之故可倚賴○注藝六藝也不足據依故曰遊○正義曰六藝謂禮樂射。馭書數也周禮保氏云掌養國子教之六藝一曰五禮二曰六樂三曰五射四曰五馭五曰六書六曰九數注云五禮吉凶軍。賓。嘉也六樂雲門大咸大韶大夏大濩大武也五射白矢參連剡注襄尺井儀也五馭鳴和鸞逐水曲過君表舞交衢逐禽左也六書象形會意轉注處事假借諧聲也九數方田粟米差分少廣商功均輸方程贏不足旁要也此六者所以飾身耳劣於道德與仁故不足依據故但曰遊

子曰：自行束脩以上，吾未嘗無誨焉。孔曰言人能奉禮自行束脩以上則皆教誨之【疏】子曰自行束脩以上吾未嘗無誨焉○正義曰此章言己誨人不倦也束脩禮之薄者言人能奉禮自行束修以上而來學者則吾未會不誨焉皆教誨之也○注孔曰至誨之○正義曰云言人能奉禮自行束修以上者案書傳言束修者多矣皆謂十脡脯也檀弓曰古之大夫束修之問不出竟少儀曰其以乘壺酒束修一犬賜人穀梁傳曰束修之問不行竟中是知古者持束修以爲禮然此是禮之薄者其厚則有玉帛之屬故云以上以包之也

子曰：不憤不啓，不悱不發，舉一隅不以三隅反，則不復也。鄭曰孔子與人言必待其人心憤憤口悱悱乃後啓發爲說之如此則識思之深也說則舉一隅以語之其人不思其類則不復重教之【疏】子曰不憤不啓不悱不發舉一隅不以三隅反則不復也○正義曰此章言誨人之法啓開也言人若不心憤憤則孔子不爲開說若不口悱悱則孔子不爲發明必待其人心憤憤口悱悱乃後啓發爲說之如此則識思之深也其說之也略舉一隅以語之凡物有四隅者舉一則三隅從可知學者當以三隅反類一隅以思之而其人若不以三隅反思其類則不復重教之矣

子食於有喪者之側，未嘗飽也。喪者哀感飽食於其側是無惻隱之心【疏】子食於有喪者之側未嘗飽也○正義曰此章言孔子助喪家執事時故得有食饑而廢事非禮也飽而忘哀亦非禮故食而不飽以喪者哀感若飽食於其側是無惻愴隱痛之心也

子於是日哭，則不歌。一日之中或哭或歌是褻於禮容【疏】子於是日哭則不歌○正義曰此章言孔子於是日聞喪或弔人而哭則終是日不歌也若一日之中或哭或歌是褻瀆於禮容故不爲也檀弓曰弔於人是日不樂注引此文是也

子謂顏淵

曰用之則行舍之則藏唯我與爾有是夫孔曰言可行則行可止則止唯我與顏淵同子路曰子行三軍則誰與孔曰大國三軍子路見孔子獨美顏淵以爲己勇至於夫子爲三軍將亦當誰與己同故發此問子曰暴虎馮河死而無悔者吾不與也孔曰暴虎徒搏馮河徒涉必也臨事而懼好謀而成者也

疏子謂至者也○正義曰此章孔子言己行藏與顏回同也子謂顏淵曰用之則行舍之則藏唯我與爾有是夫者言時用之則行舍之則藏用捨隨時行藏不忤於物唯我與汝同有是行夫子路曰子行三軍則誰與者大國三軍子路見孔子獨美顏淵以己有勇故發此問曰若子行三軍之事爲三軍之將則當誰與同子路意其與己也子曰暴虎馮河死而無悔者吾不與也者空手搏虎爲暴虎無舟渡河爲馮河言人若暴虎馮河輕死而不追悔者吾不與之同也子路之勇若此故孔子抑之也必也臨事而懼好謀而成者也者此又言行三軍所與之人必須臨事而能戒懼好謀而有成功者吾則與之行三軍之事也所以誘子路使慎其勇也○注孔曰大國三軍○正義曰此司馬序官文也○注孔曰暴虎徒搏馮河徒涉○正義曰釋訓文也舍人曰無兵空手搏之郭璞曰空手執也李巡曰無舟而渡水曰徒涉郭璞曰無舟檝詩傳云馮陵也然則空涉水陵波而渡故訓馮爲陵也

子曰富而可求也雖執鞭之士吾亦爲之鄭曰富貴不可求而得之當修德以得之若於道可求者雖執鞭之賤職我亦爲之如不可求從吾所好孔曰所好者古人之道

疏子曰富而可求也雖執鞭之士吾亦爲之如不可求從吾所好○正義曰此章孔子言己修德好道不諂求富貴也言富貴不可求而得之當修德以得之若富貴而於道可求者雖執鞭賤職我亦爲之如不可求則當從吾所好者古人之道也○注雖執鞭賤職○正義曰案周禮秋官條狼氏掌執鞭以趨辟王出入則八人夾道公則六人侯伯則四人子男則二人注云趨辟趨而辟行人若今卒辟車之爲也序官云條狼氏下士故云執鞭賤職也

子之所慎齋。戰疾孔曰此三者人所不能慎而夫子獨能慎之疏子之所慎齋戰疾○正義曰此一章記孔子所慎之行也將祭散齋七日致齋三日齋之爲言齊也所以齊不齊也故戒慎之左傳曰皆陳曰戰夫兵凶戰危不必其勝重其民命固當慎之君子敬身安體若偶嬰疾病則慎其藥。齊以治之此三者凡人所不能慎而夫子能慎之也

子在齊聞韶。三月不知肉味周曰孔子在齊聞習韶樂之盛美故忽忘於肉味。曰不圖爲樂之至於斯也王曰爲作也不圖作韶樂至於此。此齊。疏子在至斯也○正義曰此章孔子美韶樂也子在齊聞韶三月不知肉味者韶舜樂名孔子在齊聞習韶樂之盛美故三月忽忘於肉味而不知也曰不圖爲樂之至於斯也者圖謀度也爲作也斯此也謂此齊也言我不意度作韶樂乃至於此齊也○注王曰至於此齊○正義曰云爲作也者釋言云作造爲也互相訓故云爲作也云不圖作韶樂至於此此齊者言不意作此韶樂至於齊也韶是舜樂而齊得作之者案禮樂志云夫樂本情性浹肌膚而藏骨髓雖經乎千載其遺風餘烈尚猶不絕至春秋時陳公子完奔齊陳舜之後韶樂存焉故孔子適齊聞韶三月不知肉味曰不圖爲樂之至於斯美之甚也

冉有曰夫子爲衞君乎鄭曰爲猶助也衞君者謂輒也衞靈公逐大子蒯聵公薨而立孫輒後晉趙鞅納蒯聵於戚。城衞石曼姑帥師圍之故問其意助輒不乎子貢曰諾吾將問之入曰伯夷叔齊何人也曰古之賢人也曰怨乎曰求仁而得仁又何怨。孔曰夷齊讓國遠去終於餓死故問怨邪以讓爲仁豈。有怨乎出曰夫子不爲也鄭曰父子爭國惡行孔子以伯夷叔齊爲賢且仁故知不助衞君明矣疏冉有至爲也○正義曰此章記孔子崇仁讓也冉有曰夫子爲衞君乎者爲猶助也衞君謂出公輒也衞靈公逐太子蒯聵公薨而立孫輒輒卽蒯聵之子也後晉趙鞅納蒯聵於戚城衞石曼姑帥師圍之子而拒父惡行之甚時孔子在衞爲輒所賓禮人疑孔子助輒故冉有言問其友曰夫子之意

助輒不乎子貢曰諾吾將問之者子貢承冉有之問其意亦未決故諾其言我將入問夫子庶知其助不也入曰伯夷叔齊何人也者此子貢問孔子辭也伯夷叔齊孤竹君之二子兄弟讓國遠去終於餓死今衛乃父子爭國爭讓正反所以舉夷齊爲問者子貢意言夫子若不助衛君應言夷齊爲是夫子若助衛君應言夷齊爲非故入問曰伯夷叔齊何人也曰古之賢人也者孔子荅言是古之讓國之賢人也曰怨乎者此子貢復問曰夷齊初雖有讓國之賢而終於餓死得無怨恨邪所以復問此者子貢意言若夫子不助衛君應言不怨若助衛君則應言有怨也曰求仁而得仁又何怨者此孔子荅言不怨也初心讓國求爲仁也君子殺身以成仁夷齊雖終於餓死得成於仁豈有怨乎故曰又何怨出曰夫子不爲也者子貢既問而出見冉有而告之曰夫子不助衛君也知其父子爭國惡行也孔子以伯夷叔齊爲賢且仁故知不助衛君明矣○注鄭曰至不乎○正義曰云衛靈公逐太子蒯聵者案左傳定十四年蒯聵謀殺靈公夫人南子不能而出奔宋是也云公薨而立孫輒者哀二年左傳曰夏衛靈公卒夫人曰命公子郢爲太子君命也對曰郢異於他子且君沒於吾手若有之郢必聞之且亡人之子輒在乃立輒是也云後晉趙鞅納蒯聵於戚城者亦哀二年春秋文也云衛石曼姑帥師圍之者春秋哀三年春齊國夏衛石曼姑帥師圍戚是也

子曰飯疏。食飲水曲肱而枕之樂亦在其中矣孔曰疏食菜食肱臂也孔子以此爲樂不義而富且貴於我如浮雲鄭曰富貴而不以義者於我如浮雲非己之有【疏】子曰至浮雲○正義曰此章記孔子樂道而賤不義也子曰飯疏食飲水曲肱而枕之樂亦在其中矣者疏食菜食也肱臂也言已飯菜食飲水寢則曲肱而枕之以此爲樂不義而富且貴於我如浮雲者富與貴雖人之所欲若富貴而以不義者於我如浮雲言非己之有也

子曰加。我數年五十以學易。可以無大過矣易窮理盡性以至於命年五十而知天命以知命之年讀至命之書故可以無大過【疏】子曰加我數年五十以學易可以無大過矣○正義曰此章孔子言

其學易年也加我數年方至五十謂四十七時也易之爲書窮理盡性以至於命吉凶悔吝豫以告人使人從吉不從凶故孔子言己四十七學易可以無過咎矣○注易窮至大過○正義曰云窮理盡性以至於命者說卦文也命者生之極窮理則盡其極也云五十而知天命者爲政篇文云以知命之年讀至命之書故可以無大過矣者漢書儒林傳云孔子蓋晚而好易讀之韋編三絕而爲之傳是孔子讀易之事也言孔子以知天命終始之年讀窮理盡性以至於命之書則能避凶之吉而無過咎謙不敢自言盡無其過故但言可以無大過矣

子所雅言孔曰雅言正言也詩書執禮皆雅言也鄭曰讀先王典法必正言其音然後義全故不可有所諱禮不誦故言執

疏子所雅言詩書執禮皆雅言也○正義曰此章記孔子正言其音無所諱避之事雅正也子所正言者詩書禮也此三者先王典法臨文教學讀之必正言其音然後義全故不可有所諱禮不背文誦但記其揖讓周旋執而行之故言執也舉此三者則六藝可知

葉公問孔子於子路子路不對孔曰葉公名諸梁楚大夫食菜於葉僭稱公不對者未知所以答子曰女奚不曰其爲人也發憤忘食樂以忘憂不知老之將至云爾

疏葉公至云爾○正義曰此章記孔子之爲人也葉公問孔子於子路子路不對者葉公名諸梁楚大夫食菜於葉僭稱公問孔子爲人志行於子路子路未知所以答故不對子曰女奚不曰其爲人也發憤忘食樂以忘憂不知老之將至云爾者孔子聞子路不能答故教之奚何也言女何不曰其孔子之爲人也發憤嗜學而忘食樂道以忘憂不覺老之將至云爾乎○注孔曰至以答○正義曰云葉公名諸梁楚大夫食菜於葉僭稱公者據左傳世本文也名諸梁字子高爲葉縣尹楚子僭稱王故縣尹皆僭稱公也

子曰我非生而知之者好古敏以求之者也鄭曰言此者勸人學

疏子曰我非生而知之者好古敏以求之者也○正義曰此章勸人學也恐人以己爲生知而不可學故告之曰我非生而知之者但愛好古道敏疾求學而知

之也

子不語怪力亂神王曰怪怪異也力謂若奡盪舟烏獲舉千鈞之屬亂謂臣弑君子弑父神謂鬼神之事或無益於教化或所不忍言

疏子不語怪力亂神○正義曰此章記夫子為教不道無益之事怪怪異也力謂若奡盪舟烏獲舉千鈞之屬也亂謂臣弑君子弑父也神謂鬼神之事或無益於教化或所不忍言也李充曰力不由理斯怪力也神不由正斯亂神也怪力亂神有與於邪無益於教故不言也○注烏獲舉千鈞○正義曰烏獲古之有力人三十斤為鈞言能舉三萬斤之重也

子曰三人行必有我師焉擇其善者而從之其不善者而改之言我三人行本無賢愚擇善從之不善改之故無常師

疏子曰三人行必有我師焉擇其善者而從之其不善者而改之○正義曰此章言學無常師也言我三人行本無賢愚相懸但敵體耳然彼二人言行必有一人善一人不善我則擇其善者而從之不善者而改之有善可從是為師矣故無常師也

子曰天生德於予桓魋其如予何包曰桓魋宋司馬天生德者謂授我以聖性德合天地吉無不利故曰其如予何

疏子曰天生德於予桓魋其如予何正義曰此章言孔子無憂懼也案世家孔子適宋與弟子習禮大樹下宋司馬桓魋欲殺孔子拔其樹孔子去弟子曰可速矣故孔子發此語言天生德於予者謂天授我以聖性德合天地吉無不利桓魋必不能害我故曰其如予何

子曰二三子以我為隱乎吾無隱乎爾包曰二三子謂諸弟子聖人知廣道深弟子學之不能及以為有所隱匿故解之吾無行而不與二三子者是丘也包曰我所為無不與爾共之者是丘之心

疏子曰至丘也○正義曰此章言孔子教人無所隱惜也子曰二三子以我為隱乎吾無隱乎爾者二三子謂諸弟子也聖人知廣道深弟子學之不能及常以為夫子有所隱匿故以此言解之言女以我為隱我實無隱也吾無行而不與二三子者是丘也者言我所行所為無不與爾等共之者是丘之心也言心者使信其言也

子以四教文行忠信四者有形質可

舉以教

疏　子以四教文行忠信○正義曰此章記孔子行教以此四事爲先也文謂先王之遺文行謂德行在心爲德施之爲行中心無隱謂之忠人言不欺謂之信此四者有形質故可舉以教也

子曰聖人吾不得而見之矣得見君子者斯可矣疾世無明君

子曰善人吾不得而見之矣得見有恆者斯可矣亡而爲有虛而爲盈約而爲泰難乎有恆矣孔曰難可名之爲有常

疏　子曰聖人至恆矣○正義曰此章疾世無明君也子曰聖人吾不得而見之矣得見君子者斯可矣者聖人謂上聖之人若堯舜禹湯也君子謂行善無怠之君也言當時非但無聖人亦無君子也子曰善人吾不得而見之矣得見有恆者斯可矣者善人即君子也恆常也又見善人之君吾不得而見之矣得見有常德之君斯亦可矣亡而爲有虛而爲盈約而爲泰難乎有恆矣者此明時無常德也亡無也時既澆薄率皆虛矯以無爲有將虛作盈內實窮約而外爲奢泰行既如此難可名之爲有常也

子釣而不綱弋不射宿孔曰釣者一竿釣綱者爲大綱以橫絕流以繳繫釣羅屬著綱弋繳射也宿宿鳥

疏　子釣而不綱弋不射宿○正義曰此章言孔子仁心也釣者以繳繫一竿而釣取魚也綱者爲大綱羅屬著綱以橫絕流而取魚也釣則得魚少綱則得魚多孔子但釣而不綱是其仁也弋繳射也宿宿鳥也夫子雖爲弋射但晝日爲之不夜射栖鳥也爲其欺暗必中且驚衆也○注孔曰至宿鳥○正義曰云釣者一竿釣綱者爲大綱以橫絕流以繳繫釣羅屬著綱者此注文句交互故少難解耳若其次序應云釣者一竿釣以繳繫釣綱者爲大綱以橫絕流羅屬著綱也繳即線也釣謂鉤也謂以一竿竹竿用線繫鉤而取魚也羅細網也謂以繩爲大綱用網以屬著此網施之水中橫絕流以取魚舉網則提其綱也云弋繳射也者夏官司弓矢云矰矢茀矢用諸弋射注云結繳於矢謂之矰矰高也茀矢象焉茀之言刜也二者皆可以弋飛鳥刜羅之也然則繳射謂以繩繫矢而射也說文云繳謂生絲爲繩也

子曰蓋有不知而作之

者我無是也包曰時。人有穿鑿妄作篇籍者故云然多聞擇其善者而從之多見而識之知之次也孔曰如此者次於天生知之【疏】子曰至次也○正義曰此章言無穿鑿也子曰蓋有不知而作之者我無是也者。言時人蓋有不知理道穿鑿妄作篇籍者我即無此事也多聞擇其善者而從之多見而識之知之次也者言人若多聞擇善而從之多見擇善而志。之能知此者比天生知之可以爲次也言此者所以戒人不爲穿鑿互鄉難與言童子見門人惑鄭曰互鄉鄉名也其鄉人言語自專不達時宜而有童子來見孔子門人怪孔子見之子曰與其進也不與其退也唯何甚孔曰教誨之道與其進不與其退怪我見此童子惡惡一何甚人絜己以進與其絜也不保其往也鄭曰往猶去也人虛己。自絜而來當與之進亦何能保其去後之行【疏】互鄉至往也○正義曰此章言教誨之道也互鄉難與言童子見門人惑者互鄉鄉名也其鄉人言語自專不達時宜而有童子來見孔子門人怪孔子見之琳公云此互鄉難與言童子見八字通爲一句言此鄉有一童子難與言非是一鄉皆難與言也子曰與其進也不與其退也唯何甚者孔子以門人怪己故以言語之言教誨之道與其進不與其退也怪我見此童子惡惡一何甚乎人絜己以進與其絜也不保其往也者往猶去也言人若虛己自絜而來當與之進亦何能保其去後之行去後之行者謂往前之行今已過去顧懽云往謂前日之行夫人之爲行未必可一或有始無終先迷後得教誨之道絜則與之往日之行非我所保也子曰仁遠乎哉我欲仁斯仁至矣包曰仁道不遠行之。即是。【疏】子曰仁遠乎哉我欲仁斯仁至矣○正義曰此章言仁道不遠行之即是故曰仁道豈遠乎哉我欲行仁即斯仁至矣是不遠也陳司敗問昭公知禮乎孔曰司敗官名陳大夫昭公魯昭公孔子曰知禮孔子退揖巫馬期。而進之。曰吾聞君子不黨君子亦黨乎君取於吳爲同姓謂之吳孟子君而知禮孰不知禮孔曰巫馬期弟子名施相助匿非曰黨魯吳俱姬姓禮同姓不昬而君。取。之當稱吳姬諱曰孟子巫馬期以告子曰丘也幸苟有過人必知之孔曰以司敗之言告也諱國惡禮也聖。人道弘故受以爲過

【疏】陳司至知之○正義曰此章記孔子諱國惡之禮也陳司敗問昭公知禮乎者陳大夫爲司寇之官舊聞魯昭公有違禮之事故問孔子昭公知禮乎孔子曰知禮者荅言昭公知禮也孔子退揖巫馬期而進之曰吾聞君子不黨君子亦黨乎者相助匿非曰黨孔子既荅司敗而退去司敗復揖弟子巫馬期而進之問曰我聞君子不阿黨今孔子言昭公知禮乃是君子亦有黨乎君取於吳爲同姓謂之吳孟子君而知禮孰不知禮者孰誰也魯吳俱姬姓禮同姓不昏而君取之當稱吳姬爲是同姓諱之故謂之吳孟子若以魯君昭公而爲知禮又誰不知禮也巫馬期以告子曰丘也幸苟有過人必知之者巫馬期以司敗之言告孔子也孔子初言昭公知禮是諱國惡也諱國惡禮也但聖人道弘故受以爲過言丘也幸苟有過人必知之也○注司敗官名陳大夫正義曰文十一年左傳云楚子西曰臣歸死於司敗也杜注云陳楚名司寇爲司敗也傳言歸死於司敗知司敗主刑之官司寇是也此云陳司敗知陳楚同此名也○注孔曰至孟子正義曰云巫馬期弟子名施者史記弟子傳云巫馬施字子旗少孔子三十歲鄭玄云魯人也云魯吳俱姬姓者魯周公之後吳泰伯之後故云俱姬姓也云禮同姓不昏者曲禮云取妻不取同姓故買妾不知其姓則卜之又大傳曰繫之以姓而弗別綴之以食而弗殊雖百世而昏姻不通者周道然也云而君取之當稱吳姬而諱曰孟子者案春秋哀十二年夏五月甲辰孟子卒左氏傳曰昭公娶於吳故不書姓此云君娶於吳爲同姓謂之吳孟子是魯人常言稱孟子也坊記云魯春秋。去夫人之姓曰吳其死曰孟子卒是舊史書爲孟子卒及仲尼脩春秋以魯人已知其非諱而不稱姬氏諱國惡禮也因而不改所以順時世也魯春秋去夫人之姓曰吳春秋無此文坊記云然者禮夫人初至必書於冊若娶齊

女則云夫人姜氏至自齊此孟子初至之時亦當書曰夫人姬氏至自吳同姓不得稱姬舊史所書蓋直云夫人至自吳是去夫人之姓直書曰吳而已仲尼脩春秋以犯禮明著全去其文故經無其事也○注孔曰至爲過○正義曰云諱國惡禮也者僖元年左傳文也案坊記云善則稱君過則稱己則民作忠善則稱親過則稱己則民作孝是君親之惡務於欲掩之是故聖賢作法通有諱例杜預曰有時而聽之則可也正以爲後法則不經故不奪其所諱亦不爲之定制言若正爲後法每事皆諱則爲惡者無復忌憚居上者不知所懲不可盡令諱也人之所極唯君與親纔有小惡即發其短非復臣子之心全無愛敬之義是故不抑不勸有時聽之以爲諱惡者禮也無隱者直也二者俱通以爲世教也云聖人道弘故受以爲過者孔子所言雖是諱國惡之禮聖人之道弘大故受以爲過也。我。荅。云孔子得巫馬期之言稱己名云是己幸受以爲過故云苟有過人必知之所以然者昭公不知禮我荅云知禮若使司敗不譏我則千載之後遂承信我言用昭公所行爲知禮則亂禮之事從我而始今得司敗見非而受以爲過則後人不謬故我所以爲幸也謬協云諱則非。諱若受。而爲過則所諱者又以明矣亦非諱也歸司敗之問則詭言以爲諱今苟將明其義故歸之言爲合禮也苟曰合禮則不爲黨矣若不受過則何禮之有乎

子與人歌而善必使反之而後和之樂其善故使重歌而。自和之。

疏子與人歌而善必使反之而後和之○正義曰此章明孔子重於正音也反猶重也孔子共人歌彼人歌善合於雅頌者樂其善故使重歌之審其歌意然後自和而荅之

子曰文莫吾猶人也莫無也文無者猶俗言文不也文不吾猶人者。凡。言文皆不勝於。人躬行君子則吾未之有得。孔曰身爲君子子已未能也

疏曰文莫吾猶人也躬行君子則吾未之有得○正義曰此章記夫子之謙德也莫無也文無者猶俗言文不也文不吾猶人者言凡文皆不勝於人但猶如常人也躬身也言身爲君子已未能也

子曰若聖與仁則吾豈敢孔曰孔子謙不敢自名仁聖抑爲之不厭誨人

不倦則可謂云爾已矣公西華曰正唯弟子不能學也馬曰正如所言弟子猶不能學況仁聖乎疏子曰至學也○正義曰此章亦記孔子之謙德也子曰若聖與仁則吾豈敢者唯聖與仁人行之大者也孔子謙不敢自名仁聖也抑為之不厭誨人不倦則可謂云爾已矣者抑語辭為猶學也孔子言已學先王之道不厭教誨於人不倦但可謂如此而已矣公西華曰正唯弟子不能學也者公西華聞孔子云學之不厭誨人不倦故荅於孔子曰正如所言不厭不倦之二事弟子猶不能學況仁聖乎

子疾病。子路請禱。包曰禱請於鬼神子曰有諸周曰言有此禱請於鬼神之事子路對曰有之。誄曰禱爾于上下神祇。孔曰子路失指。誄禱篇名子曰丘之禱久矣。孔曰孔子素行合於神明故曰丘之禱久矣疏子疾至久矣○正義曰此章記孔子不詔求於鬼神也子疾病子路請禱者孔子疾病子路告請禱求鬼神冀其疾愈也子曰有諸者諸之也孔子以死生有命不欲禱祈故反問子路曰有此禱請於鬼神之事乎子路對曰有之誄曰禱爾于上下神祇者誄禱篇名誄累也累功德以求福子路失孔子之指故曰有之又引禱篇之文以對也子曰丘之禱久矣者孔子不許子路故以此言拒之若人之履行違忤神明罹其咎殃則可禱請孔子素行合於神明故曰丘之禱久矣也

子曰奢則不孫。儉則固。與其不孫也。寧固。孔曰俱失之奢不如儉奢則僭上儉。不及禮。固陋也。疏子曰奢則不孫儉則固與其不孫也寧固○正義曰此章戒人奢僭也孫順也固陋也言奢則僭上而不順儉則偪下而窶陋二者俱失之與其不孫順也寧為窶陋是奢不如儉也以其奢則僭上儉但不及禮耳

子曰君子坦蕩蕩小人長戚戚鄭曰坦蕩蕩寬廣貌長戚戚多憂。懼。疏子曰君子坦蕩蕩小人長戚戚○正義曰此章言君子小人心貌不同也坦蕩蕩寬廣貌長戚戚多憂懼也君子內省不疚故心貌坦蕩蕩然寬廣也小人好為咎過故多憂懼

子溫而厲。威而不猛。恭而安。疏

子温而厲威而不猛恭而安○正義曰此章說孔子體貌也言孔子體貌温和而能嚴正儼然人望而畏之而無剛暴雖爲恭孫而能安泰此皆與常度相反若臯陶謨之九德也他人不能唯孔子能然故記之也

論語注疏解經卷第七

論語注疏卷七校勘記

阮元撰盧宣旬摘錄

述而第七

述而不作章

但述之耳　皇本但作祖案筆解亦作祖

楚苦縣　閩本同北監本毛本苦作苦案苦字誤今正

默而識之章

默而識之　釋文出默而云俗作嘿五經文字云默與嘿同經典通爲語默字

無是行於我我獨有之　皇本作人無有是行於我我獨有之也

德之不脩章

德之不脩學之不講聞義不能徙不善不能改　皇本高麗本每句下並有也字又高麗本徙作從又注爲憂下皇本有也字下章注之貌下同

子之燕居章

子之燕居　釋文出燕居云鄭本作宴案後漢書仇覽傳注引作宴與鄭本合○案宴正字燕假借字

甚矣吾衰也章

久矣吾不復夢見周公皇本高麗本公下有也字又釋文出不復云本或無復字非案經義雜記云據陸氏所見本知經無復字乃後人援注所增以經云久矣吾不夢見先時曾夢見故注云不復夢見復字正釋久矣字陸氏反以無復字爲非不審之至

不復夢見周公本公字空闕今補正

欲行其道也本也字空闕今據北監本增入○案攷文所載足利本亦無也字

志於道章

遊於藝皇本閩本北監本毛本遊並作游唐石經亦作遊○案遊俗字

寂然無體不可爲象閩本空闕二格脫無體不三字

一曰至德以道爲本二曰敏德以行爲本周禮師氏作一曰至德以爲道本二曰敏德以爲行本此誤

覆幬持載含容者也本幬誤壽今正

六藝謂禮樂射馭書數也毛本馭作御案馭御古今字周禮作馭

五禮吉凶軍賓嘉也周禮保氏注軍賓作賓軍正義引注同

轉註處事閩本北監本同毛本處作指註作注○案周禮注作處事劉歆班固首象形次象事指事即象事也鄭司農作處事非也

自行束脩以上章

注孔曰至誨之 本曰誤子今正

故云其上以包之也 案其當作以今正

不憤不啓章

舉一隅 皇本高麗本隅下有而示之三字案文選西京賦注引有此三字又鼂公武蜀石經考異云舉一隅下有而示之三字與李鶚本不同據此則古本當有此三字也

則不復也 皇本作則吾不復也高麗本作則吾不復

乃後啓發爲說之 皇本作乃後啓發爲之說也

子食於有喪者之側章

喪者哀感 皇本感作慼○案依說文當作慽从心戚聲假借作戚或作感

子於是日哭章 皇本高麗本連上爲一章此與閩本北監本毛本俱別爲一章案釋文出子於是日哭則不歌云舊以爲別章今宜合前章

子於是日哭 皇本日下有也字

一日之中或哭或歌是褻於禮容　皇本高麗本脫此注

子謂顏淵章

以爲己勇　皇本勇上有有字

亦當誰與己同　皇本誰作唯同作俱下此問下徒搏下徒涉下並有也字

暴虎馮河　皇本高麗本馮作憑注同釋文出馮河云字亦作憑○案說文作淜馮假借字憑俗字

用舍隨時　本舍作捨

富而可求也章

雖執鞭之士　釋文出執鞭云或作硬音吾孟反非也

富貴不可求而得之　皇本之作者也二字

雖執鞭之賤職　皇本無之字

如不可求　皇本高麗本求下有者字

若今卒辟車之爲也　今本周禮注同段玉裁過校宋本周禮今下有時字

子之所愼章

齋毛本齋作齊釋文云齊本或作齋同○案古多假齊爲齋

則愼其藥齊以治之毛本齊作劑案劑齊古字通周禮劑皆作齊

子在齊聞韶章

子在齊聞韶皇本高麗本韶下有樂字

故忽忘於肉味皇本無忘字味下有也字

不圖爲樂之至於斯也釋文出爲樂云本或作嬀音居危反非

此齊皇本作此此齊也案文選嘯賦注引王注不圖韶之至於此此齊也疑皇本衍一此字

夫子爲衛君乎章

後晉趙鞅納蒯聵於戚城皇本無城字是也○按正義亦衍城字

又何怨皇本高麗本怨下有乎字案左氏哀三年傳正義史記伯夷列傳索隱文選江淹雜體詩注引並有乎字疑古本如此

豈有怨乎皇本無有字

飯疏食章

飯疏食皇本疏作蔬釋文出疏字云本或作蔬案說文無蔬字新附始有之蔬乃疏之俗字

加我數年章

加我數年 史記孔子世家加作假案風俗通義窮通卷亦引作假

五十以學易 釋文出學易云魯讀易爲亦今從古案魯論作亦連下句讀惠棟云外黃今高彪碑云恬虛守約五十以斆此從魯論亦字連下讀也斆音效約音要

故可以無大過矣者 浦鏜云矣衍字

子所雅言章

禮不背文誦 浦鏜云文字當在禮上

葉公問孔子於子路章

葉公問孔子於子路 唐石經避太宗諱葉字變體作桒後放此

食菜於葉 毛本菜作采案考文所載古本足利本亦作菜周禮太宰注公卿大夫之采邑釋文采音菜古采菜字通故釋菜本作釋采

我非生而知之者章

善此者勸人學 皇本作言此者勉勸人於學也此善字誤今正

三人行章

三人行必有我師焉 唐石經皇本三上有我字有作得案釋文出我三人行云一本無我字下出必得我師焉云本或作必有與唐石經皇本合觀何晏自注及邢昺疏並云言我三人行卽朱子集注亦云三人同行其一我也當以皇本爲是

天生德於予章

宋司馬 皇本馬下有黎也二字

天生德者 皇本德下有於予二字

二三子以我爲隱乎章

二三子以我爲隱乎 皇本隱下有子字

聖人知廣道深 本深誤探今正

聖人吾不得而見之矣章

得見有恆者 宋石經避真宗諱恆作常後放此

亡而爲有 釋文出亡而爲有云亡如字一音無此舊爲別章今宜與前章合

子釣而不綱章

爲大綱以橫絕流 皇本閩本毛本綱作網案疏中並作大網唯此疏後段仍誤作大綱

用線繫鈎而取魚也閩本同毛本鈎作鉤案鈎字誤今正

矰矢茀案周禮司弓矢茀下有矢字

蓋有不知而作之者章

時人有穿鑿皇本人下有多字

知之次也高麗本無之字

善時人閩本同案善當作言今正

多見擇善而志之毛本志作識案志識古今字

互鄉難與言章

人絜己以進與其絜也皇本閩本北監本毛本絜並作潔注同唐石經宋石經俱作絜與此本合廣韻十六屑云潔清也經典通用絜

○案潔俗絜字

人虛己自絜而來本自誤目今正

顧歎云浦鏜云懽誤歎是也

仁遠乎哉章

行之卽是皇本作行之則是至也

陳司敗問昭公知禮乎章

揖巫馬期而進之皇本之作也史記弟子列傳期作旗

同姓不昬皇本昬作婚○昬婚古字通○案昬當作昏从日氐省

而君取之皇本作而君娶吳女

聖人道弘皇本人下有智深二字

魯春秋去夫人之姓曰吳各本去誤云今正

必書於冊本冊誤冉今正

我荅云浦鏜云此三字當衍文案此因下文誤衍

諱則非諱浦鏜云下諱字當過字誤

若受以爲過本以誤而今正

子與人歌章

而自和之皇本作而後自和之也

文莫吾猶人也章

凡言文皆不勝於人皇本凡言作言凡人下有也字

則吾未之有得皇本高麗本得下有也字

子疾病章

子疾病釋文出子疾云一本云子疾病皇本同鄭本無病字案集解於子罕篇始釋病則此有病字非

誄曰釋文出誄曰云說文作讄云或作讄案說文誄謚也讄禱也累功德以求福論語云讄曰禱爾于上下神祇讄或从纍是古論作讄也然鄭君注周禮小宗伯引作讄大祝仍引作誄蓋二字相混已久

子路失指皇本指作旨是也下有也字

丘之禱久矣皇本高麗本禱下有之字

奢則不孫章

奢則不孫皇本孫作遜後放此釋文出不孫云音遜○案依說文當作愻論語多假孫爲之遜乃遜遁字

儉不及禮皇本作則不及禮耳

君子坦蕩蕩章

多憂懼皇本懼下有貌也二字

子温而厲章

子温而厲釋文出子温而厲云一本作子曰厲作列皇本作君子案此章說孔子德行依此文爲是也案今皇本仍與今本同不作君子疑有脫誤

觀後子張篇君子有三變章義疏云所以前卷云君子温而厲是也則皇本此處當脫一君字

威而不猛皇本無而字

論語注疏卷七校勘記

論語注疏解經卷第八

泰伯第八　　何晏集解　　邢昺疏

疏 正義曰此篇論禮讓仁孝之德賢人君子之風勸學立身守道爲政歎美正樂鄙薄小人遂稱堯舜及禹文王武王以前篇論孔子之行此篇首末載賢聖之德故以爲次也

子曰泰伯其可謂至德也已矣三以天下讓民無得而稱焉。王曰泰伯周太王之長子次弟仲雍少弟季歷季歷賢又生聖子文王昌昌必有天下故泰伯以天下三讓於王季其讓隱。故無得而稱言之者所以爲至德也

疏 子曰泰伯其可謂至德也已矣三以天下讓民無得而稱焉○正義曰此章論泰伯讓位之德也泰伯周太王之長子次弟仲雍少弟季歷季歷賢又生聖子文王昌昌必有天下故泰伯三以天下讓於王季其讓隱故民無得而稱言之者故所以爲至德而孔子美之也鄭玄注云泰伯周太王之長子次子仲雍次子季歷太王見季歷賢又生文王有聖人表故欲立之而未有命太王疾太伯因適吳越採藥太王歿而不返季歷爲喪主一讓也季歷赴之不來奔喪二讓也免喪之後遂斷髮文身三讓也三讓之美皆隱蔽不著故人無得而稱焉○注王曰至至德也○正義曰云泰伯周太王之長子云云者史記吳世家云泰伯弟仲雍皆周太王之子而王季歷之兄也季歷賢而有聖子昌太王欲立季歷以及昌於是泰伯仲雍二人乃奔荊蠻文身斷髮示不可用以辟季歷季歷果立是爲王季而昌爲文王泰伯之奔荊蠻自號句吳荊蠻義之從而歸之千餘家立爲吳泰伯泰伯卒無子弟仲雍立是爲吳仲雍仲雍卒子季簡立季簡卒子叔達立叔達卒子周章立是時周武王克殷求太伯仲雍之後得周章周章已君吳因而封之乃封周章弟虞仲於周之北故夏墟是爲虞仲列爲諸侯是泰伯讓位之事也

子

曰恭而無禮則勞慎而無禮則葸葸畏懼之貌言慎而不以禮節之則常畏懼勇而無禮則亂直而無禮則絞馬曰絞絞刺也君子篤。於親則民興於仁故舊不遺則民不偷包曰興起也君能厚於親屬不遺忘其故舊行之美者則民皆化之起為仁厚之行不偷薄

疏子曰至不偷○正義曰此章貴禮也子曰恭而無禮則勞者勞謂困苦言人為恭孫而無禮以節之則自困苦慎而無禮則葸者葸畏懼之貌言慎而不以禮節之則常畏懼也勇而無禮則亂者亂謂逆惡言人勇而不以禮節之則為亂矣直而無禮則絞者正曲為直絞謂絞刺也言人而為直不以禮節則絞刺人之非也君子篤於親則民興於仁故舊不遺則民不偷者君子人君也篤厚也興起也偷薄也言君能厚於親屬則民化之起為仁行相親友也君不遺忘其故舊故民德歸厚不偷薄也

曾子有疾召門弟子曰啓。予。足啓予手鄭曰啓開也曾子以為受身體於父母不敢毀傷故使弟子開衾而視之也詩云戰戰兢兢如臨深淵。如履薄冰孔曰言此詩者喻己常戒慎恐有所毀傷而今而後吾知免夫小子周曰乃今日後我自知免於患難矣小子弟子也呼之者欲使聽識其言

疏曾子至小子○正義曰此章言曾子之孝不敢毀傷也曾子有疾召門弟子曰啓予足啓予手者啓開也曾子以為受身體於父母不敢毀傷故有疾恐死召其門弟子使開衾而視之以明無毀傷也詩云戰戰兢兢如臨深淵如履薄冰者小雅小旻篇文也戰戰恐懼兢兢戒慎臨深恐墜履薄恐陷曾子言此詩者喻己常戒慎恐有所毀傷也而今而後吾知免夫小子者小子弟子也言乃今日後自知免於患難矣呼弟子者欲使聽識其言也

曾子有疾孟敬子問之馬曰孟敬子魯大夫仲孫捷曾子言曰鳥之將死其鳴也哀人之將死其言也善包曰欲戒敬子言我將死言善可用君子所貴乎。道者三動容貌斯遠暴慢矣

正顏色斯近信矣出辭氣斯遠鄙倍矣鄭曰此道謂禮也動容貌能濟濟。蹌蹌。則人不敢暴慢之正顏色能矜莊嚴栗則人不敢欺。詐之出辭氣能順而說之則無惡戾之言入於耳籩豆之事則有司存包曰敬子忽大務小故又戒之以此籩豆禮器疏曾子至司存○正義曰此章貴禮也曾子有疾孟敬子問之者來問疾也曾子言曰鳥之將死其鳴也哀人之將死其言也善者曾子因敬子來問己疾將欲戒之先以此言告之言我將死言善可用也君子所貴乎道者三動容貌斯遠暴慢矣正顏色斯近信矣出辭氣斯遠鄙倍矣者此其所戒之辭也道謂禮也言君子所崇貴乎禮者有三事也動容貌能濟濟蹌蹌則人不敢暴慢之正顏色能矜莊嚴栗則人不敢欺誕之出辭氣能順而說之則無鄙惡倍戾之言入於耳也人之相接先見容貌次觀顏色次交言語故三者相次而言也暴慢鄙倍同是惡事故俱云遠信是善事故云近也籩豆之事則有司存者敬子輕忽大事務行小事故又戒之以此籩豆禮器也言執籩豆行禮之事則有所主者存焉此乃事之小者無用親之○注孟敬子魯大夫仲孫捷○正義曰鄭玄注檀弓云敬子武伯之子名捷是也○注包曰欲戒敬子言我將死言善可用○正義曰案春秋左氏傳魏顆父病困命使殺妾以殉又晉趙孟孝伯並將死其語偷又晉程鄭問降階之道鄭然明以將死而有惑疾此等並是將死之時其言皆變常而曾子云人之將死其言也善者但人之疾患有深有淺淺則神正深則神亂故魏顆父初欲嫁妾是其神正之時曾子云其言也善是其未困之日且曾子賢人至困猶善其中庸已下未有疾病天奪之魄苟欲偷生則趙孟孝伯程鄭之徒不足怪也○注籩豆禮器○正義曰周禮天官籩人掌四籩之實醢人掌四豆之實鄭注云籩竹器如豆者其容實皆四升釋器云木豆謂之豆竹豆謂之籩豆盛葅醢籩盛棗栗以供祭祀享燕故云禮器也

曾子曰以能問於不能以多問於寡有若無實若虛犯而不校包曰校報也言見侵犯。不。報。昔者吾友嘗從事於斯矣馬曰友謂顏淵疏曾子至斯矣○

正義曰此章稱顏淵之德行也曾子曰以能問於不能以多問於寡有若無實若虛犯而不校者校報也言其好學持謙見侵犯而不報也昔者吾友嘗從事於斯矣者曾子云昔時我同志之友顏淵嘗從事於斯矣言能行此上之事也

曾子曰可以託。六尺之孤孔曰六尺之孤幼少之君可以寄百里之命孔曰攝君之政令臨大節而不可奪也大節安國家定社稷奪不可傾奪君子人與君子人也

疏曾子至人也○正義曰此章論君子德行也曾子曰可以託六尺之孤者謂可委託以幼少之君也若周公霍光也可以寄百里之命者謂君在亮陰可當國攝君之政令也臨大節而不可奪也者奪謂傾奪大節謂安國家定社稷言事有可以安國家定社稷臨時固守羣衆不可傾奪也君子人與君子人也者言能此已上之事可以謂之君子人與者疑而未定之辭審而察之能此上事者可謂君子無復疑也故又云君子人也○注孔曰六尺之孤幼少之君○正義曰鄭玄注此云六尺之孤年十五已下言已下者正謂十四已下亦可寄託非謂六尺可通十四已下鄭知六尺年十五者以周禮鄉大夫職云國中自七尺以及六十野自六尺以及六十有五皆征之以其國中七尺爲二十對六十野云六尺對六十五晚校五年明知六尺與七尺早校五年故以六尺爲十五也

曾子曰士不可以不弘毅任重而道遠包曰弘大也毅強而能斷也士弘毅然後能負重任致遠路仁以爲己任不亦重乎死而後已不亦遠乎孔曰以仁爲己任重莫重焉死而後已遠莫遠焉

疏曾子至遠乎○正義曰此章明士行也曾子曰士不可以不弘毅任重而道遠者弘大也毅強而能斷也言士能弘毅然後能負重任致遠路也仁以爲己任不亦重乎死而後已不亦遠乎者復明任重道遠之事也言仁以爲己任人鮮克舉之是他物之重莫重於此焉他人行仁則日月至焉而已矣士則死而後已是遠莫遠焉

子曰興於詩包曰興起也言脩身當先學詩立於禮包曰禮者所以立身成於樂。包曰樂所以成性疏

子曰興於詩立於禮成於樂○正義曰此章記人立身成德之法也興起也言人脩身當先起於詩也立身必須學禮成性在於學樂不學詩無以言不學禮無以立既學詩禮然後樂以成之也 子曰民可使由之不可使知之由用也可使用而不可使知者百姓能日用而不能知

疏子曰民可使由之不可使知之○正義曰此章言聖人之道深遠人不易知也由用也民可使用之而不可使知之者以百姓能日用而不能知故也

子曰好勇疾貧亂也包曰好勇之人而患疾已貧賤者必將爲亂 人而不仁疾之已甚亂也包曰疾惡太甚亦使其爲亂

疏子曰好勇疾貧亂也人而不仁疾之已甚亂也○正義曰此章說小人之行也言好勇之人患疾已貧者必將爲逆亂也人若本性不仁則當以禮孫接不可深疾之若疾惡太甚亦使爲亂也

子曰如有周公之才之美使驕且吝其餘不足觀也已。孔曰周公者周公旦

疏子曰如有周公之才之美使驕且吝其餘不足觀也已○正義曰此章戒人驕吝也周公周公旦也大聖之人也才美兼備設人有周公之才美使爲驕矜且鄙吝其餘雖有善行不足觀也言爲鄙吝所捐弃也○注周公者周公旦○正義曰以春秋之世別有周公此孔子極言其才美而云周公恐與彼相嫌故注者明之

子曰三年學不至於穀不易得也。孔曰穀善也言人三歲學不至於善不可得言必無也所以勸人學也

疏子曰三年學不至於穀不易得也○正義曰此章勸學也穀善也言人勸學三歲必至於善若三歲學不至於善不可得言必無也所以勸人學也

子曰篤信好學守死善道危邦不入亂邦不居天下有道則見無道則隱包曰言行當常然危邦不入始欲往亂邦不居今欲去。亂。謂臣弒君子弒父。危者將亂之兆 邦有道貧且賤焉恥也邦無道富且貴焉恥也

疏子曰至恥也○正義曰此章勸人守道也子曰篤信好學者言厚於誠信而好學問也守死善道者守節至死

不離善道也危邦不入亂邦不居者亂謂臣弒君子弒父危者將亂之兆也不入謂始欲往見其亂兆不復入也不居謂今。欲見其已亂則遂去之也天下有道則見無道則隱者言值明君則當出仕遇闇主則當隱遯邦有道貧且賤焉恥也者恥其不得明君之祿也邦無道富且貴焉恥也者恥食污君之祿以致富貴也言人之爲行當常如此

子曰不在其位不謀其政孔曰欲各專一於其職

疏子曰不在其位不謀其政○正義曰此章戒人侵官也言不在此位則不得謀此位之人政欲使各專一守於其本職也

子曰師摯之始關雎之亂洋洋乎盈耳哉鄭曰師摯魯大師之名始猶首也周道。衰微鄭衛之音作正樂廢而失節魯大師摯識關雎之聲而首理其亂有洋洋。盈耳。聽而美。之

疏子曰師摯之始關雎之亂洋洋乎盈耳哉正義曰此章美正樂之音也師摯魯太師名也始猶首也關雎周南篇名正樂之首章也周道衰微鄭衛之音作正樂廢而失節魯太師摯識關雎之聲而首理其亂者洋洋盈耳聽而美之

子曰狂而不直孔曰狂者進取宜直侗而不愿孔曰侗未成器之人宜謹愿悾悾而不信包曰悾悾愨。也宜可信吾不知之矣孔曰言皆與常度反我不知之

疏子曰狂而不直侗而不愿悾悾而不信吾不知之矣○正義曰此章孔子疾小人之性與常度反也狂者進取宜直而乃不直侗未成器之人宜謹愿而乃不愿悾悾愨也謹愨之人宜信而乃不信此等之人皆與常度反我不知之也

子曰學如不及猶恐失之學自外入至熟乃可長久如不及猶恐失之

疏子曰學如不及猶恐失之○正義曰此章勸學也言學自外入至熟乃可長久故勤學汲汲如不及猶恐失之也何況怠惰而不汲汲者乎

子曰巍巍乎舜禹之有天下也而不與焉美舜禹也。言已不與求天下而得之。巍巍高大之稱

疏子曰巍巍乎舜禹之有天下也而不與焉○正義曰此章美舜禹也巍巍高大之稱言舜禹之有天下自以功德受禪不與求而得之所以其德巍巍然高大也

子曰大哉堯之

爲君也巍巍乎唯天爲大唯堯則之孔曰則法也美堯能法天而行化蕩蕩乎民無能名焉包曰蕩蕩廣遠之稱言其布德廣遠民無能識其名焉巍巍乎其有成功也功成化隆高大巍巍煥乎其有文章煥明也其立文垂制又著明

疏子曰至文章○正義曰此章歎美堯也子曰大哉堯之爲君也巍巍乎惟天爲大唯堯則之者則法也言大矣哉堯之爲君也聰明文思其德高大巍巍然有形之中唯天爲大萬物資始四時行焉唯堯能法此天道而行其化焉蕩蕩乎民無能名焉者蕩蕩廣遠之稱言其布德廣遠民無能識其名者焉巍巍乎其有成功也者言其治民功成化隆高大巍巍然煥乎其有文章者煥明也言其立文垂制又著明也

舜有臣五人而天下治孔曰禹稷契皋陶伯益武王曰予有亂臣十人馬曰亂治也治官者十人謂周公旦召公奭太公望畢公榮公太顛閎夭散宜生南宮适其一人謂文母孔子曰才難不其然乎唐虞之際於斯爲盛有婦人焉九人而已孔曰唐者堯號虞者舜號際者堯舜交會之間斯此也言堯舜交會之間比於周周最盛多賢才然尚有一婦人其餘九人而已大才難得豈不然乎三分天下有其二以服事殷周之德可謂至德也已矣包曰殷紂淫亂文王爲西伯而有聖德天下歸周者三分有二而猶以服事殷故謂之至德

疏舜有至已矣○正義曰此章論大才難得也舜有臣五人而天下治者言帝舜時有大才之臣五人而天下大治五人者禹也稷也契也皋陶也伯益也武王曰予有亂臣十人者亂治也周武王曰我有治官之臣十人者謂周公旦也召公奭也太公望也畢公也榮公也太顛也閎夭也散宜生也南宮适也其一人謂文母也孔子曰才難不其然乎唐虞之際於斯爲盛有婦人焉九人而已者記者舉舜及武王之時大才之人於上遂載孔子之言於下唐者堯號虞者舜號際者堯舜交會之間也斯此也言堯舜交會之間比於此周周最爲盛多賢才也然尚有一婦人

其餘九人而已大才難得豈不然乎三分天下有其二以服事殷周之德其可
謂至德也已矣者此孔子因美周文王有至聖之德也言殷紂淫亂文王爲西
伯而有聖德天下歸周者三分有二而猶以服事殷故謂之至德也○注孔曰
禹稷契皐陶伯益○正義曰案史記及舜典禹名文命鯀之子也舜命作司空
平水土之官也稷名棄帝嚳之子也舜命爲后稷布種百穀之官也契亦帝嚳
之子也佐禹治水有功舜命作司徒布五教之官也皐陶字廷堅顓頊之後舜
命作士理官也伯益皐陶之子舜命作虞官掌山澤之官也○注馬曰至文母
○正義曰云亂治也釋詁文云十人謂周公旦以下者先儒相傳爲此說也案
史記世家云周公名旦武王之弟也封於魯食菜於周謂之周公召公名奭與
周同姓封於燕食邑於召謂之召公太公望呂尚也東海上人其先祖嘗爲四
岳佐禹平水土甚有功虞夏之際封於呂本姓姜氏從其封姓故曰呂尚呂尚
蓋嘗窮困年老矣以魚釣好周西伯西伯將獵卜之曰所獲非龍非彲勑知切
非虎非熊所獲霸王之輔於是周西伯獵果遇太公於渭之陽與語大說曰自
吾先君太公曰當有聖人適周周以興子真是邪吾太公望子久矣故號之曰
太公望載與俱歸立爲太師劉向別錄曰師之尚之父之故曰師尚父父亦男
子之美號孫子兵法曰周之興也呂牙在殷則牙又是其名字武王已平商而
王天下封師尚父於齊畢榮皆國名入爲天子公卿畢公文王庶子太閎散南
宮皆氏顛夭宜生适皆名也文母文王之后大姒也從夫之謚武王之母謂之
文母周南召南言后妃夫人者皆是也○注孔曰至然乎○正義曰云唐者堯
號虞者舜號者史記諸書皆言堯帝嚳之子帝摯之弟嚳崩摯立摯崩乃傳位
於堯書傳云堯年十六以唐侯升爲天子遂以爲號乃謂之陶唐氏書曰惟彼
陶唐世本云帝堯爲陶唐氏韋昭云陶唐皆國名猶湯稱殷商也案經傳契居
商故湯以商爲國號後盤庚遷殷故殷商雙舉歷檢書傳未聞帝堯居陶而以
陶冠唐蓋以二字爲名所稱或單或複也舜之爲虞猶禹之爲夏外傳稱禹氏
曰有夏則如舜氏曰有虞顓頊已來地爲國號而舜有天下號曰有虞氏是地
名也王肅云虞地也皇甫謐云堯以二女妻舜封之於虞今河東太陽山西虞

地是也然則舜居虞地以虞爲氏堯封之虞爲諸侯及王天下遂爲天子之號故從微至著常稱虞氏○注包曰至至德○正義曰云殷紂淫亂者紂爲淫亂書傳備言若泰誓云沈湎冒色敢行暴虐之類是也云文王爲西伯而有聖德者鄭玄詩譜云周之先公曰太王者避狄難自豳始遷焉而脩德建王業商王帝乙之初命其子王季爲西伯至紂又命文王典治南國江漢汝墳之諸侯是謂文王繼父之業爲西伯也殷之州長曰伯謂爲雍州伯也周禮八命作牧殷之州牧蓋亦八命如旱麓傳云九命然後錫以秬鬯圭瓚孔叢云羊容問於子思曰古之帝王中分天下而二公治之謂之二伯周自后稷封爲王者之後太王王季皆爲諸侯奚得爲西伯乎子思曰吾聞諸子夏云殷王帝乙之時王季以九命作伯於西受圭瓚秬鬯之錫故文王因之得專征伐此諸侯爲伯猶周召分陝皇甫謐亦云王季於帝乙殷王之時賜九命爲西長始受圭瓚秬鬯皆以爲王季受九命作東西大伯鄭不見孔叢之書旱麓之箋不言九命則以王季爲州伯也文王亦爲州伯故西伯戡黎注云文王爲雍州之伯南兼梁荆在西故曰西伯文王之德優於王季文王尚爲州伯明王季亦爲州伯也楚辭天問曰伯昌號衰秉鞭作牧王逸注云伯謂文王也鞭以喻政言紂號令既衰文王執鞭持政爲雍州牧天問屈原所作去聖未遠謂文王爲牧明非大伯也所以不從毛說言至紂又命文王者既以繼父爲伯又命之使兼治南國江漢汝墳之諸侯周本紀云季歷娶大任生昌有聖瑞古公曰我世當有興者其在昌乎後果受命爲文王也云天下歸周者三分有二而猶服事殷者鄭玄云紂既時三分天下有其二以服事殷故雍梁荆豫徐揚之人咸被其德而從之鄭既引論語三分有二故據禹貢州名指而言之雍梁荆豫徐揚歸文王其餘冀青兗屬紂九州而有其六是爲三州分有其二也書傳云文王率諸侯以事紂是猶服事殷也紂惡貫盈文王不忍誅伐猶服事之故謂之至德也

子曰禹吾無間然矣孔曰孔子推禹功德之盛美言己不能復間廁其間菲飲食而致孝乎鬼神馬曰菲薄也致孝鬼神祭祀豐絜惡衣服而致美乎黻冕孔曰損其常服以盛祭服

卑宮室而盡力乎溝洫包曰方里爲井井間有溝溝廣深四尺十里爲成成間有洫洫廣深八尺禹吾無間然矣

疏子曰至然矣正義曰此章美夏禹之功德也子曰禹吾無間然矣者間謂間廁孔子推禹功德之盛美言己不能復間廁其間也菲飲食而致孝乎鬼神者此下言其無間之三事也菲薄也薄己飲食致孝鬼神令祭祀之物豐多絜靜也惡衣服而致美乎黻冕者黻冕皆祭服也言禹降損其常服以盛美其祭服也卑宮室而盡力乎溝洫者溝洫田間通水之道也言禹卑下所居之宮室而盡力以治田間之溝洫也以常人之情飲食務於肥濃禹則淡薄之衣服好其華美禹則麤惡之宮室多尚高廣禹則卑下之飲食鬼神所享故云致孝祭服備其采章故云致美溝洫人功所爲故云盡力也禹吾無間然矣者美之深故再言之○注孔曰損其常服以盛祭服○正義曰鄭玄注此云黻是祭服之衣冕其冠也左傳晉侯以黻冕命士會亦當然也黻蔽膝也祭服謂之黻其他謂之韠俱以韋爲之制同而色異韠各從裳色黻其色皆赤尊卑以深淺爲異天子純朱諸侯黃朱大夫赤而已大夫以上冕服悉皆有黻故禹言黻冕左傳亦言黻冕但冕服自有尊卑耳周禮司服云王之服祀昊天上帝則服大裘而冕祀五帝亦如之享先王則袞冕享先公饗射則鷩冕祀四望山川則毳冕祭社稷五祀則希冕祭羣小祀則玄冕孤之服自希冕而下左傳士會黻冕當是希冕也此禹之黻冕則六冕皆是也○注包曰至八尺○正義曰方里爲井井間有溝溝廣深四尺十里爲成成間有洫洫廣深八尺者案考工記匠人爲溝洫耜廣五寸二耜爲耦一耦之伐廣尺深尺謂之甽田首倍之廣二尺深二尺謂之遂九夫爲井井間廣四尺深四尺謂之溝方十里爲成成間廣八尺深八尺謂之洫方百里爲同同間廣二尋深二仞謂之澮鄭注云此畿內采地之制九夫爲井井者方一里九夫所治之田也采地制井田異於鄉遂及公邑三夫爲屋屋具也一井之中三屋九夫三三相具以出賦稅其治溝也方十里爲成成中容一甸甸方八里出田稅緣邊一里治洫方百里爲同同中容四都六十四成方八十里出田稅緣邊十里治澮是溝洫之法也

論語注疏解經卷第八

論語注疏卷八校勘記

阮元撰盧宣旬摘錄

泰伯第八

泰伯章

民無得而稱焉　釋文出民無得云本亦作德案後漢書丁鴻傳論引孔子曰泰伯三以天下讓民無德而稱焉李注云論語載孔子之言也又引鄭玄注云三讓之美皆蔽隱不著故人無德而稱焉據此釋文所云作德者乃鄭君所據之本也然字雖作德而義仍爲得蓋德得古字通

故無得而稱言之者　皇本故下有民家二字

恭而無禮章

君子篤於親　汗簡引古論語篤作竺案竺篤古今字

曾子有疾章

啓予足　說文謻離別也从言多聲讀若論語跢予之足○案段玉裁云跢當是啓誤或曰當作哆予之足哆猶開也

如臨深淵　唐石經避高祖諱淵作渆後放此

喻已常戒愼　皇本戒作誡案誡戒古字通

呼之者　皇本無之字

曾子有疾孟敬子問之章

君子所貴乎道者三 高麗本無乎字

能濟濟蹌蹌 釋文出蹌蹌云本或作鏘同○案依說文當作蹩蹌假借字鏘俗字

則人不敢欺詐之 皇本詐作誕

以能問於不能章

言見侵犯不報 皇本作言見侵犯而不校之也

可以託六尺之孤章

可以託六尺之孤 玉篇人部引作侂案侂與託古字通經義雜記云據玉篇所引則論語舊是侂字蓋从言者以言託寄之从人者以人託寄之義各不同今从言蓋通借字

野自六尺以及六十有三 閩本北監本同案三當作五

士不可以不弘毅章

言仁以爲己任 本仁誤士今正

與於詩章

包曰樂所以成性 皇本作孔安國曰

好勇疾貧章

亦使其爲亂 皇本亂下有也字又此節注作孔安國曰

如有周公之才之美章

其餘不足觀也已 皇本高麗本已下有矣字是也

故註者明之 本註誤註今改作注

三年學章

不易得也 皇本高麗本也下有已字

篤信好學章

亂謂臣弒君子弒父 皇本作臣弒君子弒父亂也釋文出思字云古臣字本今作臣後先進篇季子然問仲由冉求章可謂大臣與釋文亦出思字云古文臣字本今作臣案唐書所載唐天后撰字中有思字是天后所撰字非盡出杜撰○錢大昕說戰國策思字乃草書臣字之譌

言厚於誠信而好樂問也 閩本同北監本樂作學案樂字誤今正

不居謂今欲 閩本北監本同毛本欲下有去字是也

師摯之始章

周道衰微皇本衰上有既字

洋洋盈耳聽而美之皇本作洋洋乎盈耳哉聽而美也

狂而不直章

悾悾慤也皇本作悾悾慤慤也

巍巍乎章

言已不與求天下而得之閩本北監本言作信皇本無言字之下有也字

大哉堯之爲君也章

唯天爲大毛本唯作惟此疏亦作惟閩本北監本同說見前

民無能識其名焉皇本無其字

舜有臣五人而天下治章

予有亂臣十人唐石經臣字旁注釋文出予有亂十人云本或作亂臣十人非案困學紀聞云論語釋文予有亂十人左傳叔孫穆子亦曰武王有亂十人劉原父謂子無臣母之理然本無臣字舊說不必改攷皇疏云亂理也武王曰我有共理天下者有十人也似亦無臣字蓋唐石經此處及左傳

襄廿八年臣字皆後人據僞泰誓妄增

亂治也皇本治作理後放此

其一人皇本一上有餘字

斯此也皇本此也下有此此於周也五字各本並脫

比於周皇本周上有此字

人才難得皇本人作大

三分天下有其二皇本三作參釋文出參分云一音三本今作三案後漢書伏湛傳文選典引注並引作參是古本皆作參字

周之德皇本高麗本無之字

布種百穀之官也浦鏜云播誤布

皐陶字廷堅北監本毛本廷作庭是也

食菜於周閩本同毛本菜作采〇案作采與史記世家合

以魚釣奸周西伯本奸誤好今正又毛本魚作漁是也

鬷劮知切案此邢昺自爲音釋或以爲誤衍非也說詳詩經校勘記

非虎非熊 北監本毛本熊作羆與史記合

則如舜氏曰有虞 孫志祖云如當作知

又命文王典治南國江漢汝墳之諸侯 鄭氏詩譜墳作旁下同

羊容問於子思曰 本子誤乎今正

而二公治之 今孔叢子而作使

受圭瓚秬鬯之錫 本秬誤柜錫作賜今正

此諸侯爲伯 今孔叢子此下有以字

故雍梁荊豫徐楊之人 閩本北監本同毛本楊作揚下同○案作楊是也

禹吾無閒然矣章

孔子推禹功德之盛美 皇本無美字

致孝鬼神 皇本孝下有乎字

十里爲成 皇本成作城後放此

禹則麁惡之 閩本同毛本作麤案麁俗字今正

三夫爲屋本夫誤天今正

緣邊千里治澮閩本同案千當作十今正

論語注疏卷八校勘記

論語注疏解經卷第九

子罕第九

何晏集解　邢昺疏

疏正義曰此篇皆論孔子之德行也故以次泰伯堯禹之至德

子罕言利與命與仁罕者希也利者義之和也命者天之命也仁者行之盛也寡能及之故希言也疏子罕言利與命與仁○正義曰此章論孔子希言難及之事也罕希也與及也利者義之和也命者天之命也仁者行之盛也孔子以其利命仁三者常人寡能及之故希言也○注罕者至言也○正義曰釋詁云希罕也轉互相訓故罕得爲希也云利者義之和也者乾卦文言文也言天能利益庶物使物各得其宜而和同也此云利者謂君子利益萬物使物各得其宜足以和合於義法天之利也云命者天之命也者謂天所命生人者也天本無體亦無言語之命但人感自然而生有賢愚吉凶窮通天壽若天之付命遣使之然故云天之命也云仁者行之盛也者仁者愛人以及物是善行之中最盛者也以此三者中知以下寡能及知故孔子希言也

達巷黨人曰大哉孔子博學而無所成名鄭曰達巷者黨名也五百家爲黨此黨之人美孔子博學道藝不成一名而已子聞之謂門弟子曰吾何執執御乎執射乎吾執御矣鄭曰聞人美之承之以謙吾執御欲名六藝之卑也疏達巷至御矣○正義曰此章論孔子道藝該博也達巷黨人曰大哉孔子博學而無所成名者達巷者黨名也五百家爲黨此黨之人美孔子博學道藝不成一名而已子聞之謂門弟子曰吾何執執御乎執射乎吾執御矣者孔子聞人美之承之以謙故告謂門弟子曰我於六藝之中何所執守乎但能執御乎執射乎乎者疑而未定之辭又復謙指云吾執御矣以爲人僕御是六藝之卑者孔子欲名六藝之卑故云吾執御矣謙之甚矣子曰麻

冕禮也今也純儉吾從衆孔曰冕緇布冠也古者績麻三十升布以爲之純絲也絲易成故從儉拜下禮也今拜乎上泰也雖違衆吾從下王曰臣之與君行禮者下拜然後成禮時臣驕泰故於上拜今從下禮之恭也

疏子曰至從下○正義曰此章記孔子從恭儉吾從衆者冕緇布冠也古者績麻三十升布以爲之故云麻冕禮也今也謂當孔子時純絲也絲易成故云純儉用三絲雖不合禮以其儉易故孔子從之也拜下禮也今拜乎上泰也雖違衆吾從下者禮臣之與君行禮者下拜然後升成拜是禮也今時之臣皆拜於上長驕泰也孔子以其驕泰則不孫故違衆而從下拜之禮也下拜禮之恭故也○注孔曰至從儉○正義曰云冕緇布冠也者冠者首服之大名冕者冠中之別號故孔冕得爲緇布冠也士冠禮曰陳服緇布冠頍項青組纓屬于頍記曰始冠緇布之冠也大古冠布齊則緇之其緌也孔子曰吾未之聞也冠而敝之可也云古者績麻三十升布以爲之者鄭注喪服云布八十縷爲升○注王曰至恭也○正義曰云臣之與君行禮者下拜然後升成禮者案燕禮君燕卿大夫之禮也其禮云公坐取大夫所媵觶興以酬賓賓降西階下再拜稽首公命小臣辭賓升成拜鄭注升成拜復再拜稽首也先時君辭之於禮若未成然又覲禮天子賜侯氏以車服諸公奉篋服加命書于其上升自西階東面大史氏右侯氏升西面立大史述命侯氏降兩階之間北面再拜稽首升成拜皆是臣之與君行禮下拜然後升成禮也

子絶四毋意以道爲度故不任意毋必用之則行舍之則藏故無專必毋固無可無不可故無固行毋我述古而不自作處羣萃而不自異唯道是從故不有其身

疏子絶四毋意毋必毋固毋我○正義曰此章論孔子絶去四事與常人異也毋不也我身也常人師心徇惑自任己意孔子以道爲度故不任意常人行藏不能隨時用舍好自專必惟孔子用之則行舍之則藏不必也常人之情可者與之不可者拒之好堅固其所行也孔子則無可無不可不固行也人多制作自異以擅其身孔子則述古而不自作處羣衆萃聚和光同塵而不自異故不有其身也

子畏於

匡包曰匡人誤圍夫子以爲陽虎陽虎曾暴於匡夫子弟子顏尅時又與虎俱行後尅爲夫子御至於匡匡人相與共識尅又夫子容貌與虎相似故匡人以兵圍之曰文王既沒文不在茲乎孔曰茲此也言文王雖已死其文見在此此自謂其身天之將喪斯文也後死者不得與於斯文也孔曰文王既沒故孔子自謂後死言天將喪此文者本不當使我知之今使我知之未欲喪也天之未喪斯文也匡人其如予何馬曰其如予何者猶言奈我何也天之未喪此文則我當傳之匡人欲奈我何言其不能違天以害己也

疏子畏至予何○正義曰此章記孔子知天命也子畏於匡者謂匡人以兵圍孔子記者以衆情言之故云子畏於匡其實孔子無所畏也曰文王既沒文不在茲乎者孔子以弟子等畏懼故以此言諭之茲此也言文王雖已死其文豈不見在此身乎言其文見在我此身也天之將喪斯文也後死者不得與於斯文也者後死者孔子自謂也以文王既沒故孔子自謂己爲後死者言天將喪此文者本不當使我知之今既使我知之是天未欲喪此文也天之未喪斯文也匡人其如予何者如予何猶言奈我何也天之未喪此文則我當傳之匡人其欲奈我何言匡人不能違天以害己也○注包曰至圍之○正義曰此注皆約世家述其畏匡之由也案世家云孔子去衛將適陳過匡顏尅爲僕以策指之曰昔日吾入此由彼缺也匡人聞之以爲魯之陽虎陽虎嘗暴匡人匡人於是遂止孔子孔子狀貌類陽虎拘焉五日匡人拘孔子益急弟子懼孔子曰文王既沒文不在茲乎已下文與此正同是其事也

大宰問於子貢曰夫子聖者與何其多能也孔曰大宰大夫官名或吳或宋未可分也疑孔子多能於小藝子貢曰固天縱之將聖又多能也孔曰言天固縱大聖之德又使多能也子聞之曰大宰知我乎吾少也賤故多能鄙事君子多乎哉不多也包曰我少小貧賤常自執事故多能爲鄙人之事君子固不當多能

疏大宰至多也○

正義曰此章論孔子多小藝也大宰問於子貢曰夫子聖者與何其多能也者大宰大夫官名大宰之意以爲聖人當務大忽小今夫子既曰聖者與又何其多能小藝乎以爲疑故問於子貢也子貢曰固天縱之將聖又多能也者將大也言天固縱大聖之德又使多能也子聞之曰大宰知我乎者孔子聞大宰疑己多能非聖故云知我乎謙謙之意也吾少也賤故多能鄙事者又說以多能之由也言我自小貧賤常自執事故多能爲鄙人之事也君子多乎哉不多也者又言聖人君子當多能乎哉言君子固不當多能也今已多能則爲非聖所以爲謙謙也○注孔曰至小藝○正義曰云大宰大夫官名者案周禮大宰大卿之長卿卽上大夫也故云大夫官名也云或吳或宋未可分也者以當時惟吳宋二國上大夫稱大宰諸國雖有大宰非上大夫故云或吳或宋未可分也鄭云是吳大宰嚭也以左傳哀十二年公會吳于橐皋吳子使大宰嚭請尋盟公不欲使子貢對又子貢嘗適吳故鄭以爲是吳大宰嚭也

牢。曰子云吾不試故藝鄭曰牢弟子子牢也試用也言孔子自云我不見用故多技。藝。

疏牢曰子云吾不試故藝○正義曰此章論孔子多技藝之由但與前章異時而語故分之牢弟子琴牢也試用也言孔子自云我不見用於時故多能技藝○注牢弟子子牢也○正義曰家語弟子篇云琴牢衛人也字子開一字。張此云弟子子牢當是耳

子曰吾有知乎哉無知也知者知意之知也知者言未必盡今我誠盡有鄙夫問。於我空。空。如也我叩其兩端而竭焉孔曰有鄙夫來問於我其意空空然我則發事之終始兩端以語之竭盡所知不爲有愛

疏子曰至竭焉○正義曰此章言孔子教人必盡其誠也子曰吾有知乎哉無知也者知者意之所知也孔子言我有意之所知不盡以教人乎哉無之也常人知者言未必盡今我誠盡也有鄙夫問於我空空如也我叩其兩端而竭焉者此舉無知而誠盡之事也空空虛心也叩發動也兩端終始也言設有鄙賤之夫來問於我其意空空然我則發事之終始兩端以告語之竭盡所知不爲有愛言我教鄙夫尚竭盡所知況知禮義之弟子乎明無愛惜乎

其意之所知也○注知者至誠盡○正義曰云知者知意之知也者知意之知猶。意言意之所知也云知者言未必盡者言他人之。短者言之以教人未必竭盡所知謂多所愛惜也云今我誠盡者謂孔子言今我教人實盡其意之所知無愛惜也故云無知也○子曰鳳鳥不至河不出圖吾已矣夫孔曰聖人受命則鳳鳥至河出圖今天無此瑞吾已矣夫者傷不得見也河圖八卦是也疏子曰鳳鳥不至河不出圖吾已矣夫○正義曰此章言孔子傷時。无明君也。聖人受命則鳳鳥至河出圖今天。无此瑞則時無聖人也故歎曰吾已矣夫傷不得見也○注孔曰至是也○正義曰。聖人受命則鳳鳥至河出圖者禮器云升中於天而鳳皇降援神契云德至鳥獸則鳳皇來天老曰鳳象麟前鹿後蛇頸魚尾龍文龜背燕。含雞喙五色備舉出於東方君子之國翱翔四海之外過崐崙。飲砥柱濯羽弱水莫宿。丹穴見則天下大安寧鄭玄以爲河圖洛書龜龍銜負而出如中候所說龍馬銜甲赤文綠色甲似龜背袤廣九尺上有列宿斗正之度帝王錄紀興亡之數是也孔安國以爲河圖卽八卦是也子見齊衰者冕。衣裳者與瞽者包曰冕者冠也大夫之服瞽盲也見之雖少。必作過之必趨。包曰作起也趨疾行也。此夫子哀有喪尊在位恤不成人疏子見至必趨○正義曰此章言孔子哀有喪尊在位恤不成人也子見齊衰者冕衣裳者與瞽者齊衰周親之喪服也言齊衰則斬衰從可知也冕冠也大夫之服也瞽盲也見之雖少必作過之必趨者作起也趨疾行也言夫子見此三種之人雖少坐則必起行則必趨顏淵喟然歎。曰喟歎聲仰之彌高鑽之彌堅言不可窮盡瞻之在前忽焉。在後言。恍。惚不可爲形象夫子循。循。然善誘人循循次序貌誘進也言夫子正以此道。進。勸人有。所。序博我以文約我以禮欲罷不能既竭吾才如有所立卓爾雖欲從之末由也已孔曰言夫子既以文章開博我又以禮節節約我使我欲罷而不能已竭我才矣其有所立則又卓然不可及言己雖蒙夫子之善誘猶不能及夫子之所立【疏】顏淵至也已○正義曰此章美夫子之道也顏淵喟然歎曰仰之彌高鑽之彌堅瞻之在前忽焉在後者喟歎聲也彌益也顏淵喟然發歎言夫子之道高堅不可窮盡恍惚不可爲形象故仰而求之則益高鑽研求之則益堅瞻之似若在前忽然又復在後也夫子循循然善誘人者循循次序貌誘進也言夫子以此道教人循循然有次序可謂善進勸人也博我以文約我以禮欲罷不能既竭吾才如有所立卓爾雖欲從之末由也已者末無也言夫子既開博我以文章又節約我以禮節使我欲罷止而不能已竭盡我才矣其夫子更有所創立則又卓然絕異己雖欲從之無由得及言己雖蒙夫子之善誘猶不能及夫子之所立也

子疾病包曰疾甚曰病子路使門人爲臣鄭曰孔子嘗爲大夫故子路欲使弟子行其臣之禮。病間曰久矣哉由之行詐也無臣而爲有臣吾誰欺欺天乎孔曰少差曰間言子路久有是心非今日也且予與其死於臣之手也無寧死於二三子之手乎馬曰無寧寧也二三子門人也就使我有臣而死其手我寧死於弟子之手乎且予縱不得大葬孔曰君臣禮葬予死於道路乎馬曰就使我不得以君臣禮葬有二三子在我寧當憂棄於道路乎【疏】子疾至路乎○正義曰此章言孔子不欺也子疾病者疾甚曰病子路使門人爲臣者以孔子嘗爲魯大夫故子路欲使弟子行其家臣之禮以夫子爲大夫官也病間曰久矣哉由之行詐也者少差曰間當其疾甚時子路以門人爲臣夫子不知及病少差知之乃責之言子路久有是詐欺之心非今日也故云久矣哉由之行詐也無臣而爲有臣吾誰欺欺天乎者言我既去大夫是無臣也女使門人爲臣是無臣而爲有臣如此行詐人盡知之是人不可欺故云吾誰欺既人不可欺乃欲遠欺天乎且予與其死於臣之手也無寧死於二三子之手乎者無寧寧也二三子門人也言就使我有臣且我等其死於臣之手寧如死於其弟子之手乎且予縱不得大葬予死於道路乎者大葬謂君臣禮葬言且就使我縱不得以君臣禮葬有二三子在我寧當憂棄於道路乎言必不至死於道路也子貢曰有美玉於斯韞匵而藏諸求善賈而沽諸。馬曰韞藏也匵匵也謂藏諸匵中沽賣也得善賈寧肯賣之邪子曰沽之哉沽之哉我待賈。者也包曰沽之哉不衒賣之辭我居而待賈

疏子貢至者也○正義曰此章言孔子藏德待用也子貢曰有美玉於斯韞匵而藏諸求善賈而沽諸者子貢欲觀孔子聖德藏用何如故託。玉以諮問也韞藏也匵匵也諸之沽賣也言人有美玉於此藏在匵中而藏之若求得善貴之賈寧肯賣之邪君子於玉比德子貢之意言夫子有美德而懷藏之若人虛心。盡禮求之夫子肯與之乎子曰沽之哉沽之哉我待賈者也者孔子荅言我賣之哉不衒賣之辭雖不衒賣我居而待賈言有人虛心。盡禮以求我道我卽與之而不吝也子欲居九夷馬曰九夷東方之夷有九種或曰陋如之何子曰君子居之何陋之有馬曰君子所居。則化。

疏子欲至之有○正義曰此章論孔子疾中國無明君也子欲居九夷者東方之夷有九種孔子以時無明君故欲居東夷或曰陋如之何者或人謂孔子言東夷僻陋無禮如何可居子曰君子居之何陋之有者孔子荅或人言君子所居則化使有禮義故云何陋之有○注馬曰九夷東方之夷有九種○正義曰案東夷傳云夷有九種曰畎夷于夷方夷黃夷白夷赤夷玄夷風夷陽夷又一曰玄菟二曰樂浪三曰高麗四曰滿。飾五曰鳧臾六曰索家七曰東屠八曰倭人九曰天鄙子曰吾自衛反魯。然後樂正雅頌各得其所鄭曰反魯。哀公十一年冬是時道衰樂廢孔子來還乃正之故雅頌各得其所

疏子曰吾自衛反魯然後樂正雅頌各得其所○正義曰此章記孔子言正廢樂之事也孔子以定十四年去魯應聘諸國魯哀公十一年自衛反魯是時道衰樂廢孔子來還乃正之故雅頌各得其所也○注反魯魯哀公十一年冬○正義曰案左傳哀十一年冬衛孔文子之將攻大叔也訪於仲尼仲尼曰。胡簋之事則嘗學之矣甲兵之事未之聞也退命駕而行曰

鳥則擇木木豈能擇鳥文子遽止之曰圉豈敢度其私訪衛國之難也將止魯人以幣召之乃歸杜注云於是自衛反魯樂正雅頌各得其所是也

子曰出則事公卿入則事父兄喪事不敢不勉不爲酒困何有於我哉馬曰困亂也

疏子曰出則事公卿入則事父兄喪事不敢不勉不爲酒困何有於我哉○正義曰此章記孔子言忠順孝悌哀喪慎酒之事也困亂也言出仕朝廷則盡其忠順以事公卿也入居私門則盡其孝悌以事父兄也若有喪事則不敢不勉力以從禮也未嘗爲酒亂其性也他人無是行於我我獨有之故曰何有於我哉

子在川上曰逝者如斯夫不舍晝夜。包曰逝往也言凡往也者如川之流

疏子在川上曰逝者如斯夫不舍晝夜○正義曰此章記孔子感歎時事既往不可追復也逝往也夫子因在川水之上見川水之流迅速且不可追復故感之而興歎言凡時事往者如此川之流。夫不以晝夜而有舍止也

子曰吾未見好德如好色者也疾時人薄於德而厚於色故發此言

疏子曰吾未見好德如好色者也○正義曰此章孔子疾時人薄於德而厚於色也

子曰譬如爲山未成一簣止吾止也包曰簣土籠也此勸人進於道德爲山者其功雖已多未成。一籠而中道止者我不以其前功多而善之見其志不遂故不與也譬如平地雖覆一簣進吾往也馬曰平地者將進加功雖始覆一簣我不以其功少而薄之據其欲進而與之

疏子曰至往也○正義曰此章孔子勸人進於道德也譬如爲山未成一簣止吾止也者簣土籠也言人之學道垂成而止前功雖多吾不與也譬如爲山者其功雖已多未成一籠而中道止者我不以其前功多而善之見其志不遂故吾止而不與也譬如平地雖覆一簣進吾往也者言人進德脩業功雖未多而強學不息則吾與之也譬如平地者將進加功雖始覆一簣我不以其功少而薄之據其欲進故吾則往而與之也

子曰語之而不惰者其回也與顏淵解故語之而不惰餘人不解故有惰語之時

疏 子曰語之而不惰者其回也與○正義曰此章美顏回也惰謂懈惰也言餘人不能盡解故有懈惰於夫子之語時其語之而不懈惰者其唯顏回也與顏淵解故也

子謂顏淵曰惜乎吾見其進也未見其止也。包曰孔子謂顏淵進益未止痛惜之甚

疏 子謂顏淵曰惜乎吾見其進也未見其止也○正義曰此章以顏回早死孔子於後歎惜之也孔子謂顏淵進益未止痛惜之甚也

子曰苗而不秀者有矣夫秀而不實者有矣夫孔曰言萬物有生而不育成者喻人亦然

疏 子曰苗而不秀者有矣夫秀而不實者有矣夫○正義曰此章亦以顏回早卒孔子痛惜之爲之作譬也言萬物有生而不育成者喻人亦然也

子曰後生可畏焉知來者之不如今也。後生謂年少。四十五十而無聞焉斯亦不足畏也已。

疏 子曰至也已○正義曰此章勸學也子曰後生可畏焉知來者之不如今也者後生謂年少也言年少之人足以積學成德誠可畏也安知將來者之道德不如我今日也四十五十而無聞焉斯亦不足畏也已者言年少時不能積學成德至於四十五十而令名無聞雖欲強學終無成德故不足畏也

子曰法語之言能無從乎改之爲貴。孔曰人有過以正道告之口無不順從之能必自改之乃爲貴。巽與之言能無說乎繹之爲貴馬曰巽恭也謂恭孫謹敬之言聞之無不說者能尋繹行之乃爲貴說而不繹從而不改吾末如之何也已矣

疏 子曰至已矣○正義曰此章貴行也子曰法語之言能無從乎改之爲貴者謂人有過以禮法正道之言告語之當時口無不順從之者口雖服從未足可貴能必自改之乃爲貴耳巽與之言能無說乎繹之爲貴者巽恭也繹尋繹也謂以恭孫謹敬之言教與之當時聞之無不喜說者雖聞之喜說未足可貴必能尋繹其言行之乃爲貴也說而不繹從而不改吾末如之何也已矣者謂口雖說從而行不尋繹追改疾夫形服而心不化故云末如之何猶言不可奈何也

子

曰主忠信毋友不如己者過則勿憚改慎。所主。友有過務改皆所以爲益疏子曰主忠信毋友不如己者過則勿憚改○正義曰此章戒人忠信改過也主猶親也憚猶難也言凡所親狎皆須有忠信者也無得以忠信不如己者爲友也苟有其過無難於改也學而篇已有此文記者異人故重出之子曰三軍可奪帥也匹夫不可奪志也孔曰三軍雖衆人心不一則其將帥可奪而取之匹夫雖微苟守其志不可得而奪也疏子曰三軍可奪帥也匹夫不可奪志也○正義曰此章言人守志不移也萬二千五百人爲軍帥謂將也匹夫謂庶人也三軍雖衆人心不一則其將帥可奪而取之匹夫雖微苟守其志不可得而奪也士大夫已上有妾媵庶人賤但夫婦相匹配而已故云匹夫子曰衣敝。縕袍與衣狐貉。者立而不恥者其由也與孔曰縕枲著不忮不求何用不臧馬曰忮害也臧善也言不忮害不貪求何用爲不善疾貪惡忮害之詩子路終身誦之子曰是道也何足以臧馬曰臧善也尚復有美於是者何足以爲善疏子曰至以臧○正義曰此章善仲由也子曰衣敝縕袍與衣狐貉者立而不恥者其由也與者縕枲著也縕袍衣之賤者狐貉裘之貴者常人之。情著破敗之縕袍與著狐貉之裘者並立則皆慚恥而能不恥者。唯。其仲由也與不忮不求何用不臧者忮害也臧善也言不忮害不貪求何用爲不善言仲由不忮害不貪求何用爲不善此詩邶風雄雉之篇疾貪惡忮害之詩也孔子言之以善子路也子路終身誦之者子路以夫子善己故常稱誦之子曰是道也何足以臧者孔子見子路誦之不止懼其伐善故抑之言人行尚復有美於是者此何足以爲善○注孔曰縕枲著○正義曰玉藻云纊爲繭縕爲袍鄭玄云衣有著之異名也纊謂今之新緜縕謂今纊及舊絮也然則今云枲著者雜用枲麻以著袍也子曰歲寒然後知松柏之後彫。也大寒之歲衆木皆死然後知松柏小彫傷平歲則衆木亦有不死者故須歲寒而後別之喻凡人處治世亦能自脩整與君子同在濁世然後知君子之正不苟容【疏】子曰歲寒然後知松柏之後彫也○正義曰此章喻君子也大寒之歲衆木皆死然後知松柏小彫傷若平歲則衆木亦有不死者故須歲寒而後別之喻凡人處治世亦能自修整與君子同在濁世然後知君子之正不苟容也

子曰知者不惑包曰不惑亂仁者不憂孔曰無憂患勇者不懼。【疏】子曰知者不惑仁者不憂勇者不懼○正義曰此章言知者明於事故不惑亂仁者知命故無憂患勇者果敢故不恐懼

子曰可與共學未可與適道。適之也雖學或得異端未必能之道可與適道。未可與立。雖能之道未必能有所立可與立。未可與權。雖能有所立未必能權量其輕重之極唐棣之華偏其反而豈不爾思室是遠而逸詩也唐棣移也華反而後合賦此詩者以言權道反而後至於大順思其人而不得見者其室遠也以言思權而不得見者其道遠也子曰未之思也夫何遠之有。夫思者當思其反反是不思所以爲遠能思其反何遠之有言權可知唯不知思耳思之有次序斯可知矣【疏】子曰至之有○正義曰此章論權道也子曰可與共學未可與適道者適之也言人雖可與共學所學或得異端未必能之正道故未可與也可與適道未可與立者言人雖能之道未必能有所立故未可與立也可與立未可與權者言人雖能有所立未必能隨時變通權量其輕重之極也唐棣之華偏其反而豈不爾思室是遠而者此逸詩也唐棣移也其華偏然反而後合賦此詩者以言權道亦先反常而後至於大順也豈不爾思者言誠思爾也誠思其人而不得見者其室遠也以喻思權而不得見者其道遠也子曰未之思也夫何遠之有者言夫思者當思其反常若不思是反所以爲遠能思其反何遠之有言權可知唯不知思耳思之有次序斯可知矣記者嫌與詩言相亂故重言子曰也○注唐棣移也○正義曰釋木文也舍人曰唐棣一名移郭璞曰。似白楊江東呼夫移詩召南云唐棣之華陸機云奧李也一名雀梅亦曰車下李所在山皆有其華或白或赤六月中熟大

如李子可食

論語注疏解經卷第九

論語注疏卷九校勘記

阮元撰盧宣旬摘錄

子罕第九

子罕言章

命者天之命也段玉裁云此當是用董子命者天之令也

寡能及之故希言也筆解引無也字又此注作包曰

故希言也北監本毛本希作罕○按希字是承上文希也而言

又復謙指云本指誤捐今正

麻冕章

古者績麻三十升布以爲之本三誤二升誤斤疏中兩三十升升並誤斤今正

王曰後漢書陳元傳注引作何晏注云○按注即集解字之譌故引下節注亦不加王曰以別之此處不誤

下拜然後成禮皇本成上有升字邢疏亦有升字○按有升字是也後漢書注可證

此章記孔子從恭儉浦鏜云恭儉下脱麻冕禮也今也純儉八字

纓屬于頞本于誤干閩本同今正

大史氏右閩本右誤古北監本氏作是案作是與儀禮覲禮合彼注云古文是爲氏也

子絕四章

毋意本毋誤母今正下同

故不有其身皇本作故不自有其身也

子畏於匡章

夫子弟子顏尅皇本毛本尅作剋釋文出顏剋云諸書或作顏亥

文王既沒本文誤三今正

大宰問於子貢章

大宰知我乎皇本高麗本我下有者字

牢曰子云章朱子集注本合前章注疏本別爲一章

故多技藝皇本多下有能字藝下有也字又技作伎○按伎訓與古多假爲技藝字

字子開一字張浦鏜云張上脫子字

吾有知乎哉章

有鄙夫問於我　皇本問上有來字

空空如也　釋文出空空云鄭或作悾悾

知意之知猶意言意之所知也　浦鏜云猶意之意當衍字

言他人之短者　浦鏜云短當知字誤

鳳鳥不至章

此章言孔子傷時无明君也　毛本无作無下今天无此瑞同

聖人受命　浦鏜云聖上脫云字是也

燕含　閩本北監本毛本含作頷

飲砥柱　本飲誤欽閩本同今正

莫宿丹穴　本丹誤舟閩本同今正

子見齊衰者章

冕衣裳者　釋文出冕字云鄭本作弁云魯讀弁爲絻今從古鄉黨篇亦然案說文冕大夫以上服也從冃免聲絻或從糸據此則今之作冕者蓋魯論也

雖少必作 皇本高麗本少下有者字

過之必趨 宋石經趨作趍○按趨趍正俗字

此夫子哀有喪 本此誤北今正

顏淵喟然歎曰章

顏淵喟然歎曰 此本歎作嘆今訂正注疏同○按說文歎訓吟嘆訓吞嘆二字義別此當从欠今人多通用之

忽焉在後 閩本北監本毛本焉作然筆解亦作然案唐石經宋石經並作焉又列子仲尼篇史記孔子世家後漢書黃憲傳亦俱作焉據此則此本作焉是今朱子集注本尚仍其誤

言恍惚不可為形象 皇本恍惚作忽怳釋文出惚怳云本今作恍惚

夫子循循然 案後漢書趙壹傳注引論語曰夫子恂恂然善誘人恂恂恭順貌疑是鄭注又攷孟子明堂章章指及三國志步騭傳後漢書李膺傳注俱引作恂恂又後漢書郭太傳論林宗恂恂善導宋書禮志載晉袁瓌疏曰孔子恂恂道化洙泗北魏書賈思伯傳云接誘恂恂會無倦色並用此文俱作恂字蓋作循者古論作恂者魯論鄭從魯論故字作恂○按翟灝之說云爾

言夫子正以此道進勸人有所序 皇本進勸人作勸進人又所作次序下有也字

已竭盡我才矣 本盡誤盡今正

由不能及夫子之所立也毛本由作尤浦鏜云猶誤尤案浦鏜說是也今正

子疾病章

故子路欲使弟子行其臣之禮也筆解無故字其作爲毛本無也字

少差曰閒皇本少上有病字閒下有也字

言子路久有是心非今日也皇本無久字非下有唯字

以夫子爲大夫官也本官誤君今正

乃責之本責誤貴今正

有美玉於斯章

韞匵而藏諸毛本匵作匱作匵是也釋文出匵字云本又作櫝二字音義皆同今訂

求善賈而沽諸漢石經沽作賈下同○按作沽用假借字玉篇夂部夃下引論語曰求善賈而夃諸未知所據何本也

我待賈者也案白虎通商賈篇後漢書張衡傳注逸民傳注文選琴賦注並引作待價是俗字

此章言孔子藏德待用也本德誤得疏美德同今並訂正

故託玉以諮問也本玉誤土今正

若人虛心盡禮求之本盡誤蓋下盡禮同今並正
子欲居九夷章
君子所居則化皇本作君子所居者皆化也
四曰滿節浦鏜云飾誤節是也今正
吾自衛反魯章
吾自衛反魯皇本高麗本反下有於字
反魯哀公十一年冬皇本哀上重魯字案疏中亦重魯字皇本是也
胡簋之事閩本北監本毛本胡作簠
子在川上章
包曰皇本作鄭玄曰
夫不以晝夜而有舍止也本夫誤天今正
譬如爲山章
未成一籠本一字空闕今補正

子謂顏淵章

包曰　皇本作馬融曰

後生可畏章

後生可畏　皇本高麗本畏下有也字

謂年少　皇本少下有也字釋文出少年云本今作年少

斯亦不足畏也已　皇本高麗本已下有矣字是也

法語之言章

口無不順從之　皇本不上有所字

能必自改之乃爲貴　皇本無之字貴下有也字

謂恭孫謹敬之言　皇本孫作巽言下有也字

未足可貴　閩本北監本毛本可作爲下同

主忠信章

慎所主友　皇本作慎其所主所友

衣敝縕袍章

衣敝縕袍　皇本高麗本敝作弊釋文出衣弊云本今作敝案說文袍字下引論語亦作弊弊者敝之俗說文所無袍下引作弊者亦後人妄改也

與衣狐貉者立　汗簡引古論語貉作貈釋文出狐貉云依字當作貈案史記弟子列傳作狢〇按貈正字貉假借字狢俗字

常人之情　本情誤清今正

唯其仲由也與　浦鏜云唯其字當誤倒

歲寒章

歲寒然後知松柏之後彫也　皇本彫作凋注同釋文出後彫云依字當作凋〇按釋文是也彫是假借字

知者不惑章

勇者不懼　攷文古本此下有孔安國曰無畏懼也八字皇本閩本北監本毛本並脫

可與共學章

未必能有所立　皇本作未必能以有所成立者也筆解此注作孔曰

可與立未可與權　筆解云正文傳寫錯倒當云可與共學未可與立可與適道未可與權案詩緜正義及說苑權謀篇三國志魏武帝紀注北周書宇文護傳論並引可與適道未可與權與筆解說合〇按此亦翟灝之說

雖能有所立 筆解無能字亦作孔曰

唐棣之華 春秋繁露竹林篇文選廣絕交論注並引作棠棣

思其人而不自見者 皇本自作得案邢疏亦作得字

未之思也 釋文出未之云或作末者非

夫何遠之有 皇本高麗本有下有哉字

似白楊 本似誤以閩本同今正

陸機云 毛本機作璣機與璣古字通隸釋載堯廟碑云據旋機之政周公禮殿記云旋機離常璣並作機又文選宋文皇帝元皇后哀策又注云璣與機同○按孫志祖讀書脞錄續編云梁元帝作同姓名錄兼收名之音義通用者有兩陸機一吳人字士衡一名璣字元恪注本艸者而宋槧爾雅疏引艸木疏作陸機此二字古人殆通借用之與錢大昕云當作陸機

論語注疏卷九校勘記

論語注疏解經卷第十

鄉黨第十

何晏集解　邢昺疏

疏正義曰此篇唯記孔子在魯國鄉黨中言行故分之以次前篇也此篇雖曰一章其閒事義亦以類相從今各依文解之

孔子於鄉黨恂恂如也似不能言者王曰恂恂溫恭之貌其在宗廟朝廷便便言唯謹爾鄭曰便便辯也雖辯而謹敬。朝與下大夫言侃侃如也孔曰侃侃和樂之貌。與上大夫言誾誾如也孔曰誾誾中。正。之。貌。君在踧踖如也與與如也。馬曰君在。視朝也踧踖恭敬之貌與與威儀中適之貌。疏孔子至與與如也○正義曰此一節記言語及趨朝之禮容也孔子於鄉黨恂恂如也似不能言者恂恂溫恭之貌言孔子在於鄉黨中與故舊相接常溫和恭敬恂恂然如似不能言語者道其謙恭之甚也凡言如也者皆謂如此義也其在宗廟朝廷便便言唯謹爾者便便辯也宗廟行禮之處朝廷布政之所當詳問極言故辯治也雖辯而唯謹敬朝與下大夫言侃侃如也與上大夫言誾誾如也者侃侃和樂之貌誾誾中正之貌下大夫稍卑故與之言可以和樂上大夫卿也爵位既尊故與之言常執中正不敢和樂也君在踧踖如也與與如也者君在謂視朝時也踧踖恭敬之貌與與威儀中適之貌既當君在之所故恭敬使威儀中適不敢解惰也

君召使擯。鄭曰君召使擯者有賓客使迎之色勃。如也孔曰必變色足躩如也。包曰足。躩。盤辟貌。揖所與立左右手。衣前後襜如也鄭曰揖左人左其手揖右人右其手一俛一仰衣前後襜如也趨進翼。如也孔曰言端好賓退必復命曰賓不顧矣。鄭曰復命白君賓已去矣疏君召使擯至顧矣○正義曰此一節言君召孔子使爲擯之禮也擯謂主

國之君所使出接賓者也色勃如也足躩如也者勃然變色也足躩盤辟貌既傳君命以接賓故必變色而加肅敬也足容盤辟躩然不敢懈慢也揖所與立左右手衣前後襜如也者謂交擯傳命時揖左人左其手揖右人右其手一俛一仰衣前後襜如也趨進翼如也者謂疾趨而進張拱端好爲鳥之張翼也賓退必復命曰賓不顧矣謂賓禮畢上擯送賓出反告白君賓已去矣不反顧也○注鄭曰至如也○正義曰云揖左人左其手揖右人右其手者謂傳擯時也案諸侯自相爲賓之禮凡賓主各有副賓副曰介主副曰擯及行人若諸侯自行則介各從其命數至主國大門外主人及擯出門相接若主君是公則擯者五人侯伯則擯者四人子男則擯者二人所以不隨命數者謙也故並用強半之數也賓若是公來至門外直當闑西去門九十步而下車當軹北嚮而立鄭注考工記云軹轂末也其侯伯立當前侯胡下子男立當衡注衡謂車輈其君當軫而九介立在君之北邐迤西北並東嚮而列主公出直闑東南西嚮立擯在主人之南邐迤東南立並西嚮也使末擯與末介相對中間傍相去三丈六尺列擯介既竟則主君就擯求辭所以須求辭者不敢自許人求誌己恐爲他事而至故就求辭自謙之道也求辭之法主人先傳求辭之言與上擯以至次擯次擯繼傳以至末擯末擯傳與賓末介末介以次繼傳上至於賓賓荅辭隨其來意又從上介而傳下至末介末介又傳與末擯末擯傳相次而上至於主人傳辭既竟而後進迎賓至門知擯介朝位如此者大行人職文又知傳辭拜迎賓前至門者司儀職文其傳辭司儀之交擯也其列擯介傳辭委曲約聘禮文若諸侯使卿大夫相聘其介與主位則大行人云卿大夫之禮各下其君二等鄭注云介與朝位是也主君待之擯數如待其君其有異者主君至大門而不出限南面而立也若公之使亦直闑西北嚮七介而去門七十步侯伯之使列五介而去門五十步子男之使三介而去門三十步上擯出闑外闑東南西嚮陳介西北東面邐迤如君自相見也而末介末擯相對亦相去三丈六尺陳擯介竟則不傳命而上擯進至末擯間南揖賓賓亦進至末介間上擯與賓相去亦三丈六尺而上擯揖而請事入告君君在限內後乃相與入也知者

約聘禮文不傳辭司儀及聘禮謂之旅擯君自來所以必傳命者聘義云君子
於其所尊弗敢質敬之至也又若天子春夏受朝宗則無迎法受享則有之故
大行人云廟中將幣三享鄭云朝先享不言朝者朝正禮不嫌有等也若秋冬
覲遇一受之於廟則亦無迎法故郊特牲云覲禮天子不下堂而見諸侯明冬
遇依秋也以爲擯之禮依次傳命故揖左人左其手揖右人右其手一俛一仰
使衣前後襜如也○注鄭曰復命白君賓已去矣○正義曰案聘禮行聘享私
覿禮畢賓出公再拜送賓不。復鄭注云公既拜客趨辟君命上擯送賓出反告賓不顧矣於此君可以反路寢矣

入公門鞠躬。如也如不容孔曰斂身立不中門行不履閾孔曰閾門限過位色勃如也足躩如也包曰過君之空位其言似不足者攝齊升堂鞠躬如也屏氣似不息者孔曰皆重慎也衣下曰齊攝齊者摳衣也出降一等逞顏色怡怡如也孔曰先屏氣下階舒氣故怡怡如也沒階趨。進。翼如也孔曰沒盡也下盡階復其位踧踖如也孔曰來時所過位

疏入公門至踧踖如也○正義曰此一節記孔子趨朝之禮容也入公門鞠躬如也如不容者公君也鞠曲斂也躬身也君門雖大斂身如狹小不容受其身也立不中門者中門謂棖闑之中央君門中央有闑兩旁有棖棖謂之門梐棖闑之中是尊者所立處故人臣不得當之而立也行不履閾者履踐也閾門。限也出入不得踐履門限所以爾者一則自高二則不淨並爲不敬過位色勃如也足躩如也者過位過君之空位也謂門屏之間人君宁立之處君雖不在此位人臣過之宜敬故勃然變色足盤辟而爲敬也其言似不足者下氣怡聲如似不足者也攝齊。升堂鞠躬如也屏氣似不息者皆重慎也衣下曰齊攝齊者摳衣也將升堂時以兩手當裳前提挈裳使起恐衣長轉足躡履之仍復曲斂其身以至君所則屏藏其氣似無氣息者也出降一等逞顏色怡怡如也者以先時。屏氣出下階一級則舒氣故解其顏色怡怡然和說也沒階趨進翼如也沒盡也下盡階則疾趨而出張拱端好

如鳥之舒翼也復其位踧踖如也者復至其來時所過之位則又踧踖恭敬也○注閾門限○正義曰釋宮云柣謂之閾孫炎云閾門限也經傳諸注皆以閾爲門限爲内外之限約也○注衣下曰齊攝齊者摳衣也○正義曰曲禮云兩手摳衣去齊尺鄭注云齊謂裳下緝也然則衣謂裳也對文則上曰衣下曰裳散則可通故此云摳衣摳提挈也謂提挈裳前使去地一尺也

執圭鞠躬如也如不勝包曰爲君使聘問鄰國執持君之圭鞠躬者敬慎之至上如揖下。如授勃如戰色足蹜蹜如有循鄭曰上如揖授玉宜敬下如授不敢忘禮戰色敬也足蹜蹜如有循舉前曳踵行享禮有容色鄭曰享獻也聘禮既聘而享用圭璧有庭實私覿愉愉如也鄭曰覿見也既享乃以私禮見愉愉顏色和

疏執圭至愉愉如也○正義曰此一節記爲君。使聘問鄰國之禮容也執圭鞠躬如也如不勝者言執持君之圭以聘鄰國而鞠躬如不能勝舉慎之至也上如揖下如授者上謂授玉時宜敬故如揖也下謂既授玉而降雖不執玉猶如授時不敢忘禮也勃如戰色足蹜蹜如有循者亦謂執圭行聘時戰栗其顏色敬也足則舉前曳踵而行蹜蹜如有所循也享禮有容色者享獻也聘禮既聘而享用圭璧有庭實聘時執圭致命故勃如戰色至行享時則稍許有容色不復戰栗私覿愉愉如也者覿見也愉愉顏色和也謂既享乃以私禮見故顏色愉愉然和說也○注包曰至之至○正義曰云爲君使聘問鄰國執持君之圭者案聘禮云賓襲執圭致命公側襲受玉于中堂與東楹之間是其事也凡執玉之禮。大宗伯云公執桓圭注云雙植謂之桓桓宮室之象所以安其上也圭長九寸故玉人云命圭九寸公守之是也宗伯又云侯執信圭伯執躬圭注云蓋皆象以人形爲琢飾文有麤縟耳欲其慎行以保身圭皆長七寸故玉人云命圭七寸謂之信圭侯守之命圭七寸謂之躬圭伯守之江南儒者解云直者爲信其文縟細曲者爲躬其文麤略義或然也宗伯又云子執穀璧男執蒲璧注云穀所以養人蒲爲席所以安人不執圭者未成國也蓋琢爲穀稼及蒲葦之文蓋皆徑五寸故大行人云子執穀璧男執蒲璧五寸是

也凡圭廣三寸厚半寸剡上左右。各寸半知者聘禮記文其璧則內有孔外有肉其孔謂之好故爾雅釋器云肉倍好謂之璧好倍肉謂之瑗肉好若一謂之環此謂諸侯所執圭璧皆朝於。王及相朝所用也故典瑞前既陳玉則云朝覲宗遇會同於王諸侯相見亦如之是也其公侯伯朝后皆用璋知者以聘禮聘君用圭聘夫人以璋則知於天子及后亦然也其子男既朝王用璧朝后宜用琮以璧琮相對故也鄭注小行人云其上公及二王之後享天子圭以馬享后璋以皮其侯伯子男享天子璧以帛享后琮以錦其玉大小各如其命數知者玉人云璧琮九寸諸侯以享天子是也其諸侯相朝所執之玉與朝天子同其享玉皆以璧享君以琮享夫人明相朝禮亦當然子男相享則降用琥以繡璜以黼故鄭注小行人云其於諸侯亦用璧琮耳子男於諸侯則享用琥璜下其瑞是也其諸侯之臣聘天子及聘諸侯其聘玉及享玉降其君瑞一等故玉人云瑑圭璋八寸璧琮八寸以覜聘是也〇注足蹜蹜如有循舉前曳踵行〇正義曰按玉藻云執龜。玉舉前曳踵蹜蹜如也踵謂足後跟也謂將行之時初舉足前後曳足跟行不離地蹜蹜如也言舉足狹數蹜蹜如也玉藻又云圈豚行不舉足齊如流鄭注云圈轉也豚之言若有所循不舉足曳踵則衣之齊如水之流矣孔子執圭則然此徐趨也〇注鄭曰至庭實〇正義曰享獻也釋詁文也云聘禮既聘而享用圭璧有庭實者案覲禮侯氏既見。王乃云四享皆束帛加璧庭實唯國所有鄭玄云四當爲三大行人職曰諸侯廟中將幣皆三享其禮差又無取於四也初享或用馬或用虎豹之皮其次享三牲魚腊籩豆之實龜也金也丹漆絲纊竹箭也其餘無常貨此物非一國所能有唯國所有分爲三享皆以璧帛致之禮器云大饗其王事與三牲魚腊四海九州之美味也籩豆之薦四時之和氣也內金示和也束帛加璧尊德也龜爲前列先知也金次之見情也丹漆絲纊竹箭與衆共財也其餘無常貨各以其國之所有則致遠物也郊特牲曰旅幣無方所以別土地之宜而節遠邇之期也龜爲前列先知也以鍾次之以和居參之也虎豹之皮示服猛也束帛加璧往德也鄭玄覲禮之注所言出於彼也諸侯相朝聘其禮亦然案聘禮賓裼奉束帛加璧享記曰凡庭實隨入左先皮馬相間可也小行人職云合六幣圭以馬璋以皮璧以帛琮以錦琥以繡璜以黼此六物者以和諸侯之好故鄭注云合同也六幣所以享也五等諸侯享天子用璧享后用琮其大各如其瑞皆有庭實以馬若皮皮虎豹皮也用圭璋者二王之後也二王後尊故享用圭璋而特之禮器曰圭璋特是也其於諸侯亦用璧琮耳子男於諸侯則享用琥璜下其瑞也凡二王後諸侯相享之玉大小各降其瑞一等及使卿大夫覜聘亦如之是用圭璧有庭實也○注既享乃以私禮見○正義曰案聘禮擯者出請事賓告事畢賓奉束錦以請覿注云覿見也。鄉將公事是欲交其歡敬也不用羔因使而見非特來是也

君子不以紺緅飾孔曰一入曰緅。飾者不以爲領。袖緣也紺者齊服盛色以爲飾。衣似衣齊服緅者三年練以緅飾衣爲其似衣喪服故皆不以爲飾衣。紅紫不以爲褻服王曰褻服私居服非公會之服皆不正褻尚不衣正服無所施當暑袗。絺綌必表而出之孔曰暑則單服絺綌葛也必表而出之加上衣緇衣羔裘。素衣麑裘。黃衣狐裘。褻裘長。短右袂孔曰服皆中外之色。相稱也。私家裘長主溫短右袂便作事必有寢衣長一身有半孔曰今之被也狐貉之厚以居鄭曰在家以接賓客去喪無所不佩。孔曰去除也非喪則備佩所宜佩也非帷裳必殺之王曰衣必有殺縫唯帷裳無殺也羔裘玄冠不以弔孔曰喪主素吉主玄吉凶異。服吉月必朝服而朝孔曰吉月月朔也朝服皮弁服齊。必有明衣布孔曰以布爲沐浴衣

【疏】君子至明衣布○正義曰此一節記孔子衣服之禮也君子不以紺緅飾者君子謂孔子也紺玄色緅淺絳色飾者領緣也紺者齊服盛色以爲飾衣似衣齊服緅者三年練以緅飾衣爲其似衣喪服故皆不以爲飾衣紅紫不以爲褻服者紅南方間色紫北方間色褻服私居服非公會之服以其紅紫二色皆不正故不以爲褻服褻服尚不用則正服無所施可知也但言紅紫則五方間色皆不用也當暑袗絺綌必表而出之者袗單

也絺綌葛也精曰絺麤曰綌暑則單服必加尚表衣然後出之爲其形褻故也
緇衣羔裘素衣麑裘黃衣狐裘者凡祭服先加明衣次加中衣冬則次加袍繭
夏則不袍繭用葛也次加祭服若朝服布衣亦先以明衣親身次加中衣冬則
次加裘裘上加裼衣裼衣之上加朝服夏則中衣之上不用裘而加葛葛上加
朝服凡服必中外之色相稱羔裘黑羊裘也故用緇衣以裼之麑裘鹿子皮以
爲裘也。故用素衣以裼之狐裘黃故用黃衣以裼之褻裘長短右袂者此褻私
家所著之裘也長之者主溫也袂是裘之袖短右袂者。作。事。便也必有寢衣長
一身有半者今之被也狐貉之厚以居者謂在家接賓客之裘者居家主溫故
厚爲之去喪無所不佩者去除也居喪無飾故不佩除喪則備佩所宜佩也非
帷裳必殺之者殺謂殺縫凡衣必有殺縫唯帷裳無殺也羔裘玄冠不以弔者凶
主素吉主玄故羔裘玄冠不以弔喪也吉月必朝服而朝者吉月月朔也朝服
皮弁服言每朔日必服皮弁之服以朝於君也齊必有明衣布者將祭而齊則
必沐浴浴竟而著明衣所以明絜其體也明衣以布爲之故曰齊必有明衣布
也○注孔曰至飾衣○正義曰云一入曰緅飾者不以爲領袖緣也者案考工
記云三入爲纁五入爲緅七入爲緇注云染纁者三入而成又再染以黑則爲
緅緅今禮俗文作爵言如爵頭色也又復再染以黑乃成緇矣鄭司農說以論
語曰君子不以紺緅飾又曰緇衣羔裘爾雅曰一染謂之縓再染謂之竀三染
謂之纁詩云緇衣之宜兮玄謂此同色耳染布帛者染人掌之凡玄色者在緅
緇之間其六入者與今孔氏云一入曰緅者未知出何書又云緅者三年練以
緅飾衣則似讀緅爲縓案檀弓云練練衣黃裏縓緣注云小祥練冠練中衣以
黃爲內縓爲飾黃之色卑於纁縓纁之類明外除故曰爲其似衣喪服故皆不
以爲飾衣云紺者齊服盛色以爲飾衣似衣齊服者說文云紺帛深青。揚赤色
是紺爲青赤色也故爲齊服盛色若以爲領袖緣飾則似衣齊服也○注服皆
中外之色相稱也○正義曰謂中衣外裘其色皆相稱也此經云緇衣羔裘者
謂朝服也知者案玉藻云諸侯朝服以日視朝於內朝士冠禮云主人玄冠朝
服緇帶素韠注云玄冠委貌朝服者十五升布衣而素裳不言色者衣與冠同

色是朝衣色玄玄即緇色之小別此說孔子之服云緇衣羔裘玉藻亦云羔裘緇衣以裼之是羔裘裼用緇衣明其上正服亦緇色也下文又曰羔裘玄冠不以弔是羔裘所用配玄冠羔裘之上必用緇布衣爲裼裼衣之上正服亦是緇色。文與玄冠相配故知緇衣羔裘是諸侯君臣日視朝之服也其素衣麑裘則在國視朔之服也卿大夫士亦皆然故鄭玄注此云素衣麑裘視朔之服是也其受外國聘享亦素衣麑裘故聘禮云裼降立注引玉藻云麑裘青豻褎絞衣以裼之又引此云素衣麑裘皮弁時或素衣如鄭此言則裼衣或絞或素不定也熊氏云臣用絞君用素皇氏云素衣爲正記者亂言絞耳其黃衣狐裘謂大蜡息民之祭服也人君以歲事成熟搜索羣神而報祭之謂之大蜡又臘祭先祖五祀因令民得大飲農事休息謂之息民於大蜡之後作息民之祭其時則有黃衣狐裘也大蜡之祭與息民異也息民用黃衣狐裘大蜡則皮弁素服二者不同矣以其大蜡之後始作息民之祭息民大蜡同月其事相次故連言之耳知者郊特牲云蜡也者索也歲十二月合聚萬物而索饗之也皮弁素服而祭素服以送終。葛帶榛杖喪殺也是大蜡之祭用素服也郊特牲既說蜡祭其下又云黃衣黃冠而祭息田夫也注云祭謂既蜡臘先祖五祀也於是勞農以休息之是息民之祭用黃衣也此說孔子之服云黃衣狐裘玉藻云狐裘黃衣以裼之以此知大蜡息民則有黃衣狐裘也是此三者之服中衣與外裘其色皆相稱也○注孔曰至佩也○正義曰云非喪則備佩所宜佩也者案玉藻云古之君子必佩玉右徵角左宮羽凡帶必有佩玉唯喪則否佩玉有衡牙君子無故玉不去身君子於玉比德焉天子佩白玉而玄組綬世子佩瑜玉而綦組綬士佩瓀玟而緼組綬孔子佩象環五寸而綦組綬是非居喪則備佩此所宜佩也○注王曰衣必有殺縫唯帷裳無殺也○正義曰謂朝祭之服上衣必有殺縫在下之裳其制正幅如帷名曰帷裳則無殺縫其餘服之裳則亦有殺縫故深衣之制要。在縫半下縫齊倍要喪服之制裳內削幅注云削猶殺也○注孔曰喪主素吉。主玄吉凶異服。○正義曰檀弓云奠以素器以生者有哀素之心注哀素言哀痛無飾凡物無飾曰素又禮祭服皆玄衣服是喪主素吉主玄也○注孔曰至弁服○正義曰云吉月月朔也者以詩云二月初吉周禮云正月之吉皆謂朔日故知此吉月謂朔日也云朝服皮弁服者士冠禮云皮弁服素積緇帶素韠注云此與君視朔之服也皮弁者以白鹿皮爲冠象上古也積猶辟也以素爲裳辟蹙其要中皮弁之衣用布亦十五升其色象焉魯自文公不行視朔之禮孔子恐其禮廢故每於月朔必衣此視朔之服而朝於君所謂我愛其禮也

齊必變食孔曰改常饌居必遷坐孔曰易常處

食不厭精膾不厭細食饐而餲孔曰饐餲臭味變魚餒而肉敗不食魚敗曰餒色惡不食臭惡不食失飪不食孔曰失飪失生熟之節不時不食鄭曰不時非朝夕日中時割不正不食不得其醬不食馬曰魚膾非芥醬不食肉雖多不使勝食氣唯酒無量不及亂沽酒市脯不食不撤薑食孔曰撤去也齊禁薰物薑辛而不臭故不去不多食孔曰不過飽

祭於公不宿肉周曰助祭於君所得牲體歸則班賜不留神惠祭肉不出三日出三日不食之矣鄭曰自其家祭肉過三日不食是褻鬼神之餘

食不語寢不言雖蔬食菜羹瓜祭必齊如也孔曰齊嚴敬貌三物雖薄祭之必敬

疏齊必至如也○正義曰此一節論齊祭飲食居處之事也齊必變食者謂將欲接事鬼神宜自絜淨故改其常饌也居必遷坐者謂改易常處也食不厭精膾不厭細者食飯也牛與羊魚之腥聶而切之爲膾飯與膾所尚精細也食饐而餲魚餒而肉敗不食者饐餲臭味變也魚敗曰餒言飯之氣味變及魚肉敗壞皆不食之色惡不食臭惡不食者謂飯食及肉顏色香臭變惡者皆不食之失飪不食者謂饌失生熟之節也不時不食者謂非朝夕日中時也割不正不食者謂折解牲體脊脅臂臑之屬禮有正數若解割不得其正則不食也不得其醬不食者謂魚膾非得芥醬則不食也肉雖多不使勝食氣者氣小食也言有肉雖多食之不可使過食氣也唯酒無量不及

亂者唯人飲酒無有限量但不得多以至困亂也沽酒市脯不食者沽賣也酒不自作未必精絜脯不自作不知何物之肉故不食也酒當言飲而亦云不食者因脯而并言之耳經傳之文此類多矣易繫辭云潤之以風雨左傳曰馬牛皆百匹玉藻云大夫不得造車馬皆從一矣而省文也不撤薑食者撤去也齊禁薰物薑辛而不臭故不去也不多食者不可過飽也自此已上皆蒙齊文凡言不食者皆爲不利人亦齊者孔子所慎齊必嚴敬若必食之或致困病則失嚴敬心故不食也其凡常不必然祭於公不宿肉者謂助祭於君所得牲體歸則班賜不留神惠經宿也祭肉不出三日出三日不食之矣者謂自其家祭肉過三日不食是褻慢鬼神之餘也食不語寢不言者直言曰言荅述曰語方食不可語語則口中可憎寢息宜靜故不言也雖蔬食菜羹瓜祭必齊如也者祭謂祭先齊嚴敬貌言蔬食也菜羹也瓜也三物雖薄將食祭先之時亦必嚴敬○注孔曰饐餲臭味變○正義曰釋器云食饐謂之餲郭璞云飯饖臭說文云饖飯傷熱也蒼頡篇云食臭敗也字林云饐飯傷熱濕也○注魚敗曰餒○正義曰釋器云肉謂之敗魚謂之餒郭璞云敗臭壞也餒肉爛也○注孔曰至必敬○正義曰云三物雖薄祭之必敬者祭謂祭先也案玉藻云唯水漿不祭又云瓜祭上環知此三者雖薄亦祭先也若祭之亦必齊敬也

席不正不坐。鄉人飲酒杖者出斯出矣。孔曰杖者老人也鄉人飲酒之禮主於老者老者禮畢出孔子從而後出 疏 席不正不坐鄉人飲酒杖者出斯出矣○正義曰此明坐席及飲酒之禮也凡爲席之禮天子之席五重諸侯之席三重大夫再重席南鄉北鄉以西方爲上東鄉西鄉以南方爲上如此之類是禮之正也若不正則孔子不坐也杖者老人也鄉人飲酒之禮主於老者老者禮畢出孔子則從而後出

鄉人儺○朝服而立於阼階○孔曰儺驅逐疫鬼恐驚先祖故朝服而立於廟之阼階 疏 鄉人儺朝服而立於阼階○正義曰此明孔子存室神之禮也○儺索室驅逐疫鬼也恐驚先祖故孔子朝服而立於廟之阼階鬼神依人庶其依已而安也所以朝服者大夫朝服以祭故用祭服以依神也

問人於他邦再

拜而送之孔曰：拜送使者，敬也。疏「問人於他邦，再拜而送之」○正義曰：此記孔子遺人之禮也。問，猶遺也。謂因問有物遺之也。問者或自有事問人，或聞彼有事而問之，悉有物表其意，故曲禮云：凡以弓劍苞苴簞笥問人者，操以受命，如使之容。此孔子凡以物問遺人於他邦者，必再拜而送其使者，所以示敬也。

康子饋藥，拜而受之。包曰：饋孔子藥。曰：丘未達，不敢嘗。孔曰：未知其故，故不敢嘗，禮也。疏「康子饋藥，拜而受之。曰：丘未達，不敢嘗」○正義曰：此明孔子受饋之禮也。魯卿季康子饋孔子藥，孔子拜而受之。凡受人饋遺可食之物，必先嘗而謝之。孔子未達其藥之故，不敢先嘗，故曰丘未達，不敢嘗，亦其禮也。

廄焚。子退朝，曰：傷人乎？不問馬。鄭曰：重人賤畜。退朝，自君之朝來歸。疏「廄焚。子退朝，曰：傷人乎？不問馬」○正義曰：此明孔子重人賤畜也。廄焚，謂孔子家廄被火也。孔子罷朝退歸，承告而問曰：廄焚之時，得無傷人乎？不問傷馬與否，是其重人賤畜之意。不問馬一句，記者之言也。

君賜食，必正席先嘗之。孔曰：敬君惠也。既嘗之，乃以班賜。君賜腥，必熟而薦之。孔曰：薦其先祖。君賜生，必畜之。侍食於君，君祭，先飯。鄭曰：於君祭，則先飯矣，若為君嘗食然。疏「君賜」至「先飯」○正義曰：此明孔子受君賜食及侍食之禮也。君賜食必正席先嘗之者，謂君以熟食賜己，必正席而坐，先品嘗之，敬君之惠也。君賜食必多，不可留君之惠，既嘗，當以班賜也。君賜腥必熟而薦之者，謂君賜己生肉，必烹熟而薦其先祖，榮君賜也。熟食不薦者，褻也。君賜生必畜之者，謂君賜己牲之未殺者，必畜養之，以待祭祀之用也。侍食於君，君祭，先飯者，謂君召己共食時也。於君祭時，則先飯矣，若為君嘗食然。○注「鄭曰」至「食然」○正義曰：云「於君祭，則先飯矣」者，曲禮云：主人延客祭。注云：祭，祭先也。君子有事不忘本也。君子不忘本者，有德必酬之，故得食而種種出少許，置在豆間之地，以報先代造食之人也。若敵客則得先自祭，降等之客則後祭，若臣侍君而賜之食則不祭，若賜食而君以客禮待之則得祭，雖得祭，又先須君命之祭，後乃敢祭也。此言君祭先飯，則是非客之禮也故不祭而先飯若爲君嘗食然也疾君視之東首加朝服拖紳。包曰夫子疾處南牖之下東首加其朝服拖紳紳大帶不敢不衣朝服見君疏疾君視之東首加朝服拖紳○正義曰此明孔子有疾君來視之時也拖加也紳大帶也病者常居北牖下爲君來視則暫時遷鄉南牖下東首令君得南面而視之以病臥不能衣朝服及大帶又不敢不衣朝服見君故但加朝服於身又加大帶於上是禮也君命召不俟駕行矣鄭曰急趨君命行出而車駕隨之疏君命召不俟駕行矣○正義曰此明孔子急趨君命也俟猶待也謂君命召己不待駕車而即行出車當駕而隨之也入太廟每事問。疏入太廟每事問○正義曰此明孔子因助祭入太廟廟中禮儀祭器雖知之猶每事復問慎之至也朋友死無所歸曰於我殯孔曰重朋友之恩無所歸言無親昵疏朋友死無所歸曰於我殯○正義曰此明孔子重朋友之恩也言朋友若死更無親昵可歸子則曰於我殯與之爲喪主也朋友之饋雖車馬非祭肉不拜孔曰不拜者有通財之義疏朋友之饋雖車馬非祭肉不拜○正義曰此言孔子輕財重祭之禮也朋友有通財之義故其饋遺之物雖是車馬非祭肉不拜謝之言其祭肉則拜之尊神惠也寢不尸包曰偃臥四體布展手足似死人居不容。孔曰爲室家之敬難久疏寢不尸居不容○正義曰此言孔子寢息居家之禮也尸死人也言人偃臥四體布展手足似死人孔子則當敬屈也其居家之時則不爲容儀爲室家之敬難久當和舒也見齊衰者雖狎必變孔曰狎者素親狎見冕者與瞽者雖褻必以貌周曰褻謂數相見必當以貌禮之凶服者式之式負版者孔曰凶服送死之衣物負版者持邦國之圖籍有盛饌必變色而作。孔曰作起也敬主人之親饋迅雷風烈必變鄭曰敬天之怒風疾雷爲烈疏見齊至必變○正義曰此一節言孔子見所哀恤及敬重之事爲之變容也見齊衰者雖狎必變者狎謂素相親狎言見衣齊衰喪服者雖素親狎亦必爲變容此卽哀有喪也見冕者與瞽者雖褻必以貌者冕大夫冠也瞽盲也褻謂數相見也言孔子見大夫與盲者雖數相見必當以貌禮之此卽尊在位恤不成人也凶服者式之式負版者凶服送死之衣物也負版者是持邦國之圖籍者也式者車上之橫木男子立乘有所敬則俯而馮式遂以式爲敬名言孔子乘車之時見送死之衣物見持邦國之圖籍者皆馮式而敬之也有盛饌必變色而作者作起也謂人設盛饌待己己必改容而起敬主人之親饋也迅雷風烈必變者迅急疾也風疾雷爲烈此陰陽氣激爲天之怒故孔子必變容以敬之也○注孔曰狎者素親狎○正義曰案左傳。宋華弱與樂轡少相狎曲禮云賢者狎而敬之狎是相褻慢相貫習之名也故爲素相親狎也○注負版者持邦國之圖籍○正義曰案周禮小宰職曰聽閭里以版圖注云版。戶籍圖。地圖也聽人訟地者以版圖決之司書職曰邦中之版土地之圖以圖籍相將之物故知負版者是持邦國之圖籍也

升車必正立執綏

周曰必正立執綏所以爲安

車中不內顧

包曰。車中不內顧者前視不過衡軛傍視不過輢轂

不疾言不親指

疏升車至親指正義曰此記孔子乘車之禮也升車必正立執綏者綏者挽以上車之索也言孔子升車之時必正立執綏所以爲安也車中不內顧者顧謂迴視也言孔子在車中不鄉內迴顧掩人之私也不疾言不親指者亦謂在車中時也疾急也以車中既高故不疾言不親有所指皆爲惑人也○注包曰車中不內顧者前視不過衡軛傍視不過輢轂○正義曰衡軛是轅端橫木駕馬領者輿人注云較兩輢上出軾者則輢轂俱在車之兩傍言孔子在車中前視則不過衡軛之前傍視則不過輢轂之後案曲禮云立視五巂式視馬尾顧不過轂注云立平視也巂猶規也謂輪轉之度案車輪一周爲一規乘車之輪高六尺六寸徑一圍三三六十八得一丈八尺又六寸爲一尺八寸總一規爲一丈九尺八寸五規爲九十九尺六尺爲步總爲十六步半則在車上得視前十六步半也而此注云前視不過衡軛者禮言中人之制此記聖人之行故前視但不過衡軛耳

色斯舉矣

馬曰見顏色不善則

去之翔而後集周曰迴翔審觀而後下止**疏**色斯舉矣翔而後集○正義曰此言孔子審去就也謂孔子所處見顏色不善則於斯舉動而去之將所依就則必迴翔審觀而後下止此翔而後集一句以飛鳥喻也曰山梁雌雉時哉時哉。子路共之。三嗅。而作

○言山梁雌雉得其時而人不得其時故嘆子之路以其時物故共具之非。本意不苟食故三嗅而。作。作起也**疏**曰山梁雌雉時哉時哉子路共之三嗅而作○正義曰此記孔子感物而歎也梁橋也共具也嗅謂鼻歆其氣作起也孔子行於山梁見雌雉飲啄得。所。故歎曰此山梁雌雉得其時哉而人不得其時也子路失指以爲夫子云時哉者言是時物也故取而共具之孔子以非己本意義不苟食又不可逆子路之情故但三嗅其氣而起也

論語注疏解經卷第十

論語注疏卷十校勘記　阮元撰盧宣旬摘錄

鄉黨第十

孔子於鄉黨節　案釋文云此篇凡一章故此篇以分節標之此節君在以下毛本提行別爲一節與各本異

雖辨而謹敬　閩本北監本毛本謹敬作敬謹

和樂之貌　皇本作和樂貌也下中正之貌作中正貌也恭敬之貌作恭敬貌也威儀中適之貌下亦有也字

君在視朝也　皇本作君在者君視朝也

君召使擯節

君召使擯　釋文出使擯云本又作儐亦作賓皆同○按擯相之擯當从才从人者乃儐禮字釋文亦作賓者如史記設九賓於庭是也

色勃如也　案說文孛下引論語色孛如也艴下引論語色艴如也汗簡云艴見古論語

足躩盤辟貌　皇本無足躩二字貌下有也字釋文出盤字云字又作磐○案當作般假借作盤俗作磐

左右手　皇本手上有其字按鄭注云揖左人左其手揖右人右其手疑皇本是

翼如也　說文引作趩今作翼者趩之省文

鄭曰　皇本高麗本作孔安國曰

如鳥之張翼也本如誤爲今正

賓不顧矣者浦鏜云矣下脫者字

子男則擯者二人浦鏜云三誤二

其侯伯立當前侯胡下案今本周禮大行人並誤作前疾唯此及詩蓼蕭正義所引不誤說詳惠天牧禮說

主君出直闑東南西嚮立浦鏜云西衍字毛本作主公

使末擯本末誤未今正

則主君就擯求辭浦鏜云賓誤擯

不敢自許人求詣己閩本北監本毛本詣作諸浦鏜云來誤求

上擯以至次擯浦鏜云以上脫傳字

送賓不復儀禮聘禮復作顧

入公門節

鞠躬如也案躬又作窮儀禮聘禮記執圭入門鞠躳焉如恐失之釋文作窮云劉音弓本亦作躬羣經音辨云鞠躬容謹也鄭康成說禮孔子之執圭鞠窮如也是鄭陸所據本作窮但字雖作窮讀仍如躬蓋鞠躬本雙聲字史漢中屢見之史記韓長孺傳贊云壺遂之內廉行修斯鞠躬君子也太史公自

序云敦厚慈孝訥於言敏於行務在鞠躬君子長者漢書馮奉世傳贊鞠躬履方擇地而行鞠躬字鄉黨凡三見皆訓謹敬貌蓋鞠躬同見母猶踧踖同精母皆雙聲字也

沒階趨進 釋文出沒階趨云一本作沒階趨進誤也案經義雜記云集注引陸氏曰趨下本無進字俗本有之誤案史記孔子世家作沒階趨進儀禮聘禮注引論語同曲禮帷薄之外不趨正義儀禮士相見禮疏引並有進字然則自兩漢以至唐初皆作沒階趨進趨進者趨前之謂也進字不作入字解舊有此字非誤孫志祖云說文引此文亦有進字見辵部遷字注

閾門限也 本限誤恨今正

攝齊升堂 本升誤知今正

以先時屏氣 本屏誤𢍏不成字今正

柣謂之閾 各本柣並誤秩今正

對衣則上曰衣 孫志祖云對衣當作對文今正

執圭節

下如授 釋文出下如云魯讀下爲趨今從古

授玉宜敬 本玉誤王疏同今正

既聘而享用圭璧 本璧誤壁今正又臯本重享字

記爲君使聘問鄰國之禮容也 本使誤德今正

大宗伯云 本大誤太閩本同今正

左右各寸半 各本各並誤瑷今正

外有肉 本肉誤玉閩本同今正

皆朝於王 案此王誤玉下執龜玉玉又誤王今並正

案覲禮侯氏既見王 各本王並誤正今正

卿將公事 今儀禮聘禮注卿作鄉

君子不以紺緅飾節

一入曰緅 案緅乃縓字之誤錢大昕荅問云爾雅一染謂之縓即孔所云一入也檀弓云練練衣黃裏縓緣注云小祥練冠練中衣以黃爲內縓爲飾即孔所云三年練以飾衣者也然則孔本經注皆當作縓不作緅矣攷工記鍾氏三入爲纁五入爲緅注謂染纁者三入而成又再染以黑則爲緅緅今禮俗文作爵言如爵頭色也先鄭司農以論語君子不以紺緅飾證五入爲緅之文則先鄭所受論語本作緅與孔本異也自集解采孔氏說而經文仍從緅字又改注文之縓亦爲緅而二文相亂邢氏知孔讀緅爲縓又云一入曰緅未知出何書此知二五而不知十也

不以爲領袖緣也 釋文出領𧜀云字亦作袖俗字也

以爲飾衣 皇本無衣字

故皆不以爲飾衣 皇本無爲字

當暑袗絺綌 皇本袗作縝唐石經作袗釋文出袗字云本又作袗單也五經文字云袗論語作袗禮記作振廣韻十六軫云袗單衣或作縝又文選聖主得賢臣頌注亦引作袗說文訓袗爲元服並無單衣之訓○按段玉裁云曲禮引論語作袗孔安國曰暑則單服玉藻振絺綌不入公門鄭云振讀爲袗袗禪也是袗爲正字振袗爲假借字縝俗字說文袗元服據曲禮玉藻注當云袗禪也

素衣麑裘 案釋文云麑鹿子也則字當作麛說文麛鹿子也麑狻麑獸也兩字義別然古書多通用據禮記玉藻麛裘青豻褎注儀禮聘禮裼降立注鄭君俱引素衣麛裘是鄭所見本作麛與說文合○按兒聲弭聲古音同部

褻裘長短右袂 閩本北監本毛本並連上爲一節與此本同皇本此六字別爲一節以私家裘長以下爲此節注又加孔安國曰四字說文引褻裘長作絬衣長

相稱也 本相誤目今正

狐貉之厚以居 說文引貉作貈是也說見前

無所不佩 釋文出不佩云字或從王旁是俗字

吉凶異服 皇本此下有故不相弔也五字各本俱脫

齊必有明衣 釋文出齊必云本或作齋

故用素衣以裼之 浦鏜云上當脫麑裘白三字

作事便也 閩本北監本毛本作便作事也

再染謂之竀 本竀誤窺閩本同案爾雅釋器竀作赬五經文字云竀與赬同○按作竀假借字

紺帛深青揚赤色 各本揚並誤楊今正

又與元冠相配 本又誤文閩本同今正

素服以送終 禮郊特牲終下有也字

唯喪則否 禮玉藻無則字

要在縫半下 禮深衣無在字

吉主元 本主誤王今正

吉凶異服○ 閩本北監本○上有也字毛本無○案注本無也字十行本是

以素爲常 浦鏜云裳誤常案浦說非也說文常下帬也常或从衣今裳行而常廢矣

齊必變食節

膾不厭細　釋文出膾字云又作鱠非

臭味變　皇本臭作臰俗字下放此

魚餒而肉敗　釋文出魚餒云說文云魚敗曰餒本又作鮾字書同○按說文作餧从食委聲餒餧古今字鮾俗字

魚敗曰餒　皇本餒下有也字又此注作孔安國曰案史記孔子世家集解亦作孔曰疑此有脫字

不使勝食氣　說文引氣作既案禮中庸既稟稱事鄭君注既讀爲餼說文無餼字氣即餼字是既與氣通也程瑤田通藝錄曰論語不使勝食氣說文氣作既釋之曰小食也引論語以證之蓋古文氣息字作气加米則爲氣稟字與既字相通然後世於氣字無不讀作氣息者不有說文則論語食氣二字難通其義矣

不撤薑食　案石經考文提要引宋本九經撤作徹說文無撤字撤乃徹之俗字

齊禁薰物　北監本毛本薰作葷疏同釋文出焄字云本或作葷同本今作薰○按葷古多作薰或作焄

雖蔬食菜羹　皇本同北監本毛本蔬作疏說見前

瓜祭　皇本瓜作苽釋文出瓜祭云魯讀瓜爲必今從古○按苽俗字

唯水漿之祭　閩本同北監本毛本之作不案之字誤今正

鄉人儺節

鄉人儺　釋文出人儺云魯讀爲獻今從古案郊特牲汁獻涗於醆酒注獻讀當爲莎齊人語聲之誤也此讀儺爲獻亦聲近之誤

朝服而立於阼階　釋文出於阼云本或作於阼階案釋文是古本無階字經義雜記云此階字蓋因注誤衍禮記郊特牲鄉人裼孔子朝服立于阼注裼或爲儺知禮記文與論語同亦無階字

難索室驅逐疫鬼也　北監本毛本難作儺案難正字儺假借字

康子饋藥節

拜而受之　釋文出拜而受之云一本或無而之二字

饋孔子藥　皇本作遺孔子藥也釋文出遺孔云唯季反本今無此字按廣雅釋詁三饋遺也饋遺俱从貴聲義本相通

故不敢嘗　皇本無敢字

廄焚節

廄焚　唐石經廄作廐釋文出廄與此本同閩本北監本毛本作廐大誤

君賜食節

乃以班賜　閩本北監本毛本班作頒○按頒假借字

君賜腥釋文出賜腥云說文字林並作胜案五經文字云胜腥上先丁反下先定反今經典通用腥爲胜並先丁反

薦其先祖皇本重薦字

君賜生釋文出賜生云魯讀生爲牲今從古

若爲君嘗食然皇本君作先釋文出若爲嘗食然云一本作若爲君嘗食然

疾君視之節

加朝服拖紳唐石經拖作拕釋文出拕字云本或作拖○按說文引朝服袉紳卽雜記云申加大帶於上是也拕拖卽手部拕字許所據作袉是假借袉爲拕也此在引經說假借之例聞諸段玉裁云

入太廟節

入太廟唐石經皇本太作大釋文出大廟云音太是作太誤又此節下皇本有注云鄭元曰爲君助祭也大廟周公廟也各本並脫

寢不尸節

居不容唐石經容作客釋文出居不客云苦百反本或作容羊凶反案唐石經作客字不誤經義雜記云居不客言居家不以客禮自處集解載孔注云爲室家之敬難久謂因一家之人難久以客禮敬己也邢疏云不爲容儀夫君子物各有儀豈因私居廢乎是當從陸氏作客段玉裁曰居不客者嫌其主之類於賓也寢不尸惡其生之同於死也

見齊衰者節

見齊衰者　皇本高麗本見上有子字

必當以貌禮之　閩本北監本毛本貌禮作禮貌皇本之作也案皇本作貌禮邢疏亦作貌禮此本是

凶服送死之衣服　皇本凶服下有者字衣服下有也字毛本作衣物正義同○按皇本亦作衣物服字非也

敬主人之親饋　本主誤王今正

宋華弱與樂轡　本宋誤朱閩本同今正

版是戶籍圖也　今周禮小宰注無是字圖下有地圖二字

升車節

車中不內顧　釋文出車中不內顧云魯讀車中內顧今從古也案魯論古論雖所傳不同然究以無不字為是盧文弨鍾山札記云文選東京賦云夫君人者黈纊垂耳車中內顧李善引魯論及崔駰車左銘正位受綏車中內顧以為注又漢書成帝紀贊云升車正立不內顧不疾言不親指顏師古注云今論語云車中內顧不疾言不親指內顧者說者以為前視不過衡軛旁視不過輢轂與此不同然則師古所見之論語亦無不字說者云云乃包咸注是包亦依魯論為說也惟集解既從古論而又采包注以附之不知者并增不字誤益誤矣

車中不內顧者　皇本車作輿閩本北監本毛本作居釋文出輿中云一本作車中

曰山梁雌雉節

時哉釋文出時哉云一本作時哉時哉案皇邢兩疏文義俱不當重時哉又攷後漢書班固傳注太平御覽九百十七並引此文時哉二字亦不重

子路共之皇本作供注同釋文出共之云本又作供案共供古字通

三嗅而作玉篇齅下引作三齅而作案說文止有齅字嗅乃齅之俗字

非本意皇本非下有其字案筆解引此注作周曰

故三嗅而作作起也皇本無二作字

見雌雉飲啄得所故歎曰閩本北監本毛本作見雌雉飲啄得其所歎曰

論語注疏卷十校勘記

論語注疏解經卷第十一

先進第十一　　何晏集解　　邢昺疏

【疏】正義曰前篇論夫子在鄉黨聖人之行也○此篇論。弟子賢人之行聖賢相次亦其宜也

子曰先進於禮樂野人也後進於禮樂君子也。孔曰先進後進謂。仕先後輩也禮樂因世損益後進與禮樂俱得時之中斯君子矣○先進有古風斯野人也○如用之則吾從先進。將移風易俗歸之淳素先進猶近古風故從之【疏】子曰至吾從先進○正義曰此章孔子評其弟子之中仕進先後之輩也先進於禮樂野人也者先進謂先輩仕進之人準於禮樂不能因世損益而有古風故曰朴野之人也後進於禮樂君子也者後進謂後輩仕進之人也準於禮樂能因時損益與禮樂俱得時之中故曰君子之人也如用之則吾從先進者言如其用之以為治則吾從先輩朴野之人夫子之意將移風易俗歸之淳素先進猶近古風故從之也○注孔曰至人也○正義曰云先進後進謂仕先後輩也者下章云從我於陳蔡者皆不及門也謂不及仕進之門則此謂不從於陳蔡得仕進者也蓋先進者當襄昭之世後進者當定哀之世云禮樂因世損益者為政篇云殷因於夏禮所損益可知也周因於殷禮所損益可知也又周初則禮樂盛周衰則禮樂衰是禮樂因世損益也云後進與禮樂俱得時之中斯君子矣者言禮樂隨世盛衰後進與時消息皆中當於時故為君子也云先進有古風斯野人也者言先輩仕進之人比今則猶尚淳素故云斯野人也

子曰從我於陳蔡者皆不及門也。鄭曰言弟子從我而厄於陳蔡者皆不及仕進之門而失其所【疏】子曰從我於陳蔡者皆不及門也○正義曰此章孔子。閔弟子之失所言弟子從我而厄於陳蔡者皆不及仕進之門而失其所也

德行。顏淵閔子騫冉伯牛仲弓言

語宰我子貢政事冉有季路文學子游子夏【疏】德行顏淵閔子騫冉伯牛仲弓言語宰我子貢政事冉有季路文學子游子夏○正義曰此章因前章言弟子失所不及仕進遂舉弟子之中才德尤高可仕進之人鄭氏以合前章皇氏別爲一章言若任用德行則有顏淵閔子騫冉伯牛仲弓四人若用其言語辨說以爲行人使適四方則有宰我子貢二人若治理政事決斷不疑則有冉有季路二人若文章博學則有子游子夏二人也然夫子門徒三千達者七十有二而此四科唯舉十人者但言子其翹楚者耳或時在陳言之唯舉從者其不從者雖有才德亦言不及也

子曰回也非助我者也於吾言無所不說孔曰助益也言回聞言即解無發起增益於己【疏】子曰回也非助我者也於吾言無所不說○正義曰此章稱顏回之賢也助。益也說解也凡師資問答以相發起若與子夏論詩子曰起予者商也如此是有益於己也今回也非增益於己者也以其於吾之所言皆默而識之無所不解言回聞言即解無所發起增益於己也

子曰孝哉閔子騫人不閒於其父母昆弟之言陳。曰言子騫上事父母下順兄弟動靜盡善故人不得有非閒之言【疏】子曰孝哉閔子騫人不閒於其父母昆弟之言正義曰此章歎美閔子騫之孝行也昆兄也閒謂非毀閒廁言子騫上事父母下順兄弟動靜盡善故人不得有非閒之言

南容三復白圭孔曰詩云白圭之玷尚可磨也斯言之玷不可爲也南容讀詩至此。三反覆之是其心慎言也孔子以其兄之子妻之【疏】南容三復白圭孔子以其兄之子妻之○正義曰此章美南容慎言也復覆也詩云白圭之玷尚可磨也斯言之玷不可爲也南容讀詩至此三反覆之是其心慎言也孔子知其賢故以其兄之女子妻之此即邦有道不廢邦無道免於刑戮者也弟子各記所聞故又載之○注詩云白圭之玷尚可磨也斯言之玷不可爲○正義曰此大雅抑篇刺厲王之詩也毛傳云玷缺也箋云斯此也玉之缺尚可磨鑢而平人君政教一失誰能反覆之意言教令尤須謹慎白玉爲圭圭有損缺

猶尚可更磨鑢而平若此政教言語之有缺失則遂往而不可改爲王者安危在於出令故特宜慎之是詩人戒其慎言南容之心亦欲慎言故。三覆讀此。也

季。康子問弟子孰爲好學孔子對曰有顏回者好學不幸短命死矣今也則亡

疏季康子問弟子孰爲好學孔子對曰有顏回者好學不幸短命死矣今也則亡〇正義曰此章稱顏回之好學也季康子魯執政大夫故言氏稱對此與哀公問同而答異者以哀公遷怒貳過故因答以諫之康子無之故不云也

顏淵死顏路請子之車以爲之椁。孔曰路淵父也家貧欲請孔子之車賣以作椁子曰才不才亦各言其子也鯉也。死有棺而無椁吾不徒行以爲之椁以吾從大夫之後不可徒行也。孔曰鯉孔子之子伯魚也孔子時爲大夫言從大夫之後不可以徒行謙辭也

疏顏淵死至徒行也〇正義曰此弟三章記顏回死時孔子之語也顏淵死顏路請子之車以爲之椁者路顏淵父也家貧欲請孔子之車賣以作椁也子曰才不才亦各言其子也鯉也死有棺而無椁吾不徒行以爲之椁者此舉親喻疏也言淵才鯉不才雖異亦各言其子則同我子鯉也死時但有棺以家貧而無椁吾不賣車以作椁今女子死安得賣我車以作椁乎以吾從大夫之後不可徒行也者此言不可賣車作椁之由徒行步行也以吾爲大夫不可步行故也孔子時爲大夫言從大夫之後者謙辭也〇注孔曰至辭也〇正義曰云鯉孔子之子伯魚也者世家文也云孔子時爲大夫言從大夫之後不可以徒行謙辭也者案孔子世家定公十四年孔子年五十六由大司寇攝行相事魯受齊女樂不聽政三日孔子遂適衞歷至宋鄭陳蔡晉楚去魯凡十四歲而反乎魯然魯終不能用孔子。亦不求仕以哀公十六年卒年七十三今案顏回少孔子三十歲三十二而卒則顏回卒時孔子年六十一方在陳蔡矣伯魚年五十先孔子死則鯉也死時孔子蓋年七十左右皆非在大夫位時而此注云時爲大夫未知有何所據也杜預曰嘗爲大夫而去故言後也據其年則顏

回先伯魚卒而此云顏回死顏路請子之車以為之椁子曰鯉也死有棺而無椁又似伯魚先死者王肅家語注云此書久遠年數錯誤未可詳也或以為假設之辭也徒猶空也謂無車空行也是步行謂之徒行故左傳襄元年敗鄭徒兵於洧上杜注云徒兵步兵也

顏淵死子曰噫包曰噫痛傷之聲天喪予天喪予天喪予者若喪己也再言之者痛惜之甚【疏】顏淵死子曰噫天喪予天喪予○正義曰噫痛傷之聲天喪予者孔子痛惜顏淵死言若天喪己也再言之者痛惜之甚

顏淵死子哭之慟馬曰慟哀過也從者曰子慟矣曰。有慟乎孔曰不自知己之悲哀過非夫人之為慟而誰為。【疏】顏淵死至誰為○正義曰子哭之慟者慟過哀也言夫子哭顏淵其悲哀過甚從者曰子慟矣者從者衆弟子見夫子哀過故告曰子慟矣曰有慟乎者時夫子不自知己之悲哀過故荅曰有慟乎邪非夫人之為慟而誰為者因弟子言己悲哀過甚遂說己之過哀亦當於。理非。失也夫人謂顏淵言不於顏淵哭之為慟而更於誰人為慟乎

顏淵死門人欲厚葬之子曰不可禮貧富。有宜顏淵貧而門人欲厚葬之故不聽門人厚葬之子曰回也視予猶父也予不得視猶子也非我也夫二三子也馬曰言回自有父父意欲聽門人厚葬我不得。割止非其厚葬故云。耳【疏】顏淵至三子也○正義曰顏淵死門人欲厚葬之者門人顏淵之弟子以其師有賢行故欲豐厚其禮以葬之也子曰不可者禮貧富有宜顏淵貧而門人欲厚葬故不聽之曰不可也門人厚葬之者初咨孔子孔子不聽門人故違孔子而卒厚葬之也子曰回也視予猶父也者此下孔子非其厚葬之語也言回也師事於己視己猶如其父也予不得視猶子也者言回自有父存父意欲聽門人厚葬我不得割止之故曰予不得視猶子也非我也夫二三子也者言厚葬之事非我所為夫門人二三子為之也非其厚葬故云耳

季路問事鬼神子曰未能事人焉能事鬼曰。敢問死曰未知生

焉知死陳曰鬼神及死事難明語之無益故不荅疏季路至知死○正義曰此章明孔子不道無益之語也子路問事鬼神者對則天曰神人曰鬼散則雖人亦曰神故下文獨以鬼荅之子路問承事神其理何如子曰未能事人焉能事鬼者言生人尚未能事之況死者之鬼神安能事之乎曰敢問死者子路又曰敢問人之若死其事何如曰未知生焉知死者孔子言女尚未知生時之事則安知死後乎皆所以抑止子路也以鬼神及死事難明又語之無益故不荅也

閔子侍。側誾誾如也子路行行如也冉有。子貢侃侃如也子樂。鄭曰樂各盡其性行行剛強之皃若。由也不得其死然孔曰不得以壽終疏閔子至死然○正義曰此章孔子喜四弟子任其直性也閔子侍側誾誾如也者卑在尊側曰侍誾誾中正之皃如也者言其皃如此也子路行行如也者行行剛強之皃冉有子貢侃侃如也者侃侃和樂之皃子樂者以四子各盡其自然之性故喜樂也若由也不得其死然者然猶焉也言子路以剛必不得其以壽終焉

魯人爲長府閔子騫曰仍。舊貫如之何何必改作鄭曰長府藏名也藏財貨曰府仍因也貫事也因舊事則可也何乃復更改作子曰夫人不言言必有中王曰言必有中者善其不欲勞民改作疏魯人至有中○正義曰此章重於勞民也魯人爲長府者藏財貨曰府長其藏名也爲作也言魯人新改作之也閔子騫曰仍舊貫如之何何必改作者子騫見魯人勞民改作長府而爲此辭仍因也貫事也言因舊事則亦可矣何必乃復更改作也子曰夫人不言言必有中者孔子聞子騫之言而善之也夫人謂子騫言夫此人其唯不言則已若其發言必有中於理此言何必改作是中理之言也善其不欲勞民故以爲中○注鄭曰至改作○正義曰云長府藏名者言魯藏財貨之府名長府也云藏財貨曰府者布帛曰財金玉曰貨周禮天官有大府爲王治藏之長玉府掌王之金玉玩好內府主受貨賄藏在內者外府主泉藏在外者是藏財貨曰府府猶聚也言財貨之所聚也仍因貫事皆釋詁文

子曰由

之瑟。奚爲於丘之門馬曰子路鼓瑟不合雅頌門人不敬子路子曰由也升堂矣未入於室也馬曰升我堂矣未入於室耳門人不解謂孔子言爲賤子路故復解之疏子曰至室也○正義曰此章言子路之才學分限也子曰由之瑟奚爲於丘之門者由子路名奚何也子路性剛鼓瑟不合雅頌故孔子非之云由之鼓瑟何爲於丘之門乎所以抑其剛也門人不敬子路者門人不解孔子之意謂孔子言爲賤子路故不敬之也子曰由也升堂矣未入於室也者以門人不解故孔子復解之言子路之學識深淺譬如自外入內得其門者入室爲深顏淵是也升堂次之子路是也今子路既升我堂矣但未入於室耳豈可不敬也子貢。問師與商也孰賢子曰師也過商也不及孔曰言俱不得中曰然則師愈與子曰過猶不及。愈猶勝也疏子貢至猶不及○正義曰此章明子張子夏才性優劣子貢問師與商也孰賢者師子張名商子夏名孰誰也子貢問孔子曰子張與子夏二人誰爲賢才子曰師也過商也不及者孔子答言子張所爲過當而不已子夏則不及而止言俱不得中也曰然則師愈與者愈猶勝也子貢未明夫子之旨以爲師也過則是賢才過於子夏故復問曰然則子張勝於子夏與與爲疑辭子曰過猶不及者子貢不解故復解之曰過當猶如不及俱不中理也季氏富於周公孔曰周公天子之宰卿士而求也爲之聚斂而附益之。孔曰冉求爲季氏宰爲之急賦稅子曰非吾徒也小子鳴鼓而攻之可也鄭曰小子門人也鳴鼓聲其罪以責之疏季氏至可也○正義曰此章夫子責冉求重賦稅也季氏富於周公者季氏魯臣諸侯之卿也周公天子之宰卿士魯其後也孔子之時季氏專執魯政盡征其民其君蠶食深宮賦稅皆非己有故季氏富於周公也而求也爲之聚斂而附益之者時冉求爲季氏家宰又爲之急賦稅聚斂財物而陪附助益季氏也子曰非吾徒也小子鳴鼓而攻之可也者小子門人也冉求亦夫子門徒當尚仁義今爲季氏聚斂害於仁義故夫子責之曰非我門徒也使其門人鳴鼓以聲其罪而攻責之可也○注孔曰周公天子之宰卿士○正義曰何休云宰猶治也三公之職號尊

名也杜預注左傳曰卿士王之執政者也柴也愚弟子高柴字子羔愚直之愚參也魯孔曰魯鈍也曾子性遲鈍師也辟馬曰子張

才過人失在邪辟文過由也喭鄭曰子路之行失於畔喭子曰回也其庶乎屢空賜不受命而貨殖焉

億則屢中言回庶幾聖道雖數空匱而樂在其中賜不受教命唯財貨是殖億度是非蓋美回所以勵賜也一曰屢猶每也空猶虛中也以聖人之

善道教數子之庶幾猶不至於知道者各內有此害其於庶幾每能虛中者唯回懷道深遠不虛心不能知道子貢雖無數子之病然亦不知道者雖不窮理

而幸中雖非天命而偶富亦所以不虛心也疏柴也愚至屢中○正義曰此章孔子歷評六弟子之德行中失也柴也愚者高柴性愚直也參也魯者曾

參性遲鈍也師也辟者子張才過人失在邪辟文過也由也喭者子路之行失於畔喭也子曰回也其庶乎屢空賜不受命而貨殖焉億則屢中者此蓋孔子

美顏回所以勵賜也其說有二一曰屢數也空匱也億度也言回庶幾聖道雖數空匱貧窶而樂在其中是美回也賜不受命唯貨財是殖若億度是非則數

中言此所以勉勵賜也一曰屢猶每也空猶虛中也言孔子以聖人之善道教數子之庶幾猶不至於知道者各內有此害故也其於庶幾每能虛中者唯有

顏回懷道深遠若不虛心不能知道也子貢雖無數子之病然亦不知道者雖不窮理而幸中雖非天命而偶富有此二累亦所以不虛心也○注弟子高柴

字子羔○正義曰史記弟子傳云高柴字子羔鄭玄曰衞人少孔子三十歲左傳亦作子羔家語作子高禮記作子臯三字不同其實一也○注鄭曰子路之

行失於畔喭○正義曰舊注作吸喭字書吸喭失容也言子路性行剛強常吸喭失於禮容也今本吸作畔○王弼云剛猛也○注言回至心也○正義曰云言

回庶幾聖道者易下繫辭云顏氏之子其殆庶幾乎是回庶慕幾微之聖道云雖數空匱而樂在其中者即簞食瓢飲不改其樂是也云賜不受教命者言不

受夫子禮教之命云惟財貨是殖者言唯務使貨財生殖蕃息也云億度是非者言又用心億度人事之是非也云蓋美回所以勵賜也者言孔子之意美顏回貧而樂道所以勸勵子貢言汝既富矣又能億則屢中何得不受教命乎云一曰以下者何晏又爲一說也云以聖人之善道教數子之庶幾者言孔子以聖人庶幾之善道並教六子也云猶不至於知道者各內有此害者言聖人不卷並教誨之而猶尚不能至於知幾微善道者以其各自內有愚魯辟喭之病害故也云其於庶幾每能虛。中唯回。者言唯顏回每能虛其中心知於庶幾之道也云懷道深遠不虛心不能知道者此解虛中之由由其至道深遠若不虛其中心則不能知道也云子貢雖無數子之病者謂無愚魯辟喭之病也然亦不知道者謂亦如四子不知聖道也云雖不窮理而幸中雖非天命而偶富亦所以不虛心也者此解子貢不知道由於有此二累也雖不窮理而幸中釋經億則屢中言雖不窮理盡性但億度之幸中其言也左傳定十五年春邾隱公來朝子貢觀焉邾子執玉高其容仰公受玉卑其容俯子貢曰以禮觀之二君者皆有死亡焉夏五月壬申公薨仲尼曰賜不幸言而中哀七年以邾子益來是其屢中也雖非天命而偶富釋經不受命而貨殖也言致富之道當由天命與之爵祿今子貢不因天命爵祿而能自致富故曰偶富言有億度之勞富有經營之累以此二事何暇虛心以知道故云亦所以不虛心也

子張問善人之道子曰不踐迹。亦不入於室孔曰踐循也言善人不但循追舊迹而已亦。少能創業然亦不。入於聖人之奧室。

子曰論篤是與君子者乎色莊者乎。論篤者謂口無擇言君子者謂身無鄙行色莊者不惡而嚴以遠小人言此三者皆可以爲善人

疏子張至者乎○正義曰此章論善人所行之道也子張問善人之道者問行何道可謂之善人子曰不踐迹亦不入於室者孔子荅其善人之道也踐循也迹已行舊事之言善人不但循追舊迹而已當自立功立事也而善人好謙亦少能創業故亦不能入於聖人之奧室也子曰論篤是與君子者乎色莊者乎者此亦善人之道也故同爲一章當是異時之語故別言子曰

也論篤是與者篤厚也謂口無擇言所論說皆重厚是善人與君子者乎者言身無鄙行之君子亦是善人乎色莊者乎者言能顏色莊嚴使小人畏威者亦是善人乎孔子謙不正言故云與乎以疑之也○注論篤至善人○正義曰云口無擇言孝經文也所言皆善故無可擇也云身無鄙行者所以並美無鄙惡也以遠小人不惡而嚴者周易遯卦象辭也

子路問聞斯行諸包曰賑窮救乏之事子曰有父兄在如之何其聞斯行之孔曰當白父兄不得自專冉有問聞斯行諸子曰聞斯行之公西華曰由也問聞斯行諸子曰有父兄在求也問聞斯行諸子曰聞斯行之赤也惑敢問孔曰惑其問同而荅異子曰求也退故進之由也兼人故退之鄭曰言冉有性謙退子路務在勝尚人各因其人之失而正之

疏子路至退之○正義曰此章論施予之禮并孔子問同荅異之意也子路問聞斯行諸者諸之也子路問於孔子曰若聞人窮乏當賑救之事於斯即得行之乎子曰有父兄在如之何其聞斯行之也者言當先白父兄不得自專也冉有問聞斯行諸子曰聞斯行之者此問與子路同而所荅異也公西華曰由也問聞斯行諸子曰有父兄在求也問聞斯行諸子曰聞斯行之赤也惑敢問者赤公西華名也見其問同而荅異故疑惑而問於孔子也子曰求也退故進之由也兼人故退之者此孔子言其荅異之意也冉有性謙退子路務在勝尚人各因其人失而正之故荅異也

子畏於匡顏淵後孔曰言與孔子相失故在後子曰吾以女爲死矣曰子在回何敢死包曰言夫子在己無所敢死

疏子畏至敢死○正義曰此章言仁者必有勇也子畏於匡顏淵後者言孔子畏於匡時與顏回相失既免而回在後方至也子曰吾以女爲死矣者孔子謂顏淵曰吾以女爲致死與匡人鬬也子在回何敢死者言夫子若陷於危難則回必致死今夫子在己則無所敢死言不敢致死也

季子然問仲由冉求可

謂大臣與孔曰子然季氏子弟自多得臣此二子故問之子曰吾以子爲異之問曾由與求之問孔曰謂子問異事耳則此二人之問安足大乎所謂大臣者以道事君不可則止今由與求也可謂具臣矣孔曰言備臣數而已曰然則從之者與孔曰問爲臣皆當從君所欲邪子曰弒父與君亦不從也孔曰言二子雖從其主亦不與爲大逆【疏】季子至從也○正義曰此章明爲臣事君之道季子然問仲由冉求可謂大臣與者季子然季氏之子弟也自多得臣此二子故問於夫子曰仲由冉求才能爲政可以謂之大臣與疑而未定故云與也子曰吾以子爲異之問曾由與求之問者此孔子抑其自多也曾則也吾以子爲問異事耳則此二人之問安足多大乎言所問小也所謂大臣者以道事君不可則止者此孔子更爲子然陳說大臣之體也言所可謂之大臣者以正道事君君若不用己道則當退止也今由與求也可謂具臣矣者既陳大臣之體乃言二子非大臣也具備也今二子臣於季氏季氏不道而不能匡救又不退止唯可謂備臣數而已不可謂之大臣也曰然則從之者與子然既聞孔子言二子非大臣故又問曰然則二子爲臣皆當從君所欲邪子曰弒父與君亦不從也者孔子更爲說二子之行言二子雖從其主若其主弒父與君爲此大逆亦不與也子路使子羔爲費宰子曰賊夫人之子包曰子羔學未熟習而使爲政所以爲賊害子路曰有民人焉有社稷焉何必讀書然後爲學孔曰言治民事神於是而習之亦學也子曰是故惡夫佞者孔曰疾其以口給應遂己非而不知窮【疏】子路至佞者○正義曰此章勉人學也子路使子羔爲費宰者子路臣季氏故任舉子羔使爲季氏費邑宰也子曰賊夫人之子者賊害也夫人之子指子羔也孔子之意以爲子羔學未熟習而使爲政必累其身所以爲賊害也子路曰有民人焉有社稷焉何必讀書然後爲學者子路辯荅孔子言費邑有人民焉而治之有社稷之神焉而

事之治民事神於是而習之是亦學也何必須讀書然後乃謂爲學也子曰是故惡夫佞者。言人所以憎惡夫佞者。祇爲口才捷給文過飾非故也今子路以口給應遂己非而不知窮己是故致人惡夫佞者也子路曾晳孔曰晳曾參父名點冉有公西華侍坐子曰以吾一日長乎爾毋吾以也。孔曰言我問女女無以我長故難對居則曰不吾知也孔曰女常居云人不知己如或知爾則何以哉孔曰如有用女者則何以爲治子路率爾而對率爾先三人對曰千乘之國攝乎大國之間加之以師旅因之以饑。饉包曰攝迫也迫於大國之間由也爲之比及三年可使有勇且知方也方義方夫子哂之馬曰哂笑曰求爾何如對曰方六七十如五六十求性謙退言欲得方六七十如五六十里小國治之而已求也爲之比及三年可使足民。如其禮樂以俟君子孔曰求自云能足民而已謂衣食足也若禮樂之化當以待君子謙也赤爾何如對曰非曰能之願學焉宗廟之事如會同端章甫願爲小相焉鄭曰我非自言能願學爲之宗廟之事謂祭祀也諸侯時見曰會。衆。頫曰同端玄端也衣玄端冠章甫諸侯日視朝之服小相謂相君之禮點爾何如鼓瑟希孔曰思所以對故音希鏗爾舍瑟而作對曰異乎三子者之撰。孔曰置瑟起對撰具也爲政之具鏗者投瑟之聲子曰何傷乎亦各言其志也。孔曰各言己志於義無傷曰莫。春者春服既成冠者五六人童子六七人浴乎沂風乎舞雩詠而歸。包曰莫春者季春三月也春服既成衣單袷之時我欲得冠者五六人童子六七人浴乎沂水之上風涼於舞雩之下歌詠先王之道而歸夫子之門夫子喟然歎曰吾與點也周曰善點獨知時三子者出曾皙後曾皙曰夫三子者之言何如子曰亦各言其志也已矣曰夫子何哂由也曰爲國以禮其言不讓是故哂之包曰爲國以禮。貴讓子路言不讓故笑之唯求則非邦也與安見方六七十如五六十而非邦也者唯赤則非邦也與宗廟會。同非諸侯而。何孔曰明皆諸侯之事與子路同徒笑子路不讓赤也爲之小。孰能爲之大。孔曰赤謙言小相耳誰能爲大相

疏子路至篇末○正義曰此章孔子乘閒四弟子侍坐因使各言其志以觀其器能也子路曾皙冉有公西華侍坐者時孔子坐四子侍側亦皆坐也子曰以吾一日長乎爾毋吾以也者孔子將發問先以此言誘。掖之也言女等侍吾以吾年長於女謙而少言以故云一日今我問女女等毋以吾長而憚難其對也居則曰不吾知也如或知爾則何以哉者此問辭也言女常居則云己有才能人不我知設如有人知女將欲用之則女將何以爲治子路率爾而對者子路性剛故率爾先三人而對也。千乘之國攝乎大國之閒加之以師旅因之以饑饉由也爲之比及三年可使有勇且知方也者此子路所志也千乘之國公侯之大國也攝迫也穀不熟爲。飢蔬不熟爲饉方義方也言若有公侯之國迫於大國之閒又加之以師旅侵伐復因之以。飢饉民困而由也治之比至三年以來可使其民有勇敢且知義方也夫子哂之者哂笑也夫子笑之也求爾何如者子路既對三子無言故孔子復歷問之冉求爾志何如對曰方六七十如五六十求也爲之比及三年可使足民如其禮樂以俟君子者此冉求之志也俟待也求性謙退言欲得方六七十如五。十里小國治之而已求也治此小國比至三年以來使足民衣食若禮樂之化當以待君子此謙辭也赤爾何如者又問公西華也對曰非曰能之願學焉宗廟之事如會同端章甫願爲小相焉者此赤。也之志也曰言也我非自言能之願學爲焉宗廟祭祀之事如有諸侯會同及諸侯衣玄端冠章甫

日視朝之時己願爲其小相君之禮焉點爾何如者又問曾皙也鼓瑟希者時曾皙方鼓瑟承師之問思所以對故音希也鏗爾舍瑟而作者作起也舍置也鏗投瑟聲也思得其對故置瑟起對投置其瑟而聲鏗然也對曰異乎三子者之撰者撰具也未敢言其志先對此辭言己之所志異乎三子者所陳爲政之具也子曰何傷乎亦各言其志也者孔子見曾皙持謙難其對故以此言誘之曰於義何傷乎亦各言其志也欲令任其所志而言也曰莫春者春服既成冠者五六人童子六七人浴乎沂風乎舞雩詠而歸者此曾點所志也莫春季春也春服既成衣單袷之時也我欲得與二十以上冠者五六人十九以下童子六七人浴乎沂水之上風涼於舞雩之下歌詠先王之道而歸夫子之門也夫子喟然歎曰吾與點也者喟然歎之皃夫子聞其樂道故喟然而歎曰吾與點之志善其獨知時而不求爲政也三子者出曾皙後者子路冉有公西華三子先出曾皙後猶侍坐於夫子也曾皙曰夫三子者之言何如者曾皙在後問於夫子曰夫三子者適各言其志其言是非何如也子曰亦各言其志也已矣者言三子亦各言其所志而已無他別是非也曰夫子何哂由也者曾皙又問夫子曰既三子各言其志何獨笑仲由也曰爲國以禮其言不讓是故哂之者此夫子爲說哂之意言爲國以禮禮貴謙讓子路言不讓故笑之也唯求也則非邦也與安見方六七十如五六十而非邦也者唯赤則非邦也與宗廟會同非諸侯而何者此夫子又言不哂其子路欲爲諸侯之事故舉二子所言明皆諸侯之事與子路同其言讓故不笑之徒笑其子路不讓耳赤也爲之小孰能爲之大者此夫子又言公西華之才堪爲大相今赤謙言小相耳若赤也爲之小相更誰能爲大相○注孔子曰哲曾參父名點○正義曰史記弟子傳曰曾蒧音點字哲是也○注方義方○正義曰義宜也方道也言能教之使知合宜之道也左傳曰愛子教之以義方○注鄭曰至之禮○正義曰云宗廟之事謂祭祀也者謂禴祠烝嘗及追享朝享禘祫之類皆是也云諸侯時見曰會殷頫曰同者周禮春官大宗伯職文但彼作殷見此作殷頫頫則見也鄭玄注云此禮以諸侯見王爲文時見者言無常期諸侯有不順服者王將有征討之事則既

朝覲王爲壇於國外合諸侯而命事焉春秋傳曰有事而會不協而盟是也殷猶衆也十二歲王。始不巡守則六服盡朝朝禮既畢王亦爲壇合諸侯以命政焉所命之政如王巡守殷見四方四時分來終歲則徧是也云端玄端也衣玄端冠章甫諸侯日視朝之服者其衣正幅染之玄色故曰玄端案王制云周人玄衣而養老注云玄衣素裳天子之燕服爲諸侯朝服彼云玄衣則此玄端也若以素爲裳卽是朝服此朝服素裳皆得謂之玄端故此注云端玄端諸侯朝服若上士以玄爲裳中士以黄爲裳下士以雜色爲裳天子諸侯以朱爲裳則皆謂之玄端不得名爲朝服也云小相謂相君之禮者案周禮秋官司儀職云掌九儀之賓客擯相之禮以詔儀容辭令揖讓之節注云出接賓曰擯入贊禮曰相又曰凡諸公相爲賓及將幣交擯三辭車逆拜辱賓車進荅拜三揖三讓每門止一相注曰相爲主君擯者及賓之介也謂之相者於外傳辭耳入門當以禮詔侑也介紹而傳命者君子於其所尊不敢質敬之至也每門止一相彌相親也是相謂相君之禮也聘禮云卿爲上擯大夫爲承擯士爲紹擯玉藻曰君入門介拂闑大夫中棖與闑之間士介拂棖則卿爲上介大夫爲次介士爲末介也此云願爲小相者謙不敢爲上擯上介之卿願爲承擯紹擯次介末介之大夫士耳○注包曰至之門○正義曰云我欲得冠者五六人童子六七人者意在取其朋友十餘人耳云浴于沂水之上風涼於舞雩之下者杜預云魯城南自有沂水此是也夫沂水出蓋縣南至下邳入泗雩者祈雨之祭名左傳曰龍見而雩是也鄭玄曰雩者吁也吁嗟而請雨也杜預曰雩之言遠也遠爲百穀祈膏雨也使童男女舞之春官女巫職曰旱暵則舞雩因謂其處爲舞雩舞雩之處有壇墠樹木可以休息故云風涼於舞雩之下也○注周曰善點獨知時○正義曰仲尼祖述堯舜憲章文武生值亂時而君不用三子不能相時志在爲政唯曾晳獨能知時志在澡身浴德詠懷樂道故夫子與之也

論語注疏解經卷第十一

論語注疏卷十一校勘記　阮元撰盧宣旬摘錄

先進第十一

○此篇論弟子賢人之行　閩本弟誤第○按此上○誤衍

先進於禮樂章

孔曰先進後進謂仕先後輩也　皇本高麗本無孔曰字又皇本仕作士案釋文出先進云包云謂仕也是陸又以此注爲包注○補案正義標起止孔曰至人也是正義本有孔曰

將移風易俗　皇本此段注作包氏曰

從我於陳蔡章

皆不及門也　皇本也上有者字

此章孔子閔弟子之失所　毛本閔作憫○按閔憫正俗字

德行章

德行　釋文云鄭云以合前章皇別爲一章案攷文載古本德行上有子曰二字毛奇齡論語稽求篇曰舊有子曰字故史記冉伯牛傳云孔子稱之爲德行四書攷異云案攷文每云古本皆以證其與皇本同也今檢皇侃義疏本惟別分此爲章子曰字未嘗有其疏則云此章初無子曰者是記者所書並從孔

子印可而錄在論中也二字之無尤確鑿物觀以彼國别藏寫本謬稱古本未可援之實史記矣

若用其言語辨說各本辨並作辯

回也非助我者也章

助益也皇本益上有猶字

孝哉閔子騫章

陳曰皇本作陳羣曰後放此

南容三復白圭章

三反覆之本三誤二今正

故三覆讀此也北監本無也字浦鏜云反誤三

季康子問弟子章

季康子問弟子釋文出康子云一本作季康子鄭本同

今也則亡皇本高麗本此下有未聞好學者五字各本並無

以哀公遷怒貳過本貳誤二今正

顏淵死章

以爲之椁皇本椁作槨下同高麗本無此四字案釋文出無椁云古廓反不爲之椁作音似陸氏所據本亦無此四字

鯉也死高麗本無也字

吾不徒行以爲之椁皇本高麗本不下有可字

不可徒行也皇本高麗本不上有吾以二字無也字

魯終不能用孔子亦不求仕今史記孔子世家重孔子二字

顏淵死子哭之慟章

曰有慟乎皇本曰上有子字

非夫人之爲慟而誰爲皇本高麗本爲下有慟字

亦當於理本理誤埋今正

非失也各本失並誤不今正

顏淵死門人欲厚葬之章

禮貧富有宜皇本有上有各字

我不得割止皇本割作制

故云耳皇本作故云爾也

季路問事鬼神章

曰敢問死朱子集注本無曰字案皇疏云曰敢問死者此又問當來之事也邪疏云曰敢問死者子路又曰敢問人之若死其事何如是皇邢本並有曰字又匡謬正俗引此文亦有曰字今集注本無曰字誤脫

子路問承事神浦鏜云神上脫鬼字

閔子侍側章

閔子侍側皇本子下有騫字

冉有子貢唐石經有作子

若由也不得其死然皇本若上有曰字朱子集注載洪氏曰漢書引此句上有曰字或云上文樂字即曰字之誤案漢書敘傳幽通賦云固行行其必凶顏師古曰論語稱閔子云子樂曰若由也不得其死然蓋集注漢書下脫一注字耳又孫奕示兒編曰子樂必當作子曰聲之誤也始以聲相近而轉曰為悅繼又以義相近而轉悅為樂知由也不得其死則何樂之有今攷文選幽通賦及座右銘兩注並引子路行行如也子曰若由也不得其死然與孫說正合

魯人爲長府章

仍舊貫釋文出仍舊云魯讀仍爲仁今從古案九經古義云揚雄將作大匠箴曰或作長府而閔子不仁用魯論也

由之瑟章

由之瑟皇本高麗本瑟上有鼓字

子路鼓瑟皇本子上有言字

子貢問師與商也孰賢章

子貢問師與商也孰賢本貢誤路今正皇本問上有曰字賢下有乎字高麗本亦有乎字

過猶不及皇本高麗本及下有也字

季氏富於周公章

而求也爲之聚斂而附益之皇本之作也

小子鳴鼓而攻之可也皇本無而字案論衡順鼓篇引亦無而字

柴也愚章

曾子性遲鈍皇本無性字鈍下有也字案釋文明出鈍也是陸氏所據本亦有也字

師也辟皇本高麗本辟作僻注同

由也喭書無逸正義引作諺案說文有諺無喭喭乃諺之俗字

失於畔喭皇本畔作㕭喭下有也字釋文出㕭字云本今作畔案廣韻二十九換㕭㕭喭失容據此則字不當作畔

子曰回也其庶乎朱子集注本以下別爲一章各本並連上爲一章案釋文云或分爲別章今所不用

億則屢中皇本高麗本億作憶注同○按億憶皆意之俗字

王弼云本王誤玉今正

每能虛中唯回者浦鏜云中下脫者字○補案回者者字疑因上脫致誤衍

子張問善人之道章各本並連下論篤是與爲一章朱子集注本分爲兩章

不踐迹釋文出踐迹云本亦作跡案跡乃迹之俗字五經文字云迹經典或作跡

亦少能創業皇本少上有多字

然亦不入於聖人之奧室皇本入上有能字室下有也字案邢疏亦有能字也字

謂身無鄙行筆解此節注作孔曰

子路問聞斯行諸章

如之何其聞斯行之 皇本高麗本之下有也字案邢疏本有也字疑今本脫

不得自專 皇本作不可得自專也

季子然問仲由冉求章

安足大乎 皇本作安足爲大臣乎

言二子雖從其主 案王當作主皇本無言字

子路使子羔爲費宰章

所以爲賊害 皇本作所以賊害人也

言費邑有人民焉而治之 案人民誤倒今訂正

祇爲口才捷給 北監本祇作秖○案作秖亦非當作祇後同

子路曾晳章

毋吾以也 皇本毋作無釋文出毋字云音無又出吾以云鄭本作已

子路率爾而對 皇本率作卒注同案率卒古字通莊子人閒世注率然拊之釋文率本或作卒

因之以饑饉 釋文出饑字云鄭本作飢同○按飢乃飢餓字當作饑

可使足民 皇本高麗本民下有也字

殷覸曰同 閩本北監本毛本殷作衆毛本覸誤䫉皇本覸作見邢疏作殷釋文出殷覸云本或作見據此則字當作殷

鏗爾 玉篇手部摼下引論語摼爾捨瑟而作云與鏗同

異乎三子者之撰 釋文出之撰云鄭作僎讀曰詮詮之言善也

鏗者 皇本作鏗爾者

亦各言其志也 釋文出亦各言其志云一本作亦各言其志也

莫春者 皇本莫作暮釋文出莫春云音暮本亦作暮

冠者五六人 皇本冠上有得字

詠而歸 釋文出而歸云如字鄭本作饋饋酒食也魯讀饋爲歸今從古案論衡明雩篇作詠而饋與古論合

包曰 筆解作孔曰

而歸夫子之門 本夫誤天今正

禮貴讓 皇本禮下有道字

宗廟會同非諸侯而何 皇本高麗本作宗廟之事如會同非諸侯如之何釋文出宗廟會同云本或作宗廟之事如會同又出非諸侯

而何云一本作非諸侯如之何

赤也爲之小孰能爲之大　皇本高麗本小下大下並有相字

先以此言誘掖之也　諸本掖作掖案掖字誤也今正

千乘之國　浦鏜云千上脫曰字

穀不熟爲飢　閩本明監本毛本飢作饑下飢饉同案飢饉與釋文所載鄭本合

言欲得方六七十如五六十里小國　浦鏜云五下脫六字

此赤也之志也　浦鏜云上也字當衍文

注孔子曰晳　孔下子字誤衍

曾蒧音點　各本蒧並誤蕆今正

王始不巡守　浦鏜云如誤始

論語注疏卷十一校勘記

論語注疏解經卷第十二

顏淵第十二　　何晏集解　　邢昺疏

疏正義曰此篇論仁政明達君臣父子辨惑折獄君子文爲皆聖賢之格言仕進之階路故次先進也

顏淵問仁子曰克己復禮爲仁馬曰。克己約身孔曰復反也身能反禮則爲仁矣一日克己。復禮天下歸仁焉馬曰一日猶見歸況終身乎爲仁由己而由人乎哉孔曰行善在己不在人也顏淵曰請問其目包曰知其必有條目故請問之子曰非禮勿視非禮勿聽非禮勿言非禮勿動鄭曰此四者克己復禮之目顏淵曰回雖不敏請事斯語矣王曰敬事此語必行之

疏顏淵至語矣○正義曰此幷下三章皆明仁也子曰克己復禮爲仁者克約也己身也復反也言能約身反禮則爲仁矣一日克己復禮天下歸仁焉者言人君若能一日行克己復禮則天下皆歸此仁德之君也一日猶見歸況終身行仁乎爲仁由己而由人乎哉者言行善由己豈由他人乎哉言不在人也顏淵曰請問其目者淵意知其爲仁必有條目故請問之子曰非禮勿視非禮勿聽非禮勿言非禮勿動者此四者克己復禮之目也曲禮曰視瞻毋回立視五。巂式視馬尾之類是禮也非此則勿視曲禮云毋側聽側聽則非禮也言無非禮則口無擇言也動無非禮則身無擇行也四者皆所以爲仁顏淵曰回雖不敏請事斯語矣者此顏淵預謝師言也言回雖不敏達請敬事此語必行之也○注馬曰克己約身○正義曰此注克訓爲約劉炫云克訓勝也己謂身也身有嗜慾當以禮義齊之嗜慾與禮義戰使禮義勝其嗜慾身得歸復於禮如是乃爲仁也復反也言情爲嗜慾所逼已離禮而更歸復之今刊定云克訓勝也己謂身也謂能勝去嗜慾反復於禮也仲弓問仁子

曰出門如見大賓使民如承大祭孔曰為仁之道莫尚乎敬己所不欲勿施於人在邦無怨在家無怨包曰在邦為諸侯在家為卿大夫仲弓曰雍雖不敏請事斯語矣疏仲弓問仁至語矣○正義曰此章明仁在敬恕也子曰出門如見大賓使民如承大祭者此言為仁之道莫尚乎敬也大賓公侯之賓也大祭禘郊之屬也人之出門失在倨傲故戒之出門如見公侯之賓使民失於驕易故戒之如承奉禘郊之祭己所不欲勿施於人者此言仁者必恕也己所不欲無施之於人以他人亦不欲也在邦無怨在家無怨者言既敬且恕若在邦為諸侯必無人怨在家為卿大夫亦無怨也仲弓曰雍雖不敏請事斯語矣者亦承謝之語也司馬牛問仁子曰仁者其言也訒孔曰訒難也牛宋人弟子司馬犁曰其言也訒斯謂之仁已乎子曰為之難言之得無訒乎子曰行仁難言仁亦不得不難疏司馬牛問仁至訒乎○正義曰此章言仁之難也子曰仁者其言也訒者訒難也言仁道至大非但行之難也其言之亦難曰其言也訒斯謂之仁已乎者牛意嫌孔子所言未盡其理故復問曰秖此其言也訒便謂仁已乎子曰為之難言之得無訒乎者此孔子又為牛說言訒之意行仁既難言仁亦不得不難○注孔子曰至馬犁○正義曰史記弟子傳云司馬耕字子牛多言而躁問仁於孔子孔子曰仁者其言也訒是也司馬牛問君子子曰君子不憂不懼孔曰牛兄桓魋將為亂牛自宋來學常憂懼故孔子解之曰不憂不懼斯謂之君子已乎子曰內省不疚夫何憂何懼包曰疚病也自省無罪惡無可憂懼疏司馬至何懼○正義曰此章明君子也司馬牛問君子者問於孔子言君子之行何如也子曰君子不憂不懼者言君子之人不憂愁不恐懼時牛兄桓魋將為亂牛自宋來學常憂懼故孔子解之也曰不憂不懼斯謂之君子已乎者亦意少其言故復問之子曰內省不疚夫何憂何懼者此孔子更為牛說不

憂懼之理疢病也自省無罪惡則無可憂懼

司馬牛憂曰：人皆有兄弟，我獨亡。鄭曰牛兄桓魋行惡死亡無日我。爲無兄弟。子夏曰：商聞之矣，死生有命，富貴在天。君子敬而無失，與人恭而有禮，四海之內皆。兄弟也，君子何患乎無兄弟也？包曰君子。疏惡而友賢九州之人皆可以禮親【疏】司馬至弟也○正義曰此章言人當任命友賢也司馬牛憂曰人皆有兄弟我獨亡者亡無也牛兄桓魋行惡死亡無日故牛常憂而告人曰他人皆有兄弟若桓魋死亡之後我爲獨無兄弟也子夏曰商聞之矣死生有命富貴在天君子敬而無失與人恭而有禮四海之內皆兄弟也君子何患乎無兄弟也者子夏見牛憂無兄弟以此言解之也商子夏名謙故云商聞之矣示非妄謬也言人死生短長各有所稟之命財富位貴則在天之所予君子但當敬慎而無過失與人結交恭謹而有禮能此疏惡而友賢則東夷西戎南蠻北狄四海之內九州之人皆可以禮親之爲兄弟也君子何須憂患於無兄弟也○注鄭曰至兄弟○正義曰云牛兄桓魋行惡死亡無日者案哀十四年左傳云宋桓魋之寵害於公公將討之未及魋先謀公公知之召皇司馬子仲及左師向巢以命其徒攻桓氏向魋遂入於曹以叛民叛之而奔衛遂奔齊是其行惡死亡之事也桓氏即向魋也又謂之桓司馬即此桓魋也

子張問明。子曰：浸潤之譖，膚受之愬，不行焉，可謂明也已矣。鄭曰譖人之言如水之浸潤漸以成之馬曰膚受之愬皮膚外語非其內實浸潤之譖，膚受之愬，不行焉，可謂遠也已矣。馬曰無此二者非但爲明其德行高遠人莫能及【疏】子張至已矣○正義曰此章論人之明德子張問明者問於孔子何如可謂之明德也子曰浸潤之譖膚受之愬不行焉可謂明也已矣者此荅爲明也夫水之浸潤漸以壞物皮膚受塵漸成垢穢譖人之言如水之浸潤皮膚受塵亦漸以成之使人不覺知也若能辨其情僞使譖愬之言不行可謂明德也浸潤之譖膚受之愬不行焉可謂

遠也已矣者言人若無此二者非但爲明其德行可謂高遠矣人莫能及之也○注馬曰膚受之愬皮膚外語非其內實○正義曰愬亦譖也變其文耳皮膚受塵垢穢其外不能入內也以喻譖毀之語但在外萋斐構成其過惡非其人內實有罪也

子貢問政子曰足食足兵民信之矣子貢曰必不得已而去於斯三者何先曰去兵子貢曰必不得已而去於斯二者何先曰去食自古皆有死民無信不立孔曰死者古今常道人皆有之治邦不可失信【疏】子貢問政至不立正義曰此章貴信也子曰足食足兵民信之矣者此答爲政之事也足食則人知禮節足兵則不軌畏威民信之則服命從化子貢曰必不得已而去於斯三者何先者子貢復問曰若不獲已而除去於此三者之中何者爲先曰去兵者孔子荅言先去兵以兵者凶器民之殘也財用之蠹也故先去之子貢曰必不得已而去於斯二者何先者子貢復問設若事不獲已須要去之於此食與信二者之中先去何者曰去食自古皆有死民無信不立者孔子荅言二者之中先去食夫食者人命所須去之則人死而去食不去信者言死者古今常道人皆有之治國不可失信失信則國不立也

棘子成曰君子質而已矣何以文爲鄭曰舊說云棘子成衛大夫子貢曰惜乎夫子之說君子也駟不及舌鄭曰惜乎夫子之說君子也過言一出駟馬追之不及文猶質也質猶文也虎豹之鞟猶犬羊之鞟孔曰皮去毛曰鞟虎豹與犬羊別正以毛文異耳今使文質同者何以別虎豹與犬羊邪【疏】棘子至之鞟○正義曰此章貴尚文章也棘子成曰君子質而已矣何以文爲者衞大夫棘子成言曰君子之人淳質而已則可矣何用文章乃爲君子意疾時多文章子貢曰惜乎夫子之說君子也駟不及舌者夫子指子成也子貢聞子成言君子不以文爲其言過謬故歎曰可惜乎棘子成之說君子也過言一出於舌駟馬追之不及文猶質也質猶文也虎豹之鞟猶犬羊之鞟

者此子貢舉喻言文章不可去也皮去毛曰鞹言君子野人異者質文不同故也虎豹與犬羊別者正以毛文異耳今若文猶質質猶文使文質同者則君子與鄙夫何以別乎如虎豹之皮去其毛文以爲之鞹與犬羊之鞹同處何以別虎豹與犬羊也

哀公問於有若曰年饑。用不足如之何有若對曰盍徹乎鄭曰盍何不也周法。什一而稅謂之徹徹通也爲天下之通法曰二吾猶不足如之何其徹也。孔曰二謂什二而稅對曰百姓足君孰與不足百姓不足君孰與足孔曰孰誰也

疏哀公至與足○正義曰此章明稅法也哀公問於有若曰年饑用不足如之何者魯君哀公問於孔子弟子有若曰年穀不熟國用不足如之何使國用得足也有若對曰盍徹乎者盍猶何不也周法什一而稅謂之徹徹通也爲天下之通法有若意譏哀公重斂故對曰既國用不足何不依通法而稅取乎曰二吾猶不足如之何其徹也者二謂什二而稅哀公不覺其譏故又曰什而稅二吾之國用猶尚不足如之何其依徹法什而稅一乎對曰百姓足君孰與不足百姓不足君孰與足者孰誰也哀公既言重斂之實故有若又對以盍徹足用之理言若依通法而稅則百姓家給人足百姓既足上命有求則供故曰君孰與不足也今君重斂民則困窮上命所須無以供給故曰百姓不足君孰與足也○注鄭曰至通法○正義曰云周法什一而稅謂之徹者公羊傳曰古者什一而藉古者曷爲什一而藉什一者天下之中正也多乎什一大桀小桀寡乎什一大貉小貉什一者天下之中正也什一行而頌聲作矣何休云多取於民比於桀蠻貉無。百官制度之費稅薄穀梁傳亦云古者什一而藉孟子云夏后氏五十而貢殷人七十而助周人百畝而徹其實皆什一也趙岐注云民耕五十畝者貢上五畝耕七十畝者以七畝助公家耕百畝者徹取十畝以爲賦雖異名。二多少同故云皆什一也書傳云十一者多矣故杜預云古者公田之法十取其一謂十畝內取一舊法既已十畝取一矣春秋魯宣公十五年初稅畝又履其餘畝更復十收其一乃是十取其二故此哀公曰二吾猶不足謂十內稅

二猶尚不足則從宣公之後遂以十二爲常故曰初言初稅十二自宣公始也諸書皆言十一而稅而周禮載師云凡任地近郊十一遠郊二十而三甸稍縣都皆無過十二漆林之征二十而五者彼謂王畿之內所共多故賦稅重諸書所言什一皆謂畿外之國故此鄭玄云什一而稅謂之徹徹通也爲天下之通法言天下皆什一耳不言畿內亦什一也孟子又曰方里而井井九百畝其中爲公田八家皆私百畝同養公田公事畢然後敢治私事漢書食貨志取彼意而爲之文云井田方一里是爲九夫八家共之各受私田百畝公田十畝是爲八百八十畝餘二十畝爲廬舍諸儒多用彼爲義如彼所言則家別一百一十畝是爲十外稅一也鄭玄詩箋云井稅一夫其田百畝則九而稅一其意異於漢書不以志爲說也又孟子對滕文公云請野九一而助國中什一使自賦鄭玄周禮匠人注引孟子此言乃云是邦國亦異外內之法則鄭玄以爲諸侯郊外郊內其法不同郊內什一使自賦其一郊外九而助一是爲二十而稅二故鄭玄又云諸侯謂之徹者通其率以十一爲正言郊內郊外相通其率爲十稅一也杜預直云十取其一則又異於鄭唯謂一夫百畝以十畝歸公趙岐不解夏五十殷七十之意蓋古者人多田少一夫唯得五十七十畝耳五十而貢貢五畝七十而助助七畝好惡取於此鄭注考工記云周人畿內用夏之貢法邦國用殷之助法也

子張問崇德辨惑。孔曰辨別也 子曰主忠信徙義崇德也。包曰徙義見義則徙意而從之 愛之欲其生。惡之欲其死。既欲其生又欲其死是惑也包曰愛惡當有常一欲生之一欲死之是心惑也 誠不以富亦祇以異鄭曰此詩小雅也祇適也言此行誠不可以致富適足以爲異耳取此詩之異義以非之

【疏】子張至以異○正義曰此章言人當有常德也子張問崇德辨惑者崇充也辨別也言欲充盛道德祛別疑惑何爲而可也子曰主忠信徙義崇德也者主親也徙遷也言人有忠信者則親友之見義事則遷意而從之此所以充盛其德也愛之欲其生惡之欲其死既欲其生又欲其死是惑也者言人心愛惡當須有常若人有順

己己即愛之便欲其生此人忽逆於己己即惡之則願其死一欲生之一欲死之用心無常是惑也既能別此是惑則當袪之誠不以富亦祇以異者此詩小雅我行其野篇文也祇適也言此行誠不足以致富適足以為異耳取此詩之異義以非人之惑也○注鄭曰至非之○正義曰案詩刺淫昏之俗不思舊姻而求新昏也彼誠作成鄭箋云女不以禮為室家成事不足以得富也女亦適以此自異於人道言可惡也此引詩斷章故不與本義同也

齊景公問政於孔子孔子對曰君君臣臣父父子子孔曰當此之時陳桓制齊君不君臣不臣父不父子不子故以對

公曰善哉信如君不君臣不臣父不父子不子雖有粟吾。得而食諸孔曰言將危也陳氏果滅齊

疏 齊景至食諸○正義曰此章明治國之政也齊景公問政於孔子者齊君景公問為國之政於夫子也孔子對曰君君臣臣父父子子者言政者正也若君不失君道乃至子不失子道尊卑有序上下不失而後國家正也當此之時陳桓為齊大夫以制齊國君不君臣不臣父不父子不子故孔子以此對之公曰善哉信如君不君臣不臣父不父子不子雖有粟吾得而食諸者諸之也景公聞孔子之言而信服之故歎曰善哉信如夫子之言而今齊國君不君以至子不子雖有其粟吾得而食之乎言將見危亡必不得食之也○注陳氏果滅齊○正義曰史記田完世家完卒謚為敬仲仲生穉孟夷夷生湣孟莊莊生文子須無文子生桓子無宇桓子生武子啓及僖子乞乞卒子常代之是為田成子成子弒簡公專齊政成子生襄子盤盤生莊子白白生大公利和遷齊康公於海上和立為齊侯和孫威王稱王四世而秦滅之是陳氏滅齊也世家云敬仲之知齊以陳子為田氏左傳終始稱陳則田必非敬仲所改未知何時改耳

子曰片言可以折。獄者其由也與孔曰片猶偏也聽訟必須兩辭以定是非偏信一言以折獄者唯子路可

子。路無宿諾宿猶豫也子路篤信恐臨時多故故不豫諾

疏 子曰至宿諾○正義曰此章言子路有明斷篤信之德也子曰片言可以折獄者其

由也與者片猶偏也折猶決斷也凡聽訟必須兩辭以定是非偏信一言以決斷獄訟者唯子路可故云其由也與子路無宿諾者宿猶豫也子路篤信恐臨時多故故不豫諾或分此別爲一章今合之○注孔曰至路可○正義曰云聽訟必須兩辭以定是非者周禮秋官大司寇云以兩造禁民訟以兩劑禁民獄注云訟謂以財貨相告者獄謂相告以罪名者造至也劑今券書也使訟者兩至獄者各齎券書既兩至兩券書乃治之不至及不券書則是自服不直者也故知聽訟必須兩辭方定是非偏信一言則是非難決唯子路才性明辨能聽偏言決斷獄訟故云唯子路可

子曰聽訟吾猶人也包曰與人等必也使無訟乎王曰化之在前疏子曰聽訟吾猶人也必也使無訟乎○正義曰此章孔子言己至誠也言聽斷獄訟之時備兩造吾亦猶如常人無以異也言與常人同必也在前以道化之使無爭訟乃善○注王曰化之在前○正義曰案周易訟卦象曰天與水違行訟君子以作事謀始王弼云聽訟吾猶人也必也使無訟乎無訟在於謀始謀始在於作制契之不明訟之所以生也物有其分職不相濫爭何由興訟之所以起契之過也故有德司契而不責於人是化之在前也又案大學云子曰聽訟吾猶人也必也使無訟乎無情者不得盡其辭大畏民志鄭注云情猶實也無實者多虛誕之辭聖人之聽訟與人同耳必使民無實者不敢盡其辭大畏其心志使誠其意不敢訟然則聽訟吾猶人也必也使無訟乎是夫子辭無情者不得盡其辭大畏民志是記者釋夫子無訟之事意與此注及王弼不同未知誰是故具載之

子張問政子曰居之無倦行之以忠王曰言爲政之道居之於身無得解倦行之於民必以忠信疏子張問政子曰居之無倦行之以忠○正義曰此章言爲政之道若居之於身無解倦行之於民必以忠信也

子曰博學於文約之以禮亦可以弗畔矣夫鄭曰弗畔不違道疏子曰至弗畔矣夫○正義曰此章及注與雍也篇同當是弟子各記所聞故重載之或本亦有作君子博學於文

子曰君子成人之美不成人

之惡，小人反是。【疏】子曰君子成人之美不成人之惡小人反是○正義曰此章言君子之於人嘉善而矜不能又復仁恕故成人之美不成人之惡也小人則嫉賢樂禍而成人之惡不成人之美故曰反是

季康子問政於孔子，孔子對曰：政者正也，子帥以正，孰敢不正？鄭曰康子魯上卿諸臣之帥也【疏】季康子問政至不正○正義曰此章言爲政在乎修己對曰政者正也者言政教者在於齊正也子帥以正孰敢不正者言康子爲魯上卿諸臣之帥也若己能每事以正則己下之臣民誰敢不正也

季康子患盜，問於孔子，孔子對曰：苟子之不欲，雖賞之不竊。孔曰欲多情慾言民化於上不從其令從其所好【疏】季康子至不竊○正義曰此章言民從上化也季康子患盜問於孔子者時魯多盜賊康子患之問於孔子欲以謀去也孔子對曰苟子之不欲雖賞之不竊者孔子言民化於上不從其令從其所好苟誠也誠如子之不貪欲則民亦不竊盜非但不爲假令賞之民亦知恥而不竊也今多盜賊者正由子之貪欲故耳○注孔曰至所好○正義曰云民化於上不從其令從其所好者大學曰堯舜率天下以仁而民從之桀紂率天下以暴而民從之其所令反其所好而民不從注云言民化君行也君若好貨而禁民淫於財利不能正也

季康子問政於孔子曰：如殺無道以就有道，何如？孔曰就成也欲多殺以止姦孔子對曰：子爲政，焉用殺？子欲善而民善矣。君子之德風，小人之德草，草上之風必偃。孔曰亦欲令康子先自正偃仆也加草以風無不仆者猶民之化於上【疏】季康子至必偃○正義曰此章言爲政不須刑殺但在上自正則民化之也季康子問政於孔子曰如殺無道以就有道何如者就成也康子之意欲多殺止姦以成爲有道也孔子對曰子爲政焉用殺者言子爲執政安用刑殺也子欲善而民善矣者言子若爲善則民亦化之爲善矣君子之德風小人之德草草上之風必偃者此爲康子設譬也偃仆也

在上君子爲政之德若風在下小人從化之德如草加草以風無不仆者猶化民以正無不從者亦欲令康子先自正也子張問士何如斯可謂之達矣子曰何哉爾所謂達者子張對曰在邦必聞在家必聞鄭曰言士之所在皆能有名譽子曰是聞也非達也夫達也。者質直而好義察言而觀色慮以下人馬曰常有謙退之志察言語觀顏色知其所欲其志慮常欲以下人在邦必達在家必達馬曰謙尊而光卑而不可踰夫聞也。者色取仁而行違居之不疑馬曰此言佞人假仁者之色行之則違安居其僞而不自疑在邦必聞在家必聞馬曰佞人黨多

疏子張至必聞○正義曰此章論士行子張問士何如斯可謂之達者士有德之稱問士行何如可謂通達也子曰何哉爾所謂達者夫子復問子張何者是汝意所謂達者欲使試言之也子張對曰在邦必聞在家必聞者謂有名譽使人聞之也言士有德行在邦臣於諸侯必有名聞在家臣於卿大夫亦必有名聞言士之所在皆有名譽意謂此爲達也子曰是聞也非達也者言汝所陳正是名聞之士非是通達之士也夫達也者質直而好義察言而觀色慮以下人者此孔子又說達士之行也爲性正直所好義事察人言語觀人顏色知其所欲其念慮常欲以下人言常有謙退之志也在邦必達在家必達者以其謙退故所在通達也夫聞也者色取仁而行違居之不疑者此言佞人色則假取仁者之色而行則違之安居其僞而不自疑也在邦必聞在家必聞者言佞人黨多妄相稱譽故所在皆有名聞也○注馬曰謙尊而光卑而不可踰○正義曰此周易謙卦象辭也言尊者有謙而更光明盛大卑者有謙而不可踰越引證士有謙德則所在必。達也

樊遲從遊於舞雩之下包曰舞雩之處有壇墠樹木故下可遊焉曰敢問崇德脩慝辨惑孔曰慝惡也脩治也治惡爲善子曰善哉問先事後得非崇德與孔曰先勞於事然後得報攻

其惡無攻人之惡非脩慝與一朝之忿忘其身以及其親非惑與疏樊遲至惑與○正義曰此章言脩身之事也樊遲從遊於舞雩之處有壇墠樹木故弟子樊遲隨從孔子遊於其下也曰敢問崇德脩慝辨惑者脩治也慝惡也此樊遲因從行而問孔子曰敢問欲充盛其德治惡爲善祛別疑惑何爲而可也子曰善哉問者其問皆脩身之要故善之先事後得非崇德與者言先勞於事然後得報是崇德也攻其惡無攻人之惡非脩慝與者攻治也言治其己過無治人之過是治惡也一朝之忿忘其身以及其親非惑與者言君子忿則思難若人有犯己一朝忿之不思其難則忘身也辱其身則羞其親故曰以及其親也非惑與言是惑也○注壇墠○正義曰封土爲壇除地爲墠言雩壇在所除地中故連言壇墠

樊遲問仁子曰愛人問知子曰知人樊遲未達子曰舉直錯諸枉能使枉者直包曰舉正直之人用之廢置邪枉之人則皆化爲直樊遲退見子夏曰鄉也吾見於夫子而問知子曰舉直錯諸枉能使枉者直何謂也子夏曰富哉言乎孔曰富盛也舜有天下選於衆舉皋陶不仁者遠矣湯有天下選於衆舉伊尹不仁者遠矣孔曰言舜湯有天下選擇於衆舉皋陶伊尹則不仁者遠矣仁者至矣疏樊遲至遠矣○正義曰此章明仁知也樊遲問仁子曰愛人者言汎愛濟衆是仁道也問知子曰知人者言知人賢才而舉之是知也樊遲未達子曰舉直錯諸枉能使枉者直者樊遲未曉達知人之意故孔子復解之言舉正直之人而用之廢置邪枉之人則皆化爲直故曰能使枉者直也樊遲退見子夏曰鄉也吾見於夫子而問知子曰舉直錯諸枉能使枉者直何謂也者樊遲雖問舉直錯枉之語猶自未喻故復問子夏也子夏曰富哉言乎者子夏聞言即解故歎美之曰富盛哉此言乎舜有天下選於衆舉皋陶不仁者遠矣湯有天下選於衆舉伊尹不仁者遠矣者此子夏爲

樊遲說舉直錯枉之事也言舜湯有天下選擇於衆舉用臯陶伊尹則不仁者遠矣仁者至矣。長其能使邪枉者亦化爲直也

子貢問友子曰忠告而善道之。不可。則止。毋自辱焉包曰忠告以是非告之以善道導之不見從則止必言之或見辱

疏子貢問友子曰忠告而善道之不可則止毋自辱焉○正義曰此章論友也言盡其忠以是非告之又以善道導之若不從己則止而不告不導也毋得強告導之以自取困辱焉以其必言之或時見辱

曾子曰君子以文會友孔曰友以文德合以友輔仁孔曰友相切磋之道所以輔成己之仁

疏曾子曰君子以文會友以友輔仁○正義曰此章。以論友。言君子之人以文德會合朋友朋友有相切磋琢磨之道所以輔成己之仁德也

論語注疏解經卷第十二

論語注疏卷十二校勘記

阮元撰盧宣旬摘錄

顏淵第十二

顏淵問仁章

克己復禮爲仁　皇本克作尅下及注同

立視五雋　案雋當作巂閩本同誤

司馬牛問仁章

仁者其言也訒　釋文出也訒云字或作仞○按說文引作其言也訒

弟子司馬犂　皇本犂下有也字釋文出馬犂云史記作犂並云字牛

斯謂之仁已乎　皇本高麗本作斯可謂之仁已矣乎朱子集注本作矣乎

子曰行仁難　案子當作孔各本並誤正義標注孔子曰子字亦誤作

祗此其言也訒　北監本祗作祇是也閩本亦誤祗毛本作秖並非

司馬牛問君子章

斯謂之君子已乎　皇本高麗本作可謂君子已乎朱子集注本作矣乎

司馬牛憂曰章

我爲無兄弟皇本我下有獨字弟下有也字案邢疏有獨字

皆兄弟也皇本高麗本皆下有爲字案鹽鐵論和親章及文選蘇子卿古詩注並引此文皆有爲字

君子疏惡而友賢皇本疏作疎案疎乃疏之俗字

子張問明章

構成其過惡毛本構作搆案說文無搆字古構成字亦作構今以搆爲搆成字誤

子貢問政章

民信之矣皇本民上有令字高麗本令作使

子貢曰必不得已而去於斯二者何先皇本無子貢二字

民無信不立皇本無作不

棘子成曰章

棘子成曰皇本高麗本成作城注同○按漢書古今人表三國志秦宓傳作革子成

何以文爲高麗本作爲文

駟馬追之不及皇本及下有舌也二字

虎豹之鞟猶犬羊之鞟皇本高麗本鞟作鞹注同又下之鞟下有也字案說文鞹去毛皮也卽引此文今作鞟者省文耳

虎豹與犬羊別皇本別下有者字案邢疏本有者字釋文亦明出別者字今注誤脫

哀公問於有若章

年饑皇本饑作飢釋文出饑字云鄭本作飢說見前

周法什一而稅皇本什作十下什二同

孔曰二謂什二而稅案周禮匠人疏引作鄭曰

蠻貉無百官制度之費公羊宣十五年傳注百官上有社稷宗廟四字

雖異名二多少同各本二作義今孟子注二作而案義字是也

又曰方里爲井今孟子爲作而

子張問崇德辨惑章

子張問崇德辨惑釋文出辨惑云本亦作或

崇德也皇本無也字

愛之欲其生惡之欲其死皇本高麗本生下死下並有也字

亦祇以異閩本北監本毛本同案祇當作衹唐石經作衹五經文字廣韻亦作衹

齊景公問政於孔子章

吾得而食諸皇本高麗本吾下有豈字釋文出吾焉得而食諸云本亦作焉得而食諸焉於虔反本今作吾得而食諸案史記仲尼世家及漢書武五子傳並作豈與皇本合太平御覽二十二引吾惡得而食諸豈焉惡三字義皆相近疑今本吾下有脫字

夷生泯孟莊今史記田完世家泯作湣案泯乃湣之省文

桓子生武子啓今史記啓作開避漢景帝諱也

及僖子乞今史記及作與僖作釐案僖釐古字通

乞卒子當代之今史記當作常之作立

白生大公利毛本利作和案和字是也閩本大作太和亦誤利

敬仲之知齊毛本知作如案如字是也閩本同誤

以陳子爲田氏北監本子作字浦鏜云氏誤字

片言章

片言可以折獄者釋文出以折云魯讀折爲制今從古案古多假折爲制墨子尙同中引書呂刑制以刑作折則刑

子路無宿諾各本竝連上爲一章釋文云或分此爲別章

凡聽訩案訩當作訟形近之譌今正

周禮秋官大司寇聽云毛本聽作職是也閩本亦誤聽北監本官誤言

今券書也券當作劵各本竝誤下同案說文券契也从刀𠔉聲劵勞也从力卷省聲大徐云今俗作倦

獄者各齎券書周禮大司寇注獄上有使字

子張問政章

居之無倦釋文出無倦云亦作卷案九經古義云棣案卷當作劵漢涼州刺史魏君碑云施舍不劵鄭氏攷工記注云劵今倦字也

無得解倦皇本解作懈釋文亦作懈是正字

必以忠信也北監本毛本以誤有

博學於文章

博學於文皇本博上有君子二字釋文出博學於文云一本作君子博學於文案說詳雍也篇

鄭曰高麗本無此二字

季康子患盜章

荀子之不欲皇本高麗本無之字

欲多情慾皇本慾作欲下有也字案釋文出情慾云本今作欲說見前

孔孔曰至所好案孔字誤重

不從其今案今當作令今正

季康子問政於孔子章

欲多殺以止姦皇本姦作奸下有也字案五經文字云姦俗作奸譌

君子之德風小人之德草皇本高麗本草下風下有也字案漢書董仲舒傳及說苑政理篇引此文亦並有也字與皇本合

草上之風必偃皇本高麗本上作尚釋文出草尚云本或作上案尚上古字通

子張問士章

夫達也者皇本高麗本無也字下夫聞也者同

則所在必遠也案遠當作達閩本亦誤

樊遲從遊於舞雩之下章

無攻人之惡皇本高麗本無作毋

封土爲壇本土誤上今正

樊遲問仁章

舉直錯諸枉釋文出錯諸云或作措同說見前

鄉也皇本高麗本鄉作嚮釋文出鄉也云又作鄉同○按嚮俗字鄉正字鄉假借字

富哉言乎皇本高麗本言上有是字

樊遲雖問舉直錯枉之語案問當作聞閩本北監本並誤今正

長其能使邪枉者案長當作是形近之譌

子貢問友章

忠告而善道之皇本高麗本作忠告而以善導之釋文出善道云導也案包注本作以善道之文義較明順

不可則止皇本高麗本作否則止

毋自辱焉皇本高麗本毋作無釋文出毋自云音無

君子以文會友章

友相切磋之道皇本友下有有字釋文出有相切磋云本今作友

此章以論友浦鏜云友下當脫也字以當亦字誤

論語注疏卷十二校勘記

論語注疏解經卷第十三

子路第十三　何晏集解　邢昺疏

疏正義曰此篇論善人君子爲邦教民仁政孝弟中行常德皆治國脩身之要大意與前篇相類且回也入室由也升堂故以爲次也

子路問政子曰先之勞之孔曰先導之以德使民信之然後勞之易曰說以使民民忘其勞請益曰無倦孔曰子路嫌其少故請益曰無倦者行此上事無倦則可疏子路問政至無倦○正義曰此章言政先德澤也子曰先之勞之者言爲德政者先導之以德使民信之然後可以政役之事勞之則民從其令也請益者子路嫌其少故更請益之曰無倦者夫子言行此上事無倦怠則可也○注易曰說以使民民忘其勞○正義曰此周易兌卦象辭文也言先以說豫撫民然後使之從事則民皆竭力忘其勞苦也引之以證先之勞之之義也

仲弓爲季氏宰問政子曰先有司王曰言爲政當先任有司而後責其事赦小過舉賢才曰焉知賢才而舉之曰舉爾所知爾所不知人其舍諸孔曰女所不知者人將自舉其所知則賢才無遺疏仲弓至舍諸○正義曰此章言政在舉賢也仲弓爲季氏宰問政者冉雍爲季氏家宰而問政於夫子也子曰先有司赦小過舉賢才者有司屬吏也言爲政當先委任屬吏各有所司而後責其成事赦放小過寬則得衆也舉用賢才使官得其人野無遺逸是政之善也曰焉知賢才而舉之者仲弓聞使舉賢意言賢才難可偏知故復問曰安知賢才而得舉用之也曰舉爾所知爾所不知人其舍諸者舍置也諸之也夫子教之曰但舉女之所知女所不知人將自舉之其肯置之而不舉乎既各舉其所知則賢才無遺

子路曰衛君待子而爲政子將奚先包曰問往將何所先行子曰必也正名乎馬曰正百

事之名子路曰有是哉子之迂也。奚其正包曰迂猶遠也言孔子之言遠於事子曰野哉由也孔曰野猶不達君子於其所不知蓋闕如也包曰君子於其所不知當闕而勿據今由不知正名之義而謂之迂遠名不正則言不順言不順則事不成事不成則禮樂不興禮樂不興則刑罰不中。孔曰禮以安上樂以移風二者不行則有淫刑濫罰刑罰不中則民無所錯。手足故君子名之必可言也言之必可行也王曰所名之事必可得而明言所言之事必可得而遵行君子於其言無所苟而已矣疏子路至而已矣○正義曰此章論政在正名也子路曰衞君待子而爲。正子將奚先者奚何也案世家孔子自楚反乎衞是時衞君輒父不得立在外諸侯數以爲讓而孔子弟子多仕於衞衞君欲得孔子爲政故子路問之曰往將何以先行子曰必也正名乎者言將先正百事之名也子路曰有是哉子之迂也奚其正者迂猶遠也子路言豈有若是哉夫子之言遠於。士也何其正名乎子曰野哉由也者野猶不達也夫子見子路言迂故曰不達理哉此仲由也君子於其所不知蓋闕如也者此責子路不知正名之義而便言迂遠也言君子於其所不知當闕而勿據今由不知正名之義而便謂之迂遠不亦野哉名不正則言不順言不順則事不成事不成則禮樂不興禮樂不興則刑罰不中刑罰不中則民無所錯手足者此孔子更陳正名之理也夫事以順成名由言舉名若不正則言不順序言不順序則政事不成政事不成則君不安於上風不移於下是禮樂不興行也禮樂不行則有淫刑濫罰故不中也刑罰枉濫民則蹐地局天動罹刑網故無所錯其手足也故君子名之必可言也言之必可行也君子於其言無所苟而已矣者此又言正名之事非爲苟且也君子名此事必使可明言言此事必可遵行君子於其所言無苟且若名之不可言言之不可行是苟且而言也○注孔曰至濫罰○正義曰云禮以安上樂以移風者孝經廣要道章文言禮所以正君臣父子之別明男女長幼之序故可以安上化下風移俗易先入樂聲變隨人心正由君德正之與變因樂而彰故可以移風易俗也云二者不行則有淫刑濫罰者禮運云禮者所以治政安君也政不正則君位危君位危則大臣倍小臣竊刑肅而俗敝則法無常又樂記曰五刑不用百姓無患天子不怒如此則樂達矣故禮樂二者不行則刑罰淫濫而不中也○注王曰至遵行○正義曰云所名之事必可得而明言者若禮人名不以國以國則廢名是不可明言也云所言之。士必可得而遵行者緇衣曰可言也不可行君子弗言也可行也不可言君子弗行也鄭氏云君子賢人可行。不可言作凡人法若曾子有毋之喪水漿不入於口七日不可言說以爲法是不可遵行也是以可明言可遵行而後君子名言之也

樊遲請學稼子曰吾不如老農請學爲圃。曰吾不如老圃馬曰樹五穀曰稼樹菜蔬曰圃樊遲出子曰小人哉樊須也上好禮則民莫敢不敬上好義則民莫敢不服上好信則民莫敢不用情孔曰情實也言民化於上各以實應夫如是則四方之民襁。負其子而至矣焉用稼包曰禮義與信足以成德何用學稼以教民乎負者以器曰襁

疏樊遲至用稼○正義曰此章言禮義忠信爲治民之要樊遲請學稼者樹五穀曰稼弟子樊須。請於夫子學播種之法欲以教民也子曰吾不如老農者孔子。怒其不學禮義而學稼種故拒之曰稼種之事吾不如久老之農夫也請學爲圃者樹菜蔬曰圃樊遲又請於夫子學樹藝菜蔬之法曰吾不如老圃者亦拒其請也言樹藝菜蔬之法吾不如久老爲圃者樊遲出子曰小人哉樊須也者樊遲既請而出夫子與諸弟子言曰小人哉此樊須也謂其不學禮義而學農圃故曰小人也上好禮則民莫敢不敬上好義則民莫敢不服上好信則民莫敢不用情者孔子遂言禮義與信可以教民也禮毋不敬故上好行禮則民化之莫敢不敬也人聞義則服故上好行義則民莫敢不服也以信。待物物亦以實應之故上若好信則民莫不用其情情猶情

實也言民於上各以實應也夫如是則四方之民襁負其子而至矣焉用稼者此又言夫禮義與信足以成德化民如是則四方之民感化自來皆以襁器背負其子而至矣何用學稼以教民乎○注樹五穀曰稼樹菜蔬曰圃○正義曰樹者種殖之名五穀者黍稷麻。麥豆也周禮注云種穀曰稼如嫁女以有所生也周禮大宰職云園圃毓草木注云樹果蓏曰圃園其樊也然則園者外畔藩籬之名其內之地種樹菜果則謂之圃蔬則菜也鄭。云周禮注云百草根實可食者釋。文云蔬不熟為饉郭璞曰凡草菜可食者通名為蔬注負者以器曰襁○正義曰博物志云織縷。之廣八尺長丈二以約小兒於背

子曰誦。詩三百授之以政不達使於四方不能專對雖多亦奚以為。專猶獨也

疏子曰誦詩三百授之以政不達使於四方不能專對雖多亦奚以為○正義曰此章言人之才學貴於適用若多學而不能用則如不學也誦謂諷誦周禮注云倍文曰諷以聲節之曰誦詩有國風雅頌凡三百五篇皆言天子諸侯之政也古者使適四方有會同之事皆賦詩以見意今有人能諷誦詩文三百篇之多若授之以政使居位治民而不能通達使於四方不能獨對諷誦雖多亦何以為言無所益也

子曰其身正不令而行其身不正雖令不從令教令也

疏子曰其身正不令而行其身不正雖令不從○正義曰此章言為政者當以身先也言上之人其身若正不在教令民自觀化而行之其身若不正雖教令滋章民亦不從也

子曰魯衛之政兄弟也包曰魯周公之封衛康叔之封周公康叔既為兄弟康叔睦於周公其國之政亦如兄弟

疏子曰魯衛之政兄弟也○正義曰此章孔子評論魯衛二國之政相似如周公康叔之為兄弟也魯周公之封衛康叔之封周公康叔既為兄弟康叔睦於周公其國之政亦如兄弟也

子謂衛公子荊善居室王曰荊與蘧瑗史鰌並為君子始有曰苟合矣少有曰苟完矣富有曰苟美矣

疏子謂至美矣○正義曰此章孔子稱謂衛公子荊有君子之德也善居室者言居家

理也始有曰苟合矣者家始富有不言己才能所致但曰苟且聚合也少有曰苟完矣者又少有增多但曰苟且完全矣富有曰苟美矣者富有大備但曰苟且有此富美耳終無泰侈之心也○注王曰荊與蘧瑗史鰌並爲君子○正義曰案左傳襄。十九年吳公子札來聘遂適衛說蘧瑗史狗史鰌公子荊公叔發公子朝曰衛多君子未有患也是與蘧瑗史鰌並爲君子也

子適衛冉有。僕孔曰孔子之衛冉有。御子曰庶矣哉孔曰庶衆也言衛人。衆。多冉有曰既庶矣又何加焉曰富之曰既富矣又何加焉曰教之。疏子適至教之○正義曰此章言治民之法也子適衛冉有僕者適之也孔子之衛冉有爲僕以御車也子曰庶矣哉者庶衆也至衛境見衛人衆多故孔子歎美之冉有曰既庶矣又何加焉者言民既衆多復何加益也曰富之者孔子言當施舍薄斂使之衣食足也曰既富矣又何加焉者冉有言民既饒足復何加益之曰教之者孔子言當教以義方使知禮節也

子曰苟有用我者期。月而已可也三年有成孔曰言誠有用我於政事者期月而可以行其政教必三年乃有成功疏子曰苟有用我者期月而已可也三年有成○正義曰此章孔子自言爲政之道也苟誠也期。月周月也謂周一年之十二月也孔子言誠有用我於政事者期月而可以行其政教必滿三年乃有成功也

子曰善人爲邦百年亦可以勝殘去殺矣王曰勝殘。殘暴之人使不爲惡也去殺不用刑殺也誠哉是言也孔曰古有此言孔子信之疏子曰善人爲邦百年亦可以勝殘去殺矣誠哉是言也○正義曰此章言善人君子治國至於百年以來亦可以勝殘暴之人使不爲惡去刑殺而不用矣誠哉是言者古有此言孔子信之故曰誠哉是言也

子曰如有王者必世而後仁孔曰三十年曰世如有受命王者必三十年仁政乃成疏子曰如有王者必世而後仁○正義曰三十年曰世此章言如有受天命而王天下者必三十年仁政乃成也

子曰苟正其身矣於從政

乎何有不能正其身如正人何【疏】子曰苟正其身矣於從政乎何有不能正其身如正人何○正義曰此章言政者正也欲正他人在先正其身也苟誠也誠能自正其身則於從政乎何有言不難也若自不能正其身則雖令不從如正人何言必不能正人也冉子退朝周曰謂罷朝於魯君子曰何晏也對曰有政馬曰政者有所改更匡正子曰其事也馬曰事者凡行常事如有政雖不吾以吾其與聞之馬曰如有政非常之事我爲大夫雖不見任用必當與聞之【疏】冉子至聞之○正義曰此章明政事之別也冉子退朝者時冉有臣於季氏朝廷曰退謂罷朝於魯君也子曰何晏也者晏晚也孔子訝其退朝晚故問之對曰有政者冉子言有所改更匡正之政故退晚也子曰其事也如有政雖不吾以吾其與聞之者孔子言女之所謂政者但凡行常事耳設如有大政非常之事我爲大夫雖不見任用必當與聞之也○注周曰謂罷朝於魯君○正義曰周氏以爲夫子云雖不吾以吾其與聞皆論若朝之事故云罷朝於魯君鄭玄以冉有臣於季氏故以朝爲季氏之朝少儀云朝廷曰退謂於朝廷之中若欲散還則稱曰退以近君爲進還私遠君爲退朝此退朝謂罷朝也○注馬曰事者凡行常事○正義曰案昭二十五年左傳曰爲政事庸力行務以從四時杜預曰在君爲政在臣爲事杜意據此文時冉子仕於季氏稱季氏有政孔子謂之爲事是在君爲政在臣爲事也何晏曰爲仲尼稱孝友是亦爲政明其政事通言但隨事大小異其名耳故不同鄭杜之說而取周馬之言以朝爲魯君之朝以事爲君之凡行常事也定公問一言而可以興邦有諸孔子對曰言不可以若是其幾也王曰以其大要一言不能正興國幾近也有近一言可以興國人之言曰爲君難爲臣不易如知爲君之難也不幾乎一言而興邦乎孔曰事不可以一言而成如知此則可近也曰一言而喪邦有諸孔子對曰言不可以若是其

幾也人之言曰予無樂乎爲君唯其言而。莫予違也孔曰言無樂於爲君所樂者唯樂其言而不見違

如其善而莫之違也不亦善乎如不善而莫之違也不幾乎一言而喪邦乎孔曰人君所言善無違之者則善也所言不善而無敢違之者則近一言而喪國

疏定公至邦乎○正義曰此章言爲君之道也定公問一言而可以興邦有諸者魯君定公問於孔子爲君之道有一言善而可以興其國有之乎孔子對曰言不可以若是其幾也者幾近也孔子以其大要一言不能正興國故云言不可以若是有近一言可以興國者故云其幾也人之言曰爲君難爲臣不易如知爲君之難也不幾乎一言而興邦乎者此孔子稱其近興國之一言也事不可以一言而成如人君知此爲君難此則可近也曰一言而喪邦有諸者定公又問曰人君一言不善而致亡國有之乎孔子對曰言一不可以若是其幾也者亦言有近一言可以亡國也人之言曰予無樂乎爲君唯其言而莫予違也如者此舉近亡國之一言也言我無樂於爲君所樂者唯樂其言而不見違也如其善而莫之違也不亦善乎如不善而莫之違也不幾乎一言而喪邦乎者此孔子又評其理言人君所言善無違之者則善也所言不善而無敢違之者則近一言而亡國也

葉公問政子曰近者說遠者來

疏葉公至者來○正義曰此章楚葉縣公問爲政之法於孔子也子曰當施惠於近者使之喜說則遠者當慕化而來也

子夏爲莒父宰問政鄭曰舊說云莒父魯下邑子曰無。欲速無。見小利欲速則不達見小利則大事不成孔曰事不可以速成而欲其速則不達矣。小利妨大。則大事不成

疏子夏至不成○正義曰此章弟子子夏爲魯下邑莒父之宰問爲政之法於夫子也子曰無欲速無見小利者言事有程期無欲速成當存大體無見小利也欲速則不達見小利則大事不成者此又言其欲速見小利害政之意若事不可以速成者而欲其速則。其事不達矣務見小利而行之則妨大政故大事不成也

葉公語孔子曰吾黨有直躬者孔曰直躬直身而行其父攘羊而子證之周曰有因而盜曰攘孔子曰吾黨之直者異於是父為子隱子為父隱直在其中矣[疏]葉公至中矣○正義曰此章明為直之。禮也葉公語孔子曰吾黨有直躬者躬身也言吾鄉黨中有直身而行者其父攘羊而子證之者此所直行之事也有因而盜曰攘言因羊來入己家父即取之而子言於失羊之主證父之盜葉公以此子為直行而誇於孔子也孔子曰吾黨之直者異於是父為子隱子為父隱直在其中矣者孔子言此以拒葉公也言吾黨之直者異於此證父之直也子苟有過父為隱之則慈也父苟有過子為隱之則孝也孝慈則忠忠則直也故曰直在其中矣今律大功以上得相容隱告言父祖者入十惡則典禮亦爾而葉公以證父為直者江熙云葉公見聖人之訓動有隱諱故舉直躬欲以此言毀訾儒教抗衡中國夫子答之辭正而義切荆蠻之豪喪其誇矣

樊遲問仁子曰居處恭執事敬與人忠雖之夷狄不可棄也包曰雖之夷狄無禮義之處猶不可棄去而不行[疏]樊遲至棄也○正義曰此章明仁者之行也弟子樊遲問仁於孔子子曰居處恭執事敬與人忠雖之夷狄不可棄也者言凡人居處多放恣執事則懈惰與人交則不盡忠唯仁者居處恭謹執事敬慎忠以與人也此恭敬及忠雖之適夷狄無禮義之處亦不可棄而不行也

子貢問曰何如斯可謂之士矣子曰行己有恥孔曰有恥者有所不為使於四方不辱君命可謂士矣曰敢問其次曰宗族稱孝焉鄉黨稱弟焉曰敢問其次曰言必信行必果硜硜然小人哉抑亦可以為次矣鄭曰行必果所欲行必果敢為之硜硜者小人之貌也抑亦其次言可以為次曰今之從政者何如子曰噫斗筲之人何足算也鄭曰噫心不平之聲筲竹器容斗二

升算數也疏子。貢至算也○正義曰此章明士行也子貢問曰何如斯可謂之士矣者士有德之稱故子貢問於孔子曰其行如何斯可謂之士子曰行己有恥使於四方不辱君命可謂士矣者此荅士之高行也言行己之道若有不善恥而不爲爲臣奉命出使能遭時制宜不辱君命有此二行可謂士矣曰敢問其次者子貢復問士之爲行次。此。於二者云。何曰宗族稱。孝焉鄉黨稱弟焉此孔子復爲言其士行之次也宗族同宗族屬也善事父母爲孝宗族內親見其孝而稱之善事長上爲弟鄉黨差遠見其弟而稱之也曰敢問其次者子貢又問更有何行可次於此也曰言必信行必果硜硜然小人哉抑亦可以爲次矣者孔子又爲言其次也若人不能信以行義而言必執信行不能相時度宜所欲行者必果敢爲之硜硜然者小人之皃也言此二行雖非君子所爲乃硜硜然小人耳抑辭也抑亦其次言可以爲次也曰今之從政者何如者子貢復問今之從政之士其行何如也子曰噫斗筲之人何足算也者噫心不平之聲斗量名容十升筲竹器容斗二升算數也孔子見時從政者皆無士行唯小器耳故心不平之而曰噫今斗筲小器之人何足數也言不足數故不述其行

子曰不得中行而與之必也狂狷乎包曰中行行能得其中者言不得中行則欲得狂狷者狂者進取狷者有所不爲也包曰狂者進取於善道狷者守節無爲欲得此二人者以時多進退取其恆一疏子曰至爲也○正義曰此章孔子疾時人不純一也子曰不得中行而與之必也狂狷乎者中行行能得其中者也言既不得中行之人而與之同處必也得狂狷之人可也狂者進取狷者有所不爲者此說狂狷之行也狂者進取於善道知進而不知退狷者守節無爲應進而退也二者俱不得中而性恆一欲得此二人者以時多進退取其恆。一也

子曰南人有言曰人而無恆不可以作巫醫孔曰南人南國之人鄭曰言巫醫不能治無恆之人善夫包曰善南人之言也不恆其德或承之羞孔曰此易恆卦之辭言德無常則羞辱承之子曰不占而已矣鄭曰易所以占吉凶

無恆之人易所不占

疏子曰至已矣○正義曰此章疾性行無恆之人也子曰南人有言曰人而無恆不可以作巫醫者南人南國之人也巫主接神除邪醫主療病南國之人嘗有言曰人而性行無恆不可以爲巫醫言巫醫不能治無恆之人也善夫者孔子善南人之言有徵也不恆其德或承之羞者此易恆卦之辭孔子引之言德無恆則羞辱承之也子曰不占而已矣者孔子既言易文又言夫易所以占吉凶無恆之人易所不占也○注孔曰至承之○正義曰云此易恆卦之辭者謂此經所言是易恆卦九三爻辭也王弼云處三陽之中居下體之上處上體之下上不全尊下不全卑中不在體體在乎恆而分無所定無恆者也德行無恆自相違錯不可致詰故或承之羞也

子曰君子和而不同小人同而不和君子心和然其所見各異故曰不同小人所嗜好者同然各爭利故曰不和

疏子曰君子和而不同小人同而不和○正義曰此章別君子小人志行不同之事也君子心和然其所見各異故曰不同小人所嗜好者則同然各爭利故曰不和

子貢問曰鄉人皆好之何如子曰未可也鄉人皆惡之何如子曰未可也不如鄉人之善者好之其不善者惡之。孔曰善人善己惡人惡己是善善明惡惡著

疏子貢至惡之○正義曰此章別好惡子貢問曰鄉人皆好之何如者言有一人爲一鄉之所愛好此人何如可謂善人乎子曰未可也者言未可爲善或一鄉皆惡此人與之同黨故爲衆所稱是以未可鄉人皆惡之何如者此子貢又問夫子既鄉人皆好未可爲善若鄉人衆共憎惡此人何如可謂善人乎子曰未可也者言亦未可爲善或一鄉皆善此人獨惡故爲衆所嫉是以未可不如鄉人之善者好之其不善者惡之者孔子既皆不可其問自爲說其善人也言鄉之善人善之惡人惡之眞善人也○注孔曰至惡著○正義曰言鄉人人皆好之是善善不明鄉人皆惡之是惡惡不著若鄉人之善者善之惡者惡之則是善善分明惡惡顯著也

子曰君子易事而難說也孔曰不責備於一人故易事說之不以道

不說也及其使人也器之孔曰度才而官之小人難事而易說也說之雖不以道說也及其使人也求備焉疏子曰至備焉○正義曰此章論君子小人不同之事也子曰君子易事而難說也者言君子不責備於一人故易事不受妄說故難說也說之不以道不說也及其使人也器之者此覆明難說易事之理言君子有正德若人說己不以道而妄說則不喜說也是以難說度人才器而官之不責備故易事小人難事而易說也者小人反君子故也說之雖不以道說也及其使人也求備焉者此覆明易說難事之理以小人爲人說媚雖不以道而妄說之亦喜說故易說也及其使人也責備於一人焉故難事也

子曰君子泰而不驕小人驕而不泰君子自縱泰似驕而不驕小人拘忌而實自驕矜疏子曰君子泰而不驕小人驕而不泰○正義曰此章論君子小人禮皃不同之事也君子自縱泰似驕而實不驕小人實自驕矜而强自拘忌不能寬泰也

子曰剛毅木訥近仁王曰剛無欲毅果敢木質樸訥遲鈍有斯四者近於仁疏子曰剛毅木訥近仁○正義曰此章言有此四者之性行近於仁道也仁者靜剛無欲亦靜故剛近仁也仁者必有勇毅者果敢故毅近仁也仁者不尚華飾木者質樸故木近仁也仁者其言也訒訥者遲鈍故訥近仁也

子路問曰何如斯可謂之士矣子曰切切偲偲怡怡如也可謂士矣朋友切切偲偲兄弟怡怡馬曰切切偲偲相切責之皃怡怡和順之皃疏子路至怡怡○正義曰此章問士行也子路問曰何如斯可謂之士矣者問士之行何如也子曰切切偲偲怡怡如也可謂士矣者此荅士行也朋友切切偲偲兄弟怡怡者此覆明其所施也切切偲偲相切責之皃朋友以道義切磋琢磨故施於朋友也怡怡和順之皃兄弟天倫當相友恭故怡怡施於兄弟也

子曰善人教民七年亦可以即戎矣包曰即就也戎兵也言以攻戰疏子曰善人教民七年亦可以即戎矣○正義曰此章

言善人爲政之法也善人謂君子也卽就也戎兵也言君子爲政教民至於七年使民知禮義與信亦可以就兵戎攻戰之事也言七年者夫子以意言之耳

子曰以不教民戰是謂棄之馬曰言用不習之民使之攻戰必破敗是謂棄之【疏】子曰以不教民戰是謂棄之○正義曰此章言用不習之民使之攻戰必致破敗是謂棄之若棄擲也

論語注疏解經卷第十三

論語注疏卷十三校勘記

阮元撰盧宣旬摘錄

子路第十三

子路問政章

先導之以德釋文出先道云道導也本今作導是正字

無倦釋文出曰毋倦云本今作無

仲弓爲季氏宰章

人將自舉其所知皇本舉下有之各舉三字

言賢才難可偏知案偏當作徧

衞君待子而爲政章

子之迂也釋文出之迂云鄭本作于案迂于古字通禮記文王世子云況于其身以善其君乎鄭君注于讀爲迂

孔曰禮以安上皇本作苞氏曰

則民無所錯手足毛本錯作措疏仍作錯釋文出所錯云本又作錯說見前

衞君待子而爲正補案正當作政

遠於士也　案士當作事下所言之士誤同

君子賢人可行不可言作凡人法　浦鏜云可行下脫此事二字

樊遲請學稼章

曰吾不如老圃　皇本高麗本曰上有子字

樹菜蔬曰圃　各本蔬作蔬案蔬爲疏之俗字蔬又蔬之誤也

繈負其子而至矣　釋文出繈字云又作襁同五經文字云襁作繈者非○按五經文字非也古繈緥字從糸不從衣說文襁字乃淺人不得其解而妄增之段玉裁說

負者以器曰繈　皇本繈下有也字案史記弟子傳集解引包注作負子之器曰繈

謂於夫子　案謂當作請

孔子怒其不學禮義而學稼種　閩本北監本毛本怒作恐

以信待物　案待當作侍寫者偶誤也今正

黍稷麻麦豆也　案麦當作麥形近之譌

鄭云周禮注云　案上云字當作玄各本並誤

釋文云 案文當作天各本並誤

織縷之 北監本毛本之上有爲字案釋文織下引博物志亦有爲字

誦詩三百章

誦詩三百 唐石經避順宗諱誦作誦

亦奚以爲 高麗本爲下有哉字

子謂衞公子荆

案左傳襄十九年 十九年上各本並脫二字當依本書補正

子適衞章

冉有僕 皇本有作子案風俗通義十反卷及論衡問孔篇並引作子又春秋繁露仁義法篇亦稱冉子與皇本合

冉有御 皇本御下有也字

言衞人衆多 皇本人作民多下有也字

曰教之 考文古本此下有王肅曰民富然後教義也衣食足後知辱十六字各本俱無

苟有用我者章

期月而已可也皇本期作朞注同

期月周月也案上月字本誤目今改正

善人爲邦百年章

勝殘殘暴之人皇本作勝殘者勝殘暴之人

冉子退朝章

冉子退朝筆解作冉有

馬曰事者北監本曰誤目不成字

孔子訝其退朝晚北監本訝其誤訏莫

皆論若朝之事案若當作君閩本亦誤

還私遠君爲退朝浦鏜云故稱退誤爲退朝

何晏曰爲仲尼稱孝友浦鏜云曰當以字誤

定公問一言而可以興邦章

如知爲君之難也皇本無之字

一言而喪邦有諸皇本而下有可以二字高麗本亦有可字

唯其言而莫予違也皇本高麗本而下有樂字

葉公問政章

此章楚葉縣公問爲政之法於孔子也各本公作尹公字誤也今正

子夏爲莒父宰章

無欲速高麗本無作毋釋文出毋欲云本今作無

無見小利皇本無作毋

小利妨大皇本作見小利妨大事

則具事不達矣案具當作其形近之譌今正

葉公語孔子曰章

吾黨有直躬者釋文出直躬云鄭本作弓云直人名弓案呂氏春秋當務篇引孔子云異哉直躬之爲信也淮南氾論訓直躬其父攘羊而子證之高誘注直躬楚葉縣人也蓋字雖作躬亦俱不解爲直身

此章明爲直之禮也補明監本禮作理

何如斯可謂之士矣章

鄉黨稱弟焉皇本高麗本弟作悌釋文出稱弟云亦作悌

何足算也釋文出算字云本或作筭案鄭君注算數也不當作筭字漢書公孫賀傳贊及鹽鐵論大論並引作選乃算之假借字

子貢至算也本貢誤曰今正

次此於二者云何明監本可作何案何字是也閩本誤作子浦鏜云於此字誤倒

宗族稱孝焉本孝誤之今正

不得中行而與之章

取其恆一也本一字空闕今補正

鄉人皆好之章

其不善者惡之高麗本之下有也字

何如斯可謂之士矣章

斯可謂之士矣皇本無之字

切切偲偲釋文出偲偲云本又作愢

兄弟怡怡皇本高麗本怡怡下有如也二字案文選曹植求通親親表注引兄弟怡怡如也又初學記十七藝文類聚二十一太平御覽四百十六引此文並有如也二字與皇本合

善人教民七年章

包曰筆解無此二字

即就也戎兵也皇本作即戎就兵

論語注疏卷十三校勘記

憲問第十四

何晏集解　邢昺疏

疏正義曰此篇論三王二霸之迹諸侯大夫之行爲仁知恥脩己安民皆政之大節也故以類相聚次於問政也

憲問恥子曰邦有道穀孔曰穀祿也邦有道當食祿。邦無道穀恥也孔曰君無道而在其朝食其祿是恥辱克伐怨欲不行焉可以爲仁矣馬曰克好勝人伐自伐其功怨忌小怨欲貪欲也子曰可以爲難矣仁則吾不知也。包曰四者行之難。未足以爲仁

疏憲問恥至知也○正義曰此章明恥辱及仁德也憲謂弟子原憲問於夫子曰人之行何爲可恥辱也子曰邦有道穀邦無道穀恥也者穀祿也孔子荅言邦有道當食祿君無道而在其朝食其祿是恥辱也克伐怨欲不行焉可以爲仁矣者克好勝人也伐自伐其功也怨忌小怨也欲貪欲也原憲復問曰若此四者不行焉可以爲仁人矣乎子曰可以爲難矣仁則吾不知也者孔子荅言此不行四者可以爲難未足以爲仁也○注馬曰至欲也○正義曰云克好勝人者克訓勝也左傳僖九年秦伯將納晉惠公公謂其大夫公孫枝曰夷吾其定乎對曰言多忌克難哉公曰忌則多怨又焉能克杜預曰其言雖多忌適足以自害不能勝人也是克爲好勝人也云伐自伐其功者書曰汝惟不伐天下莫與汝爭功老子曰自伐者無功言人有功誇示之則人不與乃無功也是伐去其功若伐去樹木然故經傳謂誇功爲伐謂自伐其功也

子曰士而懷居不足以爲士矣士當志道不求安而懷其居非士也

疏子曰士而懷居不足以爲士矣正義曰此章言士當志於道不求安居而懷安其居則非士也

子曰邦有道危言危行包曰危厲也邦有道可以厲言行也邦無道危行言孫。孫順也厲行不隨俗順言以遠害

疏

子曰邦有道危言危行邦無道危行言孫○正義曰此章教人言行之法也危厲也孫順也言邦有道可以厲言行邦無道則厲其行不隨汙俗順言辭以避當時之害也

子曰有德者必有言德不可以億中故必有言有言者不必有德仁者必有勇勇者不必有仁疏子曰至有仁○正義曰此章言有德者必有言仁者之行也子曰有德者必有言者德不可以無言億中故必有言也有言者不必有德者辯佞口給不必有德也仁者必有勇者見危授命殺身以成仁是必有勇也勇者不必有仁者若暴虎馮河之勇不必有仁也

南宮适孔曰适南宮敬叔魯大夫問於孔子曰羿善射奡盪舟孔曰羿有窮國之君篡夏后相之位其臣寒浞殺之因其室而生奡奡多力能陸地行舟爲夏后少康所殺俱不得其死然孔曰此二子者皆不得以壽終禹稷躬稼而有天下夫子不荅馬曰禹盡力於溝洫稷播百穀故曰躬稼禹及其身稷及後世皆王适意欲以禹稷比孔子孔子謙故不荅也南宮适出子曰君子哉若人尚德哉若人孔曰賤不義而貴有德故曰君子疏南宮适至若人○正義曰此章賤不義而貴有德也南宮适者魯大夫南宮敬叔也問於孔子曰羿善射奡盪舟俱不得其死然禹稷躬稼而有天下者羿有窮國之君以其善射篡夏后相之位其臣寒浞殺之奡寒浞之子多力盪推也能陸地推舟而行爲夏后少康所殺然猶焉也此二子者皆不得其壽終而死焉禹盡力於溝洫洪水既除烝民乃粒稷后稷也名弃周之始祖播種百穀皆以身親稼穡故曰禹稷躬稼也禹受舜禪稷及后世至文武皆王天下故曰而有天下也夫子不荅者适意欲以禹稷比孔子孔子謙故不荅也南宮适出者既問而退也子曰君子哉若人尚德哉若人者以其賤奡羿之不義貴禹稷之有德故美之曰君子哉若此人也尚德哉若此人也○注孔曰适南宮敬叔魯大夫正義曰此即南宮縚也字子容鄭注檀弓云敬叔魯孟僖子之子仲孫閱是也○注孔曰至所殺○正義曰云羿有窮國之君者羿居窮石之地故以窮爲國號以

有配之猶言有周有夏也窮國之君曰羿羿是有窮君之名號也孔注尚書云
羿諸侯名杜注左傳云羿有窮君之號則與孔不同也說文云羿帝嚳射官也
賈逵云羿之先祖世為先王射官故帝嚳賜羿弓矢使司射淮南子云堯時十
日並。生堯使羿射九日而落之楚辭天問云羿焉彃日。烏解羽歸藏易亦云羿
彃十日說文云彃射也此三者言雖不經難以取信要言帝嚳時有羿堯時
亦有羿則羿是善射之號非復人之名字信如彼言則不知此羿名為何也云
篡夏后相之位者襄四年左傳曰昔有夏之方衰也后羿自鉏遷於窮石因夏
民以。代夏政杜注云禹孫大康淫。放失國夏人立其弟仲康仲康亦微弱仲康
卒子相立羿遂代相號曰有窮是也云其臣寒浞殺之因其室而生奡者傳又
曰寒浞伯明氏之讒子弟也伯明后寒弃之夷羿。收之信而使之以為己相浞
行媚于內而施賂于外愚弄其民而虞羿于田樹之詐慝以取其國家內外咸
服羿猶不悛將歸自田家衆殺而亨之浞因羿室生澆及豷是也澆即奡也聲
轉字異故彼此不同云奡多力能陸地行舟者以此文云奡盪舟盪訓推也故
知多力能陸地推舟而行也云為夏后少康所殺者哀元年左傳曰昔有過澆
殺斟灌以伐斟鄩滅夏后相后緡方娠逃出自竇歸于有仍生少康焉為仍牧
正。其。心澆能戒之澆使椒求之逃奔有虞為之。苞正以除其害虞思於是妻之
以二姚而邑諸綸有田一成有衆一旅能布其德而兆其謀以收。夏衆撫其官
職使女艾諜澆使季杼誘豷遂滅過戈復禹之績是也過澆國戈豷國如彼傳
文當是羿逐出后相乃自立為天子相依斟灌斟鄩夏祚猶尚未滅蓋與羿並
稱王也及寒浞殺羿因羿室而生澆澆已長大自能用師始滅后相相死之後
始生少康少康生杼杼又年長已堪誘豷方始滅浞而立少康計大康失邦。及
少康紹國尚有百載乃滅有窮而夏本紀云仲康崩子相立相崩子少康立都
不言羿浞之事是馬遷之疎也〇注馬曰至荅也〇正義曰云禹盡力於溝洫
者泰伯篇文云稷播百穀者舜典文也又益稷云暨稷播奏庶艱食鮮食懋遷
有無化居烝民乃粒故總曰躬稼云禹及其身稷及後世皆王者禹受舜禪是
及身也稷后十五世至文王受命武王誅。討是及後世也皆王有天下而為王

也云适意欲以禹稷比孔子者言孔子勤行道德亦當王有天下也孔子持謙不敢以己比於禹稷故不荅其言也

子曰君子而不仁者有矣夫未有小人而仁者也孔曰雖曰君子猶未能備【疏】子曰君子而不仁者有矣夫未有小人而仁者也○正義曰此章言仁道難備也雖曰君子猶未能備而有時不仁也若管仲九合諸侯不以兵車可謂仁矣而鏤簋朱紘山節藻梲是不仁也小人性不及仁道故未有仁者

子曰愛之能勿勞乎忠焉能勿誨乎孔曰言人有所愛必欲勞來之有所忠必欲教誨之【疏】子曰愛之能勿勞乎忠焉能勿誨乎○正義曰此章論忠愛之心也言人有所愛必欲勞來之有所忠必欲教誨之也

子曰爲命裨。諶。草創之孔曰裨諶鄭大夫氏名也謀於野則獲於國則否鄭國將有諸侯之辭則使乘。車以適野而謀作盟會之辭世叔討論之行人子羽脩。飾之東里子產潤色之馬曰世叔鄭大夫游吉也討治也裨諶既造謀世叔復治而論之詳而審之行人掌使之官子羽公孫揮子產居東里因以爲號更此四賢而成故鮮有敗事【疏】子曰至色之正義曰此章。迹鄭國大夫之善也子曰爲命裨諶草創之者裨諶鄭大夫也命謂政命盟會之辭也言鄭國將有諸侯之事作盟會政命之辭則使裨諶適草野以創制之世叔討論之者世叔即子大叔鄭大夫游吉也討治也裨諶既造謀世叔復治而論之詳而審之也行人子羽脩飾之者行人掌使之官子羽公孫揮亦鄭大夫也世叔既討論復令公孫揮脩飾之也東里子產潤色之者東里鄭城中里名子產居東里因以爲號脩飾潤色皆謂增脩使華美也既更此四賢而成故鮮有敗事也○注孔曰至之辭○正義曰云謀於野則獲於國則否者襄三十一年左傳文此及下注皆出於此案彼傳云子產之從政也擇能而使之馮簡子能斷大事子大叔美秀而文公孫揮。知四國之爲而辨於。大夫之族姓班位貴賤能否而又善爲辭令裨諶能謀謀於野則獲謀於邑則否鄭國將有諸侯之事子產問四國之爲於子羽。且使多爲辭令與裨諶乘以適野使謀可否而告馮簡子使斷之事成乃授子大叔使行之以應對賓客是以鮮有敗事是也○注馬曰至敗事○正義曰云行人掌使之官者周禮秋官有大行人小行人皆大夫也掌諸侯朝覲宗廟會同之禮儀及時聘。問。問之事則諸侯之行人亦然故云掌使之官謂掌其爲使之官也

或問子產子曰惠人也孔曰惠愛也子產古之遺愛問子西曰彼哉彼哉馬曰子西鄭大夫彼哉彼哉言無足稱或曰楚令尹子西問管仲曰人也。猶詩言所謂伊人奪伯氏駢邑三百飯疏。食沒齒無怨言孔曰伯氏齊大夫駢邑地名齒年也伯氏食邑三百家管仲奪之使至疏食而沒齒無怨言以其當理也

疏或問至怨言○正義曰此章歷評子產子西管仲之爲人也或問子產者或人問於夫子曰鄭大夫子產何如人也子曰惠人也者惠愛也言子產仁恩被物愛人之人也問子西者或人又問鄭大夫子西之行曰彼哉彼哉者彼指子西也言如彼人哉如彼人哉無足可稱也問管仲者或人又問齊大夫管夷吾也曰人也奪伯氏駢邑三百飯疏食沒齒無怨言者此荅言管仲是當理之人也人也指管仲猶云此人也伯氏鄭大夫駢邑地名沒齒謂終沒齒年也伯氏食邑於駢邑三百家管仲奪之使貧但飯疏食至於終年亦無怨言以其管仲當理故也○注孔曰至遺愛○正義曰惠愛釋詁文云子產古之遺愛者昭二十年左傳曰子產卒仲尼聞之出涕曰古之遺愛也杜注云子產見愛有古人之遺風○注爲曰至子西○正義曰云子西鄭大夫者案左傳子駟之子公孫夏也或曰楚令尹子西者案左傳公子申也。代囊瓦爲令尹爲白公勝所殺者也○注猶詩言所謂伊人○正義曰詩秦風蒹葭文也毛傳云伊維也鄭箋云伊當作繄繄猶是也伊人若言是人也

子曰貧而無怨難富而無驕易。

疏子曰貧而無怨難富而無驕易○正義曰此章言人之貧乏多所怨恨而無怨爲難江熙云顏淵無怨不可及也人若豐富好生驕逸而無驕爲易江熙云子貢不驕猶可能也

子曰孟公綽。爲趙魏老則優不可以爲滕薛大夫。孔曰公綽魯大夫趙魏皆晉卿

家臣稱老公綽性寡欲趙魏貪賢家老無職故。優滕薛小國大夫職煩故不可爲【疏】子曰孟公綽爲趙魏老則優不可以爲滕薛大夫○正義曰此章評

魯大夫孟公綽之才性也趙魏皆晉卿所食。采邑名也家臣稱老公綽性寡欲趙魏貪賢家老無職若公綽爲之則優游有餘裕也滕薛乃小國而大夫職煩

則不可爲也

子路問成人子曰若臧武仲之知。馬曰魯大夫臧孫紇公綽之不欲馬曰孟公綽卞莊子之勇周曰卞邑大夫冉求之藝文之以禮樂孔曰加之以禮樂文成亦可以爲成人矣曰今之成人者何必然見利思義馬曰義然後取不苟得見危授命久要不忘平生之言亦可以爲成人矣孔曰久要舊約也平生猶少時

【疏】子路至人矣○正義曰此章論成人之行也子路問成人者問於夫子行何德行謂之成人子曰若臧武仲之知公綽之不欲卞莊子之勇冉求之藝文之以禮樂亦可以爲成人矣者此答成人之行也必也知如武仲廉如公綽勇如卞莊子藝如冉求既有知廉勇藝復以禮樂文成之雖未足多亦可以爲成人矣曰今之成人者何必然者夫子鄉言成人者是古之人也又言今之成人不必能備如此也見利思義見危授命久要不忘平生之言亦可以爲成人矣者此今之成人行也見財利思合義然後取之見君親有危難當致命以救之久要舊約也平生猶少時言與人少時有舊約雖年長貴達不忘其言能此三事亦可以爲成人也○注馬曰魯大夫臧孫紇○正義曰案春秋襄二十三年左氏傳以阿順季氏出奔邾又以防求爲後於魯致防而奔齊齊侯將爲臧紇田臧孫聞之見齊侯與之言伐晉對曰多則多矣抑君似鼠夫鼠晝伏夜動不穴於寢廟畏人故也今君聞晉之亂而後作焉寧將事之非鼠如何乃弗與田仲尼曰知之難也有臧武仲之知杜注云謂能避齊禍是武仲之知也

子問公叔文子於公明賈曰信乎夫子不言不笑不取乎孔曰公叔文子衞大夫公孫。枝文謚公明賈對曰以告

者過也夫子時然後言人不厭其言。樂然後笑人不厭其笑。義然後取人不厭其取。子曰其然豈其然乎馬曰美其得道嫌不能悉然

疏子問至然乎○正義曰此章言衞大夫公孫。技之德行也子問公叔子文於公明賈曰信乎夫子不言不笑不取乎者夫子指文子也孔子舊聞文子有此三行疑而未信故問於公明賈曰信實乎公明賈對曰以告者過也者過誤也賈對孔子言以告者誤云不言不笑不取耳夫子時然後言人不厭其言樂然後笑人不厭其笑義然後取人不厭其取者賈言文子亦有言笑及取但中時然後言無游言也故人不厭棄其言可樂而後笑不苟笑也故人不厭惡其笑也見得思義合宜然後取之不貪取也故人不厭倦其取也子曰其然豈其然乎者然如此也孔子聞賈之言驚而美之也美其得道故曰其如是又嫌不能悉然故曰豈可盡能如此者乎○注孔曰公叔文子衞大夫公孫。技文諡○正義曰案世本云獻公生成子當當生文子。技。技生朱爲公叔氏諡法慈惠愛民曰文

子曰臧武仲以防求爲後於魯雖曰不要君吾不信也孔曰防武仲故邑爲後立後也魯襄公二十三年武仲爲孟氏所譖出奔邾自邾如防使爲以大蔡納請曰紇非。能害也知不足也非敢私請苟守先祀無廢二勳敢不辟邑乃立臧爲紇致防而奔齊此所謂要君

疏子曰臧武仲以防求爲後於魯雖曰不要君吾不信也○正義曰此章論臧孫紇要君之事防武仲故邑爲後猶立後也武仲據防邑求立後於魯他人雖曰武仲不是要君吾不信也言實是要君○注孔曰至要君○正義曰云魯襄公二十三年武仲爲孟氏所譖出奔邾者此及下至致防而奔齊皆左氏傳文也案彼傳云季武子無適子公彌長而愛悼子欲立之。訪於臧紇紇爲立之公彌即公鉏也孟孫惡臧孫季孫愛之孟氏之御騶豐點好羯也孟莊子疾豐點謂公鉏苟立羯請讎臧氏孟孫卒遂立羯孟氏閉門告於季孫曰臧氏將爲亂不使我葬季孫不信臧孫聞之戒冬十月孟氏將辟。籍除於臧氏臧孫使正夫助之除於東門甲從己而視之孟氏又告季孫季

孫怒命攻臧氏乙亥臧紇斬鹿門之關以出奔邾是也云自邾如防使爲以大蔡納請者傳又曰初臧宣叔娶于鑄生賈及爲而死繼室以其姪穆姜之姨子也生紇長於公宮姜氏愛之故立之臧賈臧爲出在鑄臧武仲自邾使告臧賈且致大蔡焉曰紇不佞失守宗祧敢告不弔紇之罪不及不祀子以大蔡納請其可賈曰是家之禍也非子之過也賈聞命矣再拜受龜使爲以納請遂立爲也臧孫如防使來告是也杜預曰大蔡大龜云紇非敢害也知不足也者此下皆彼傳文言使甲後已但慮事淺耳云非敢私請者言爲其先人請也云苟守先祀無廢二勳者二勳文仲宣叔云敢不辟邑乃立臧爲紇致防而奔齊此所請要君者據邑請後故孔子以爲要君

子曰晉文公譎而不正

鄭曰譎者詐也謂召天子而使諸侯朝之仲尼曰以臣召君不可以訓故書曰天王狩於河陽是譎而不正也

齊桓公正而不譎

馬曰伐楚以公義責苞茅之貢不入問昭王南征不還是正而不譎也

疏子曰晉文公譎而不正齊桓公正而不譎○正義曰此章論二霸之事也譎詐也謂晉文公召天子而使諸侯朝之是詐而不正也齊桓公伐楚實因侵蔡而遂伐楚乃以公義責苞茅之貢不入問昭王南征不還是正而不詐也○注鄭曰至正也○正義曰云謂召天子而使諸侯朝之者案左傳僖二十八年冬會于溫是會也晉侯召王以諸侯見且使王狩是也云仲尼曰以臣召君不可以訓故書曰天王狩於河陽者亦彼傳文也云是譎而不正也者晉侯本意欲大合諸侯之師共尊事天子以爲臣之名義實無覬覦之心但於時周室既衰天子微弱忽然帥九國之師將數千萬衆入京師以臨天子似有篡奪之說恐爲天子拒逆或復天子怖懼棄位出奔則諸侯心實盡誠無辭可解故自嫌彊大不敢朝王故召諸侯來會于溫溫去京師路近因加謂諭令王就會受朝天子不可以受朝爲辭故令假稱出狩諸侯因會遇王遂共朝王得盡君臣之禮皆孔子所謂譎而不正之事聖人作法所以貽訓後世以臣召君不可以爲教訓故改正舊史舊史當依實而書言晉侯召王且使王狩仲尼書曰天王狩獵于河陽言天王自來狩獵于河陽之地使若獵失其地故書之以譏王然注馬曰

至譎也○正義曰云伐楚以公義責。苞茅之貢不。入問昭王南征不還者案左傳僖四年春齊侯以諸侯之師侵蔡蔡潰遂伐楚楚子使與師言曰君處北海寡人處南海唯是風馬牛不相及也不虞君之涉吾地。何故管仲對曰昔召康公命我先君大公曰五侯九伯汝實征之以夾輔周室賜我先君履東至于海西至于河南至于穆陵北至于無棣爾貢苞茅不入。王祭不共無以縮酒寡人是徵昭王南征而不復寡人是問是也杜注云包裹束也茅菁茅也束而灌之以酒爲縮酒尚書包匭菁茅茅之爲異未審昭王成王之孫南巡狩涉漢。舡壞而溺周人諱而不赴諸侯不知其故故問之案禹貢荊州包匭菁茅孔安國云其所包裹而致者匭匣也菁以爲菹茅以縮酒郊特牲云縮酌用茅鄭玄云泲之以茅縮去滓也周禮甸師祭祀共蕭茅鄭興云蕭字或爲莤莤讀爲縮束茅立之祭前沃酒其上酒滲下去若神飲之故謂之縮縮。滲也故齊桓公責楚不貢苞茅王祭不共無以縮酒杜預用鄭興之說孔安國以菁與茅別杜云茅菁茅則以菁茅爲一特令荊州貢茅必當異於餘處但更無傳說故云茅之爲異未審也沈氏云大史公封禪書云江淮之間一茅三脊杜云未審者以三脊之茅比目之魚比翼之鳥皆是靈物不可常貢故杜云未審也舊說皆言漢濱之人以膠膠。舡故得水而壞昭王溺焉不知本出何書

子路曰桓公殺公子糾召忽死之管仲不死曰未仁乎孔曰齊襄公立無常鮑叔牙曰君使民慢亂將作矣奉公子小白出奔莒襄公從弟公孫無知。殺襄公管夷吾召忽奉公子糾出奔魯齊人殺無知魯伐齊納子糾小白自莒先入是爲桓公乃殺子糾召忽死之子曰桓公九合諸侯不以兵車管仲之力也如其仁如其仁孔曰誰如管仲之仁

疏子路至其仁○正義曰此章論齊大夫管仲之行也子路曰桓公殺公子糾召忽死之管仲不死曰未仁乎者召忽管仲皆事子糾及桓公殺公子糾召忽致死而管仲獨不死復臣桓公故子路言管仲未得爲仁乎子曰桓公九合諸侯不以兵車管仲之力也如其仁如其仁者孔子聞子路言管仲未仁故爲說其行仁之事言齊桓公九會諸侯

不以兵車謂衣裳之會也存亡繼絕諸夏義安皆管仲之力也足得爲仁餘更有誰如其管仲之仁再言之者所以拒子路美管仲之深也言九合者史記云兵車之會三乘車之會六穀梁傳云衣裳之會十有一范甯注云十三年會北杏十四年會鄄十五年又會鄄十六年會幽二十七年又會幽僖元年會檉二年會貫三年會陽穀五年會首戴七年會甯母九年會葵丘凡十一會不取北杏及陽穀爲九也注孔曰至死之○正義曰云襄公立無常至出奔莒皆莊八年左傳文也杜注云政令無常鮑叔牙小白傳小白僖公庶子云襄公從弟公孫無知殺襄公者春秋莊八年冬十有一月癸未齊無知弒其君諸兒是也云管夷吾召忽奉公子糾出奔魯者亦莊八年左傳文云齊人殺無知魯伐齊納子糾者莊九年經文也云小白自莒先入是爲桓公者九年傳文也云殺子糾召忽死之者案莊九年傳云夏公伐齊納子糾桓公自莒先入秋師及齊師戰于乾時我師敗績鮑叔帥師來言曰子糾親也請君討之管仲讎也請受而甘心焉乃殺子糾于生竇召忽死之管仲請囚鮑叔受之及堂阜而脫之歸而以告曰管夷吾治於高傒使相可也公從之是也

子貢曰管仲非仁者與桓公殺公子糾不能死又相之子曰管仲相桓公霸諸侯一匡天下馬曰匡正也天子微弱桓公帥諸侯以尊周室一正天下民到于今受其賜受其賜者爲不被髮左衽之惠微管仲吾其被髮左衽矣馬曰微無也無管仲則君不君臣不臣皆爲夷狄豈若匹夫匹婦之爲諒也自經於溝瀆而莫之知也王曰經經死於溝瀆中也管仲召忽之於公子糾君臣之義未正成故死之未足深嘉不死未足多非死事既難亦在於過厚故仲尼但美管仲之功亦不言召忽不當死

疏子貢至知也○正義曰此章亦論管仲之行子貢曰管仲非仁者與者子貢言齊大夫管仲不仁疑而未定故云與桓公殺公子糾不能死又相之者子貢既言非仁遂言非仁之事管仲與召忽同事公子糾則有君臣之義理當授命致死而齊桓公使魯殺公子糾召忽則死管

仲不能致死復爲桓公之相是無仁心於子糾故子貢非之也子曰管仲相桓公霸諸侯一匡天下者此下孔子爲子貢說管仲之仁也匡正也霸把也諸侯把天子之政也言時周天子微弱管仲相桓公帥諸侯以尊周室一匡天下也民到於今受其賜者謂受不被髮左衽之惠賜也微管仲吾其被髮左衽矣者微無也衽謂衣衿衣衿向左謂之左衽夷狄之人被髮左衽言無管仲則君不君臣不臣中國皆爲夷狄故云吾其被髮左衽也豈若匹夫匹婦之爲諒也自經於溝瀆而莫之知也者自經謂經死於溝瀆中也諒信也匹夫匹婦謂庶人也無別妾媵唯夫婦相匹而已言管仲志在立功創業豈肯若庶人之爲小信自經死於溝瀆中而使人莫知其名也且管仲召忽之於公子糾君臣之義未正成故召忽死之未足深嘉管仲不死未足多非死事既難亦在於過厚故仲尼但美管仲之功亦不言召忽不當死○注馬曰至天下○正義曰云匡正也釋言文云天子微弱桓公帥諸侯以尊周室一正天下者成二年左傳云五伯之霸也杜預云夏伯昆吾商伯大彭豕韋周伯齊桓晉文是三代有五伯矣伯者長也言爲諸侯之長也鄭玄云天子衰諸侯興故曰霸霸者把也言把持王者之政教故其字或作伯或作霸也是天子微弱桓公帥諸侯以尊周室一正天下故曰霸諸侯也

公叔文子之臣大夫僎。與文子同升諸公孔曰大夫僎本文子家臣薦之使與己並爲大夫同升在公朝子聞之曰可以爲文矣孔曰言行如是可諡爲文

疏公叔至文矣○正義曰此章論衛大夫公孫拔之行也公叔文子之臣大夫僎與文子同升諸公者諸於也大夫僎本文子家臣文子薦之使與己並爲大夫同升在於公朝也子聞之曰可以爲文矣者孔子聞其行如是故稱之曰可以諡爲文矣以諡法錫民爵位曰文故也

子言。衛靈公之無道也。康子曰夫如是奚而不喪孔子曰仲叔圉治賓客祝鮀治宗廟王孫賈治軍旅夫如是奚其喪。孔曰言雖無道所任者各當其才何爲當亡

疏子言至其喪○正義曰此章言治國在於任材也子

言衞靈公之無道也康子曰夫如是奚而不喪者喪亡也奚何也夫子因言衞靈公之無道季康子乃問之曰夫靈公無道如是何爲而國不亡乎孔子曰仲叔圉治賓客祝鮀治宗廟王孫賈治軍旅夫如是奚其喪者言君雖無道有此三人所任者各當其才何爲當亡

子曰其言之不怍則爲之也難。馬曰。怍慙也內有其實則言之不慙積其實者爲之難

【疏】子曰其言之不怍則爲之也難〇正義曰此章疾時人內無其實而辭多慙怍怍慙也人若內有其實則其言之不慙然則內積其實者爲之也甚難

陳成子弒簡公孔子沐浴而朝告於哀公曰陳恆弒。其君請討之馬曰。成。子齊大夫陳恆也將告君故先。齋。齋必。沐浴公曰告夫三子孔曰謂三卿也孔子曰以吾從大夫之後不敢不告也君曰告夫三子者馬曰我禮當告君不當告三子君使我往故復往之三子告不可孔子曰以吾從大夫之後不敢不告也。馬曰孔子由君命之三子告不可故復以此辭語之而止

【疏】陳成至告也〇正義曰此章記孔子惡無道之事也陳成子弒簡公者春秋哀十四年齊人弒其君。壬。是也孔子沐浴而朝告於哀公曰陳恆弒其君請討之者孔子在魯聞齊弒其君故齋戒沐浴而朝告於魯君哀公曰齊大夫陳恆弒其君請往討伐之公曰告夫三子者哀公使孔子告夫季孫孟孫叔孫三卿也孔子曰以吾從大夫之後不敢不告也者嘗爲大夫而去故云從大夫之後聞夫不義禮當告君故云不敢不告君曰告夫三子。者者言我禮當告君不當告三子君使我往故復往也之三子告不可者之往也往三子所告之三子不肯討齊也孔子曰以吾從大夫之後不敢不告也者孔子以君命往告三子三子不可其請故孔子復以此辭語之而止案左傳錄此事與此小異此云沐。浴而朝彼云齊而請此云公曰告夫三子彼云公曰。子告季孫禮齋必沐浴三子季孫爲長各記其一故不同耳此又云之三子告彼無文者傳是史官所錄記其與君言耳退後別告三子唯弟子知之史官不見其告故

事無文也

子路問事君子曰勿欺也而犯之孔曰事君之道義不可欺當能犯顏諫爭疏子路問事君子曰勿欺也而犯之〇正義曰此章言事君之道義不可欺而當能犯顏諫爭之

子曰君子上達小人下達。本爲上末爲下疏子曰君子上達小人下達〇正義曰此章言君子小人所曉達不同也本爲上謂德義也末爲下謂財利也言君子達於德義小人達於財利

子曰古之學者爲己今之學者爲人孔曰爲己履而行之爲人徒能言之疏子曰古之學者爲己今之學者爲人〇正義曰此章言古今學者不同也古人之學則履而行之是爲己也今人之學空能爲人言說之己不能行是爲人也范曄云爲人者馮譽以顯物爲己者因心以會道也

蘧伯玉使人於孔子孔子與之坐而問焉孔曰伯玉衛大夫蘧瑗曰夫子何爲對曰夫子欲寡其過而未能也言夫子欲寡其過而未能無過使者出子曰使乎使乎陳曰再言使乎者善之也言使得其人疏蘧伯至使乎〇正義曰此章論衛大夫蘧瑗之德蘧伯玉使人於孔子孔子與之坐而問焉曰夫子何爲者夫子指蘧伯玉也蘧伯玉有君子之名故孔子問其使人曰夫子何所云爲而得此君子之名譽乎對曰夫子欲寡其過而未能也者言夫子常自脩省欲寡少其過而未能無過也使者出子曰使乎使乎者孔子善其使得其人故言使乎所以善之者顏回尚未能無過況伯玉乎而使者云未能是伯玉之心不見欺也

子曰不在其位不謀其政。曾子曰君子思不出其位孔曰不越其職疏子曰不在其位不謀其政曾子曰君子思不出其位〇正義曰此章戒人之僭濫侵官也言若己不在此位則不得謀議此位之政事也曾子遂曰君子思謀當不出己位言思慮所及不越其職

子曰君子恥其言而過其行。疏子曰君子恥其言而過其行〇正義曰此章勉人使言行相副也君子言行相顧若言過其行謂有言而行不副君子所恥也

子曰君子

道者三我無能焉仁者不憂知者不惑勇者不懼子貢曰夫子自道也【疏】子曰至道也○正義曰此章論君子之道子曰君子道者三我無能焉者言君子之道有三我皆不能也仁者不憂知者不惑勇者不懼者此其三也仁者樂天知命內省不疚故不憂也知者明於事故不惑勇者折衝禦侮故不懼夫子言我皆不能此三者子貢曰夫子自道也者子貢言夫子實有仁知及勇而謙稱我無故曰夫子自道說也所謂謙尊而光子貢方人孔曰比方人也子曰賜也賢乎哉夫我則不暇孔曰不暇比方人也【疏】子貢至不暇○正義曰此章抑子貢也子貢方人者謂比方人也子貢多言嘗舉其人倫以相比方子曰賜也賢乎哉夫我則不暇者夫知人則哲堯舜猶病而子貢輒比方人怒其輕易故曰賜也賢乎哉所以抑之也夫我則不暇比方人也子曰不患人之不己知患其不能也王曰徒患己之無能【疏】子曰不患人之不己知患其不能也○正義曰此章勉人脩德也言不患人不知己但患己之無能子曰不逆詐不億不信抑亦先覺者是賢乎孔曰先覺人情者是寧能爲賢乎或時反怨人【疏】子曰不逆詐不億不信抑亦先覺者是賢乎○正義曰此章戒人不可逆料人之詐不可億度人之不信也抑語辭也言先覺人者是□□□□□□□□所以非賢者以詐僞不信之人爲之億度□□□□□人故先覺者非爲賢也微生畝謂孔子曰丘何爲是栖栖者與無乃爲佞乎包曰微生姓畝名孔子曰非敢爲佞也疾固也包曰疾世固陋欲行道以化之【疏】微生至疾固也○正義曰此章記孔子疾世固陋之事也微生畝謂孔子曰丘何爲是栖栖者與無乃爲佞乎者栖栖猶皇皇也微生畝隱士之姓名也以言謂孔子曰丘呼孔子名也何爲如是東西南北而栖栖皇皇者與無乃爲佞說之事於世乎孔子曰非敢爲佞也疾固也者孔子荅言不敢爲佞但疾世固陋欲行道以化之子曰驥不稱其力稱

其德也鄭曰德者調良之謂疏子曰驥不稱其力稱其德也○正義曰此章疾時尚力取勝而不重德驥是古之善馬名人不稱其任重致遠之力但稱其調良之德也馬尚如。是人亦宜然

或曰以德報怨何如子曰何以報德。德恩惠之德以直報怨以德報德疏或曰至報德○正義曰此章論酬恩報怨之法也或曰以德報怨何如者或人之意欲人犯而不校故問孔子曰以恩德報讎怨何如子曰何以報德者孔子荅言若報怨既用其德若受人恩惠之德不知何以報之也以直報怨以德報德者既不許或人以德報怨故陳其正法言當以直道報讎怨以恩德報德也○注德恩惠之德○正義曰謂德加於彼彼荷其恩故謂荷恩爲德左傳云然則德我乎又曰王德狄人皆是也

子曰莫我知也夫子貢曰何爲其莫知子也子貢怪夫子言何爲莫知己故問子曰不怨天不尤人馬曰孔子不用於世而不怨天人不知己亦不尤人下學而上達孔曰下學人事上知天命知我者其天乎聖人與天地合其德故曰唯天知己疏子曰至天乎○正義曰此章孔子自明其志也子曰莫我知也夫者言無人知我志者也子貢曰何爲其莫知子也者子貢怪夫子言故問何爲莫知己子曰不怨天不尤人者尤非也孔子言己不用於世而不怨天人不知己亦不非人也下學而上達者言己下學人事上知天命時有否泰故用有行藏是以不怨天尤人也知我者其天乎者言唯天知己志也○注聖人與天地合其德○正義曰此易乾卦文言文也合其德者謂覆載也引之者以證天知夫子者以夫子聖人與天地合德故也

公伯寮。愬子路於季孫馬曰愬。譖也伯寮魯人弟子也子服景伯以告孔曰魯大夫子服何忌也告告孔子曰夫子固有惑志孔曰季孫信讒恚子路於公伯寮。吾力猶能肆諸市朝鄭曰吾勢力猶能辨子路之無罪於季孫使之誅寮而肆之有罪既刑陳其尸曰肆子曰道之將行也與命也道之將廢也

與命也公伯寮其如命何【疏】公伯至命何○正義曰此章言道之廢行皆由天命也公伯寮愬子路於季孫者愬譖也伯寮子路皆臣於季孫伯寮誣子路以罪而譖於季孫也子服景伯以告者以其事告孔子也曰夫子固有惑志者夫子謂季孫言季孫堅固已有疑惑之志謂信讒恚子路也於公伯寮吾力猶能肆諸市朝者有罪既刑陳其尸曰肆景伯言吾勢力猶能辨子路之無罪於季孫使之誅寮而肆之子曰道之將行也與命也道之將廢也與命也公伯寮其如命何者孔子不許其告故言道之廢行皆由天命雖公伯寮之譖其能違天而興廢子路乎○注伯寮魯人弟子也○正義曰史記弟子傳云公伯寮字子周魯人愬子路於季孫者○注孔曰魯大夫子服何忌也○正義曰案左傳哀十二年吳人將以公見晉侯子服景伯對使者吳人乃止既而悔之將因景伯景伯曰何也立後於魯矣杜注云何景伯名然則景伯單名何而此注云何忌誤也○注有罪既刑陳其尸曰肆○正義曰秋官鄉士職云協日刑殺肆之三日鄭玄曰肆猶申也陳也是言有罪既殺陳其尸曰肆也言市朝者應劭曰大夫已上於朝士已下於市

子曰賢者辟世孔曰世主莫得而臣其次辟地馬曰去亂國適治邦其次辟色孔曰色斯舉矣其次辟言孔曰有惡言乃去

子曰作者七人矣包曰作為也為之者凡七人謂長沮桀溺丈人石門荷蕢儀封人楚狂接輿【疏】子曰至人矣○正義曰此章言自古隱逸賢者之行也子曰賢者辟世者謂天地閉則賢人隱高蹈塵外枕流漱石天子諸侯莫得而臣也其次辟地者未能高栖絕世但擇地而處去亂國適治邦者也其次辟色者不能豫擇治亂但觀君之顏色若有厭己之色於斯舉而去之也其次辟言者不能觀色斯舉矣有惡言乃去之也子曰作者七人矣者作為也言為此行者凡有七人○注孔曰色斯舉矣○正義曰此鄉黨篇文也○注包曰至接輿○正義曰作為釋言文云為之者凡七人謂長沮桀溺丈人石門荷蕢儀封人楚狂接輿者謂長沮一桀溺二荷蓧丈人三石門晨門四荷蕢五儀封人六楚狂接輿七也王弼云七人伯夷叔齊虞仲夷逸朱張柳下惠少連

鄭康成云伯夷叔齊虞仲辟世者荷蓧長沮桀溺辟地者柳下惠少連辟色者荷蕢楚狂接輿辟言者七當爲十字之誤也

子路宿於石門。晨門曰奚自。晨門者閽人也子路曰自孔氏曰是知其不可而爲之者與包曰言孔子知世不可爲而強爲之。

疏子路至者與○正義曰此章記隱者晨門之言也子路宿於石門晨門曰奚自者石門地名也晨門掌晨昏開閉門者謂閽人也自從也奚何也時子路宿於石門夙興爲門人所問曰汝何從來乎子路曰自孔氏者子路荅閽人言自孔氏處來也曰是知其不可而爲之者與者晨門聞子路云從孔氏未審孔氏爲誰又舊知孔子之行故問曰是知其世不可爲而周流東西彊爲之者此孔氏與意非孔子不能隱遯辟世也

子擊磬於衛有荷蕢而過孔氏之門者曰有心哉擊磬乎蕢草器也有心謂契契然既而曰鄙哉硜硜乎莫己知也斯己而已矣此硜硜者徒信己而已言亦無益深則厲淺則揭包曰以衣涉水爲厲揭揭衣也言隨世以行己若過水必以濟知其不可則當不爲子曰果哉末之難矣未知己志而便譏己所以爲果末無也無難者以其不能解己之道

疏子擊至難矣○正義曰此章記隱者荷蕢之言也子擊磬於衛者時孔子在衛而自擊磬爲聲也有荷蕢而過孔氏之門者曰有心哉擊磬乎者荷擔揭也蕢草器也有心謂契契然當孔子擊磬之時有擔揭草器之人經過孔氏之門聞其磬聲乃言曰有心契契然憂苦哉此擊磬之聲乎既而曰鄙哉硜硜乎莫己知也斯己而已矣者既已也硜硜鄙賤貌莫無也斯此也荷蕢者既言有心哉擊磬乎又察其磬聲已而言曰可鄙賤哉硜硜乎無人知己此硜硜者徒信己而已言無益也深則厲淺則揭者此衛風匏有苦葉詩以衣涉水爲厲揭揭衣也荷蕢者引之欲令孔子隨世以行己若過水深則當厲淺則當揭揭而不當厲以喻行己知其不可則不當爲也子曰果哉末之難矣者孔子聞荷蕢者譏己故發此言果謂果敢末無也言末知己志而便譏己所以爲果敢無難者以

其不能解己之道不以爲難故云無難也○注蕢草器也有心謂契契然○正義曰蕢草器見說文小雅大東云契契寤歎毛傳云契憂苦也○注包曰至不爲○正義曰云以衣涉水爲厲揭揭衣也者爾雅釋水文也孫炎曰揭衣褰裳也衣涉濡褌也

子張曰書云高宗諒陰三年不言何謂也孔曰高宗殷之中興王武丁也諒信也陰猶默也

子曰何必高宗古之人皆然君薨百官總己馬曰己百官以聽於冢宰三年孔曰冢宰天官卿佐王治者三年喪畢然後王自聽政

疏子張至三年○正義曰此章論天子諸侯居喪之禮也子張曰書云高宗諒陰三年不言何謂也者高宗諒陰三年不言周書無逸篇文也高宗殷王武丁也諒信也陰默也言武丁居父憂信任冢宰默而不言三年矣子張未達其理而問於夫子也子曰何必高宗古之人皆然君薨百官總己以聽於冢宰三年者孔子荅言何必獨高宗古之人皆如是諸侯死曰薨言君既薨新君即位使百官各總己職以聽使於冢宰三年喪畢然後王自聽政○注孔曰至默也○正義曰云高宗殷之中興王武丁也者孔安國云盤庚弟小乙子名武丁德高可尊故號高宗喪服四制引書云高宗諒陰三年不言善之也王者莫不行此禮何以獨善之也曰高宗者武丁武丁者殷之賢王也繼世即位而慈良於喪當此之時殷衰而復興禮廢而復起故載之於書中而高之故謂之高宗三年之喪君不言也是說不言之意也云諒信也陰默也者謂信任冢宰默而不言也禮記作諒闇鄭玄以爲凶廬非孔義也今所不取○注孔曰至聽政○正義曰云冢宰天官卿佐王治者案周禮天官大宰之職掌建邦之六典以佐王治邦國敘官云乃立天官冢宰使帥其屬而掌邦治以佐王均邦國治官之屬大宰卿一人鄭注引此文云君薨百官總己以聽於冢宰言冢宰於百官無所不主爾雅曰冢大也冢宰大宰也變冢言大進退異名也百官總焉則謂之冢列職於王則稱大冢大之上也山頂曰冢故云冢宰天官卿佐王治者也云三年喪畢然後王自聽政者謂卒哭除服之後三年心喪已畢然後王自聽政也知非衰麻三年者晉書杜預傳云大始

十年元皇后崩依漢魏舊制既葬帝及羣臣皆除服疑皇太子亦應除否詔諸尚書會僕射盧欽論之唯預以爲古者天子諸侯三年之喪始服齊斬既葬除喪服諒闇以居心喪終制不與士庶同禮於是盧欽魏舒問預證據預曰春秋晉侯享諸侯子產相鄭伯時簡公未葬請免喪以聽命君子謂之得禮宰咺歸惠公仲子之賵傳曰弔生不及哀此皆既葬除服諒陰之證也。書。傳之說。既多學者未之思耳喪服諸侯爲天子亦斬衰豈可謂終服三年也。預。又作議曰周景王有后世子之喪既葬除喪而宴樂晉叔向譏之曰三年之喪雖貴遂服禮也王雖不遂宴樂以早。此亦天子喪事見於古也稱高宗不言喪。服三年而云諒陰三年此釋服心喪之文也譏景王不譏其除喪而譏其宴樂。早。則既葬應除而違諒闇之節也堯。喪舜諒闇三年故稱遏密八音由此言之天子居喪齊斬之制菲杖絰帶當遂其服既葬而除諒闇以終之三年無改於父之道故曰百官總己以聽冢宰喪服既除故更稱不言之美明不復寢苫枕凷。以荒大政也禮記云三年之喪自天子達又云父母之喪無貴賤一也又云端衰喪車皆無等此通謂天子居喪衣服之制同於凡人心喪之禮終於三年亦無服喪三年之文天子之位至尊萬機之政至大羣臣之衆至廣不得同之於凡人故大行既葬。祔祭於廟則因疏而除之己不除則羣臣莫敢除故屈己以除之而諒闇以終制天下之人皆曰我王之仁也屈己以從宜皆曰我王之孝也既除而心喪我王猶若此之篤也凡我臣子亦安得不自勉以崇禮此乃聖制移風易俗之本也議奏皇太子遂除衰麻而諒闇喪終是知三年喪畢謂心喪畢然後王自聽政也

子曰上好禮則民易使也民莫敢不敬故易使疏子曰上好禮則民易使也○正義曰此章言君上好禮則民莫敢不敬故易使也

子路問君子子曰脩己以敬孔曰敬其身曰如斯而已乎曰脩己以安人孔曰人謂朋友九族曰如斯而已乎曰脩己以安百姓脩己以安百姓堯舜其猶病諸孔曰病猶難也疏子路問君子至病諸○正義曰此章論君子之道也子路問於

孔子爲行何如可謂之君子也子曰脩己以敬者言君子當敬其身也曰如斯而已乎者子路嫌其少故曰君子之道豈如此而已曰脩己以安人者人謂朋友九族孔子更爲廣之言當脩己又以恩惠安於親族也曰如斯而已乎者子路猶嫌其少故又言此曰脩己以安百姓者百姓謂衆人也言當脩己以安天下之衆人也脩己以安百姓堯舜其猶病諸者病猶難也諸之也孔子恐其未已故又說此言言此脩己以安百姓之事雖堯舜之聖其猶難之況君子乎

原壤夷俟馬曰原壤魯人孔子故舊夷踞俟待也踞待孔子子曰幼而不孫弟長而無述焉老而不死是爲賊賊謂賊害以杖叩其脛孔曰叩擊也脛脚脛【疏】原壤夷俟至其脛○正義曰此章記孔子責原壤之辭原壤魯人孔子故舊夷踞也俟待也原壤聞孔子來乃申兩足箕踞以待孔子也子曰幼而不孫弟長而無述焉老而不死是爲賊者孔子見其無禮故以此言責之孫順也言原壤幼少不順弟於長上及長無德行不稱述今老而不死不脩禮敬則爲賊害以杖叩其脛者叩擊也脛脚脛既數責之復以杖擊其脚脛令不踞也○注馬曰至孔子○正義曰原壤魯人孔子故舊者檀弓云孔子之故人曰原壤是也云夷踞俟待也踞待孔子者說文云踞蹲也蹲即坐也禮揖人必違其位今原壤坐待孔子故孔子責之也

闕黨童子將命馬曰闕黨之童子將命者傳賓主之語出入或問之曰益者與子曰吾見其居於位也童子隅坐無位成人乃有位見其與先生並行也非求益者也欲速成者也包曰先生成人也並行不差在後違禮欲速成人者則非求益也【疏】闕黨至者也○正義曰此章戒人當行少長之禮也闕黨黨名童子將命者闕黨童子未冠者之稱將命謂傳賓主之語出入時闕黨之童子能傳賓主之命也或問之曰益者與者或人見其童子能將命故問孔子曰此童子是自求進益之道也與子曰吾見其居於位也見其與先生並行也非求益者也欲速成者也者孔子荅或人言此童子非求進益者也乃是欲速成人者也知者禮童子隅

坐無位成人乃有位今吾見此童子其居於成人之位禮父之齒隨行兄之齒鴈行今吾見此童子其與先生成人者並行不差在後違謙越禮故知欲速成人者非求益也

論語注疏解經卷第十四

論語注疏卷十四校勘記

阮元撰盧宣旬摘録

憲問第十四

憲問恥章　閩本北監本連下克伐怨欲爲一章與此本同毛本及朱子集注本別爲一章

當食禄　皇本作當食其禄也

君無道而在其朝　釋文出在朝云本今作在其朝

四者行之難　皇本作此四者行之難者又史記弟子傳集解引此節注作鄭曰

左傳僖元年　案元年當作九各本並誤今正

邦有道章

危行言孫　皇本孫作遜注同釋文出言孫云音遜說見前

有德者必有言章

德不可以億中　皇本億作憶說詳先進篇柴也愚章

南宮适章

南宮适　釋文出宮适云本又作括唐石經避德宗諱适作适

羿善射 説文引羿作𢏚案汗簡載羿之古文爲幵云出古尚書幵卽𢏚之變體蓋古論則作𢏚也

有窮國之君 皇本無國字君下有也字

稷播百穀 皇本播下有殖字

及后世 閩本北監本毛本后作後案經傳多借后爲後

堯時十日並生 浦鏜云出誤生

羿焉彈日烏解羽 閩本北監本烏誤鳥非也

因夏民以伐夏政 毛本伐作代伐字誤也今正

淫於失國 閩本北監本同案皆誤也於當作放

夷羿牧之 閩本同明監本毛本牧作收是也

其心澆能戒之 閩本同明監本毛本其心二字幷作惎案作惎是也

爲之苞正 閩本同明監本毛本苞作庖案苞字誤也

以牧寡衆 閩本同毛本牧寡作收夏案所改是也北監本夏亦誤寡

反少康紹國 閩本北監本同毛本反作及案及字不誤

武王誅討補北監本毛本討作紂案紂字是也

爲命章

禆諶草創之高麗本禆作㫗羣經音辨一廾部㫗諶鄭人也引鄭康成曰㫗諶艸創之釋文出草創云依說文此是創痍字創制之字當作刱案後漢書皇后紀下㫗整注引風俗通義云㫗氏鄭大夫㫗諶之後是古本作㫗也又漢書古今人表作㫗湛湛諶古字通草創乃艸刱二字之假借○按依說文當作煁說詳左傳注疏校勘記

則使乘車以適野釋文出乘以云本今作乘車以

行人子羽脩飾之皇本脩作修案後脩己以敬脩己以安人脩己以安百姓及脩文德脩廢官此章脩飾之並從彡作修此外如德之不脩脩慝辨惑仍同今本作脩體例不能畫一○案脩訓脯修訓治經傳假脩爲修治字

此章迹鄭國大夫之善也案迹當作述各本皆誤

公孫揮知四國之爲而辨於大夫之族姓今左氏襄三十一年傳知上有能字於下有其字

且使多爲辭令本且誤旦今正

及時聘閒問之事閒本北監本毛本閒問作會同案會同已見上文依此作閒問爲是

或問子產章

猶詩言所謂伊人　皇本此注作鄭元曰

飯疏食　皇本高麗本疏作蔬注同釋文出蔬字云本今作疏

代囊瓦爲令尹　閩本北監本代誤伐毛本代作楚

貧而無怨難章

富而無驕易　考文古本此下有王肅曰貧者善怨富者善驕二者之中貧者人難使不怨也二十三字注各本俱無

孟公綽章

孟公綽　釋文出公綽云本又作繛案說文繛或省作綽又汗簡云繛見古論語是魯論作綽古論作繛也○按據汗簡改非也當云本又作卓

不可以爲滕薛大夫　皇本高麗本夫下有也字

故憂　北監本毛本憂作優案此寫者誤脫人旁也今正

皆晉卿所食菜邑名也　北監本毛本菜作采說見前

子路問成人章

若臧武仲之知　皇本知作智

子問公叔文子於公明賈章

衛大夫公孫枝　皇本枝作拔釋文出公孫拔云皮八反禮記檀弓下公叔文子卒鄭君注文子衛獻公之孫名拔或作發疏引世本亦作拔困學紀聞六云衛公叔發注謂公叔文子論語孔注作公孫拔是王伯厚所見本尚作拔字鼇新錄云公叔文子朱注作公孫枝王伯厚以爲傳寫之誤予嘗見倪士毅四書輯釋載朱文公論語注公叔文子衛大夫公孫拔也又引吳氏程曰拔皮八反俗本作枝誤即公叔發乃知今世所行集注本非考亭之舊王厚齋所見亦是誤本據此則集解集注諸本枝字皆形近傳寫之譌○案此疏中作枝尤誤

人不厭其言　皇本高麗本言下有也字下其笑其取下並同

臧武仲以防章

紇非能害也　皇本能作敢

防於臧紇　北監本毛本防作訪是也閩本亦誤

籍除於臧氏　北監本毛本籍作藉是也閩本亦誤

紇非敢害也　左氏襄二十三年傳敢作能

此下皆彼傳又　案又當作文各本皆不誤今正

苟守先祖　北監本毛本祖作祀祖字誤也今正

晉文公譎而不正章

天王狩於河陽皇本於作于釋文出狩字云本亦作守

責苞茅之貢不入皇本北監本毛本苞作包疏同案五經文字云包裹也經典或借苞字爲之

將數千萬衆浦鏜云十誤千

㐬位出奔北監本毛本㐬作棄案棄字是也〇今正

因加謂諭浦鏜云諷誤謂

天王狩于河陽各本狩下衍獵字

責苞茅之貢不及及當作入今正

不虞君之涉吾地何故左氏僖四年傳地下有也字

主祭不共主當作王

舡壞而溺補北監本毛本舡作船下膠舡同

縮滲也周禮甸師注作浚也

桓公殺公子糾章

殺襄公釋文出殺襄云本今作弒考文所載足利本作弒與釋文合〇按述其實則曰殺正其名則曰弒注述其實也則當作殺

謂衣安之會也北監本毛本安作裳安字誤

諸夏義安北監本毛本義作乂案乂字是也閩本亦誤

五年會首戴北監本毛本戴誤止

小白傳各本傳並誤傳

子糾親也閩本親誤親不成字

管夷吾治於高傒案傒當作傒今正

管仲非仁者與章

爲不被髮左衽之惠皇本爲作謂閩本北監本被衽誤被袵

吾其被髮左衽矣閩本北監本毛本衽作袵○按說文作衽袵乃衽之俗字

公叔文子之臣大夫僎章

大夫僎釋文出大夫僎云本又作撰案漢書古今人表又作大夫選古選撰僎三字並通先進篇子路曾皙章異乎三子者之撰釋文云鄭作僎又漢書食貨志白撰史記平準書本作白選

此章論衛大夫公孫拔之行也北監本毛本拔誤枝

子言衛靈公之無道也章

子言衛靈公之無道也 皇本高麗本作子曰衛靈公之無道久也釋文出子曰衛靈公之無道云一本作子言鄭本同

名當其才 補 北監本毛本名作各案名字誤今訂正

其言之不怍章

則爲之也難 皇本作則其爲之難高麗本作則其爲之也難也

作慚也 案作是怍之譌今正

陳成子弒簡公章

陳成子弒簡公 皇本高麗本弒作殺下同釋文出弒簡云本亦作殺同音試下同

成子 本子誤了今訂正皇本成上有陳字

故先齊 閩本北監本毛本齊作齋釋文出先齊齊必沐浴云亦作齋是正字

齋必沭浴 案沭當作沐疏誤同皇本齋作齊

告夫三子 唐石經皇本高麗本三上有二字下句同

之三子告 皇本高麗本三上亦有二字釋文出之三子告云本或作二三子告非也案釋文惟於此句云本或作二三子告且云非也皇本高麗本

於上兩句並有二字據皇疏云本不應告三子今君使我告三子又云三子告孔子曰又云三子既告孔子云俱無二字今有二字者甚誤

不敢不告也 皇本無也字

齊人弒其君壬是也 本壬誤王閩本同今正

告夫三子者者 閩本北監本毛本脫者字

此云沐浴而朝 本浴誤洛今正

予告季孫 北監本毛本予作于

故專無文也 北監本專作傳案傳字是也閩本亦誤

君子上達章

未爲下 北監本毛本未作末是也閩本亦誤

不在其位章 皇本閩本北監本合下曾子曰君子思不出其位爲一章毛本曾子曰提行別爲一章案邢疏云曾子遂曰明出一遂字則毛本別爲一章非是○案孫志祖讀書脞錄云論語憲問篇子曰不在其位不謀其政注疏以此二句與下曾子曰君子思不出其位合爲一章蓋曾子引易以證夫子之言語意本一貫猶牢曰子云吾不試故藝也集注因泰伯篇有此文注爲重出而以曾子曰自爲一章誤矣

君子恥其言而過其行章

君子恥其言而過其行皇本高麗本而作之行下有也字○按潛夫論交際篇孔子疾夫言之過其行者亦作之字○荅問云邢叔明疏云君子言行相顧若言過其行謂有言而行不副君子所恥也則邢本亦當與皇同今注疏本乃後人依朱文公本校改非邢氏之舊矣

子貢方人章

子貢方人釋文出方人云鄭本作謗謂言人之過惡案方與旁通謗字從旁古或與方通借故鄭本作謗讀書脞錄云讀左傳襄十四年傳庶人謗正義云謗謂言其過失使在上聞之而自改亦是諫之類也昭四年傳鄭人謗子產國語厲王虐國人謗王皆是言其實事謂之爲謗但傳聞之事有實有虛或有妄謗人者今世遂以謗爲誣類是俗易而意異也始悟子貢謗人之義如此

賜也賢乎哉夫我則不暇皇本作賜也賢乎我夫哉我則不暇高麗本作賜也賢乎我夫我則不暇○按皇本高麗本皆非也

而子貢輔比方人補北監本毛本輔作務案務字是也

不逆詐章

或時反怨人皇本人下有也字釋文出反怨云本或作宛

言先覺人者是者是下九字模糊下接所以非賢者閩本是作具下十字實闕北監本毛本亦作具下十字空闕

不信之人爲之億度度下五字模糊下接人故先覺者閩本之人下十字實闕北監本毛本十字空闕

微生畝謂孔子曰章

微生畝唐石經畝作畝皇本北監本作畝閩本作畆案五經文字云畞畝上説文下經典相承隸省

丘何爲是栖栖者與釋文出丘何云或作丘何爲鄭作丘何是本今作丘何爲是

孔子曰非敢爲佞也皇本高麗本曰上有對字

包曰疾世固陋閩本北監本毛本疾作病又北監本包誤色案邢疏各本並作疾疾字不誤

驥不稱其力章

馬尙如定北監本毛本定作是案定是形近之譌

或曰以德報怨章

何以報德本德誤之今改正

公伯寮愬子路於季孫章

公伯寮愬子路於季孫說文引作公伯竂案作寮俗省也

愬讚也北監本毛本讚作譖案讚字誤也

於公伯寮皇本高麗本寮下有也字

案左傳哀十二年　按十二乃十三之誤

秋官鄉士職云協日刑殺　案卿當作鄉各本皆誤閩本日誤曰

賢者辟世章　各本並合下子曰作者七人矣爲一章朱子集注本別爲一章

賢者辟世　皇本高麗本辟作避是正字下皆同

世主莫得而臣　皇本作世主莫得而臣之也

荷蕢　釋文出荷蕢本又作何音同案漢書古今人表正作何蕢○按何荷正俗字

子路宿於石門章

子路宿於石門晨門曰　皇本高麗本重石門二字注爲之下有也字

閽人也　釋文出閽人云本或作昏同案周禮天官序官閽人注閽人司昏晨以啓閉者故字亦可省作昏

爲門人所聞　閩北監本毛本門人作閽人案門字誤也

子擊磬於衛章

有荷蕢而過孔氏之門者　皇本高麗本氏作子○按說文引蕢作臾據古文論語也

鄙哉硜硜乎　說文硜古文磬九經古義云何晏注云此硜硜者謂此磬聲也史記載樂記云石聲硜硜卽磬字今禮記作磬○按硜本古文磬字

段玉裁云後以經爲堅確之意是所謂古今字

莫己知也斯己而已矣 各本上兩己字並誤作已案養新錄云今人讀斯己而已兩己字皆如以考唐石經莫己斯己皆作人己之己而已作已止之已釋文莫己音紀下斯己同與石經正合集解此經者徒信己而已皇疏申之云言孔子經經不宜隨世變唯自信己而已矣是唐以前論語斯己字皆不作止解由於經文作己不作已也已與己絕非一字宋儒誤讀斯己爲以未免改經文以就己說矣

契憂苦也 今小雅大東傳作契契

衣涉濡褌也 案樿當作褌樿字誤也閩本北監本作揮亦誤

子張曰書云章

山預曰冢 補 北監本毛本預作頂案頂字是也

始服齊斬 今晉書禮志中服作同

此皆既葬除服諒陰之證也 晉志陰作闇下同

書傳之說既多 晉志作先儒舊說往往亦見

預又作議曰 閩本北監本毛本又誤亦

既葬除喪而宴樂 毛本喪作服晉志同

比亦天子喪事補北監本比作此案比字誤

不言喪服三年晉志作服喪

而譏其宴樂早則既葬應除晉志早上有已字則作明是也

堯崩晉志崩作喪

寢苦枕由案苦當作苫由當作凷皆形近之譌

拊祭於廟案拊當作祔拊字非也閩本作柎亦誤

原壤夷俟章

幼而不孫弟皇本孫弟作遜悌說見前

長而無述焉釋文出長無云丁丈反是陸氏所據本無而字

是爲賊皇本賊下有也字

不脩禮敬北監本毛本敬作教案教字是也

闕黨童子章

闕黨童子將命皇本高麗本命下有矣字

今吾見此童子 本今誤令○今正

論語注疏卷十四校勘記

論語注疏解經卷第十五

衞靈公第十五　何晏集解　邢昺疏

疏 正義曰此章記孔子先禮後兵。去亂就。治并明忠信仁知勸學爲邦無所毀譽必察好惡志士君子之道事君相師之儀皆有恥。且格之事故次前篇也

衞靈公問陳。於孔子孔曰軍陳行列之法孔子對曰俎豆之事則嘗聞之矣孔曰俎豆禮器軍旅之事未之學也鄭曰萬二千五百人爲軍五百人爲旅軍旅。末事。本未立。不可。教。以末事。疏衞靈至學也○正義曰此章記孔子先禮後兵之事也衞靈公問陳於孔子者問軍陳行列之法於孔子也孔子對曰俎豆之事則嘗聞之矣軍旅之事未之學也者俎豆禮器萬二千五百人爲軍五百人爲旅孔子之意治國以禮義爲本軍旅爲末本未立則不可教以末事今靈公但問軍陳故對曰俎豆行禮之事則嘗聞之軍旅用兵之事未之學也左傳哀十一年孔文子之將攻。大叔也訪於仲尼仲尼曰胡簋之事則嘗學之矣甲兵之事未之聞也其意亦與此同軍旅甲兵亦治國之具也彼以文子非禮欲國內用兵此以靈公空問軍陳故並不荅非輕甲兵也○注俎豆禮器○正義曰案明堂位云俎有虞氏以梡夏后氏以嶡殷以椇周以房俎鄭注云梡斷木爲四足而已嶡之言蹷也謂中足爲橫距之象周禮謂之距椇之言枳椇也謂曲橈之也房謂足下跗也上下兩間有似於堂房魯頌曰籩豆大房又曰夏后氏以楬豆殷玉豆周獻豆鄭注云楬無異物之飾也獻疏刻之齊人謂無髮爲禿楬其委曲制度備在禮圖○注鄭曰萬二千五百人爲軍五百人爲旅○正義曰皆司馬序官文也

明日遂行在陳絕糧。從者病莫能興。孔曰從者弟子興起也孔子。去衞如曹曹不容又之宋。宋遭匡人之難又之陳會吳伐陳陳亂故乏食子路慍見曰君子亦有窮乎。子曰君子固窮小人窮斯濫。

矣濫溢也君子固亦有窮時但不如小人窮則濫溢爲非疏明日至濫矣○正義曰此章記孔子。阨於陳也明日遂行者既荅靈公之明日也遂去衛國而之於他邦也在陳絕糧從者病莫能興者從者弟子也興起也孔子適在陳會吳伐陳陳亂故乏絕糧食弟子從者困病莫能興起也子路慍見曰君子亦有窮乎者慍怒也子路以爲君子學則祿在其中不當有窮困今乃窮困故慍怒而見問於夫子曰君子豈亦如常人有窮困邪子曰君子固窮小人窮斯濫矣者濫溢也言君子固亦有窮困時但不。如小人窮則濫溢爲非○注孔曰至。乏食○正義曰云孔子去衛如曹曹不容又之宋宋遭匡人之難又之陳會吳伐陳者皆以孔子世家文而知也如之皆訓往

子曰賜也女以予爲多學而識之者與對曰然孔曰然謂多學而識之非與孔曰。問今不然。曰非也予一以貫之善有元事有會天下殊塗而同歸百慮而一致知其元則衆善舉矣故不待多學而一知之疏子曰至貫之○正義曰。此章言善道有統也子曰賜也女以予爲多學而識之者與者孔子問子貢女意以我爲多其學問記識之者與與語辭對曰然者子貢意以爲然是。夫子多學而識之也非與者子貢又言今乃非多學而識之者與曰非也予一以貫之者孔子荅言己之善道非多學而識之也我但用一理以通貫之以其善有元事有會知其元則衆善舉矣故不待多學一以知之○注天下殊塗而同歸百慮而一致○正義曰周易下繫辭文也

子曰由知德者鮮矣王曰君子固窮而子路慍見故謂之少於知德疏子曰由知德者鮮矣○正義曰此一章言子路鮮於知德鮮少也由子路名言君子固窮而子路慍見故謂之少於知德也

子曰無爲而治者其舜也與夫何爲哉恭己正南面而已矣言任官得其人故無爲而治疏子曰無爲而治者其舜也與夫何爲哉恭己正南面而已矣○正義曰此一章美帝舜也帝王之道貴在無爲清靜而民化之然後之王者以罕能及故孔子曰無爲而天下治者其舜也與所以無爲者以其任官得人夫舜何必有爲哉但恭

敬己身正南面嚮明而已○注言任官得其人故無爲而治○正義曰案舜典命禹宅百揆棄后稷契作司徒皋陶作士垂共工益作朕虞伯夷作秩宗夔典樂教胄子龍作納言并四岳十二牧凡二十二人皆得其人故舜無爲而治也

子張問行子曰言忠信行篤敬雖蠻貊之邦行矣言不忠信行不篤敬雖州里行乎哉鄭曰萬二千五百家爲州五家爲鄰五鄰爲里行乎哉言不可行立則見其參於前也在輿則見其倚於衡也夫然後行。包曰衡軛也言思念忠信立則常想見參然在目前在輿則若倚車軛。子張書諸紳孔曰紳大帶

疏子張至諸紳○正義曰此一章言可常行之行也子張問行者問於夫子何如則可常行子曰言忠信行篤敬雖蠻貊之邦行矣言不忠信行不篤敬雖州里行乎哉者孔子荅言必當言盡忠誠不欺於物行唯敦厚而常謹敬則雖蠻貊遠國其道行矣反此雖州里近處而行乎哉言不可行也立則見其參於前也在輿則見其倚於衡也夫然後行者輿是車輿也衡軛也言常思念忠信篤敬立則想見參然在目前在輿則若倚車軛夫能如是而後可行子張書諸紳者紳大帶也子張以孔子之言書之紳帶意其佩服無忽忘也○注鄭曰至爲里○正義曰周禮大司徒職云五家爲比五比爲閭四閭爲族五族爲黨五黨爲州是二千五百家爲州也今云萬二千五百家爲州誤也云五家爲鄰五鄰爲里遂人職文也○注紳大帶○正義曰以帶束腰垂其餘以爲飾謂之紳。玉藻說帶云大夫大帶是一名大帶也玉藻稱天子素帶朱裏。終辟諸侯素帶不朱裏而終辟大夫素帶辟垂士練帶率下辟居士錦帶弟子縞帶并。紐約用組三寸長齊於帶紳長制士三尺有司二尺有五寸子遊曰參分帶下紳居。二焉紳韠結三齊大夫大帶四寸雜帶君朱綠大夫玄華士緇辟二寸再繚四寸凡帶有率無箴功此紳帶之制也

子曰直哉史魚孔曰衛大夫史鰌邦有道如矢邦無道如矢孔曰有道無道行直如矢言不曲君子哉蘧伯玉邦有道則仕邦

無道則可卷而懷之。包曰卷而懷謂不與時政柔順不忤於人【疏】子曰至懷之○正義曰此章美衛大夫史鰌蘧瑗之行也直哉史魚者美史魚之行正直也邦有道如矢邦無道如矢者此其直之行也矢箭也史鰌之德其性惟直國之有道無道行直如箭言不隨世變曲也君子哉蘧伯玉者美伯玉有君子之德也邦有道則仕邦無道則可卷而懷之者此其君子之行也國若有道則肆其聰明而在仕也國若無道則韜光晦知不與時政亦常柔順不忤逆校人是以謂之君子也

子曰可與言而不與言失人不可與言而與之言失言知者不失人亦不失言。【疏】子曰可與言而不與言失人不可與言而與之言失言知者不失人亦不失言○正義曰此章戒其知人也若中人以上可以語上是可與言而不與言是失於彼人也若中人以下不可以語上而己與之言則失於己言也惟知者明於事二者俱不失

子曰志士仁人無求生以害仁。有殺身以成仁孔曰無求生以害仁死而後成仁則志士仁人不愛其身也【疏】子曰志士仁人無求生以害仁有殺身以成仁○正義曰此章言志善之士仁愛之人無求生而害仁若身死而後成仁則志士仁人不愛其身有殺其身以成其仁者也若伯夷叔齊及比干是也

子貢問爲仁子曰工欲善其事必先利其器居是邦也事其大夫之賢者友其士之仁者。孔曰言工以利器爲用人以賢友爲助【疏】子貢至仁者○正義曰此章明爲仁之法也子貢問爲仁者子貢欲爲仁未知其法故問之子曰工欲善其事必先利其器者將荅爲仁先爲設譬也若百工欲善其所爲之事當先脩利所用之器居是邦也事其大夫之賢者友其士之仁者此荅譬也言工以利器爲用人以賢友爲助大夫尊故言事士卑故言友大夫言賢士言仁互文也

顏淵問爲邦子曰行夏之時據見萬物之生以爲四時之始取其易知乘殷之輅。馬曰殷車曰大輅左傳曰大輅越席昭其儉也服周之冕包曰

冕禮冠周之禮文而備取其黈纊塞耳不任視聽
樂則韶舞韶舜樂也盡善盡美故取之
放鄭聲遠佞人鄭聲淫佞人殆孔曰鄭聲佞人亦俱能惑人心與雅樂賢人同而使人淫亂危殆故當放遠之

【疏】顏淵至人殆○正義曰此章言治國之法也顏淵問爲邦者爲猶之治問治國之禮法於孔子也子曰行夏之時者此下孔子荅以爲邦所行用之禮樂車服也夏之時謂以建寅之月爲正也據見萬物之生以爲四時之始取其易知故使行之乘殷之輅者殷車曰大輅謂木輅也取其儉素故使乘之服周之冕者冕禮冠也周之禮文而備取其黈纊塞耳不任視聽故使服之樂則韶舞者韶舜樂名也以其盡善盡美故使取之放鄭聲遠佞人鄭聲淫佞人殆者又當放棄鄭衛之聲遠離辨佞之人以鄭聲佞人亦俱能惑人心與雅樂賢人同然而使人淫亂危殆故使放遠之○注馬曰至儉也正義曰云殷車曰大輅者明堂位曰大輅殷輅也鄭注云大路。木路也漢祭天乘殷之路今謂之桑根車者是也路訓大也君之所在以大爲號門曰路門寢曰路寢車曰路車故人君之車通以路爲名周禮巾車掌王之。曰路鄭玄云。王在焉曰路彼解天子之車故云王在耳其實諸侯之車亦稱爲路云左傳曰大輅越席昭其儉也者桓二年文也越席結蒲爲席置於路中以茵藉示其儉也服虔云大路木路引之者以證殷路一名大路也杜元凱以大路爲玉路今所不取○注包曰至視聽。正義曰云冕禮冠周之禮文。而備者冠者首服之大名冕者冠中之別號故云冕禮冠也世本云黃帝作冕宋仲子云冕冠之有旒者禮文殘缺形制難詳周禮弁師掌王之五冕皆玄冕朱裏也言玄朱而已不言所用之物子罕篇云麻冕禮也蓋以木爲幹而用布衣之上玄下朱取天地之色其長短廣狹則經傳無文阮諶三禮圖漢禮器制度云冕制皆長尺六寸廣八寸天子以下皆同沈引董巴輿服志云廣七寸長尺二寸應劭漢官儀云廣七寸長八寸沈又云廣八寸長尺六寸者天子之冕廣七寸長尺二寸者諸侯之冕廣七寸長八寸者大夫之冕但古禮殘缺未知孰是故備載焉司。馬彪漢書輿服志云孝明帝永平二年初詔有司采周官禮記尚書之文制冕皆前圓後方朱裏玄上前垂四寸，後垂三寸。天子白玉珠十二旒，三公諸侯青玉珠七旒，卿大夫黑玉珠五旒，皆有前無後。此則漢法耳。其古禮，鄭玄注弁師云：天子袞冕以五采繅前後十二旒，旒有五采玉十有二。鷩冕前後九旒，毳冕前後七旒，希冕前後五旒，玄冕前後三旒，旒皆五采玉十有二。上公袞冕三采繅前後九旒，旒有三采玉九。侯伯鷩冕三采繅前後七旒，旒有三采玉七。子男毳冕三采繅前後五旒，旒有三采玉五。孤卿以下皆二采繅二采玉焉。蓋以繅采玉其旒，又玉名依命數耳。謂之冕者，冕俛也，以其後高前下，有俛俯之形，故因名焉。蓋以在上位者失於驕矜，欲令位彌高而志彌下，故制此服，令貴者下賤也。云取其黈纊塞耳不任視聽者，黈纊，黃綿也。案今禮圖，袞冕以下皆有充耳，天子以黈纊，諸侯以青纊，以其冕旒垂目，黈纊塞耳，欲使無爲清靜，以化其民，故不任視聽也。

子曰：人無遠慮，必有近憂。王曰：君子當思患而預防之。

疏　子曰人無遠慮必有近憂○正義曰：此章戒人備豫不虞也。○注王曰君子當思患而預防之○正義曰：此周易既濟象辭也。王弼云：存不忘亡，既濟不忘未濟也。

子曰：已矣乎！吾未見好德如好色者也。

疏　子曰已矣乎吾未見好德如好色者也○正義曰：此章疾時人好色而不好德也。

子曰：臧文仲其竊位者與！知柳下惠之賢而不與立也。孔曰：柳下惠，展禽也。知賢而不舉，是爲竊位。

疏　子曰臧文仲其竊位者與知柳下惠之賢而不與立也○正義曰：此章勉人舉賢也。竊，盜也。魯大夫臧文仲知賢不舉，偷安於位，故曰竊位。以其知柳下惠之賢，不稱舉與立於朝廷也。○注柳下惠展禽也○正義曰：案魯語展禽對臧文仲云：獲聞之。是其人氏展，名獲，字禽。柳下惠是其所食之邑名，謚曰惠。列女傳：柳下惠死，門人將謚之，妻曰：夫子之謚宜爲惠乎。門人從以爲謚。莊子云柳下季者，季是五十字，禽是二十字。

子曰：躬自厚而薄責於人，則遠怨矣。孔曰：責己厚，責人薄，所以遠怨咎。

疏　子曰躬自厚而薄責於人則遠怨矣○正義曰：此章戒人責己也。躬，身也。言凡事自責厚，薄責於人，則所以遠怨咎也。

子曰：不曰

如之何孔曰不曰如之何者猶言不曰奈是何如之何者吾末如之何也已矣孔曰如之何者言禍難已成吾亦無如之何

疏子曰不曰如之何如之何者吾末如之何也已矣○正義曰此章戒人豫防禍難也如奈也不曰如之何猶言不曰奈是何末無也若曰奈是何者則是禍難已成不可救藥吾亦無奈之何

子曰羣居終日言不及義好行小慧難矣哉鄭曰小慧謂小小之才知難矣哉言終無成

疏子曰羣居終日言不及義好行小慧難矣哉○正義曰此章責義小慧謂小小才知言人羣朋共居終竟一日所言不及義事但好行小小才知以陵誇於人難有所成矣哉言終無成也

子曰君子義以爲質禮以行之孫以出之信以成之君子哉鄭曰義以爲質謂操行孫以出之謂言語

疏子曰君子義以爲質禮以行之孫以出之信以成之君子哉○正義曰此章論君子之行也義以爲質謂操執以行者當以義爲體質文之以禮然後行之孫順其言語以出之守信以成之能此四者可謂君子哉

子曰君子病無能焉不病人之不己知也包曰君子之人但病無聖人之道不病人之不己知

疏子曰君子病無能焉不病人之不己知也○正義曰此章戒人脩己也病猶患也言君子之人但患己無聖人之道不患人之不知己也

子曰君子疾沒世而名不稱焉疾猶病也

疏子曰君子疾沒世而名不稱焉○正義曰此章勸人脩德也疾猶病也言君子病其終世而善名不稱也

子曰君子求諸己小人求諸人君子責己小人責人

疏子曰君子求諸己小人求諸人○正義曰此章言君子責於己小人責於人也求責也諸於也

子曰君子矜而不爭包曰矜矜莊也羣而不黨孔曰黨助也君子雖衆不相私助義之與比

疏子曰君子矜而不爭羣而不黨○正義曰此章言君子貌雖矜莊而不爭鬭君子雖衆而不私相黨助義之與比也

子曰君子不以言舉人包曰有言者不必有德故不可

以言舉人不以人廢言王曰不可以無德而廢善言疏子曰君子不以言舉人不以人廢言○正義曰此章言君子用人取其善節也有言者不必有德故不可以言舉人當察言觀行然後舉之夫婦之愚可以與知故不可以無德而廢善言也

子貢問曰有一言而可以終身行之者乎子曰其恕乎己所不欲勿施於人言己之所惡勿加施於人疏子貢至於人○正義曰此章言人當恕己不及物也子貢問曰有一言可以終身行之者乎者問於孔子求脩身之要道也子曰其恕乎己所不欲勿施於人者孔子荅言唯仁恕之一言可終身行之也己之所惡勿欲施於人即恕也

子曰吾之於人也誰毀誰譽如有所譽者其有所試矣包曰所譽者輒試以事不虛譽而已斯民也三代之所以直道而行也馬曰三代夏殷周用民如此無所阿私所以云直道而行疏子曰至行也○正義曰此章論正直之道也子曰吾之於人也誰毀誰譽者毀謂譖害譽謂稱揚言我之於人於誰毀於誰譽無私毀譽也如有所譽者其有所試矣者言所稱譽者輒試以事不虛譽而已也斯民也三代之所以直道而行也者斯此也三代夏殷周也言如此用民無所阿私夏殷周三代之令王所以得稱直道而行也

子曰吾猶及史之闕文也包曰古之良史於書字有疑則闕之以待知者有馬者借人乘之今亡矣夫包曰有馬不能調良則借人乘習之孔子自謂見其人如此至今無有矣言此者以俗多穿鑿疏子曰至矣夫○正義曰此章疾時人多穿鑿也子曰吾猶及史之闕文也者史是掌書之官也文字也古之良史於書字有疑則闕之以待能者不敢穿鑿孔子言我尚及見此古史闕疑之文有馬者借人乘之者此舉喻也喻己有馬不能調良當借人乘習之也今亡矣夫者亡無也孔子自謂及見其人如此闕疑至今則無有矣言此者以俗多穿鑿

子曰巧言亂德小不忍則亂大謀孔曰巧言利口則亂德義小不忍則亂大謀疏子曰巧言亂德

小不忍則亂大謀○正義曰此章戒人慎口忍事也有言者不必有德故巧言利口則亂德義山藪藏疾國君含垢故小事不忍則亂大謀

子曰衆惡之必察焉衆好之必察焉王曰或衆阿黨比周或其人特立不羣故好惡不可不察也

疏子曰衆惡之必察焉衆好之必察焉○正義曰此章論知人之事也夫知人未易設有一人爲衆所惡不可即從雷同而惡之或其人特立不羣故必察焉又設有一人爲衆所好亦不可即從衆而好之或此人行惡衆乃阿黨比周故不可不察○注王曰或衆阿黨比周○正義曰此解衆好之也謂衆多惡人私相阿曲朋黨○比近周密也文十八年左傳言渾敦之惡云頑嚚不友是與比周杜注云比近也周密也言比是相近也周是親密也唯是親愛之義非爲善惡之名爲政篇子曰君子周而不比小人比而不周孔曰忠信爲周阿黨爲比以君子小人相對故觀文爲說也

子曰人能弘道非道弘人。王曰才大者道隨大才小者道隨小故不能弘人

疏子曰人能弘道非道弘人○正義曰此章論道也弘大也道者通物之名虛無妙用不可須臾離但仁者見之謂之仁知者見之謂之知是人才大者道隨之大也故曰人能弘道百姓則日用而不知是人才小者道亦隨小而道不能大其人也故曰非道弘人

子曰過而不改是謂過矣

疏子曰過而不改是謂過矣○正義曰此章戒人改過也人誰無過過而能改善莫大焉過而不改是謂過矣

子曰吾嘗終日不食終夜不寢以思無益不如學也

疏子曰吾嘗終日不食終夜不寢以思無益不如學也○正義曰此章勸人學也

子曰君子謀道不謀食耕也餒在其中矣學也祿在其中矣君子憂道不憂貧。鄭曰餒餓也言人雖念耕而不學故飢餓學則得祿雖不耕而不餒此勸人學

疏子曰君子謀道不謀食耕也餒在其中矣學也祿在其中也矣君子憂道不憂貧○正義曰此章亦勸人學也人非道不立故必先謀於道道高則祿來故不假謀於食餒餓也言人雖念耕而不學則無知歲有凶荒故

飢餓學則得祿雖不耕而不餒是以君子但憂道德不成不憂貧乏也然耕也未必皆餓學也未必皆得祿大判而言故云耳子曰知及之仁不能守之雖得之必失之包曰知能及治其官而仁不能守雖得之必失之知及之仁能守之不莊以涖之則民不敬包曰不嚴以臨之則民不敬從其上知及之仁能守之莊以涖之動之不以禮未善也王曰動必以禮然後善【疏】子曰至善也○正義曰此章論居官臨民之法也子曰知及之仁不能守之雖得之必失之者得位由知守位在仁若人知能及治其官而仁不能守雖得祿位必將失之知及之仁能守之不莊以涖之則民不敬者莊嚴也涖臨也言雖知及其官仁能守位不嚴以臨之則民不敬從其上知及之仁能守之莊以涖之動之不以禮未善也者言動必以禮然後善李充云夫知及以得其失也蕩仁守以靜其失也寬莊涖以威其失也猛故必須禮然後和之以禮制知則精而不蕩以禮輔仁則溫而不寬以禮御莊則威而不猛故安上治民莫善於禮顏特進云知以通其變仁以安其性莊以安其慢禮以安其情化民之善必備此四者

子曰君子不可小知而可大受也小人不可大受而可小知也王曰君子之道深遠不可小了知而可大受小人之道淺近可小了知而不可大受也【疏】子曰君子不可小知而可大受也小人不可大受而可小知也○正義曰此章言君子小人道德深淺不同之事也言君子之道深遠仰之彌高鑽之彌堅故不可小了知也使人饜飫而已是可大受也小人之道淺近易爲窮竭故不可大受而可小了知也

子曰民之於仁也甚於水火馬曰水火及仁故民所仰而生者仁最爲甚水火吾見蹈而死者矣未見蹈仁而死者也馬曰蹈水火或時殺人蹈仁未嘗殺人【疏】子曰至者也○正義曰此章勸人行仁道也子曰民之於仁也甚於水火者言水火飲食所由仁者善行之長皆民所仰而生者也若較其三者所用則仁最爲甚也水火吾

見蹈而死者矣未見蹈仁而死者也者此明仁甚於水火之事也蹈猶履也水火雖所以養人若履蹈之或時殺人也若履行仁道未嘗殺人也王弼云民之遠於仁甚於水火見有蹈水火者未嘗見蹈仁者也雖與馬意不同亦得爲一義

子曰當仁不讓於師孔曰當行仁之事不復讓於師言行仁急

疏子曰當仁不讓於師正義曰此章言行仁之急也弟子之法爲事雖當讓於師若當行仁之事不復讓於師也

子曰君子貞而不諒孔曰貞正諒信也君子之人正其道耳言不必小信

疏子曰君子貞而不諒○正義曰此章貴正道而輕小信也貞正也諒信也君子之人正其道耳言不必小信案昭七年左傳云子產爲豐施歸州田於韓宣子曰日君以夫公孫。段爲能任其事而賜之州田今無祿早世不獲久享君德其子弗敢有不敢以聞於君私致諸子宣子辭子產曰古人有言曰其父析薪其子弗克負荷施將懼不能任其先人之祿其況能任大國之賜縱吾子爲政而可後之人若屬有疆場之言敝邑獲戾而豐氏受其大討吾子取州是免敝邑於戾而建置豐氏也敢以爲請杜注云傳言子產貞而不諒言段受晉邑卒而歸之是正也知宣子欲之而言畏懼後禍是不信故杜氏引此文爲注也

子曰事君敬其事而後。其食。孔曰先盡力而後食祿

疏子曰事君敬其事而後其食○正義曰此章言其爲臣事君之法也言當先盡力敬。其職事必有勳績而後食祿也

子曰有教無類馬曰言人所在見教無有種類

疏子曰有教無類○正義曰此章言教人之法也類謂種類言人所在見教無有貴賤種類也

子曰道不同不相爲謀

疏子曰道不同不相爲謀○正義曰此章言人之爲事必須先謀若道同者共謀則情審不誤若道不同而相爲謀則事不成也

子曰辭達而已矣。孔。曰凡事莫過於實。辭達則足矣不煩文豔之辭

疏子曰辭達而已矣○正義曰此章明言語之法也凡事莫過於實辭達則足矣不煩文豔也

師冕見孔曰師樂人盲者名冕及階子曰階也及席。子曰席也皆坐子告之曰某在斯

某在斯孔曰歷告以坐中人姓字所在處。師冕出子張問曰與師言之道與子曰然固相師之

道也馬曰相導也疏師冕見至道也○正義曰此章論相師之禮也師冕見者師樂人盲者名冕見謂來見孔子也及階子曰階也及席子曰席也者師冕及階及席孔子並告之使師冕知而升階登席也皆坐子告之曰某在斯某在斯者孔子見瞽者必起弟子亦起冕既登席而坐孔子及弟子亦皆坐孔子歷以坐中人姓字所在處告師冕使知也師冕出子張問曰與師言之道與者道謂禮也子張見孔子歷告之未嘗知此禮既師冕出去而問孔子曰此是與師言之禮與子曰然固相師之道也者相猶導也孔子然荅子張言此固是相導樂師之禮也

論語注疏解經卷第十五

論語注疏卷十五校勘記

阮元撰盧宣旬摘録

衛靈公第十五

去亂就洽　北監本去誤云毛本洽作治案治字是也○今訂正

皆有恥且格之事　本且誤目今正

衛靈公問陳於孔子章

衛靈公問陳於孔子　釋文出問陳云直刃反注同本今作陳案陳爲陳之俗字顔氏家訓書證篇云太公六韜有天陳地陳人陳雲鳥之陳論語曰衛靈公問陳於孔子左傳爲魚麗之陳俗本多作阜旁車乘之車蒼雅及近世字書皆無惟王羲小學章獨阜旁作車縱復俗行不宜追改六韜論語左傳也

軍旅末事　本末誤未下末事同○今正

不可教以末事　皇本不上有則字事下有也字閩本北監本毛本教以作以教案筆解亦作教以與邢疏合作以教者非

孔文子之將攻大叔也　北監本毛本大作太

明日遂行章　朱子集注本合上爲一章

在陳絶糧　皇本糧作粻釋文出絶糧云音粻鄭本作粻音張糧也○案糧正字粻糧皆俗字

孔子去衞如曹毛本去衞二字空闕

宋遭匡人之難皇本無宋字

君子亦有窮乎高麗本無有字

小人窮斯濫矣說文引濫作爁案九經字樣云爁今經典相承作濫

此章記孔子阨於陳也本阨誤路今正

但不如小人窮則濫溢爲非本如誤好今正

孔曰至之食案之是乏字上畫板損今補正

賜也女以予爲多學而識之者與章

問今不然皇本然下有也字閩本北監本毛本問作謂

此章言善道有統也本此誤一今正

是夫子多學而識之也本夫誤天今正

子張問行章

立則見其參於前也皇本高麗本參下有然字案釋文云參所金反包注云參然在目前是古讀如森不讀如驂字當作曑與曾子名同

今作參隸之變體竟讀如驂甚誤

夫然後行皇本高麗本行下有也字

在輿則若倚車軛皇本車作衡軛下有也字釋文出梔字云本今作軛

玉藻說帶去本玉誤王下同今並訂正

朱裏於辟北監本毛本於作終案終字是也閩本亦誤今正

幷紉約用組三寸補北監本毛本紉作紐案紐字是也

紳居二焉禮記玉藻二作一

直哉史魚章

則可卷而懷之唐石經之作也案後漢書周黃徐姜申屠傳序曰孔子稱蘧伯玉邦無道則可卷而懷也亦作也字

則可卷而懷之者北監本懷誤懁不成字毛本懷之二字空闕

則韜光晦知北監本毛本知作迹

不與時政閩本北監本毛本無時字

亦常柔順閩本北監本毛本亦上有故字

不忤逆校人　補北監本校作於

可與言而不與言章

可與言而不與言　閩本北監本毛本不與下有之字朱子集注本亦有之字案唐石經皇本高麗本石經考文提要引岳珂本俱無之字疏述經文本無之字則無之字是

亦不失言　皇本有所言皆是故無所失者也十字注各本並無

志士仁人章

無求生以害仁　唐石經仁作人案文選曹植贈徐幹詩注及太平御覽四百十九俱引作人與唐石經合然皇疏云無求生以害仁者既志善行仁恆欲救物故不自求我之生以害於仁恩之理也則字當作仁又此本正義述經文亦作仁字

子貢問爲仁章

友其士之仁者　皇本高麗本者下有也字注爲助下同

將荅問仁　本問誤爲今正

乘殷之輅　釋文出之輅云音路本亦作路是假借字

不任視聽　本視誤劉今正

木輅也本木誤未今正

巾車掌王之曰路案曰當作五閩本北監本毛本之五並誤車曰

王在焉曰路本王誤玉今正

○正義曰本正誤玉今正

周之禮文而備者閩本北監本毛本無而字案據注文有而字是

司馬彪漢書輿服志云本馬誤焉今正

天子白玉珠十二旒本白玉誤曰王下玉十有二玉七又玉名誤同今正

三公諸侯青玉珠七旒○按輿服志作三公諸侯七旒青玉爲珠

卿大夫黑玉珠五旒○按輿服志作卿大夫五旒黑玉爲珠

先於驕矜北監本毛本先作失

案今禮圖本今誤令今正

人無遠慮章

人無遠慮皇本高麗本人下有而字

君子當思患而預防之本思誤惡今正

已矣乎章

已矣乎皇本無乎字

臧文仲其竊位者與章

知賢而不舉是爲切位皇本知下有其字無是字切作竊按此寫者省竊作窃遂譌爲切今訂正

柳下惠是其所食之邑名浦鏜云惠當衍字

不曰如之何章

吾末如之何也已矣本末誤未今正

好行小慧皇本慧作惠注同釋文出行小慧云音惠小才知魯讀慧爲惠今從古案古多假惠爲慧如韓詩外傳五云主名者其臣惠漢書昌邑王傳云淸狂不惠列子逢氏有子少而惠是也

君子義以爲質章

君子義以爲質釋文出爲質云一本作君子義以爲質鄭本畧同案文義君子字不當有孝經三才章疏引亦無君子字經義雜記云有者係衍文蓋先說義以爲質四句然後言君子哉明不當先言君子也

鄭曰義以爲質云云高麗本無此注

君子病無能焉章

包曰君子之人云云高麗本無此注

君子矜而不爭章

義之與比也本比誤此今正

君子不以言舉人章

王曰不可以無德而廢善言皇本高麗本竝無此注

取其善節也北監本取誤歟不成字

有一言而可以終身行之者乎章

勿施於人皇本人下有也字

言己之所惡勿加施於人皇本高麗本竝無此注

吾之於人也章

吾之於人也皇本無也字

如有所譽者皇本所作可
馬曰三代云云高麗本無此注
吾猶及史之闕文也章
吾猶及史之闕文也唐石經無之字
今亡矣夫皇本高麗本今下有則字朱子集注本矣作已案宋石經作矣石經考文提要引宋本九經岳珂本亦作矣今集注本作已非
巧言亂德章
則亂大謀高麗本無則字
巧言亂德本巧誤則今正
衆惡之章
王曰衆或阿黨比周北監本毛本作或衆是也
頑嚚不友補北監本嚚作嚚是也
人能宏道章
非道宏人皇本高麗本人下有也字

王曰才大者皇本才作材下同又注首無王曰二字

君子謀道不謀食章

君子憂道不憂貧高麗本貧下有也字

故不假謀於食北監本毛本假作暇

君子不可小知章

君子貞而不諒章

王曰君子之道深遠皇本高麗本無王曰二字

日君以夫公孫段本段誤叚下同今正

事君敬其事而後其食章

事君敬其事而後其食郡齋讀書志載蜀石經作敬其事而後食其祿○按皇疏云國家之事知無不爲是敬其事也必有纔勳績乃受祿賞是後其食也蜀石經作而後食其祿是依注文妄增也

敬其職事毛本其作共浦鏜云共疑衍不知其爲誤字也

辭達而已矣章

孔曰凡事莫過於實辭達則足矣高麗本無孔曰字皇本實下有足也二字

師冕見章

及席高麗本席下有也字案文義不當有也字各本俱無

歷告以坐中人姓字所在處皇本坐作座字下有及字處下有也字

論語注疏卷十五校勘記

論語注疏解經卷第十六

季氏第十六

何晏集解　邢昺疏

【疏】正義曰此篇論天下無道政在大夫故孔子陳其正道揚其衰失稱損益以教人舉詩禮以訓子明君子之行正夫人之名以前篇首章記衞君靈公失禮此篇首章言魯臣季氏專恣故以次之也

季氏將伐顓臾冉有季路見於孔子曰季氏將有事於顓臾 孔曰顓臾伏羲之後風姓之國本魯之附庸當時臣屬魯季氏貪其土地欲滅而取之冉有與季路爲季氏臣來告孔子 孔子曰求無乃爾是過與 孔曰冉求爲季氏宰相其室爲之聚斂故孔子獨疑求教之 夫顓臾昔者先王以爲東蒙主 孔曰使主祭蒙山 且在邦域之中矣 孔曰魯七百里之邦顓臾爲附庸在其域中 是社稷之臣也何以伐爲 孔曰已屬魯爲社稷之臣何用滅之爲 冉有曰夫子欲之吾二臣者皆不欲也 孔曰歸咎於季氏 孔子曰求周任有言曰陳力就列不能者止 馬曰周任古之良史言當陳其才力度己所任以就其位不能則當止 危而不持顛而不扶則將焉用彼相矣 包曰言輔相人者當能持危扶顛若不能何用相爲 且爾言過矣虎兕出於柙龜玉毀於櫝中是誰之過與 馬曰柙檻也櫝匱也失虎毀玉豈非典守之過邪 冉有曰今夫顓臾固而近於費 馬曰固謂城郭完堅兵甲利也費季氏邑 今不取後世必爲子孫憂孔子曰求君子疾夫 孔曰疾如女之言 舍曰欲之

而必。爲之辭孔曰舍其貪利之說而更作他辭是所疾也丘也聞有國有家者不患寡而患不均孔曰國諸侯家卿大夫不患土地人民之寡少患政。理之不均。平不患貧而患不安孔曰憂不能安民耳民安則國富蓋均無貧和無寡安無傾包曰政教均平則不貧矣上下和同不患寡矣大小安寧不傾危矣夫如是故遠人不服則脩文德以來之既來之則安之今由與求也相夫子遠人不服而不能來也邦分崩離析而不能守也孔曰民有畏心曰分欲去曰崩不可會聚曰離析而謀動干戈於邦。內孔曰干。楯也戈戟也吾恐季孫之憂不在。顓臾而在。蕭牆。之內也鄭曰蕭之言肅也牆謂屏也君臣相見之禮至屏而加肅敬焉是以謂之蕭牆後季氏家臣陽虎果囚季桓子

【疏】季氏至內也〇正義曰此章論魯卿季氏專恣征伐之事也季氏將伐顓臾者顓臾伏羲之後風姓之國本魯之附庸當時臣屬於魯而季氏貪其土地欲滅而取之也冉有季路見於孔子曰季氏將有事於顓臾者冉有季路爲季氏臣來告孔子言季氏將有征伐之事於顓臾也孔子曰求無乃爾是過與者無乃乃也爾女也雖二子同來告以冉求爲季氏宰相其室爲之聚斂故孔子獨疑求教之言將伐顓臾乃女是罪過與與疑辭也夫顓臾昔者先王以爲東蒙主者言昔者先王始封顓臾爲附庸之君使主祭蒙山蒙山在東故曰東蒙且在邦域之中矣者魯之封域方七百里顓臾爲附庸在其城中也是社稷之臣也何以伐爲者言顓臾已屬魯爲社稷之臣何用伐滅之爲冉有曰夫子欲之吾二臣者皆不欲也者夫子謂季氏也冉有歸咎於季氏也故言季氏欲伐我二人皆不欲也孔子曰求周任有言曰陳力就列不能者止者周任古之良史也夫子見冉有歸咎於季氏故呼其名引周任之言以責之言爲人臣者當陳其才力度己所任以就其列位不能則當自止退也危而不持顛而不扶則將焉用彼相矣者相謂輔相焉何也

言輔相人者當持其主之傾危扶其主之顛蹶若其不能何用彼相爲且爾言過矣者爾汝也汝爲季氏輔相而歸咎於季氏。自是汝之言罪過矣虎兕出於柙龜玉毀於櫝中是誰之過與者此又爲輔相之人作譬也柙檻也櫝匱也虎兕皆猛獸故設檻以制之龜玉皆大寶故設匱以藏之若虎兕失出於檻龜玉損毀於匱中是誰之過與言是典守者之過也以喻主君有闕是輔相者之過也冉有曰今夫顓臾固而近於費今不取後世必爲子孫憂者此冉有乃自言欲伐顓臾之意也固謂城郭完堅兵甲利也費季氏邑言今夫顓臾城郭甲兵堅固而又近於費邑若今不伐而取之後世必爲季氏子孫之憂也孔子曰求君子疾夫舍曰欲之而必爲之辭者孔子見冉有言將伐顓。臾之意故又呼冉有名而責之如汝之言君子所憎疾夫以舍其。探利之說而更作他辭是所疾也丘也聞有國有家者不患寡而患不均者此下孔子又爲言其正治之法以示非臆說故云丘也聞國謂諸侯家謂卿大夫言爲諸侯卿大夫者不患。土地人民之寡少但患政理之不均平也不患貧而患不安者言不憂國家貧但憂不能安民耳民安則國富也蓋均無貧和無寡安無傾者孔子既陳其所聞更爲言其理蓋言政教均平則不貧矣上下和同不患寡矣小大安寧不傾危矣如上所聞此應云均無寡安無貧而此乃云均無貧和無寡安無傾者欲見政教均平又須上下和睦然後國富民。多而社稷不傾危也故衍其文耳夫如是故遠人不服則脩文德以來之既來之則安之者言夫政教能均平和安如此故遠方之人有不服者則當脩。文德使遠人慕其德化而來遠人既來當以恩惠安存之今由與求也相夫子者謂冉有季路輔相季氏也遠人不服而不能來也者謂不脩文德也邦分崩離析而不能守也者民有異心曰分欲去曰崩不可會聚曰離析言國內之民又不能以恩惠安撫致有異心不可會聚莫能固守也而謀動干戈於邦內者謂將伐顓臾也吾恐季孫之憂不在顓臾而在蕭牆之內。也蕭牆謂屏也蕭之言肅也君臣相見之禮至屏而加。肅敬焉是以謂之蕭牆孔子聖人有先見之明見季氏家臣擅命必知將爲季氏之禍因冉有言顓臾後世必爲子孫憂故言吾恐季孫之憂不遠在顓臾而近在蕭牆之內後季氏家臣陽虎果因季桓子○注孔曰至孔子○正義曰云顓臾伏羲之後風姓之國者僖二十一年左傳云任宿須句顓臾風姓也實司太皞與有濟之祀杜注云太皞伏羲四國伏羲之後故主其祀顓臾在泰山南武陽縣東北是也云本魯之附庸當時臣屬魯者王制云公侯田方百里伯七十里子男五十里不能五十里者不合於天子附於諸侯曰附庸鄭注云不合謂不朝會也小城曰附庸附庸者以國事附於大國未能以其名通也言此顓臾始封爲附庸之君以國事附於魯耳猶不爲魯臣故曰魯之附庸春秋之世強陵弱衆暴寡故當此季氏之時而顓臾已屬魯爲臣故曰當時臣屬魯也○注使主祭蒙山○正義曰禹貢徐州云蒙羽其藝地理志云泰山蒙陰縣蒙山在西南有祠顓臾國在蒙山下○注曰魯七百里之封顓臾爲附庸在其域中○正義曰明堂位曰成王以周公爲有勳勞於天下是以封周公於曲阜地方七百里革車千乘鄭注云曲阜魯地上公之封地方五百里加魯以四等之附庸方百里者二十四井五五二十五積四十九開方之得七百里言其顓臾爲附庸在此七百里封域之中也○注周任古之良史○正義曰周大夫也與史佚臧文仲並古人立言之賢者也○馬曰至過邪○正義曰云柙檻也者說文云柙檻也檻櫳也一曰圈以藏虎兕爾雅云兕野牛郭璞云一角青色重千斤說文云兕如野牛青色其皮堅厚可制鎧交州記曰兕出九德有一角角長三尺餘形如馬鞭柄是也云櫝匵也者亦說文云也○注孔曰干楯也戈戟也○正義曰干一名楯今謂之旁牌方言云楯自關而東或謂之楯或謂之干關西謂之楯是干楯爲一也施紛以持之孔注尚書費誓云施乃楯紛紛如綬而小繫於楯以持之且以爲飾也干扞也並之以扞敵故牧誓云比爾干也戈者考工記云戈秘六尺有六寸其刃廣二寸內倍之胡三之援四之鄭玄注云戈今句孑戟也或謂之雞鳴或謂之擁頸內謂胡以內接秘者也長四寸胡六寸援八寸鄭司農云援直刃也胡其孑

孔子曰天下有道則禮樂征伐自天子出天下無道則禮樂征伐自諸侯出自諸侯出蓋十世希不失矣孔曰

希少也周幽王爲犬戎所殺平王東遷周始微弱諸侯自作禮樂專行征伐始於隱公至昭公十世失政死於乾侯矣

自大夫出五世希不失矣孔曰季文子初得政至桓子五世爲家臣陽虎所因

陪臣執國命三世希不失矣馬曰陪重也謂家臣陽虎爲季氏家臣至虎三世而出奔齊

天下有道則政不在大夫孔曰制之由君

天下有道則庶人不議孔曰無所非議

【疏】孔曰至不議○正義曰此一章論天下有道無道禮樂征伐所出不同及言衰失之世數也孔子曰天下有道則禮樂征伐自天子出者王者功成制禮治定作樂立司馬之官掌九伐之法諸侯不得制作禮樂賜弓矢然後專征伐是天下有道之時禮樂征伐自天子出也天下無道則禮樂征伐自諸侯出者謂天子微弱諸侯上僭自作禮樂專行征伐也自諸侯出蓋十世希不失矣者希少也言政出諸侯不過十世必失其位不失者少也若魯昭公出奔齊是也自大夫出五世希不失矣者言政在大夫不過五世必失其位不失者少矣若魯大夫季桓子爲陽虎所囚是也陪臣執國命三世希不失矣者陪重也謂家臣也大夫已爲臣故謂家臣爲陪臣言陪臣擅權執國之政命不過三世必失其位不失者少矣若陽虎三世而出奔齊是也天下有道則政不在大夫者元爲政命制之由君也天下有道則庶人不議者議謂謗訕言天下有道則上酌民言以爲政教所行皆是則庶人無有非毀謗議也○注孔曰至乾侯○正義曰云周幽王爲犬戎所殺平王東遷者案周本紀云幽王三年嬖褒姒生伯服幽王欲廢太子太子母申侯女而爲后幽王得褒姒愛之使廢申后并去太子用褒姒爲后以其子伯服爲太子幽王之廢后去太子也申侯怒乃與繒西夷犬戎共攻幽王幽王舉烽火徵兵兵莫至遂殺幽王麗山下虜褒姒盡取周賂而去隱六年左傳稱周桓公言於王曰我周之東遷晉鄭焉依周本紀又云於是諸侯乃即申侯而共立故幽王太子宜臼是爲平王也云周始微弱者地理志云幽王淫褒姒滅宗周子平王東居洛邑於是王室之尊與諸侯無異其詩不能復雅故其詩謂之王國風是周始微弱也云諸侯自作禮樂者謂僭

爲天于之禮樂若魯昭公之比也案昭二十五年公羊傳云子家駒曰諸侯僭於天子大夫僭於諸侯久矣昭公曰吾何僭矣哉子家駒曰設兩觀乘大輅朱干玉戚以舞大夏八佾以舞大武是也云專征伐者謂不由王命專擅行其征伐春秋之時諸侯皆是也云始於隱公至昭公十世失政死於乾侯者隱公名息姑伯禽七世孫惠公弗皇子聲子所生平王四十九年即位是王室微弱政在諸侯始於隱公隱公卒弟桓公允立卒子莊公同立卒子閔公開立卒兄僖公申立卒子文公興立卒子宣公倭立卒子成公黑肱立卒子襄公午立卒子昭公裯立是爲十世也春秋昭公二十五年公孫於齊三十二年卒於乾侯是也○注孔曰至所因○正義曰季文子初得政至桓子五世者謂文子武子悼子平子桓子爲五世也云爲家臣陽虎所因者定五年左傳云九月乙亥陽虎囚季桓子及公父文伯是也○注陽虎至奔齊○正義曰魯伐陽虎陽虎出奔齊在定九年

孔子曰祿之去公室五世矣鄭曰言此之時魯定公之初魯自東門襄仲殺文公之子赤而立宣公於是政在大夫爵祿不從君出至定公爲五世矣政逮於大夫四世矣孔曰文子武子悼子平子故夫三桓之子孫微矣孔曰三桓謂仲孫叔孫季孫三卿皆出桓公故曰三桓也仲孫氏改其氏稱孟氏至桓哀公皆衰

疏孔子至微矣○正義曰此章言魯公室微弱政在大夫也孔子曰祿之去公室五世矣者謂政在大夫爵祿不從君出始於宣公言此之時在魯定公之初故爲五世矣政逮於大夫四世矣者逮及也言君之政令及於大夫至今四世矣謂季文子武子悼子平子也故夫三桓之子孫微矣者三桓謂仲孫叔孫季孫三卿皆出桓公故曰三桓也仲孫氏改其氏稱孟氏以禮樂征伐自大夫出五世希不失故夫三桓子孫至哀公時皆衰微也○注鄭曰至世矣○正義曰魯自東門襄仲殺文公之子赤而立宣公者文十八年左傳云文公子妃敬嬴生宣公敬嬴嬖而私事襄仲宣公長而屬諸襄仲欲立之叔仲不可仲見于齊侯而請之齊侯新立而欲親魯許之冬十月仲殺惡及視而立宣公是也公羊傳作子赤襄仲居東門故曰東門襄仲云至定公爲五世矣者謂

宣公成公襄公昭公定公也○注孔曰文子武子悼子平子○正義曰此據左傳及世家文也

孔子曰：益者三友，損者三友。友直，友諒，友多聞，益矣。友便辟，馬曰：便辟，巧辟人之所忌以求容媚。友善柔，馬曰：面柔也。友便佞，損矣。鄭曰：便，辯也。謂佞而辨。

疏孔子至損矣○正義曰：此章戒人擇友也。益者三友，損者三友者，以人爲友，損益於己，其類各三也。友直，友諒，友多聞，益矣者，直謂正直，諒謂誠信，多聞謂博學。以此三種之人爲友，則有益於己也。友便辟，友善柔，友便佞，損矣者，便辟，巧辟人之所忌以求容媚者也；善柔，謂面柔，和顏悅色以誘人者也；便，辯也，謂佞而復辯。以此三種之人爲友，則有損於己也。

孔子曰：益者三樂，損者三樂。樂節禮樂，動得禮樂之節。樂道人之善，樂多賢友，益矣。樂驕樂，孔曰：恃尊貴以自恣。樂佚遊，王曰：佚遊，出入不節。樂宴樂，損矣。孔曰：宴樂，沈荒淫瀆，三者自損之道。

疏孔子至損矣○正義曰：此章言人心樂好損益之事各有三種也。樂節禮樂者，謂凡所動作皆得禮樂之節也。樂道人之善者，謂好稱人之美也。樂多賢友者，謂好多得賢人以爲朋友也。言好此三者，於身有益也。樂驕樂者，謂恃尊貴以自恣也。樂佚遊者，謂好出入不節也。樂宴樂者，謂好沈荒淫瀆也。言好此三者，自損之道也。○注沈荒淫瀆○正義曰：云沈者，書微子云沈酗於酒，言人以酒亂，若沈沒於水，故以耽酒爲沈也。荒者，廢也，謂有所好樂而廢所掌之職事也。書云：酒荒於厥邑，內作色荒，外作禽荒，皆是。淫，訓過也，言耽酒爲過差也。瀆者，嬻慢也，言無復禮節也。

孔子曰：侍於君子有三愆：孔曰：愆，過也。言未及之而言謂之躁，鄭曰：躁，不安靜。言及之而不言謂之隱，孔曰：隱匿不盡情實。未見顏色而言謂之瞽。周曰：未見君子顏色所趣嚮而便逆先意語者，猶瞽也。

疏孔子至之瞽○正義曰：此章戒卑侍於尊審慎言語之法也。侍於君子有三愆者，愆，過也，言卑侍於尊有三種過失之事。言未及之而言謂之躁者，謂君子言事未及於己而輒先言是謂躁動不安靜也言及之而不言謂之隱者謂君子言論及己己應言而不言是謂隱匿不盡情實也未見顏色而言謂之瞽者瞽謂無目之人也言未見君子顏色所趣嚮而便逆先意語者猶若無目人也

孔子曰君子有三戒少之時血氣未定戒之在色及其壯也血氣方剛戒之在鬭。及其老也血氣既衰戒之在得。孔曰得貪得

【疏】孔子至在得○正義曰此章言君子之人自少及老有三種戒慎之事也少之時血氣未定○戒之在色者少謂人年二十九以下血氣猶弱筋骨未定貪色則自損故戒之及其壯也血氣方剛戒之在鬭者壯謂氣力方當剛強喜於爭鬭故戒之及其老也血氣既衰戒之在得者老謂五十以上得謂貪得血氣既衰多好聚斂故戒之

孔子曰君子有三畏畏天命順吉逆凶天之命也畏大人大人即聖人與天地合其德畏聖人之言深遠不可易知測聖人之言也小人不知天命而不畏也恢疏故不知畏狎大人直而不肆故狎之侮聖人之言不可小知故侮之

【疏】孔子至之言○正義曰此章言君子小人敬慢不同也君子有三畏者心服曰畏言君子心所畏服有三種之事也畏天命者謂作善降之百祥作不善降之百殃順吉逆凶天之命也故君子畏之畏大人者謂大人即聖人也與天地合其德故君子畏之畏聖人之言者聖人之言深遠不可易知測故君子畏之也小人不知天命而不畏也者言小人與君子相反天道恢疏故小人不知畏也狎大人者狎謂慣忽聖人直而不肆故小人忽之侮聖人之言者侮謂輕慢聖人之言不可小知故小人輕慢之而不行也○注順吉逆凶天之命也○正義曰虞書大禹謨云惠迪吉從逆凶惟影響孔安國云順道吉從逆凶吉凶之報若影之隨形響之應聲言不虛道即天命也天命無不報故可畏之○注大人即聖人與天地合其德○正義曰易云利見大人即聖人也乾卦文言云夫大人者與天地合其德莊氏云謂覆載也與日月合其明謂照臨也與四時合其序若賞以春夏刑以秋冬之

類也與鬼神合其吉凶若福善禍淫也此獨舉天地合其德者舉一隅也○注恢恢疏故不知畏○正義曰案老子德經云天網恢恢疏而不失言天之網羅恢恢疎遠刑淫賞善不失毫分也○注直而不肆故狎之○正義曰肆謂放肆言大人質直而不放肆故小人輕狎之也

孔子曰生而知之者上也學而知之者次也困而學之又其次也孔曰困謂有所不通困而不學民斯爲下矣【疏】孔子至下矣○正義曰此章勸人學也生而知之者上也者謂聖人也學而知之者次也者言由學而知道次於聖人謂賢人也困而學之又其次也者人本不好學因其行事有所困禮不通發憤而學之者復次於賢人也困而不學民斯爲下矣者謂知困而不能學此爲下愚之民也○注孔曰困謂有所不通○正義曰言爲事不能通達者也左傳昭七年公如楚孟僖子爲介不能相儀及楚不能荅郊勞九月公至自楚孟僖子病不能相禮乃講學之是其困而學者也

孔子曰君子有九思視思明聽思聰色思溫貌思恭言思忠事思敬疑思問忿思難見得思義【疏】孔子至思義○正義曰此章言君子有九種之事當用心思慮使合禮義也視思明者目覩爲視見微爲明言君子覩視當思見微若離婁也聽思聰者耳聞爲聽聽遠爲聰言君子耳聽當思聞遠若師曠也色思溫者言顏色不可嚴猛當思溫也貌思恭者體貌接物不可驕亢當思恭遜也言思忠者凡所言論不可隱欺當思盡其忠心也事思敬者凡人執事多惰窳君子常思謹敬也疑思問者己有疑事不使在躬當思問以辨之也忿思難者謂人以非理忤己己必忿怒心雖忿怒不可輕易當思其後得無患難乎若一朝之忿忘其身以及其親是不思難者也見得思義者言若有所得當思義然後取不可苟也

孔子曰見善如不及見不善如探湯吾見其人矣吾聞其語矣孔曰探湯喻去惡疾隱居以求其志行義以達其道吾聞其語矣未見其人也【疏】孔曰

至人也○正義曰此章言善人難得也見善如不及者言爲善常汲汲也見不善如探湯者人之探試熱湯其去之必速以喻見惡事去之疾也吾見其人矣吾聞其語矣者言今人與古人皆有能若此者也隱居以求其志者謂隱遯幽居以求遂其己志也行義以達其道者謂好行義事以達其仁道也吾聞其語矣未見其人也者言但聞其語說古有此行之人也今則無有故未見其人也

齊景公有馬千駟死之日民無德而稱焉孔曰千駟四千匹伯夷叔齊餓于首陽之下馬曰首陽山在河東蒲坂縣華山之北河曲之中民到于今稱之其斯之謂與王曰此所謂以德爲稱

疏齊景公至謂與○正義曰此章貴德也齊景公有馬千駟死之日民無德而稱焉者景公齊君景謚也馬四匹爲駟千駟四千匹也言齊君景公雖富有千駟及其死也無德可稱伯夷叔齊餓于首陽之下民到于今稱之其斯之謂與者夷齊孤竹君之二子讓位適周遇武王伐紂諫之不入及武王既誅紂義不食周粟故于河東郡蒲坂縣首陽山下采薇而食終餓死雖然窮餓民到于今稱之以爲古之賢人其此所謂以德爲稱者與

陳亢問於伯魚曰子亦有異聞乎馬曰以爲伯魚孔子之子所聞當有異對曰未也嘗獨立孔曰獨立謂孔子鯉趨而過庭曰學詩乎對曰未也不學詩無以言鯉退而學詩他日又獨立鯉趨而過庭曰學禮乎對曰未也不學禮無以立鯉退而學禮聞斯二者陳亢退而喜曰問一得三聞詩聞禮又聞君子之遠其子也

疏陳亢至子也○正義曰此章勉人爲詩爲禮也陳亢問於伯魚曰子亦有異聞乎者伯魚孔子之子鯉也弟子陳亢以爲伯魚是孔子之子所聞當有異於餘人故問之對曰未也者答言未有異聞也嘗獨立鯉趨而過庭曰學詩乎對曰未也不學詩無以言鯉退而學詩者伯魚對陳亢言雖未有異聞有時夫子曾獨立

於堂鯉趨而過其中庭夫子謂己曰學詩乎己即對曰未也夫子又言不學詩無以言以古者會同皆賦詩見意若不學之何以爲言也鯉於是退而遂學通於詩也他日又獨立鯉趨而過庭曰學禮乎對曰未也不學禮無以立鯉退而學禮者謂異日夫子又嘗獨立而伯魚趨過夫子訓之曰學禮乎荅言未也夫子又言若不學禮無以立身以禮者恭儉莊敬人有禮則安無禮則危故不學之則無以立其身也鯉於是退而學通於禮聞斯二者蓋言別無異聞但聞此詩禮二者也陳亢退而喜者既問伯魚退而喜悅也曰問一得三聞詩聞禮又聞君子之遠其子也者亢言始但問異聞是問一也今乃聞詩可以言禮可以立且鯉也過庭方始受訓則知不常嘻嘻褻慢是又聞君子之疎遠其子也故爲得三所以喜也

邦君之妻君稱之曰夫人夫人自稱曰小童邦人稱之曰君夫人稱諸異邦曰寡小君異邦人稱之亦曰君夫人。孔曰小君君夫人之稱對異邦謙故曰寡小君當此之時諸侯。嫡妾不正稱號不審故孔子正言其禮也

疏邦君至夫人○正義曰此章正夫人之名稱也邦君之妻者諸侯之夫人也妻者齊也言與夫齊體上下之通稱故曰邦君之妻也君之妻稱之曰夫人者夫人之言扶也能扶成人君之德也邦君自稱其妻則曰夫人也夫人自稱曰小童者自稱謙言己小弱之童稚也邦人稱之曰君夫人者謂國中之臣民言則小繫君而稱之言是君之夫人故曰君夫人也稱諸異邦曰寡小君者諸於也謂己國臣民稱己君之夫人於他國之人則曰寡小君對異邦謙也以對異邦稱君曰寡君謙言寡德之君夫人對君爲小故曰寡小君也異邦人稱之亦曰君夫人者謂稱他國君妻亦曰君夫人也以當此之時諸侯嫡妾不正稱號不審故孔子正言其禮也

論語注疏解經卷第十六

論語注疏卷十六校勘記

阮元撰盧宣旬摘錄

季氏第十六

揚其衰失　本揚誤楊今正

季氏將伐顓臾章

季氏將伐顓臾　唐石經臾作臾北監本作臾案臾是正字省作臾誤作臾

伏羲之後　皇本伏羲作宓犧釋文出宓字云音密又音伏本亦作伏案五經文字云宓論語注亦用作宓犧字音伏是唐時論語注俱作宓犧

季氏貪其土地　皇本無土字

欲滅而取之　皇本取作有

來告孔子　皇本子作氏下有也字

故孔子獨疑求教之　皇本之作也

且在邦域之中矣　釋文出邦域云邦或作封案邦與封古字雖通然此處疑本作封字孔注云魯七百里之封邢疏云魯之封域方七百里顓臾爲附庸在其域中也又云顓臾爲附庸在此七百里封域之中也皆作封字可證

魯七百里之封　皇本封作邦

何以伐爲皇本高麗本作何以爲伐也

虎兕出於柙龜玉毀於櫝中皇本無二於字高麗本毀下無於字釋文出於匣云本今作柙五經文字云柙與匣同見論語○按柙訓檻匣訓匵是柙爲正字匣爲假借字

櫝匵也皇本匵作櫃案櫃乃匵之俗字

失虎毀玉豈非典守之過邪皇本作失虎毀玉豈非典守者之過邪

後世必爲子孫憂釋文出必爲子孫憂云本或作後世必爲子孫憂

而必爲之辭皇本高麗本必下有更字

患政理之不均平皇本理作治平下有也字釋文出政治云本今作理

則不貧矣皇本不下有患字

而謀動干戈於邦內釋文出邦內云鄭本作封內

干楯也釋文出盾字云又作楯

不在顓臾唐石經高麗本在下有於字釋文出不在顓臾云或作不在於顓臾

而在蕭牆之內也隸釋載漢石經在下有於字云盍毛包周無於又牆作蘠閩本北監本毛本作墻○按墻俗牆字

言季氏將有征伐之事於顓臾也本顓誤預今正
且爾言過矣本且誤目今正
自是汝之言罪過矣本自誤目今正
言將伐顓臾之意本臾誤更今正
以舍其探利之說北監本毛本探作貪
不患土地人民之寡少本土誤士今正
則當修文德本文誤大今正
而在蕭牆之內也浦鏜云也下脫者字
至屏而加肅敬焉本肅誤蕭今正
武陽縣東北是也本北誤此今正
爾雅云兕野牛案爾雅野當作似各本皆誤
戈秘六尺有六寸監本毛本秘作柲是也閩本亦誤
戈今句矛戟也浦鏜云孑誤矛是也

胡其子子當作子閩本毛本並誤

天下有道章

周幽王爲犬戎所殺本犬誤天今改

孔曰至乾侯北監本毛本作至侯矣

幽王之廢后去太子也今史記周本紀后上有申字

遂殺幽王麗山下本同毛本麗作驪

云專征伐者浦鏜云專下脫行字

子昭公裯立閩本北監本毛本裯作稠○按史漢並作稠左傳作裯說詳左傳注疏校勘記二十六

祿之去公室章

孔曰文子云云皇本高麗本並作鄭玄曰

文公子妃左氏文十八年傳子作二

欲立之左氏文十八年傳欲上重襄仲二字

益者三友章

友便辟 高麗本辟作僻案馬讀辟爲避鄭讀辟爲譬今高麗本作僻蓋與釋文同今既采馬注而字又作僻其誤甚矣

巧辟人之所忌以求容媚 皇本作巧避人所忌以求容媚者也

友便佞 說文引便作諞案五經文字云諞見周書與便巧之便同

便辨也 北監本毛本辨作辯說見前

益者三樂章

樂佚遊 釋文出佚遊云本亦作逸音同○按佚逸字多通用

謂好沈荒淫溢也 浦鏜云瀆誤溢

瀆者嫉慢也 案嫉是媟之誤閩本同

侍於君子有三愆章

言未及之而言謂之躁 釋文出躁字云魯讀躁爲傲今從古案荀子勸學篇云未可與言而言謂之傲鹽鐵論孝養章云言不及而言者傲也皆用魯論

言及之而不言謂之隱 皇本高麗本無而字

君子有三戒章

戒之在鬭　唐石經鬭誤鬬皇本閩本誤鬪北監本毛本誤鬭

戒之在得　釋文出在得云或作德非

生而知之者章

有所困禮不通　補北監本禮作屈

君子有九思章

孔子至思義　本義誤夫今正

凡人執事多惰寙　閩本北監本毛本寙作怠

若一朝之忿　本一字空闕今補正

齊景公有馬千駟章

民無德而稱焉　皇本高麗本德作得又皇本無而字案得與德字雖通然此處自當作德王注云此所謂以德爲稱正義云此章貴德也又云及其死也無德可稱又云其此所謂以德爲稱者與皆以斯字即指德言直截自然若改爲得頗乖文義

餓于首陽之下　案論語于皆作於惟此章作于

陳亢問於伯魚曰章

陳亢說文云論語有陳伉案亢字子禽與爾雅亢鳥嚨詁訓相合作伉似非也然漢書古今人表陳亢陳子禽爲二人段玉裁說

未也不學詩無以言皇本高麗本也下有曰字言下有也字

聞斯二者皇本者下有矣字高麗本者作矣

問一得三北監本毛本問誤聞

邦君之妻章

亦曰君夫人皇本高麗本人下有也字

對異邦謙本邦誤所今正

諸侯嫡妾不正釋文出嫡妾云本又作適同

論語注疏卷十六校勘記

論語注疏解經卷第十七

陽貨第十七　何晏集解　邢昺疏

疏正義曰此篇論陪臣專恣因明性習知愚禮樂本末六蔽之惡二南之美君子小人爲行各異今之與古其疾不同以前篇首章言大夫之惡此篇首章記家臣之亂尊卑之差故以相次也

陽貨欲見孔子孔子不見孔曰陽貨陽虎也季氏家臣而專魯國之政欲見孔子使仕歸。孔子豚孔曰欲使往謝故遺孔子豚孔子時其亡也而往拜之遇諸塗。孔曰塗道也於道路與相逢謂孔子曰來予與爾言曰懷其寶而迷其邦可謂仁乎曰不可馬曰言孔子不仕是懷寶也知國不治而不爲政是迷邦也好從事而亟失時可謂知乎曰不可孔曰言孔子。栖。栖好從事而數不遇失時不得爲有知日月逝矣歲不我與馬曰年老歲月已往當急仕孔子曰諾吾將仕矣孔曰以順辭免。疏陽貨至仕矣○正義曰此章論家臣專恣孔子遜辭遠害之事也陽貨欲見孔子者陽貨陽虎也蓋名虎字貨爲季氏家臣而專魯國之政欲見孔子將使之仕也孔子不見者疾其家臣專政故不與相見歸孔子豚者歸遺也豚豕之小者陽貨欲使孔子往謝因得從容見之故遺孔子豚也孔子時其亡而往拜之者謂伺虎不在家時而往謝之也遇諸塗者塗道也孔子既至貨家而反於道路與相逢也謂孔子曰來。予與爾言者貨呼孔子使來就己言我與汝有所言也曰懷其寶而迷其邦可謂仁乎者此陽貨謂孔子之言也寶以喻道德言孔子不仕是懷藏其道德也知國不治而不爲政是使迷亂其國也仕者當拯。弱與衰使功被當世今爾乃懷寶迷邦可以謂之仁乎曰不可者此孔子遜辭言如此者不可謂之仁也好從事而亟失時可謂知乎者此亦陽貨謂孔子辭亟數也言孔子棲棲好從事而數不遇失時可謂有知者乎不得為有知也曰不可者此亦孔子遜辭言如此者不可謂之知也日月逝矣歲不我與者此陽貨勸孔子求仕之辭逝往也言孔子年。者歲月已往不復留待我也當急求仕孔子曰諾吾將仕矣者諾應辭也孔子知其勸仕故應荅之言我將求仕以順辭免去也

子曰性相近也習相遠也孔曰君子慎所習

子曰唯。上知與下愚不移孔曰上知不可使為惡下愚不可使強賢

疏子曰性相近也習相遠也子曰唯上知與下愚不移○正義曰此章言君子當慎其所習也性謂人所稟受以生而靜者也。未為外物所感則人皆相似是近也既為外物所感則習以性成若習於善則為君子若習於惡則為小人是相遠也故君子慎所習然此乃是中人耳其性可上可下故遇善則升逢惡則墜也孔子又嘗曰唯上知聖人不可移之使為惡下愚之。人不可移之使強賢此則非如中人性習相近遠也

子之武城聞弦歌之聲。孔曰子游為武城宰夫子莞。爾而笑莞爾小笑貌曰割雞焉用牛刀孔曰言治小何須用大道子游對曰昔者偃也聞諸夫子曰君子學道則愛人小人學道則易使也。孔曰道謂禮樂也樂以和人人和則易使子曰二三子孔曰從行者偃之言是也前言戲之耳孔曰戲以治小而用大道

疏子之至之耳○正義曰此章論治民之道也子之武城聞弦歌之聲者之適也武城魯邑名時子游為武城宰意欲以禮樂化導於民故弦歌孔子因適武城而聞其聲也夫子莞爾而笑曰割雞焉用牛刀者莞爾小笑貌言雞乃小。牲割之當用小刀何用解牛之大刀以喻治小何須用大道今子游治小用大故笑之子游對曰昔者偃也聞諸夫子曰君子學道則愛人小人學道則易使也者子游見孔子笑其治小用大故稱名而引。昔聞夫子之言以對之道謂禮樂也禮節人心樂和人聲言若在位君子學禮樂則愛養下人也若

在下小人學禮樂則人和而易使也子曰二三子者呼其弟子從行者也偃之言是也前言戲之耳者孔子語其從者言子游之說是我前言戲之以治小而用大道其實用大是也

公山弗擾以費畔召子欲往孔曰。弗擾爲季氏宰與陽虎共執季桓子而召孔子子路不說曰末之也已何必公山氏之之也。孔曰之適也無可之則止何必公山氏之適子曰夫召我者而豈徒哉如有用。我者吾其爲東周乎興周道於東方故曰東周

疏公山至周乎○正義曰此章論孔子欲不避亂而興周道也公山弗擾以費畔召子欲往者弗擾即左傳公山不狃也字子洩爲季氏費邑宰與陽虎共執季桓子據邑以畔來召孔子孔子欲往從之也子路不說曰末之也已何必公山氏之之也者上下二之俱訓爲適末無也已止也子路以爲君子當去亂就治今孔子乃欲就亂故不喜說且曰無可適也則止之何必公山氏之適也子曰夫召我者而豈徒哉如有用我者吾其爲東周乎者孔子荅其欲往之意也徒空也言夫人召我者豈空然哉必將用我道也如有用我道者我則興周道於東方其使魯爲周乎吾是以不擇地而欲往也○注弗擾爲季氏宰與陽虎共執季桓子○正義曰案定五年左傳曰六月季平子行東野還未至丙申卒于房陽虎將以璵璠斂仲梁懷弗與曰改步改玉陽虎欲逐之告公山不狃不狃曰彼爲君也子何怨焉既葬桓子行東野及費子洩爲費宰逆勞於郊桓子敬之勞仲梁懷仲梁懷弗敬子洩怒謂陽虎子行之乎九月乙亥陽虎囚季桓子是其事也至八年又與陽虎謀殺桓子陽虎敗而出至十二年季氏將墮費公山不狃叔孫輒率費人以襲魯國人敗諸姑蔑二子奔齊

子張問仁於孔子孔子曰。能行五者於天下爲仁矣請問之曰恭寬信敏惠恭則不侮孔曰不見侮慢寬則得衆信則人任焉敏則有功孔曰應事疾則多成功惠則足以使人

疏子張至使人○正義曰此章明仁也子張問仁於孔子者問何如斯可謂

之仁也孔子曰能行五者於天下爲仁矣者言爲仁之道有五也請問之者子張復請問五者之目也曰恭寬信敏惠者此孔子略言爲仁五者之名也恭則不侮者此下孔子又歷說五者之事也言己若恭以接人人亦恭以待己故不見侮慢寬則得衆者言行能寬簡則爲衆所歸也信則人任焉者言而有信則人所委任也敏則有功者敏疾也應事敏疾則多成功也惠則足以使人者有恩惠則人忘其勞也

佛肸召子欲往孔曰晉大夫趙簡子之邑宰子路曰昔者由也聞諸夫子曰親於其身爲不善者君子不入也孔曰不入其國佛肸以中牟畔子之往也如之何子曰然有是言也不曰堅乎磨而不磷不曰白乎涅而不緇孔曰磷薄也涅可以染皁言至堅者磨之而不薄至白者染之於涅而不黑喻君子雖在濁亂濁亂不能汚吾豈匏瓜也哉焉能繫而不食匏瓠也言瓠瓜得繫一處者不食故也吾自食物當東西南北不得如不食之物繫滯一處

疏佛肸至不食○正義曰此章亦言孔子欲不擇地而治也佛肸召子欲往者佛肸爲晉大夫趙簡子之中牟邑宰以中牟畔來召孔子孔子欲往從之也子路曰昔者由也聞諸夫子曰親於其身爲不善者君子不入也者言君子不入不善之國也佛肸以中牟畔子之往也如之何者言今佛肸以中牟畔則是身爲不善而子欲往如前言何子曰然有是言也者孔子荅云雖有此不入不善之言也不曰堅乎磨而不磷不曰白乎涅而不緇者孔子之意雖言不入不善緣君子見幾而作亦有可入之理故○謂之作譬磷薄也涅水中黑土可以染皁緇黑色也人豈不曰至堅者磨之而不薄至白者染之於涅而不黑以喻君子雖居濁亂濁亂不能汚也吾豈匏瓜也哉焉能繫而不食者孔子又爲言其欲往之意也匏瓠也瓠瓜得繫一處者不食故也吾自食物當東西南北不得如不食之物繫滯一處江熙云夫子豈實之公山佛肸乎欲往之意以示無係以觀門人之意如欲居九夷乘桴浮于海耳子路見形而不及道故聞乘桴而喜聞之公山而不說

升堂而未入室安得聖人之趣子曰由也女聞六言六蔽矣乎六言六蔽者謂下六事仁知信直勇剛也對曰未也

居吾語女孔曰子路起對故使還坐好仁不好學其蔽也愚孔曰仁者愛物不知所以裁之則愚好知不好學其蔽也蕩孔曰蕩無所適守好信不好學其蔽也賊孔曰父子不知相爲隱之輩好直不好學其蔽也絞好勇不好學其蔽也亂好剛不好學其蔽也狂孔曰狂妄抵觸人

疏子曰至也狂○正義曰此章勸學也子曰由也女聞六言六蔽矣乎者蔽謂蔽塞不自見其過也孔子呼子路而問之曰汝嘗聞六言不學而皆蔽塞者乎對曰未也者子路對言未曾聞也居吾語女者居由坐也禮君子問更端則起子路起對故使還坐吾將語女也好仁不好學其蔽也愚者此下歷說六言六蔽之事也學者覺也所以覺寤未知也仁之爲行學則不固是以愛物好與曰仁若但好仁不知所以裁之所施不當則如愚人也好知不好學其蔽也蕩者明照於事曰知若不學以裁之則其蔽在於蕩逸無所適守也好信不好學其蔽也賊者人言不欺爲信則當信義若但好信而不學以裁之其蔽在於賊害父子不知相爲隱之輩也好直不好學其蔽也絞者絞切也正人之曲曰直若好直不好學則失於譏刺太切好勇不好學其蔽也亂者勇謂果敢當學以知義若好勇而不好學則是有勇而無義則爲賊亂好剛不好學其蔽也狂者狂猶妄也剛者無欲不爲曲求若好恃其剛不學以制之則其蔽也妄抵觸人

子曰小子何莫學夫詩包曰小子門人也詩可以興孔曰興引譬連類可以觀鄭曰觀風俗之盛衰可以羣孔曰羣居相切磋可以怨孔曰怨刺上政邇之事父遠之事君孔曰邇近也多識於鳥獸草木之名子謂伯魚曰女爲周南召南矣乎人而不爲周南召南其猶正牆面而立也與馬曰周南召南國風之始

樂得淑女以配君子三綱之首王教之端故人而不爲如。向牆而立。

疏子曰至也與○正義曰此章勸人學詩也子曰小子何莫學夫詩者小子門人也莫不也孔子呼門人曰何不學夫詩也詩可以興者又爲說其學詩有益之理也若能學詩詩可以令人能引譬連類以爲比興也可以觀者詩有諸國之風俗盛衰可以觀覽知之也可以羣者詩有如切如磋可以羣居相切磋也可以怨者詩有君政不善則風刺之言之者無罪聞之者足以戒故可以怨刺上政邇之事父遠之事君者邇近也詩有凱風白華相戒以養是有近之事父之道也又有雅頌君臣之法是有遠之事君之道也言事父與君皆有其道也多識於鳥獸草木之名者言詩人多記鳥獸草木之名以爲比興則因又多識於此鳥獸草木之名也子謂伯魚曰女爲周南召南矣乎者爲猶學也孔子謂其子伯魚曰女學周南召南之詩矣乎人而不爲周南召南其猶正牆面而立也與者又爲說宜學周南召南之意也牆面面向牆也周南召南國風之始三綱之首王教之端故人若學之則可以觀興人而不爲則如面正向牆而立無所觀見也○注周南至而立○正義曰云周南召南國風之始者詩序云然則關雎麟趾之化。王者之風故繫之周公南言化自北而南也鵲巢騶虞之德諸侯之風也先王之所以教故繫之召公周南召南正始之道王化之基是以周南召南二十五篇謂之正國風爲十五國風之始也云樂得淑女以配君子者亦詩關雎序文也言二南皆是正始之道先美家內之化是以關雎之篇說后妃心之所樂樂得此賢善之女以配己之君子也云三綱之首王化之端者白虎通云三綱者何謂。謂君臣父子夫婦也君爲臣綱父爲子綱夫爲妻綱有夫婦然後有父子有父子然後有君臣二南之詩首論夫婦文王刑于寡妻至于兄弟以御于家邦是故二國之詩以后妃夫人之德爲首終以麟趾騶虞言后妃夫人有斯德與助其君子皆可以成功至于致嘉瑞故爲三綱之首王教之端也

子曰禮云禮云玉帛云乎哉鄭曰玉圭璋之屬帛束帛之屬言禮非但崇此玉帛而已所貴者乃貴其安上治民樂云樂云鍾。鼓云乎哉馬曰樂之所貴者移風易俗非謂。鍾鼓而已

疏子曰至乎哉○正義曰此章辨禮樂之本也子曰禮云禮云玉帛云乎哉者玉圭璋之屬帛束帛之屬皆行禮之物也言禮之所云豈在此玉帛云乎者哉言非但崇此玉帛而已所貴者在於安上治民樂云樂云鐘鼓云乎哉者鍾鼓樂之器也樂之所貴者貴其移風易俗非謂貴此鍾鼓鏗鏘而已故孔子歎之重言之者深明樂之本不在玉帛鍾鼓也

子曰色厲而內荏孔曰荏柔也為外自矜厲而內柔佞譬諸小人其猶穿窬之盜也與孔曰為人如此猶小人之有盜心穿穿壁窬窬牆

疏子曰色厲而內荏譬諸小人其猶穿窬之盜也與○正義曰此章疾時人體與情反也厲矜莊也荏柔佞也穿穿壁窬窬牆也言外自矜厲而內柔佞為人如此譬之猶小人外雖持正內常有穿壁窬牆竊盜之心也與

子曰鄉原德之賊也周曰所至之鄉輒原其人情而為意以待之是賊亂德也一曰鄉向也古字同謂人不能剛毅而見人輒原其趣嚮容媚而合之言此所以賊德

疏子曰鄉原德之賊也○正義曰此章疾時人之詭隨也舊解有二周曰所至之鄉輒原其人情而為意以待之是賊亂德也何晏云一曰鄉向也古字同謂人不能剛毅而見人輒原其趣嚮容媚而合之言此所以賊德也

子曰道聽而塗說德之棄也馬曰聞之於道路則傳而說之

疏子曰道聽而塗說德之棄也○正義曰此章疾時人不習而傳之也塗亦道也言聞之於道路則於道路傳而說之必多謬妄為有德者所棄也

子曰鄙夫可與事君也與哉孔曰言不可與事君其未得之也患得之患得之者患不能得之楚俗言既得之患失之苟患失之無所不至矣鄭曰無所不至者言其邪媚無所不為

疏子曰鄙夫至矣○正義曰此章論鄙夫之行也子曰鄙夫可與事君也與哉者言凡鄙之人不可與之事君也其未得之也患得之者此下明鄙夫不可與事君之由也患得之者患不能得也言其初未得事君也時常患己不能得事君也既得之患失之者言不能任直守道常憂患失其祿位也苟患失之無所不至矣者苟誠也若

誠憂失之則用心。顧惜竊位偷安言其邪媚無所不爲也以此故不可與事君也子曰古者民有三疾今也或是之亡
也包曰言古者民疾與。今時異古之狂也肆包曰肆極意敢言今之狂也蕩孔曰蕩無所據古之矜也廉。馬曰
有廉隅今之矜也忿戾孔曰惡理多怒古之愚也直今之愚也詐而已矣疏子曰至已矣○正義曰此
章論今人澆薄不如古人也子曰古者民有三疾今也或是之亡也者亡無也言古者淳朴之時民之行有三疾今也澆薄或是亦無也言古者民疾與今時
異古之狂也肆者此下歷言三疾也肆謂極意敢言多抵觸人也今之狂也蕩者。謂忿怒而多咈戾惡理多怒古之愚也直者謂心直而無邪曲今之愚也詐
而已矣者謂多行欺詐自利也子曰巧言令色鮮矣仁。王。曰。巧。言。無。實。令。色。無。質。疏子曰巧言令色鮮矣仁○正義曰此章與學而
篇同弟子各記所聞故重出之子曰惡紫之奪朱也。孔曰朱正色紫閒色之好者惡其邪好而奪正色惡鄭聲之亂雅
樂也。包曰鄭聲淫聲之哀者惡其亂雅樂惡利口之覆邦家者。孔曰利口之人多言少實苟能悅媚時君傾覆國家。疏子曰至家
者○正義曰此章記孔子惡邪奪正也惡紫之奪朱也者朱正色紫閒色之好者惡其邪好而奪正色也惡鄭聲之亂雅樂也者鄭聲淫聲之哀者惡其淫聲
亂正樂也惡利口之覆邦家者利口之人多言少實苟能悅媚時君傾覆國家也○注孔曰至正色○正義曰云朱正色紫閒色者皇氏云。謂青赤。田白黑五
方正色不正謂五方間色綠紅碧紫駵黃色是也青是東方正綠是東方間。東爲木木色青木。刻土土色黃並以所。刻爲間故綠色青黃也朱是南方正紅是
南方間南爲火火色赤火。刻金金色白故紅色赤白也白是西方正碧是西方間西爲金金色白金。刻木故碧色青白也黑是北方正紫是北方間北爲水水
色黑水。刻火火色赤故紫色赤黑也黃是中央正駵黃是中央間中。央。土。土色黃。土。刻水水色黑故駵黃色黃黑也子曰予欲無言子貢

曰子如不言則小子何述焉言之爲益少故欲無言子曰天何言哉四時行焉百物生焉天何言哉【疏】子曰至言哉○正義曰此章戒人慎言也子曰予欲無言者君子訥於言而敏於行以言之爲益少故欲無言子貢曰子如不言則小子何述焉者小子弟子也子貢聞孔子不欲言故告曰夫子若不言則弟子等何所傳述子曰天何言哉四時行焉百物生焉天何言哉者此孔子舉天亦不言而令行以爲譬也天何嘗有言語哉而四時之令遞行焉百物皆依時而生焉天何嘗有言語教命哉以喻人若無言但有其行不亦可乎

孺悲欲見孔子孔子辭以疾將命者出戶取瑟而歌使之聞之孺悲魯人也孔子不欲見故辭之以疾爲其將命者不已故歌令將命者悟所以令孺悲思之【疏】孺悲至聞之○正義曰此章蓋言孔子疾惡也孺悲欲見孔子孔子辭以疾者孺悲魯人也來欲見孔子孔子不欲見故辭之以疾也將命者出戶取瑟而歌使之聞之者將猶奉也奉命者主人傳辭出入人也初將命者來入戶言孺悲求見夫子辭之以疾又爲將命者不已故取瑟而歌令將命者聞之而悟己無疾但不欲見之所以令孺悲思之

宰我問三年之喪期已久矣君子三年不爲禮禮必壞三年不爲樂樂必崩舊穀既沒新穀既升鑽燧改火期可已矣馬曰周書月令有更火之文春取榆柳之火夏取棗杏之火季夏取桑柘之火秋取柞楢之火冬取槐檀之火一年之中鑽火各異木故曰改火也子曰食夫稻衣夫錦於女安乎曰安女安則爲之夫君子之居喪食旨不甘聞樂不樂居處不安故不爲也今女安則爲之孔曰旨美也責其無仁恩於親故再言女安則爲之宰我出子曰予之不仁也子生三年然後免於父母之懷馬曰子生於二歲爲父母所懷抱夫三年

之喪天下之通喪。也孔曰自天子達於庶人予也有三年之愛於其父母乎。孔曰言子之於父母欲報之。恩昊天罔極而子也有三年之愛乎【疏】宰我至母乎○正義曰此章論三年喪禮也宰我問三年之喪期已久矣者禮喪服爲至親者三年宰我嫌其期。月。太遠故問於夫子曰三年之喪期已久矣乎君子三年不爲禮禮必壞三年不爲樂樂必崩者此宰我又說喪不可三年之義也言禮檢人迹樂和人心君子不可斯須去身。推在喪則皆不爲也不爲既久故禮壞而樂崩也舊穀既沒新穀既升鑽燧改火期可已矣者宰我又言三年之喪一期爲足之意也夫人之變遷本依天道一期之。間則舊穀已沒新穀已成鑽木出火謂之燧言一鑽燧者又已改變出火之木天道萬物既已改新則人情亦宜從舊故喪禮但一期而除亦可已矣子曰食夫稻衣夫錦於女安乎者孔子見宰我言至親之喪欲以期斷故問之言禮爲父母之喪既殯食粥居倚廬斬衰三年期而小祥食菜果居堊室練冠縓緣要絰不除今女既期之後食稻衣錦於女之心得安否乎曰安者宰我言既期除喪即食稻衣錦其心安也女安則爲之者孔子言女心安則自爲之夫君子之居喪食旨不甘聞樂不樂居處不安故不爲也今女安則爲之者孔子又爲說不可安之禮旨美也言君子之居喪也疾即飲酒食肉雖食美味不以爲甘雖聞樂聲不以爲樂寢苫枕塊居處不求安也故不爲食稻衣錦之事今女既心安則任自爲之責其無仁恩於親故再言女安則爲之宰我出子曰予之不仁也子生三年然後免於父母之懷者予宰我名宰我方當愚執夫子不欲面斥其過故宰我既問而出去孔子對二三子言曰夫宰予不仁於父母也凡人子生未三歲常爲父母所懷抱既三年然後免離父母之懷是以聖人制喪禮爲父母三年夫三年之喪天下之通喪也者通達也謂上自天子下達庶人皆爲父母三年故曰通喪也予也有三年之愛於其父母乎者爲父母愛己故喪三年今予也不欲行三年之服是有三年之恩愛於父母乎○注馬曰至火也○正義曰云周禮月令有更火之文者周書孔子所刪尚書百篇之餘也晉成康中得之汲冢有月令篇其辭。今亡案周禮司爟掌行火之政令四時變國火以救時疾鄭玄注云行猶用也變猶易也鄭司農說以鄹子曰春取榆柳之火夏取棗杏之火季夏取桑柘之火秋取柞楢之火冬取槐檀之火其文與此正同釋者云榆柳青故春用之棗杏赤故夏用之桑柘黄故季夏用之柞楢白故秋用之槐檀黑故冬用之○注孔曰自天子達於庶人○正義曰禮記三年問云夫三年之喪天下之通喪也鄭玄云達謂自天子至於庶人喪服四制曰此喪之所以三年賢者不得過不肖者不得不及檀弓曰先王制禮也過之者俯而就之不至者跂而及之也故聖人雖以三年爲文其實二十五月而畢若駟之過隙然而遂之則是無窮也故先王爲之立中制節壹使足以成文理則釋之矣喪服四制曰始死三日不怠三月不解期悲哀三年憂恩之殺也故孔子云子生三年然後免於父母之懷夫三年之喪天下之達喪也所以喪必三年爲制也○注孔曰至愛乎○正義曰云欲報之德昊天罔極者小雅蓼莪文鄭箋云之猶是也我欲報父母是德昊天乎我心無極云予也有三年之愛乎者言宰予不欲服喪三年是無三年之愛也繆協云爾時禮壞樂崩三年不行宰我大懼其往以爲聖人無微旨以戒將來故假時人之謂啓憤於夫子義在屈己以明道也

子曰飽食終日無所用心難矣哉不有博奕者乎爲之猶賢乎已馬曰爲其無所據樂善生淫欲疏子曰至乎已○正義曰此章疾人之不學也子曰飽食終日無所用心難矣哉者言人飽食終日於善道無所用心則難以爲處矣哉不有博奕者乎爲之猶賢乎已者賢勝也已止也博說文作簙局戲也六箸十二棋也古者烏曹作簙圍棋謂之奕說文弈從廾言竦兩手而執之棋者所執之子以子圍而相殺故謂之圍棋圍棋稱弈者又取其落弈之義也夫子爲其飽食之之無所據樂善生淫欲故教之曰不有博弈之戲者乎若其爲之猶勝乎止也欲令據此爲樂則不生淫欲也

子路曰君子尚勇乎子曰君子義以爲上君子有勇而無義爲亂小人有勇而無義爲盜疏子路至爲盜○正義曰此章抑子路也子路曰君子尚勇乎者子路

有勇意謂勇可崇尚故問於夫子曰君子當尚勇乎子曰君子義以爲上者言君子不尚勇而。上義也上卽尚也君子有勇而無義爲亂小人有勇而無義爲盜者君子指在位者合宜爲義言在位之人有勇而無義則爲亂逆在下小人有勇而無義則爲盜賊

子貢曰。君子亦有惡乎子曰有惡。惡稱人之惡者包曰好稱說人之惡所以爲惡惡居下流而訕上者孔曰訕謗毀惡勇而無禮者惡果敢而窒。者馬曰窒窒塞也曰賜也亦有惡乎。惡徼。以爲知者孔曰徼抄也。抄人之意以爲己有惡不孫以爲勇者惡訐以爲直者包曰訐謂攻發人之陰私

疏子貢至直者○正義曰此章論人有惡行可憎惡也子貢曰君子亦有惡乎者君子謂夫子也子貢問夫子之意亦有憎惡者乎子曰有惡者荅言有所憎惡也惡稱人之惡者謂好稱說人之惡所以惡之惡居下流而訕上者訕謗毀也謂人居下位而謗毀在上所以惡之也惡勇而無禮者勇而無禮義爲亂所以惡之也惡果敢而窒者窒謂窒塞謂好爲果敢窒塞人之善道所以惡之也曰賜也亦有惡乎者子貢言賜也亦有所憎惡也惡徼以爲知者徼抄也禮。毋。抄說若抄人之意以爲己有所以惡之惡不孫以爲勇者孫順也君子義以爲勇若以不順爲勇者亦可惡也惡訐以爲直者訐謂攻發人之陰私也人之爲直當自直己若攻發他人陰私之事以成己之直者亦可惡也

子曰唯女子與小人爲難養也近之則不孫遠之則怨。

疏子曰唯女子與小人爲難養也近之則不孫遠之則怨○正義曰此章言女子與小人皆無正性難畜養所以難養者以其親近之則多不孫順疏遠之則好生怨恨此言女子舉其大率耳若其稟性賢明若文。母之類則非所論也

子曰年四。十。而見惡焉其終也已鄭曰年在不惑而爲人所惡終無善行

疏子曰年四十而見惡焉其終也已○正義曰此章言人年四十猶爲惡行而見憎惡於人者則是其終無善行也已以其年在不惑而猶爲人所惡必不能追

改故也

論語注疏解經卷第十七

論語注疏卷十七校勘記　阮元撰盧宣旬摘錄

陽貨第十七

陽貨欲見孔子章

歸孔子豚　釋文出歸孔子云如字鄭本作饋魯讀爲歸今從古案歸饋古今字儀禮聘禮注今文歸或爲饋

遇諸塗　釋文出塗字云字當作途○按古道塗字多作涂从氵从土皆後出字

言孔子栖栖好從事　北監本毛本栖作棲此疏中亦作棲案說文西爲本字或作棲此作栖又爲棲之俗字

以順辭免　皇本免下有害也二字

予與爾言者　本予誤子今正

仕者當拯弱興衰　北監本毛本弱作溺

言孔子年老　本老誤者今正

性相近也章

唯上知與下愚　皇本唯作惟說見前

不可使爲惡　皇本爲上有強字案釋文爲下強賢作音則此處亦無強字

未爲外物所感本未誤夫今正

下愚之人閩本北監本毛本人作夫

子之武城章

聞弦歌之聲皇本弦作絃案說文有弦無絃

夫子莞爾而笑釋文出莧爾云本今作莞案易夬莧陸夬夬虞注莧悅也讀如夫子莧爾而笑之莧是仲翔所見本亦作莧字

小人學道則易使也高麗本無也字

言雞乃小牲本牲誤往今正

而引昔聞夫子之言以對之本昔誤焉閩本同今正

公山弗擾以費畔章

公山弗擾皇本高麗本弗作不注同

何必公山氏之之也高麗本之字不重

如有用我者皇本用上有復字

此章論孔子不避亂而與周道也本避誤壁今正

改步改玉　本玉誤王閩本同今正

子張問仁於孔子章

孔子曰　高麗本曰上有對字

佛肸召章

佛肸召　唐石經同皇本佛肸作胇肹後同案漢書古今人表作茀肹佛茀胇三字皆以音近通借五經文字云肸肹上說文下經典相承隸省

有是言也不曰堅乎　皇本不上有曰字

涅而不緇　閩本同毛本涅作湼案史記孔子世家及論衡問孔篇俱作不淄淄與緇古字通後漢書后妃紀云恩隆好合遂忘淄蠹以淄爲緇又隸釋載費鳳別碑有云湼而不滓史記屈原賈生傳云皭然泥而不滓者也後漢書隗囂傳亦云賢者泥而不滓似皆本此當是古魯異文

故謂之作譬　浦鏜云爲誤謂

由也女聞六言六蔽矣乎章

由也女聞六言六蔽矣乎　皇本無也字

未也居吾語女　皇本居上有曰字

居由坐也　閩本同毛本由作猶

好剛不好學本學誤之今正
小子何莫學夫詩章皇本以子謂伯魚曰以下别爲一章朱子集注本與皇本同
羣居相切瑳毛本瑳並作磋
女爲周南召南矣乎皇本高麗本召作邵下及注並同○按周召字當作召作邵非
樂得淑女皇本無樂字
如向牆而立皇本立下有也字釋文出如鄉云又作向同說見前
王者之風本王誤五今正
三綱者何謂今白虎通謂下有也字
禮云禮云章
鍾鼓云乎哉皇本閩本北監本毛本鍾作鐘注疏並同
言非但崇此玉帛而已本而誤不今正
深明樂之本北監本毛本樂上有禮字此誤脫也
色厲而内荏章

其猶穿窬之盜也與釋文出穿踰云本又作窬音同案孔注云窬窬牆也則字當從踰

鄉原章

而爲意以待之皇本意上有己字

是賊亂德也皇本也上有者字釋文出是敗亂云敗或作賊字

而見人輒原其趣嚮皇本嚮作向釋文出趣鄉云本今作向說見前

言此所以賊德諸本有也字

道聽而塗說章

德之棄也高麗本無也字

鄙夫章

鄙夫可與事君也與哉釋文出與哉云本或作無哉

其未得之也患得之高麗本無也字

苟患失之高麗本無之字

言其邪媚無所不爲皇本無其字爲下有也字

則用心固惜案固當作顧各本皆不誤今正

古者民有三疾章

與今時異本今誤令今正

古之矜也廉釋文出廉字云魯讀廉爲貶今從古

今之狂也蕩者謂忿戾而多咈戾古之矜也廉者謂有廉隅自撿束也今蕩者下毛本有謂無所依據太放浪也今之矜也忿戾者三十字閩本北監本並有上謂字以下二十九字閩本實闕北監本空闕

巧言令色章

王曰巧言無實令色無質皇本高麗本無此節經注

惡紫之奪朱也章

惡紫之奪朱也高麗本無也字下雅樂下同

惡利口之覆邦家者皇本者作也高麗本無者字

傾覆國家皇本作傾覆其國家也

謂青赤田白黑北監本毛本田作黄是也浦鏜云謂上脱正字

綠紅碧紫駵黃色是也浦鏜云色字衍

東爲木本東誤策今正

木刻土閩本同案刻當作克下同

中央上上色黃案二上字並當作土浦鏜云央下脫爲字

土刻水本土誤士今正

予欲無言章

天何言哉釋文出天何言哉云魯讀天爲夫今從古

孺悲欲見孔子章

孺悲欲見孔子釋文出孺悲云字亦作孺案五經文字云孺經典及釋文或作孺與孺同

孔子辭以疾皇本高麗本以上有之字

爲其將命者不已皇本已上有知字

宰我問三年之喪章

期已久矣釋文出期已久矣云一本作朞

周書月令有更火之文皇本無之文二字

食夫稻衣夫錦也字皇本高麗本稻下錦下有也字案世說規箴篇引此文亦並有

安女安則爲之皇本女上有曰字

子生於三歲案二當作三皇本於作未

天下之通喪也史記弟子列傳喪作義

於其父母乎漢石經無乎字

欲報之恩皇本恩作德

宰我嫌其期月太遠北監本毛本期月作三年

推在喪則皆不爲也案推當惟誤

一期之間本閒誤間今正

其辭令亡本今誤令今正

天下之通喪也禮記三年問通作達案此本疏後述經文亦作達喪

先王制禮也今禮記檀弓王下有之字

不至者 今禮記檀弓至下有焉字

有三年之愛乎者 浦鏜云愛下脫於其父母四字

飽食終日章

不有博奕者乎 皇本閩本同北監本毛本奕作弈閩本疏中亦作弈此本疏中唯說文下作弈按當作弈从廾亦聲

馬曰 高麗本無馬曰字

善生淫欲 皇本欲作慾下有也字釋文出淫慾云本今作欲○按欲慾古今字

局戲也 毛本局作局說見前

古者烏曾作簙 閩本同北監本毛本曾改作曹是也案廣韻十九鐸衆經音義八藝文類聚七十四引世本並作烏曹說文作烏冑段玉裁說文注已正其誤

夫子爲其飽食之之 按之之當是終日之誤

猶勝乎上也 北監本毛本上作止

君子尚勇乎章

君子義以爲上者 本以誤而今正

言君子不尚勇而上義也北監本毛本上作尚

君子亦有惡乎章

子貢曰皇本高麗本曰上有問字

君子亦有惡乎漢石經無亦字下有惡無惡字

惡居下流而訕上者漢石經無流字案皇疏云又憎惡爲人臣下而毀謗其君上者也邢疏云謂人居下位而謗毀在上所以惡之也是皇邢兩本亦無流字九經古義云當因子張篇惡居下流涉彼而誤鹽鐵論大夫曰文學居下而訕上漢書朱雲傳云小臣居下訕上是漢以前皆無流字

惡果敢而窒者釋文出而窒云魯讀窒爲室今從古案室乃窒之省文隸釋載漢韓勑脩孔廟後碑以窒爲室

賜也亦有惡乎皇本高麗本乎作也

惡徼以爲知者釋文出徼以云鄭本作絞案敫聲交聲古音同部故得通借

抄人之意皇本抄上有惡字

禮毋抄說案抄當作勦北監本毋誤母○按段玉裁云曲禮勦字从刀不从力

唯女子與小人章

遠之則怨皇本怨上有有字

若文母之類本母誤毋今正

年四十而見惡焉章

年四十而見惡焉漢石經作年卌見惡焉

論語注疏卷十七校勘記

論語注疏解經卷第十八

微子第十八

何晏集解　　邢昺疏

疏正義曰此篇論天下無道禮壞樂崩君子仁人或去或死否則隱淪巖野周流四方因記周公戒魯公之語四乳生八士之名以前篇言羣小在位則必致仁人失所故以此篇次之

微子去之箕子爲之奴比干諫而死馬曰微箕二國名子爵也微子紂之庶兄箕子比干紂之諸父微子見紂無道早去之箕子佯狂爲奴比干以諫見殺孔子曰殷有三仁焉仁者愛人三人行異而同稱仁以其俱在憂亂寧民

疏微子至仁焉○正義曰此章論殷有三仁志同行異也微子去之箕子爲之奴比干諫而死者微子紂之庶兄箕子比干紂之諸父見紂無道微子去之箕子佯狂爲奴比干以諫見殺孔子曰殷有三仁焉者愛人謂之仁三人所行異而同稱仁以其俱在憂亂寧民也○注馬曰至見殺○正義曰云微箕二國名子爵也者孔安國云微圻內國名子爵爲紂卿士去無道鄭玄以爲微與箕俱在圻內孔雖不言箕亦當在圻內王肅云微國名子爵入爲王卿士肅意蓋以微爲圻外故言入也微子名啓世家作開辟漢景帝名也微子紂之庶兄箕子比干紂之諸父者啓與其弟仲衍皆紂之同母庶兄也呂氏春秋仲冬紀云紂之母生微子啓與仲衍其時尤尚爲妾改而爲妻後生紂紂之父欲立微子啓爲太子太史據法而爭曰有妻之子不可立妾之子故立紂紂爲後徧檢書傳不見箕子之名惟司馬彪注莊子云箕子名胥餘不知出何書也家語曰比干是紂之親則諸父知比干是紂之諸父耳箕子則無文宋世家云箕子者紂之親戚也言親戚不知爲父爲兄也鄭玄王肅皆以箕子爲紂之諸父服虔杜預以爲紂之庶兄既無正文各以意言之耳云微子見紂無道早去之箕子佯狂爲奴比干以諫見殺者尙

書微子篇備有去殷之事本紀云西伯既卒周武王之東伐至盟津諸侯叛殷會周者八百諸侯皆曰紂可伐矣武王曰爾未知天命乃復歸紂愈淫亂不止微子數諫不聽乃與太。師謀遂去比干曰爲人臣者不得不以死爭迺強諫紂紂怒曰吾聞聖人心有七。竅剖比干觀其心箕子懼乃佯狂爲奴紂又囚之是也

柳下惠爲士師孔曰士師典獄之官三黜人曰子未可以去乎曰直道而事人焉往而不三黜孔曰苟直道以事人。所至之國俱當復三黜枉道而事人何必去父母之邦

疏○柳下至之邦正義曰此一章論柳下惠之行也柳下惠爲士師者士師典獄之官也三黜者時柳下惠爲魯典獄之官任其直道羣邪醜直故三被黜退人曰子未可以去乎者或人謂柳下惠曰吾子數被黜辱未可以去離魯乎曰直道而事人焉往而不三黜枉道而事人何必去父母之邦者荅或人不去之意也焉何也枉曲也時世皆邪己用直道以事於人則何往而不三黜乎言苟直道以事人所至之國俱當復三黜若舍其直道而曲以事人則在魯亦不見黜何必去父母所居之國也○注士師典獄之官○正義曰士師卽周禮司寇之屬有士師卿士皆以士爲官名鄭玄云士察也主察獄訟之事是士師爲典獄之官也

齊景公待孔子曰若季氏則吾不能以季孟之間待之孔曰魯三卿季氏爲。上卿最貴孟氏爲下卿不用事言待之以二者之間曰吾老矣不能用也孔子行以聖道難成故云吾老不能用

疏齊景至子行正義曰此章言孔子失所也齊景公待孔子者待遇也謂以祿位接遇孔子也曰若季氏則吾不能以季孟之間待之者魯三卿季氏爲上卿最貴孟氏爲下卿不用事景公言我待孔子以上卿之位若魯季氏則不能以其有田氏專政故也又不可使其位卑若魯孟氏故欲待之以季孟二者之間曰吾老矣不能用也者時景公爲臣下所制雖說孔子之道而終不能用故託云聖道難成吾老不能用也孔子行者去齊而歸魯也○注以聖道難成故云吾老不能用○正義曰案世家云魯昭公奔齊頃之魯

亂孔子適齊景公數問政景公說將以尼谿田封孔子晏嬰諫而止之異日景公止孔子曰奉子以季氏吾不能以季孟之間待之齊大夫欲害孔子孔子聞之景公曰吾老矣弗能用也孔子遂行反乎魯是其事也

齊人歸女樂季桓子受之三日不朝孔子行孔曰桓子季孫斯也使定公受齊之女樂君臣相與觀之廢朝禮三日

疏○齊人歸女樂季桓子受之三日不朝孔子行○正義曰此章言孔子去無道也桓子季孫斯也使定公受齊之女樂君臣相與觀之廢朝禮三日孔子遂行也案世家定公十四年孔子年五十八由大司寇行攝相事於是誅魯大夫亂政者少正卯與聞國政三月粥羔豚者弗飾賈男女行者別於塗塗不拾遺四方之客至乎邑者不求有司皆予之以歸齊人聞之而懼曰孔子爲政必霸霸則吾地近焉我之爲先幷矣盍致地犂鉏請先嘗沮之沮之而不可則致地庸遲乎於是選齊國中女子好者八十人皆衣文衣而舞康樂文馬三十駟遺魯君陳女樂焉於魯城南高門外季桓子微服往觀再三將受乃語魯君爲周道遊往觀終日怠於政事子路曰夫子可以行矣孔子曰魯今且郊如致膰乎大夫則吾尤可以止桓子卒受齊女樂三日不聽政郊又不致膰俎於大夫孔子遂行宿乎屯而師己送曰夫子則非罪孔子曰吾歌可夫歌曰彼婦人之口可以出走彼婦人之謁可以死敗蓋優哉游哉維以卒歲師己反桓子曰孔子亦何言師己以實告桓子喟然歎曰夫子罪我以羣婢故也孔子遂適衛矣

楚狂接輿歌而過孔子孔曰接輿楚人佯狂而來歌欲以感切孔子曰鳳兮鳳兮何德之衰孔曰比孔子於鳳鳥鳳鳥待聖君乃見非孔子周行求合故曰衰往者不可諫孔曰已往所行不可復諫止來者猶可追孔曰自今已來可追自止辟亂隱居已而已而今之從政者殆而孔曰已而已而者言世亂已甚不可復治也再言之者傷之深也孔子下欲與之言趨而辟之不得與之言包曰下下車

疏楚狂至之言○正義曰此章記接輿佯狂感切孔子也楚狂接輿歌而過孔子者接

輿楚人姓陸名通字接輿也昭王時政令無常乃被髮佯狂不仕時人謂之楚狂也時孔子適楚與接輿相遇而接輿行歌從孔子邊過欲感切孔子也曰鳳兮鳳兮何德之衰往者不可諫來者猶可追已而已而今之從政者殆而者此其歌辭也知孔子有聖德故比孔子於鳳但鳳鳥待聖君乃見今孔子周行求合諸國而每不合是鳳德之衰也諫止也言已往所行者不可復諫止也自今已來猶可追而自止欲勸孔子辟亂隱居也已而已而者言世亂已甚不可復治也再言之者傷之深也殆危也言今之從政者皆無德自將危亡無日故曰殆而而皆語辭也孔子下欲與之言者下謂下車孔子感其言故下車欲與語趨而辟之不得與之言者趨謂疾行也疾行以辟孔子故孔子不得與之言也

長沮桀溺耦而耕孔子過之使子路問津焉鄭曰長沮桀溺隱者也耜廣五寸二耜爲耦津濟渡處長沮曰夫執輿者爲誰子路曰爲孔丘曰是魯孔丘與曰是也曰是知津矣馬曰言數周流自知津處問於桀溺桀溺曰子爲誰曰爲仲由曰是魯孔丘之徒與對曰然曰滔滔者天下皆是也而誰以易之孔曰滔滔周流之貌言當今天下治亂同空舍此適彼故曰誰以易之且而與其從辟人之士也豈若從辟世之士哉士有辟人之法有辟世之法長沮桀溺謂孔子爲士從辟人之法己之爲士則從辟世之法耰而不輟鄭曰耰覆種也輟止也覆種不止不以津告子路行以告夫子憮然爲其不達己意而便非己也曰鳥獸不可與同羣孔曰隱於山林是同羣吾非斯人之徒與而誰與孔曰吾自當與此天下人同羣安能去人從鳥獸居乎天下有道丘不與易也言凡天下有道者丘皆不與易也己大而人小故也

疏長沮至易也○正義曰此章記孔子周流爲隱者所譏也長沮桀溺耦而耕孔子過之使子路問津焉者長沮桀溺

隱者也耜耕器也二耜爲耦津濟渡之處也長沮桀溺並二耜而耕孔子道行於旁過之使子路往問濟渡之處也長沮曰夫執輿者爲誰者執輿謂執轡在車也時子路爲御既使問津孔子代之而執轡故長沮見而問子路曰夫執轡者爲誰人子路曰爲孔丘者子路以其師名聞於天下故擧師之姓名以荅長沮也曰是魯孔丘與者長沮舊聞夫子之名見子路之荅。又恐非是故復問之曰是魯國之孔丘與與是疑而未定之辭曰是也者子路言是魯孔丘也曰是知津矣者長沮言既是魯孔丘是人數周流天下自知津處故乃不告問於桀溺者長沮不告津處故子路復問桀溺桀溺曰子爲誰者不識子路故問之曰爲仲由者子路稱姓名以荅也曰是魯孔丘之徒與者桀溺舊聞魯孔丘之門徒有仲由。有恐非是故復問之曰是與曰然者然。尤是也子路言己是魯孔丘之徒也曰滔滔者天下皆是也而誰以易之者此譏孔子周流天下也滔滔周流之貌言孔子何事滔滔然周流者乎當今天下治亂同皆是無道也空舍此適彼誰以易之爲有道者也且而與其從辟人之士也豈若從辟世之士哉者士有辟人辟世之法謂孔子從辟人之法長沮桀溺自謂從辟世之法且而皆語辭與猶等也既言天下皆亂無以易之則賢者皆合隱辟且等其隱辟從辟人之法則有周流之勞從辟世之法則有安逸之樂意令孔子如己也耰而不輟者耰覆種也輟止也覆種不止不以津告子路以告者子路以長沮桀溺之言告夫子夫子憮然者。憮失意貌。謂不達己意而便非己也曰。鳥獸不可與同羣者孔子言其不可隱居避世之意也山林多。鳥獸不可與同羣若隱於山林是同羣也吾非斯人之徒與而誰與者與謂相親與我非天下人之徒衆相親與而更誰親與言吾自當與此天下人同羣安能去人從鳥獸居乎天下有道丘不與易也者言凡天下有道者我皆不與易也爲其己大而人小故也○注耜廣五寸二耜爲耦○正義曰此周禮考工記文也鄭注云古者耜一金兩人。並發之今之耜。岐頭兩金象古之耦也月令云脩耒耜鄭注云耜者耒之金

子路從而後遇丈人以杖荷蓧。包曰丈人老人也蓧竹器 子路問曰子見夫子乎丈人曰四

體不勤五穀不分孰爲夫子包曰丈人云不勤勞四體不分殖五穀誰爲夫子而索之邪植其杖而芸。孔曰植倚也除草曰芸子路拱而立未知所以荅止子路宿殺雞爲黍而食之見其二子焉明日子路行以告子曰隱者也使子路反見之至則行矣孔曰子路反至其家丈人出行不在子路曰不仕無義鄭曰留言以語丈人之二子長幼之節不可廢也君臣之義如之何其廢之。孔曰女知父子相養不可廢反可廢君臣之義邪欲絜其身而亂大倫包曰倫道理也君子之仕也行其義也道之不行。已知之矣包曰言君子之仕所以行君臣之義不必自己道得行孔子道不見用自己知之

【疏】子路至之矣○正義曰此章記隱者與子路相識之語也子路從而後遇丈人以杖荷蓧者子路隨從夫子行不相及而獨在後逢老人以杖擔荷竹器子路問曰子見夫子乎者夫子孔子也丈人曰四體不勤五穀不分孰爲夫子者丈人責子路云不勤勞四體不分殖五穀誰爲夫子而來問我求索之邪植其杖而芸者植倚立也芸除草也丈人既責子路至於田中倚其荷蓧之杖而芸其苗子路拱而立者子路未知所以荅故隨至田中拱手而立也止子路宿殺雞爲黍而食之見其二子焉者丈人留子路宿殺雞爲黍而食之丈人知子路賢故又以二子見於子路也明日子路行以告者既宿之明日子路行去遂及夫子以丈人所言及雞黍見子之事告之也子曰隱者也使子路反見之至則行矣夫子言此丈人必賢人之隱者也使子路反求見之欲語以己道子路反而至其家則丈人出行不在也子路曰不仕無義者丈人既不在留言以語丈人之二子令其父還則述之此下之言皆孔子之意言父子之道天性也君臣之義也人性則皆當有之若其不仕是無君臣之義也長幼之節不可廢也君臣之義如之何其廢之者言女知父子相養是知長幼之節不可廢也反可廢君臣之義而不仕濁世欲清絜其身則亂於

君臣之義大道理也君子之仕也行其義也道之不行已知之矣者言君子之仕非苟利祿而已所以行君臣之義亦不必自己道得行孔子道不見用自已知之也○注蓧竹器○正義曰說文作莜芸田器也

逸民伯夷叔齊虞仲夷逸朱張柳下惠少連。逸民者節行超逸也包曰此七人皆逸民之賢者

子曰不降其志不辱其身。伯夷叔齊與。鄭曰言其直己之心不入庸君之朝

謂柳下惠少連降志辱身矣言中倫行中慮其斯而已。矣。孔曰但能言應倫理行應思慮如此而已

謂虞仲夷逸。隱居放言包曰放置也不復言世務身中清廢中權。馬曰清純潔也遭世亂自廢棄以免患合於權也

我則異於是無可無不可馬曰亦不必進亦不必退唯義所在

疏逸民至不可○正義曰此章論逸民賢者之行也逸民伯夷叔齊虞仲夷逸朱張柳下惠少連者逸民謂民之節行超逸者也此七人皆逸民之賢者也子曰不降其志不辱其身伯夷叔齊與者此下孔子論其逸民之行也言其直己之心不降志也不入庸君之朝不辱身也惟伯夷叔齊有此行也謂柳下惠少連降志辱身矣。者言中倫行中慮其斯而已矣者又論此二人食祿亂朝是降志辱身也倫理也。中。慮。也但能言應倫理行應思慮如此而已不以世務嬰心故亦謂之逸民謂虞仲夷逸隱居放言身中清廢中權者放置也清純潔也權反常合道也孔子又論此二人隱遯退居放置言語不復言其世務其身不仕濁世應於純。潔。遭世亂自廢棄以免患應於權也我則異於是無可無不可者孔子言我之所行則與此逸民異亦不必進亦不必退唯義所在故曰無可無不可也不論朱張之行者王弼云朱張字子弓荀卿以。比孔子言其行與孔子同故不論也

大師摯適齊亞飯干適楚。孔曰亞次也次飯樂師也摯干皆名

三飯繚適蔡四飯缺適秦包曰三飯四飯樂章名各異師繚缺皆名也

鼓方叔入於河。包曰鼓擊鼓者方叔名入謂居其河內

播鼗。武入於漢。

孔曰播。搖也武名也少師陽擊磬襄入於。海孔曰魯哀公時禮壞樂崩樂人皆去陽襄皆名疏大師至於海○正義曰此章記魯哀公時禮壞樂崩樂人皆去也大師摯適齊者。太師樂官之長名摯去魯而適齊也亞飯干適楚者亞次也天子諸侯每食奏樂樂章各異各有樂師次飯樂師名干往楚三飯樂師名繚往蔡四飯樂師名缺往秦鼓方叔入於河者擊鼓者名方叔入於河內也播鼗武入於漢者播搖也鼗如鼓而小有兩耳持其柄搖之旁耳還自擊搖鼗鼓者名武入居於漢中也少師陽擊磬襄入於海者陽襄皆名二人入居於海內也周公謂。魯公孔曰魯公周公之子伯禽封於魯曰君子不施。其親孔曰施易也。不以他人。之親易。己。之親不使大臣怨乎不以孔曰以用也怨不見聽用故舊無大故則不棄也無求備於一人孔曰大故謂惡逆之事疏周公至故舊無大故則不棄也無求備於一人○正義曰此一章記周公戒魯公之語也周公謂魯公者魯公周公之子伯禽封於魯將之國周公戒之也曰君子不施其親者施。不易也言君子爲國不以他人之親易己之親當行博愛廣敬也不使大臣怨乎不以者以用也既仕爲大臣則當聽用之。不得令大臣怨不見聽用故舊無大故則不棄者大故謂惡逆之事也故舊朋友無此惡逆之。事則不有遺棄也無求備於一人者求責也任人當隨其才無得責備於一人也周有八士伯達伯适仲突仲忽叔夜叔夏季隨季騧包曰周時四乳。生八子皆爲顯士故記之。爾疏周有八士伯達伯适仲突仲忽叔夜叔夏季隨季騧○正義曰此章記異也周時有人四。偏生子而乳之每乳皆二子凡八子皆爲顯士故記之耳鄭玄以爲成王時劉向馬融皆以爲宣王時

論語注疏卷十八校勘記

阮元撰盧宣旬摘録

微子第十八

微子去之章

其時尤尙爲妾　閩本同北監本毛本尤作猶是也○按今本呂氏春秋無其時猶三字

改而爲妻後生紂　案呂氏春秋呂覽改作已後作而是也

紂之父欲立微子啓○案呂氏春秋父下有紂之母三字立作置下同

比干是紂之親　今家語作比干於紂親

乃與太師謀遂去　史記殷本紀太師下有少師二字

吾聞聖人心有七竅　本竅誤竅今正

柳下惠爲士師章

所至之國　皇本所上有於字

齊景公待孔子章

季氏爲上卿最貴　史記孔子世家集注引上卿作正卿

異日 本日誤曰今正

齊人歸女樂章

齊人歸女樂 釋文出齊人歸云鄭作饋案說見陽貨篇

陳女樂馬於魯城南高門外 本馬誤焉史記孔子世家馬上有文字

則吾尤可以正 北監本毛本尤作猶正作止是也

彼婦人之口 北監本毛本無人字下彼婦人之謂亦無人字又謂作謁與今史記合

以羣婢故也 史記孔子世家無故字也下有夫字下適衞下無矣字

楚狂接輿歌而過孔子章

楚狂接輿歌而過孔子 高麗本孔子下有之門二字閩本狂誤往下同案高麗本有之門二字頗與古合蓋接輿乃楚狂之名過孔子者過孔子之門也莊子人間世言孔子適楚楚狂接輿遊其門正指此事故鄭君注孔子下云下堂出門最爲明確包咸以下爲下車甚誤

何德之衰 漢石經何下有而字衰下有也字下可諫可追下並同皇本高麗本句末亦並有也字唐石經唯衰下有也字案莊子人閒世作何如德之衰也如與而古字通

已而已而今之從政者殆而 釋文出殆而云魯讀期斯已矣今之從政者殆今從古

來者猶可追本猶誤尤下同今正

趍而辟之各本趍作趨下同

長沮桀溺耦而耕章

夫執輿者爲誰漢石經輿作車誰下有子字皇本誰下有乎字

曰是也曰漢石經無也字下曰字皇本高麗本上曰上有對字

是魯孔丘之徒與釋文出孔子之徒與云一本作子是本今作孔丘之徒與案史記孔子世家作子孔丘之徒與

滔滔者釋文出滔滔云鄭本作悠悠案史記孔子世家亦作悠悠文選晉紀總論注引孔注云悠悠者周流之貌也鄭作悠悠亦从古論今注中仍作滔滔當是何晏从魯論妄改

耰而不輟漢石經耰作櫌案說文亦引作櫌與漢石經合五經文字云櫌音憂覆種見論語經典及釋文皆作耰

子路行以告夫子憮然漢石經無行字夫字案史記孔子世家亦無行字因丈人章而誤衍也皇侃疏已有行字

鳥獸不可與同羣皇本高麗本羣下有也字

隱於山林是同羣皇本作隱居於山林是與鳥獸同羣也○按文選劉孝標廣絕交論注引隱居山林是同羣也

有恐非是閩明監本有作又

是與浦鏜云當爲是魯國孔丘之徒與八字

夫子憮然者憮失意貌本憮並誤撫今正

謂不達己意本謂誤其今正

鳥獸不可與同羣者本鳥誤烏下並同閩本下山林多鳥獸鳥字亦誤烏

兩人並發之今周禮攷工記注並作併

今之耜歧頭兩金閩本北監本毛本歧作岐○按岐歧正俗字

子路從而後章

以杖荷蓧皇本蓧作篠釋文出蓧字云本又作條又作莜案說文玉篇並引作莜是莜爲本字蓧爲假借字條又爲蓧之省文史記孔子世家引包氏注蓧草器名也字當从艸無疑今包注作竹器竹乃艸字之訛皇本竟改从竹作篠并云籮籠之屬誤益甚矣

植其杖而芸漢石經植作置芸作耘釋文出而芸云音云多作耘字案植置古字通耘爲本字芸乃假借字

君臣之義如之何其廢之漢石經作君臣之禮如之何其廢之也皇本作如之何其可廢也案後漢書申屠蟠傳注亦作其可廢也

欲絜其身皇本閩本北監本毛本絜作潔案潔乃絜之俗字

道之不行皇本高麗本行下有也字

見子之士〔補〕明監本士作事是也

逸民章

朱張釋文出朱張云鄭作侏張云音陟留反案鄭氏不以朱張爲人姓名故讀朱如周朱周一聲之轉書譸張爲幻本或作侜張亦作侏張此言逸民之行皆不合於正故云侏張猶師古注夷逸謂竄於蠻夷而遁亦不以爲人姓名也○按下無謂朱張之語

不辱其身皇本高麗本身下有者字

其斯而已矣漢石經作其斯以乎案已以古字通

謂虞仲夷逸漢石經逸作佚案前夷逸字闕○按二字古多通用

身中清史記孔子世家身作行

降志辱身矣者案者字誤衍諸本並無

中慮也案此三字是中倫中慮之誤

應於純潔北監本毛本同案潔當作絜

荀卿以比孔子本比誤此今正

大師摯適齊章

入於河唐石經皇本於作于下入於海入於漢同

播鼗武皇本高麗本鼗作鞀釋文出鼗字云亦作鞉案說文鞀或从兆作鞉或从鼓从兆作鼗此作鼗乃鼗之變體

播搖也皇本搖上有猶字

太師樂官之長北監本同毛本太作大

鼗如鼓而小本鼗誤人今正

周公謂魯公曰章

周公謂魯公曰高麗本謂作語

君子不施其親釋文出不弛云本今作施案施弛古字通禮記孔子閒居引詩弛其文德注弛作施周禮遂人以其施舍注云施讀爲弛

入以他人之親易己之親案入當作不皇本作不以他人親易其親也

施不易也孫志祖云不字當衍

無此惡逆之事本事誤士今正

周有八士章

生八子皇本生作得案釋文明出生字是陸氏所見本亦不作得字

故記之爾皇本爾作耳

徧生子而乳之本徧誤偏今正

論語注疏卷十八校勘記

子張第十九　　何晏集解　　邢昺疏

疏正義曰此篇記士行交情仁人勉學或接聞夫子之語或辨揚聖師之德以其皆弟子所言故善次諸篇之後

子張曰士見危致命孔曰致命不愛其身見得思義祭思敬喪思哀其可已矣疏子張曰士見危致命見得思義祭思敬喪思哀其可已矣○正義曰此章言士行也士者有德之稱自卿大夫已下皆是致命謂不愛其身子張言爲士者見君有危難不愛其身致命以救之見得利祿思義然後取有祭事思盡其敬有喪事當盡其哀有此行者其可以爲士已矣

子張曰執德不弘信道不篤焉能爲有焉能爲亡孔曰言無所輕重疏子張曰執德不弘信道不篤焉能爲有焉能爲亡○正義曰此章言人行之不備者弘大也篤厚也亡無也言人執守其德不能弘大雖信善道不能篤厚人之若此雖存於世何能爲有而重雖沒於世何能爲無而輕言於世無所輕重也

子夏之門人問交於子張孔曰問與人交接之道子張曰子夏云何對曰子夏曰可者與之其不可者拒之子張曰異乎吾所聞君子尊賢而容衆嘉善而矜不能我之大賢與於人何所不容我之不賢與人將拒我如之何其拒人也包曰友交當如子夏汎交當如子張疏子夏至人也○正義曰此章論與人結交之道子夏之門人問交於子張者門人謂弟子問交問與人交接之道子張曰子夏云何者子張反問子夏之門人汝師嘗說結交之道云何乎對曰子夏曰可者與之不可者拒之者子夏弟子對子張述子夏之言也子夏言結交之道若彼人賢可與

交者卽與之交若彼人不賢不可與之交者則拒之而不交子張曰異乎吾所聞者言己之所聞結交之道與子夏所說異也君子尊賢而容衆嘉善而矜不能者此所聞之異者也言君子之人見彼賢則尊重之雖衆多亦容納之人有善行者則嘉美之不能者則哀矜之我之大賢與於人何所不容我之不賢與人將拒我如之何其拒人也者既陳其所聞又論其不可拒人之事誠如子夏所說可者與之不可者拒之設若我之大賢則所在見容也我若不賢則人將拒我不與己交又何暇拒他人乎然二子所言各是其見論交之道不可相非友交當如子夏汎交當如子張

子夏曰雖小道必有可觀者焉小道謂異端致遠恐泥包曰泥難不通是以君子不爲也疏子夏曰雖小道必有可觀者焉致遠恐泥是以君子不爲也○正義曰此章勉人學爲人道正典也小道謂異端之說百家語也雖曰小道亦必有小理可觀覽者焉然致遠經久則恐泥難不通是以君子不學也

子夏曰日知其所亡孔曰日知其所未聞月無忘其所能可謂好學也已矣疏子夏曰日知其所亡月無忘其所能可謂好學也已矣○正義曰此章勸學也亡無也舊無聞者當學之使日知其所未聞舊已能者當溫尋之使月無忘也能如此者可以謂之好學

子夏曰博學而篤志孔曰廣學而厚識之切問而近思切問者切問於己所學未悟之事近思者思己所未能及之事汎問所未學遠思所未達則於所習者不精所思者不解仁在其中矣疏子夏曰博學而篤志切問而近思仁在其中矣○正義曰此章論好學近於仁也博廣也篤厚也志識也言廣學而厚識之使不忘切問者親切問於己所學未悟之事不汎濫問之也近思者思己所未能及之事不遠思也若汎問所未學遠思所未達則於所習者不精所思者不解仁者之性純篤今學者既能篤志近思故曰仁在其中矣

子夏曰百工居肆以成其事君子學以致其道包曰言百工處其肆則事成猶君子學以致其道疏子夏曰百工居肆以成其事君子學

以致其道○正義曰此章亦勉人學舉百工以爲喻也審曲面勢以飭五材以辨民器謂之百工五材各有工言百衆言之也肆謂官府造作之處也致至也言百工處其肆則能成其事猶君子勤於學則能至於道也

子夏曰小人之過也必文。孔曰文飾其過不言情實

疏子夏曰小人之過也必文○正義曰此章言小人不能改過也言小人之有過也必文飾其過彊爲辭理不言情實也

子夏曰君子有三變望之儼然卽之也溫聽其言也厲鄭曰厲嚴正

疏子夏曰君子有三變望之儼然卽之也溫聽其言也厲○正義曰此章論君子之德也望之卽之及聽其言也有此三者變易常人之事也厲嚴正也常人遠望之則多懈惰卽近之則顏色猛厲聽其言則多佞邪唯君子則不然人遠望之則正其衣冠尊其瞻視常儼然也就近之則顏色溫和及聽其言辭則嚴正而無佞邪也

子夏曰君子信而後勞其民未信則以爲厲己也王曰厲猶病也信而後諫未信則以爲謗己也。

疏子夏曰君子信而後勞其民未信則以爲厲己也信而後諫未信則以爲謗己也○正義曰此章論君子使。下事。上之法也厲猶病也言君子若在上位當先示信於民然後勞役其民則民忘其苦也若未嘗施信而便勞役之則民以爲從欲崇侈妄加困病於己也若爲人臣當先盡忠於君待君信己而後可諫君之失若君未信己而便稱君過失以諫諍之則君以爲謗讟於己也

子夏曰大德不踰閑孔曰閑猶法也小德出入可也孔曰小。德不能不踰法故曰出入可

疏子夏曰大德不踰閑小德出入可也○正義曰此章論人之德有小大而行亦不同也閑猶法也大德之人謂上賢也所行皆不越法則也小有德者謂次賢之人不能不踰法有時踰法而出旋能入守其法不責其備故曰可也

子游。曰子夏之門人小子當洒。埽。應對進退則可矣抑末。也本之則無如之何包曰言子夏弟子。但當對賓客脩威儀禮節之事則可然此但是人之末

事耳不可無其本故云本之則無如之何子夏聞之曰噫孔曰噫心不平之聲言游過矣君子之道孰先傳焉孰後倦焉包曰言先傳業者必先厭倦故我門人先教以小事後將教以大道譬諸草木區以別矣馬曰言大道與小道殊異譬如草木異類區別言學當以次君子之道焉可誣也馬曰君子之道焉可使誣言我門人但能洒掃而已有始有卒者其唯聖人乎孔曰終始如一唯聖人耳

【疏】子游至人乎○正義曰此章論人學業有先後之法也子游曰子夏之門人小子當洒掃應對進退則可矣抑末也本之則無如之何者子游言偃也門人小子謂弟子也應當也抑語辭也本謂先王之道言偃有時評論子夏之弟子但當對賓客脩威儀禮節之事則可然此但是人之末事耳不可無其本今子夏弟子於其本先王之道則無有不可奈何故云如之何也子夏聞之曰噫者噫心不平之聲子夏既聞子游之言中心不平之故曰噫言游過矣者謂言偃所說爲過失也君子之道孰先傳焉孰後倦焉者言君子教人之道先傳業者必先厭倦誰有先傳而後倦者乎子夏言我之意恐門人聞大道而厭倦故先教以小事後將教以大道也譬諸草木區以別矣者諸之也言大道與小道殊異譬之草木異類區別言學當以次也君子之道焉可誣也者言君子之道當知學業以次安可便誣罔言我門人但能洒掃而已有始有卒者其唯聖人乎者卒猶終也言人之學道靡不有初鮮克有終能終始如一不厭倦者其唯聖人耳

子夏曰仕而優則學馬曰行有餘力則以學文學而優則仕

【疏】子夏曰仕而優則學學而優則仕○正義曰此章勸學也言人之仕官行己職而優閒有餘力則以學先王之遺文也若學而德業優長者則當仕進以行君臣之義也

子游曰喪致乎哀而止孔曰毀不滅性

【疏】子游曰喪致乎哀而止○正義曰此章言居喪之禮也言人有父母之喪當致極哀感不得過毀以至滅性滅性則非孝○注毀不滅性○正義曰此孝經文也注云不食三日哀毀過情滅性而死皆虧孝道故聖人制禮施教不令

至於隕滅

子游曰吾友張也為難能也包曰言子張容儀之難及然而未仁疏子游曰吾友張也為難能也然而未仁○正義曰此章論子張材德也子游言吾同志之友子張其容儀為難能及也然而其德未仁

曾子曰堂堂乎張也難與並為仁矣鄭曰言子張容儀盛而於仁道薄也疏曾子曰堂堂乎張也難與並為仁矣○正義曰此章亦論子張材德也堂堂容儀盛貌曾子言子張容儀堂堂然盛於仁道則薄故難與並為仁矣

曾子曰吾聞諸夫子。人未有自致者也。必也親喪乎馬曰言人雖未能自致盡於他事至於親喪必自致盡疏曾子曰吾聞諸夫子人未有自致者也必也親喪乎○正義曰此章論人致誠之事也諸之也曾子言我聞之夫子言人雖未能自致盡其誠於他事至於親喪必自致盡也

曾子曰吾聞諸夫子孟莊子之孝也其他可能也其不改父之臣與父之政是難能也。馬曰孟莊子魯大夫仲孫速也謂在諒。陰之中父臣及父政雖。有不善者不忍改也疏曾子曰吾聞諸夫子孟莊子之孝也其他可能也其不改父之臣與父之政是難能也○正義曰此章論魯大夫仲孫速之孝行也言其他哭泣之哀齊斬之情饘粥之食他人可能及之也其在諒陰之中父臣及父政雖有不善者不忍改之也是他人難能也

孟氏使陽膚為士師包曰陽膚曾子弟子士師典獄之官問於曾子曾子曰上失其道民散久矣如得其情則哀矜而勿喜馬曰民之離散為輕漂犯法乃上之所為非民之過當哀矜之勿自喜能得其情疏孟氏至勿喜○正義曰此章論典獄之法也孟氏使陽膚為士師者陽膚曾子弟子士師典獄之官問於曾子者問其師求典獄之法也曾子曰。上失其道民散久矣如得其情則哀矜而勿喜者言上失為君之道民人離散為輕易漂掠犯於刑法亦已久矣乃上之失政所為非民之過女若求得其情當哀矜之勿自喜也

子貢曰紂之不善。

不如是之甚也。是以君子惡居下流，天下之惡皆歸焉。孔曰：紂為不善以喪天下，後世憎甚之，皆以天下之惡歸之於紂。
疏子貢曰紂之不善不如是之甚也是以君子惡居下流天下之惡皆歸焉○正義曰：此章戒人為惡也。紂，名辛，字受德，商末世之王也。為惡不道，周武王所殺。謚法：殘義損善曰紂。言商紂雖為不善以喪天下，亦不如此之甚也，乃後人憎甚之耳。下流者，謂為惡行而處人下，若地形卑下，則衆流所歸。人之為惡處下，衆惡所歸。是以君子常為善，不為惡，惡居下流故也。紂為惡行，居下流，則人皆以天下之惡歸之於紂也。
子貢曰：君子之過也，如日月之食焉。過也，人皆見之；更也，人皆仰之。孔曰：更，改也。
疏子貢曰君子之過也如日月之食焉過也人皆見之更也人皆仰之○正義曰：此章論君子之過似日月之食也。更，改也。言君子苟有過也，則為衆所知，如日月正當食時，則萬物皆觀也；及其改過之時，則人皆復仰其德，如日月明生之後，則萬物亦皆仰其明。
衛公孫朝馬曰：公孫朝，衛大夫。問於子貢曰：仲尼焉學？子貢曰：文武之道，未墜於地，在人。賢者識其大者，不賢者識其小者，莫不有文武之道焉。夫子焉不學？孔曰：文武之道未墜落於地，賢與不賢各有所識，夫子無所不從學。而亦何常師之有？孔曰：無所不從學，故無常師。
疏衛公至之有○正義曰：此章論仲尼之德也。衛公孫朝者，衛大夫也。問於子貢曰仲尼焉學者，問子貢，仲尼何所從學而得成此聖也，意謂孔子生知，無師所從學也。子貢曰文武之道未墜於地在人賢者識其大者不賢者識其小者莫不有文武之道焉夫子焉不學者，焉猶安也。言文武之道未墜落於地，行之在人，賢與不賢各有所識，夫子皆從而學，安得不學乎。而亦何常師之有者，言夫子無所不從學，故無常師。
叔孫武叔語大夫於朝馬曰：魯大夫叔孫州仇。武，謚。曰：子貢賢於仲尼。子服景伯以告子貢。子貢曰：

譬之宮牆賜之牆也及肩闚見室家之好夫子之牆數仞不得其門而入不見宗廟之美百官之富得其門者或寡矣包曰七尺曰仞夫子之云不亦宜乎包曰夫子謂武叔

疏叔孫至宜乎○正義曰此章亦明仲尼之德也叔孫武叔語大夫於朝曰子貢賢於仲尼者叔孫武叔魯大夫有時告語諸大夫於朝中曰子貢賢才過於仲尼子服景伯以告子貢者景伯亦魯大夫子服何也以武叔之言告之子貢也子貢曰譬之宮牆賜之牆也及肩闚見室家之好夫子之牆數仞不得其門而入不見宗廟之美百官之富者子貢聞武叔之言己賢於仲尼此由君子之道不可小知故致武叔有此言乃爲之舉喻曰譬如人居之宮四圍各有牆牆卑則可闚見其在內之美猶小人之道可以小知也牆高則不可闚見在內之美猶君子之道不可小知也今賜之牆也纔及人肩則人闚見牆內室家之美好夫子之牆高乃數仞七尺曰仞若人不得其門而入則不見宗廟之美備百官之富盛也得其門者或寡矣者言夫聖閫非凡可及故得其門而入者或少矣夫子之云不亦宜乎者夫子謂武叔以此論之則武叔云子貢賢於仲尼亦其宜也不足怪焉○注馬曰魯大夫叔孫州仇武謚○正義曰案世本州仇公子叔。此六世孫叔孫不敢子也春秋定十年秋叔孫州仇仲孫何忌帥師圍郈左傳曰武叔懿子圍郈是知叔孫武叔即州仇也謚法云剛強直理曰武

叔孫武叔毀仲尼子貢曰無以爲也仲尼不可毀也他人之賢者丘陵也猶可踰也仲尼日月也無得而踰焉人雖欲自絕其何傷於日月乎多見其不知量也言人雖自絕棄於日月其何能。傷之乎適足自見其不知量也

疏叔孫至量也○正義曰此章亦明仲。尼也叔孫武叔毀仲尼者訾毀孔子之德也子貢曰無以爲也仲尼不可毀也者言無用爲此毀仲尼之德不可毀也他人之賢者丘陵也猶可。踰也仲尼日月也無得而踰焉者子貢又爲設譬也言

他人之賢譬如丘陵雖曰廣顯猶可踰越至於仲尼之賢則如日月不可得而踰也人雖欲自絕其何傷於日月乎者言人雖欲毀訾夫日月特自絕棄於日月其何能傷之乎故人雖欲毀仲尼亦不能傷仲尼也多見其不知量也多猶適也皆化但不能毀仲尼又適足自見其不知量也○注言人至量也○正義曰云適足自見其不知量也者據此注意似訓多為適所以多得為適者古人多祇同音多見其不知量猶襄二十九年左傳云多見疏也服虔本作祇見疏解云祇適也晉宋杜本皆作多張衡西京賦云炙炮夥清酤多皇恩溥洪德施施與多為韻此類衆矣故以多為適也

陳子禽謂子貢曰子為恭也仲尼豈賢於子乎子貢曰君子一言以為知一言以為不知言不可不慎也夫子之不可及也猶天之不可階而升也夫子之得邦家者孔曰謂為諸侯若卿大夫所謂立之斯立道之斯行綏之斯來動之斯和其生也榮其死也哀如之何其可及也孔曰綏安也言孔子為政其立教則無不立道之則莫不興行安之則遠者來至動之則莫不和睦故能生則榮顯死則哀痛

疏陳子至及也○正義曰此章亦明仲尼之德也陳子禽謂子貢曰子為恭也仲尼豈賢於子乎者此子禽必作陳亢當是同其姓字耳見其子貢每事稱譽其師故謂子貢云當是子為恭孫故也其實仲尼才德豈賢於子乎子貢曰君子一言以為知一言以為不知言不可不慎也者子貢聞子禽之言以此言拒而非之也言君子出一言是則人以為有知出一言非則人以為不知知與不知既由一言則其言不可不慎也今乃云仲尼豈賢於子乎則是女不慎其言是為不知也夫子之不可及也如天之不可階而升也者又為設譬言夫子之德不可及也他人之賢猶他物之高者可設階梯而升上之至於仲尼之德猶天之高不可以階梯而升上之夫子之得邦家者所謂立之斯立道之斯行綏之斯來動之斯和其生也榮其死也哀如之何其可及也者又為廣言仲尼

爲政之德也得邦謂爲諸侯得家謂爲卿大夫綏安也言孔子爲政其立教則無不立道之則莫不興行安之則遠者來至動之則。民莫不和睦故能生則榮顯死則哀痛。故如之何其可及也

論語注疏解經卷第十九

論語注疏卷十九校勘記

阮元撰盧宣旬摘錄

子張第十九

或辨揚聖帥之德 北監本毛本辨作辯帥作師○按帥字誤今正

士見危致命章

當盡其哀 浦鏜云思誤當

子夏之門人章

其不可者拒之 漢石經皇本高麗本拒作距下並同釋文於賢與後出距字云本今作拒下同說見前八佾篇

我之大賢與 高麗本無之字下我之不賢與亦無之字

如之何其拒人也者 本者誤有今正

雖小道章

亦必有小理可觀覽者焉 本小誤少今正

日知其所亡章

使月無忘也 閩本同北監本毛本也作巳屬下能字讀

博學而篤志章

思己所未能及之事皇本作近思於己所能及之事也

汎問所未學皇本汎上有若字

則於所習者不精皇本習作學

百工居肆章

猶君子學以致其道皇本致作立

以飭五材閩本北監本毛本材作財案作材與周禮攷工記合

小人之過也章

小人之過也必文皇本必下有則字案作必則文義頗難通攷文所載古本作則必文古文與皇本悉合此亦疑作則必今皇本誤倒

君子有三變章

望之儼然皇本儼作嚴釋文出儼然云本或作嚴音同案古多借嚴爲儼公羊桓二年傳注儼然人望而畏之釋文亦云儼本又作嚴

君子信而後勞其民章

則以爲厲己也釋文出厲字云鄭讀爲賴

則以爲謗己也高麗本也作矣

此章論君子使下事上之法也閩本北監本毛本作事上使下案使下指君子信而後勞其民事上指信而後諫據經文前後此本爲是

大德不踰閑章

小德不能不踰法閩本北監本毛本德下有則字是衍文

子夏之門人小子章

子游曰漢石經游作斿案九經古義云說文云㫃旌旗之游讀若偃古人名㫃字子游游旌旗之流也从㫃汓聲游與斿通大宰九貢八曰斿貢注云斿讀如囿游之游漢武班碑亦以斿爲游

當洒埽皇本閩本北監本毛本埽作掃釋文出洒掃云上色買反又所綺反正作灑經典下素報反本今作埽案五經文字云灑經典或借洒爲灑埽字埽經典及釋文多作掃是俗字

抑末也釋文出末字云本末之末字或作未非也

但當對賓客皇本但下有於字

言先傳業者皇本傳下有大字

焉可誣也案九經古義云漢書薛宣傳云君子之道焉可憮也蘇林曰憮同也兼也晉灼曰憮音誣師古曰論語載子夏之言謂行業不同所守各異唯聖人爲能體備之家君曰蘇解得之據此是古本有作憮者當是古魯異傳

其唯聖人乎閩本北監本毛本唯作惟說見前

吾聞諸夫子章

吾聞諸夫子人未有自致者也漢石經作吾聞諸子人未有自致也者

吾聞諸夫子孟莊子之孝也章

是難能也皇本高麗本無能字

魯大夫仲孫連也閩本北監本毛本同案連當作速疏內同

謂在諒陰之中皇本陰作闇

雖有不善者皇本無有字

孟氏使陽膚爲士師章

則哀矜而勿喜案鹽鐵論後刑章舊唐書懿宗紀竝引此文則作卽卽則古字通

上失其道本上誤土今正

紂之不善章

紂之不善　皇本高麗本善下有也字注於紂下亦有也字

不如是之甚也　漢石經之作其

君子之過也章

如日月之食焉　皇本高麗本食焉作蝕也

衛公孫朝章

未墜於地　漢石經墜作隊案墜隊古字通

賢者識其大者　漢石經識作志案志識古今字康成注周禮保章氏云志古文識賈疏云古之文字少志意之志與記識之識同後代自有記識之字不復以志爲識

叔孫武叔語大夫於朝章

譬之宮牆　漢石經作辟諸宮牆皇本高麗本作譬諸宮牆也案白虎通社稷篇亦引作諸與漢石經合○按譬正字辟假借字

闚見室家之好　閩本北監本毛本闚作窺朱子集注本亦作窺案五經文字云窺與闚同

夫子之牆數仞　皇本夫子上有夫字高麗本作夫子之牆也釋文出數仞云仞一作刃音同案古多假刃爲仞如書旅獒爲山九仞左氏昭卅

二年傳仞溝洫釋文竝云仞本作刃

不得其門而入皇本高麗本入下有者字

夫子之云本夫誤天今訂正

案此本用仇公子叔此六世孫毛本上此字作世用作州是也浦鏜云叔此當叔牙誤

叔孫武叔毀仲尼章皇本合上爲一章

仲尼日月也皇本高麗本日上有如字案後漢書孔融傳列女傳二注引此文竝有如字

人雖欲自絶皇本高麗本絶下有也字

疏本此字實闕

此章亦明仲尼也浦鏜云尼下當脫之德二字

猶可踰也本踰字實闕

猶可踰越本踰字實闕

則如日月本月下四字實闕閩本同北監本毛本空闕

不可得而踰也本踰字實闕

人雖欲自絶本雖字實闕

其何傷於日月乎者言本言下六字實闕閩本同北監本空闕毛本作人雖欲毀訾夫○今依毛本補正

日月本月下三字實闕閩本同北監本空闕毛本作特自絶

其何能傷之乎本乎下五字實闕閩本同北監本空闕毛本作故人雖欲毀

仲尼亦不本不下四字實闕閩本同北監本空闕毛本作能傷仲尼

多見其不知量也浦鏜云也下脫者字

皆化但不能毀仲尼毛本化作作浦鏜云皆化當言非之誤

言人至量也本量誤者今訂正

所以多得爲適者本所誤斥今訂正

古人多祇同者閩本同案者當作音今正

服虔本作祇北監本毛本祇作秖亦誤○按當作祇

炙炮夥清酤多本夥清酤三字實闕閩本同○嚴杰案西京賦夥作敍讀如支

皇恩溥本溥字實闕閩本同

陳子禽謂子貢章

夫子之不可及也高麗本無也字

夫子之得邦家者高麗本無之字

動之則莫不和睦皇本睦作穆○按睦穆古書多通用

故能生則榮顯皇本則下有見字○按此本能字實闕榮誤菜顯誤㬎○今訂正

死則哀痛皇本哀上有見字

陳子禽謂子貢曰本陳誤東今正

此子禽必作陳亢各本必作不

是爲不知也本是誤豈今正

如天之不可階而升也者浦鏜云如當依經文作猶

可設階梯而升上之本階梯誤皆弟今正

其生也榮本生誤主今正

動之則民莫不和睦本民字實闕

故如之何其可及也浦鏜云故當衍字

論語注疏卷十九校勘記

論語注疏解經卷第二十

堯曰第二十

何晏集解　邢昺疏

疏 正義曰此篇記二帝三王及孔子之語明天命政化之美皆是聖人之道可以垂訓將來故殿諸篇非所次也

堯曰咨爾舜天之厤數在爾躬厤數謂列次也允執其中四海困窮天祿永終包曰允信也困極也永長也言爲政信執其中則能窮極四海天祿所以長終舜亦以命禹孔曰舜亦以堯命己之辭命禹曰予小子履敢用玄牡敢昭告于皇皇后帝孔曰履殷湯名此伐桀告天之文殷家尚白未變夏禮故用玄牡皇大后君也大大君帝謂天帝也墨子引湯誓其辭若此有罪不敢赦包曰順天奉法有罪者不敢擅赦帝臣不蔽簡在帝心言桀居帝臣之位罪過不可隱蔽以其簡在天心故朕躬有罪無以萬方萬方有罪罪在朕躬孔曰無以萬方萬方不與也萬方有罪我身之過周有大賚善人是富周周家賚賜也言周家受天大賜富於善人有亂臣十人是也雖有周親不如仁人孔曰親而不賢不忠則誅之管蔡是也仁人謂箕子微子來則用之百姓有過在予一人謹權量審法度脩廢官四方之政行焉包曰權秤也量斗斛與滅國繼絕世舉逸民天下之民歸心焉所重民食喪祭孔曰重民國之本也重食民之命也重喪所以盡哀重祭所以致敬寬則得衆信則民任焉敏則有功公則說孔曰言政教公平則民說矣凡此二帝三王所以治也故傳以示後世

疏 堯曰至則說○正義曰此章明二帝三王之道凡有五節初自堯曰至天祿永終記

堯命舜之辭也二自舜以命禹一句舜亦以堯命己之辭命禹也三自曰予小子至罪在朕躬記湯伐桀告天之辭也四自周有大賚至在予一人言周家受天命及伐紂告天之辭也五自謹權量至公則說此明二帝三王政化之法也堯曰咨爾舜天之厤數在爾躬者此下是堯命舜以天命之辭也咨咨嗟也爾女也厤數謂列次也堯姓伊祁名放勛舜姓姚名重華諡法云翼善傳聖曰堯仁義盛明曰舜堯子丹朱不肖不堪嗣位虞舜側微堯聞之聰明將使嗣位故先咨嗟歎而命之欲使重其事言天位之列次當在女身故我今命授於女也允執其中四海困窮天祿永終者此堯戒舜以爲君之法也允信也困極也永長也言爲政信執其中則能窮極四海天之祿籍所以長終汝身舜亦以命禹者舜有子商均亦不肖禹有治水。大功故舜禪位。與禹故亦以堯命己之辭命禹也曰予小子履敢用玄牡敢昭告于皇皇后帝者此下湯伐桀告天辭也禹受舜禪傳位子孫至桀無道湯有聖德應天順人舉干戈而伐之遂放桀於南巢自立爲天子而以此辭告天也履殷湯名稱小子謙也玄牡黑牲也殷尚白而用黑牲者未變夏禮故也昭明也皇。大也后君也大。大君帝謂天帝也謂殺牲明告天帝以伐桀之意有罪不敢赦者言己順天奉法有罪者不敢擅放赦也帝臣不蔽簡在帝心者帝天也帝臣謂桀也桀是天子事天猶臣事君故謂桀爲帝臣也言桀居帝臣之位罪過不可隱蔽以其簡閱在天心故也朕躬有罪無以萬方萬方有罪罪在朕躬者言我身有罪無用汝萬方萬方不與也萬方有罪過在我身自責化不至也周有大賚善人是富者周周家也文王武王居。岐周而王天下故曰周家賚賜也周家受天大賜富於善人有亂臣十人是也雖有周親不如仁人百姓有過在予一人者此武王誅紂誓衆之辭湯亦傳位子孫至末孫帝紂無道周武王伐而滅之而以此辭誓衆言雖有周親不賢不忠則誅之若管蔡是也不如有仁德之人賢而且忠若箕子微子來則用之也百姓謂天下衆民也言若不教百姓使有罪過當在我一人之化不至也謹權量審法度脩廢官四方之政行焉者此下總言二帝三王所行政法也權秤也量斗斛也謹飭之使鈞平法度謂車服旌旂之禮儀也審察之使貴賤有別無儕偪也官有廢闕復脩治之使無曠也如此則四方之政化興行焉興滅國繼絶世舉逸民天下之民歸心焉者諸侯之國爲人非理滅之者復與立之賢者當世祀爲人非理絶之者則求其子孫使復繼之節行超逸之民隱居未仕者則舉用之政化若此則天下之民歸心焉而不離析也所重民食喪祭者言帝王所重有此四事重民國之本也重食民之命也重喪所以盡哀重祭所以致敬寬則得衆信則民任焉敏則有功公則說者又言帝王之德務在寬簡示信敏速公平也寬則人所歸附故得衆信則民聽不惑皆爲己任用焉敏則事無不成故有功政教公平則民說凡此上事二帝三王所以治也故傳之以示後世此章有二帝三王之事錄者採合以成章檢大禹謨湯誥與泰誓武成則此章其文略矣○注厤數謂列次也○正義曰孔注尚書云謂天道謂天厤運之數帝王易姓而興故言厤數謂天道鄭玄以厤數在汝身謂有圖錄之名何云列次義得兩通○注孔曰至若此正義曰云履殷湯名者案世本湯名天乙者安國意蓋以湯受命之王依殷法以乙日生名天乙至將爲王改名履故二名也亦可安國不信世本無天乙之名皇甫謐巧欲傅會云以乙日生故名履字天乙又云祖乙亦云乙日生復名乙引易緯孔子所謂天之錫命故可同名既以天乙爲字何云同名乎斯文妄矣云墨子引湯誓其辭若此者以其尚書湯誓無此文而湯誥有之又與此小異唯墨子引湯誓其辭與此正同故言之所以證此爲伐桀告天之文也○注以其簡在天心故○正義曰鄭玄云簡閱在天心言天簡閱其善惡也○注孔子至用之○正義曰云親而不賢不忠則誅之管蔡是也者金縢云武王既喪管叔及其羣弟乃流言於國曰公將不利於孺子周公乃致辟管叔于商因蔡叔于郭鄰所謂殺管叔而殺蔡叔也云仁人謂箕子微子來則用之者箕子紂之諸父書洪範序云以箕子歸作洪範宋世家云微子開者殷帝乙之首子而帝紂之庶兄周武王克殷微子乃持其祭器造於軍門肉袒面縛左牽羊右把茅膝行而前以告於是武王乃釋微子復其位成王誅武庚乃命微子代殷之後於宋是言雖有管叔蔡叔爲周親不如箕子微子之仁人也案周書泰誓云雖有周親不如仁人是武王往伐紂

次于河朔誓衆之辭也孔傳云周至也言紂至親雖多不如周家之少仁人此文與彼正同而孔注與此異者蓋孔意以彼爲伐紂誓衆之辭此汎言周家政治之法欲兩通其義故不同也○注權秤也量斗斛○正義曰漢書律曆志云權者銖兩斤鈞石也所以稱物平施知輕重也本起於黃鐘之重一龠容千二百黍重十二銖兩之爲兩二十四銖爲兩十六兩爲斤三十斤爲鈞四鈞爲石五權謹矣量者龠合升斗斛也所以量多少也本起於黃鐘之龠用度數審其容以子穀秬黍中者千有二百實其龠合龠爲合十合爲升十升爲斗十斗爲斛而五量加矣志又云度者分寸尺丈引也所以度長短也本起黃鐘之長以子穀秬黍中者一黍之廣爲一分十分爲寸十寸爲尺十尺爲丈十丈爲引而五度審矣而此不言度者從可知也

子張問於孔子曰何如斯可以從政矣子曰尊五美屏四惡斯可以從政矣孔曰屏除也子張曰何謂五美子曰君子惠而不費勞而不怨欲而不貪泰而不驕威而不猛子張曰何謂惠而不費子曰因民之所利而利之斯不亦惠而不費乎王曰利民在政無費於財擇可勞而勞之又誰怨欲仁而得仁又焉貪君子無衆寡無小大無敢慢孔曰言君子不以寡小而慢也斯不亦泰而不驕乎君子正其衣冠尊其瞻視儼然人望而畏之斯不亦威而不猛乎子張曰何謂四惡子曰不教而殺謂之虐不戒視成謂之暴馬曰不宿戒而責目前成爲視成慢令致期謂之賊孔曰與民無信而虛刻期猶之與人也出納之吝謂之有司孔曰謂財物俱當與人而吝嗇於出納惜難之此有司之任耳非人君之道

疏子張至有司○正義曰此章論爲政之理也子張問於孔子曰何如斯可以從

政矣子曰尊五美屏四惡斯可以從政矣者屏除也子張問其政術孔子荅曰當尊崇五種美事屏除四種惡事則可也子張曰何謂五美者未知其目故復問之子曰君子惠而不費勞而不怨欲而不貪泰而不驕威而不猛者此孔子爲述五美之目也子張曰何謂惠而不費者子張雖聞其目猶未達其理故復問之子曰因民之所利而利之斯不亦惠而不費乎者此孔子爲說其惠而不費之一美也民居五土所利不同山者利其禽獸渚者利其魚鹽中原利其五穀人君因其所利使各居其所安不易其利則是惠愛利民在政且不費於財也擇可勞而勞之又誰怨者孔子知子張未能盡達故既荅惠而不費不須其問卽爲陳其餘者此說勞而不怨者也擇可勞而勞之謂使民以時則又誰怨恨哉欲仁而得仁又焉貪此說欲而不貪也言常人之欲失在貪財我則欲仁而仁斯至矣又安得爲貪乎君子無衆寡無小大無敢慢斯不亦泰而不驕乎者此說泰而不驕也常人之情敬衆大而慢寡小君子則不以寡小而慢之也此不亦是君子安泰而不驕慢乎君子正其衣冠尊其瞻視儼然人望而畏之斯不亦威而不猛乎者此說威而不猛也言君子常正其衣冠尊重其瞻視端居儼然人則望而畏之斯不亦雖有威嚴而不猛厲者乎子張曰何謂四惡者子張未聞四惡之義故復問之子曰不教而殺謂之虐者此下孔子歷荅四惡也爲政之法當先施教令於民猶復寧申勑之教令既治而民不從後乃誅也若未嘗教告而卽殺之謂之殘虐不戒視成謂之暴者謂不宿戒而責目前成謂之卒暴慢令致期謂之賊者謂與民無信而虛刻期期不至則罪罰之謂之賊害猶之與人也出納之吝謂之有司者謂財物俱當與人而人君吝嗇於出納而惜難之此有司之任耳非人君之道

○孔子曰不知命無以爲君子也孔曰命謂窮達之分不知禮無以立也不知言無以知人也馬曰聽言則別其是非也

疏孔子曰不知命無以爲君子也不知禮無以立也不知言無以知人也○正義曰此章言君子立身知人也命謂窮達之分言天之賦命窮達有時當待時而動若不知天命而妄動則非君子也禮者恭儉莊敬立身之本若其不知則無

以立也聽人之言當別其是非若不能別其是非則無以知人之善惡也

論語注疏解經卷第二十

論語注疏卷二十校勘記　阮元撰盧宣旬摘錄

堯曰第二十

堯曰章

殷豕尚白　皇本豕作家是也

墨子引湯誓　孫志祖云今墨子兼愛篇作湯說疑說字正誓字之譌

言桀居帝臣之位　筆解此注作包曰

罪過不可隱蔽　皇本罪上有有字

無以萬方　漢石經無作毋

萬方有罪罪在朕躬　漢石經皇本高麗本不重罪字案書湯誥云其爾萬方有罪在予一人國語周語引湯誓云萬夫有罪在余一人墨子兼愛篇下亦云萬方有罪即當朕身呂氏春秋季秋紀云萬夫有罪在余一人說苑貴德篇云百姓有過在予一人與此並大同而小異核其文義俱不重罪字

萬方不與也　皇本與作預○按預俗字古書多假與爲豫

四方之政行焉　皇本焉作矣案漢書律曆志亦引作矣

信則民任焉漢石經皇本高麗本並無此句案此句疑因陽貨篇子張問仁章誤衍

公則說皇本說上有民字

禹有治水大功本大誤太今正

故舜禪位與禹浦鏜云與疑於字誤

皇大也本大誤天今正

大大君帝本下大字誤作夫今正

居岐周而王天下本岐誤歧今正

謂有圖錄之名浦鏜云籙誤錄○按籙錄古今字

皇甫謐巧欲傳會閩本同傳誤傳

注孔子至用之補案曰誤子

所謂殺管叔而殺蔡叔也北監本作蔡蔡叔毛本作囚蔡叔案北監本是也

而帝紂之庶兄今史記宋世家作而紂之庶兄也

不如周家之少仁人閩本北監本毛本少作多案今孔傳本作不如周家之少仁人孔疏云多惡不如少善故言紂至親雖多

不如周家之少仁人則穎達所見本作少字朱子集注本引孔傳誤作多蓋據誤本改也

所以稱物平施知輕重也 閩本北監本毛本稱作秤是俗字漢書律曆志本作稱

合龠爲合 北監本毛本作十龠案漢書律曆志作合龠舊本亦有誤作十龠者唐六典云二龠爲合此云合龠猶言兩龠也若作十龠未免太多矣

十升爲斗 本斗誤十今正

而五量加矣 今漢書律曆志加作嘉

子張問於孔子章

子張問於孔子曰 皇本高麗本問下有政字

尊五美屏四惡 案漢平都相蔣君碑遵五迸四隸釋云後漢傳有遵五迸四之文此碑亦然蓋漢人傳魯論有如此者攷說文無迸字古多借屏爲之詩作之屏之禮記王制屏之遠方穀梁宣元年傳放猶屏也皆作屏字唯禮記大學迸諸四夷作迸釋文引皇云迸猶屏也又尊乃遵字之省文宗敬則率循也義亦相近

因民之所利而利之 易益卦注周禮旅師疏及文選洞簫賦注引此文並作因民所利而利之案皇疏兩述經文皆無上之字疑後人據俗本誤增

擇可勞而勞之皇本可上有其字

言君子不以寡小而慢也皇本慢下有之字

與民無信而虛刻期皇本刻作剋

出納之吝唐石經皇本高麗本納作內注同釋文出內字云如字又音納注同本今作納○按內納古今字

又誰怨者本又誤且今正

此說勞而不怨者也浦鏜云者字衍

又焉貪浦鏜云貪下脫者

我則欲仁而仁斯至矣本則誤財今正

此說威而不猛也本猛誤猛今正

當先施教令於民本民誤氏今正

猶復丁寧申勑之本寧上脫丁字

謂不宿戒而責目前成謂之卒暴本責目誤貴日今正

不知命章釋文出孔子曰不知命無以爲君子也云魯論無此章今從古

孔子曰朱子集注本無孔字案唐石經宋石經釋文皇本高麗本及閩本北監本毛本並有孔字據此則朱子作子曰者非也

命謂窮達之分本達誤逹今正

當待時而動本待作侍今正

立身之本本立誤以今正

論語注疏卷二十校勘記